诉讼法学理论新苑

（第一卷）

卞建林　主编

中国人民公安大学出版社
群众出版社
·北　京·

图书在版编目（CIP）数据

诉讼法学理论新苑. 第一卷 / 卞建林主编. — 北京：中国人民公安大学出版社，2018.10

ISBN 978 - 7 - 5653 - 3430 - 6

Ⅰ. ①诉…　Ⅱ. ①卞…　Ⅲ. ①诉讼法—法的理论—文集　Ⅳ. ①D915.01-53

中国版本图书馆 CIP 数据核字（2018）第225926号

诉讼法学理论新苑（第一卷）

卞建林　主编

出版发行：中国人民公安大学出版社
地　　址：北京市西城区木樨地南里
邮政编码：100038
经　　销：新华书店
印　　刷：北京市泰锐印刷有限责任公司

版　　次：2019 年 1 月第 1 版
印　　次：2019 年 1 月第 1 次
印　　张：12.125
开　　本：880 毫米 × 1230 毫米　1/32
字　　数：327千字

书　　号：ISBN 978 - 7 - 5653 - 3430 - 6
定　　价：45. 00 元

网　　址：www. cppsup. com. cn　　www. porclub. com. cn
电子邮箱：zbs@ cppsup. com　　zbs@ cppsu. cdu. cn

营销中心电话：010 - 83903254
读者服务部电话（门市）：010 - 83903257
警官读者俱乐部电话（网购、邮购）：010 - 83903253
法律图书分社电话：010 - 83905745

主编絮语

经过编辑部工作人员的共同努力，多方组稿，尤其是承蒙中国人民公安大学出版社的鼎力支持，《诉讼法学理论新苑》（第一卷）终于得以付梓。在此对各方的辛劳表示衷心的感谢！

2017 年 5 月 3 日，中国政法大学建校 65 周年前夕，中共中央总书记、国家主席、中央军委主席习近平来到中国政法大学考察。其间，习近平总书记强调，全面推进依法治国是一项长期而重大的历史任务，要坚持中国特色社会主义法治道路，坚持以马克思主义法学思想和中国特色社会主义法治理论为指导，立德树人，德法兼修，培养大批高素质法治人才。习总书记对中国政法大学在人才培养、学术研究、社会服务、文化传承、国际交流合作、特色课程教育等方面取得的成就表示肯定，希望学校总结经验、改革创新，更好地整合资源，更好地找准着力点，把教学、科研、育人各项工作做得更好。

对此，我们根据习近平总书记对我们的谆谆教导和殷切期望，切实将高校作为法治人才培养的第一阵地，充分利用学科齐全、人才密集的优势，加强法治及其相关领域基础性问题的研究，对复杂现实进行深入分析，作出科学总结，提炼规律性认识，为完善中国特色社会主义法治体系、建设社会主义法治国家提供理论支撑，尽一份绵薄之力。在此背景之下，主要以诉讼法学专业博士和硕士研究生学术成果展示为主的《诉讼法学理论新苑》（第一卷）应运而生。

党的十八届四中全会通过的《中共中央关于全面推进依法治国若干重大问题的决定》提出了推进“以审判为中心”的诉讼制度改

革，这是从顶层设计的角度对我国未来诉讼制度改革作出的重大部署。张益南以审判中心为视角撰文，对我国羁押性强制措施进行诉讼化构造：将逮捕与羁押分离，系统改造拘留权限、时限，使之成为一种程序性上的逮捕行为，并根据应对实践的复杂性与紧迫性分为有证与无证两种情形。较长时间的羁押，由公安机关向检察机关提出申请，经检察机关审查后，对符合法定条件的向人民法院提出动议。张可对审判中心下的侦审关系进行了反思、追问与展望：认为“以审判为中心”是一个诉讼关系命题。它不应当被简单地解释为以审判阶段为中心，而应当更加强调审判职权在三种诉讼职权中的核心地位。就侦审关系层面而言，应当更加注重审判权在整个诉讼阶段中的“判断权”属性，充分发挥审判权的权利救济、公权制约和社会治理功能，构建控审分离、司法控制、相互协作下的侦审关系。袁博围绕审判中心展开“繁简分流”语境下侦检关系的重构：认为虽然实质化庭审是以审判为中心的诉讼制度改革愿景中的理想范式，但实质化庭审不应被过度泛化以致再度陷入“以形式主义反对形式主义”的窠臼，应结合认罪认罚从宽制度对现有的侦检关系进行重构。张子君则围绕庭前会议的问题与完善进行论述：认为庭前会议在实践中存在启动主体单一，案件适用范围过窄，决议内容受限，效力不被认可，被告人自行辩护权缺位，庭前会议召开的时间、地点和方式法律未予明确等问题。建议在庭前会议中，拓展公诉方与辩护方启动主体地位，增加对部分实体性问题的审查，明确庭前会议的效力，赋予被告人充分的参与权，完善庭前会议诸多程序性事项，以实现庭前会议功能的充分发挥。

2014 年 6 月 27 日，全国人大常委会表决通过《关于授权最高人民法院、最高人民检察院在部分地区开展刑事案件速裁程序试点工作的决定》，将北京、天津等 18 个城市列为首批试点地区，至今已逾 4 年。2016 年 9 月 4 日，《全国人民代表大会常务委员会关于授权最高人民法院、最高人民检察院在部分地区开展刑事案件认罪认罚从宽制度试点工作的决定》施行，授权在刑事速裁程序试点地区试行认罪认罚从宽制度，提出对犯罪嫌疑人、被告人自愿如实供述自己的罪行，对指控的犯罪事实没有异议，同意人民检察院量刑建议并签署具结书的案件，可以依法从宽处理，并要求最高人民法院、最高人民检察院就适用条件、从宽幅度、办理程序、证据标准、律师参与等制定试点办法。李逍遥提出对“刑事速裁程序”正式立法的设想：认为刑事速裁程序写入法典是大势所趋，这就需要学界既要对试点进行客观全面的评估，又要积极探索“速裁程序”入法的路径。应将刑事速裁纳入特别程序一编。刘曹祯围绕认罪认罚从宽制度对检察机关的办案能力的提高进行论述：认为其作为我国刑事司法体系中案件繁简分流的新尝试，在保证公正的前提下，提高诉讼效率，落实“以审判为中心的诉讼制度改革”，进而促进我国刑事司法中庭审实质化的实现，对我国宽严相济的刑事政策的落实和完善我国刑事司法制度具有重要意义。郭锴撰文在比较法视野下对公诉案件不起诉裁量权机制的阶梯化重构进行论述：认为认罪认罚从宽制度试行后，我国检察机关自由裁量权得到较大扩张，甚至赋予了检察机关突破现有刑事诉讼法[①]框架的不起诉裁量权。检察机关的不起诉裁量权也应该顺应变化，呈现多层次、阶梯化构造。通过对域外与我国法律体系较为相近地区的立法进行借鉴，找出我国公诉案件不起诉裁量权机制的现存问题并对其进行“不起诉—酌定不起诉—附条件不起诉—起诉”的阶梯化重构。

在证据领域方面，陈博闻以时下较为流行的大数据为视野，对民事诉讼特殊证明标准进行实证分析：通过大数据分析的方法，对新民事诉讼法解释颁行前后特殊证明标准的适用进行了实证研究，既发现了可喜的变化，又总结了存在的问题，并提出了完善民事诉讼特殊证明标准的方案。

对于我国当前进行的司法改革，在刑事政策方面，刘亚男撰

① 由于本书写成于2018年刑事诉讼法实施之前，加之涉及作者众多，故本书中的刑事诉讼法如无特别说明仍为2012年刑事诉讼法。

文对刑事政策的概念进行界定：认为刑事政策必须理性定位，研究范围要清晰且有限度。不应把所有刑事方面的变化，包括法律、程序的修改，都说成国家落实宽严相济的刑事政策的体现。在法官定位方面，范再峰认为应该立足于中国现状对其进行思考：学者所畅想的西方法治国家“全面而充分”的法官独立受制于我国国情，演变为一种中式的有限的法官独立。其成因则包含着复杂的历史和现实因素。改革的方向是逐渐“去有限性”，应当从法学教育、去除“制度惯性”以及法官群体意识的养成等多方面进行循序渐进的不懈努力。最终实现的可能并非西方式的法官独立，而是一种中式的“全面而充分”的法官独立。周敬敏撰文对我国人权司法保障制度进行研究：认为扩大人权司法救济范围与保证公民公平、及时地获得司法救济，是人权司法保障制度面临的两大重要课题。我国的人权司法保障制度还存在诸如立法存有罅隙、立法侵害的司法救济范围有待扩展、宪法诉讼不明等问题。

在行政诉讼法方面，刘绍宇以新行政诉讼法的实施为背景，对行政不作为中的一般给付判决进行论述：认为由于忽视其所处的语境以及背后的法律目的，我国对行政不作为概念之界定呈现出话语混乱、分歧众多的状态。就目前而言，我国一般给付判决适用范围在学理和实务中都存在争议，有必要从具体案型层面在司法实践和理论总结中不断摸索。在针对拒绝行为的一般给付之诉中，拒绝行为的存续效力可能会与给付判决发生冲突，因而有必要通过撤销判决结束其效力。

诉讼法学理论新苑（第一卷）

顾　　问：陈光中　樊崇义

主　　任：卞建林

副 主 任：杨宇冠　顾永忠

主　　编：卞建林

副 主 编：李本森

执行编辑：胡思博　郭　锴

目　录

羁押性强制措施诉讼构造论

——以审判中心为视角

张益南*

党的十八届四中全会审议通过了《中共中央关于全面推进依法治国若干重大问题的决定》(以下简称四中全会《决定》)提出：推进以审判为中心的诉讼制度改革……完善对限制人身自由司法措施和侦查手段的司法监督。侦查、起诉作为审前阶段，该阶段的工作质量将极大地影响审判的质量，因此审前阶段中司法权限审查的缺位显然是不可取的。羁押在诉讼意义上就是对人身自由的一种实体处分，因此对人身自由进行实体处分的羁押制度，有必要注入司法终局裁判的审查因素。可以说，对审前羁押性强制措施进行诉讼化改革，确保司法权的审查以形成合理的司法保障机制也契合当下司法改革趋势。

现行的刑事拘留措施是一种羁押性的强制措施，而且在实践中普遍存在过长的倾向。但其在宪法上并没有明确的定位，而且宪法也并未指明逮捕是否包括羁押。① 在如此的语境下将逮捕与羁押

* 中国政法大学刑事司法学院 2016 级博士研究生。

① 《宪法》第 37 条规定："中华人民共和国公民的人身自由不受侵犯。任何公民，非经人民检察院批准或者决定或者人民法院决定，并由公安机关执行，不受逮捕。禁止非法拘禁和以其他方法非法剥夺或者限制公民的人身自由，禁止非法搜查公民的身体。"

分离，系统改造拘留权限、时限，使之成为一种程序性上的逮捕行为，只是应对紧急情况的司法措施，并不必然引发羁押的后果。同时考虑到刑事办案过程的复杂性和紧迫性的要求，将逮捕分为有证逮捕与无证逮捕两种情形，特定情形下为有效阻止犯罪，也有必要允许先行执行逮捕，随后再接受审查。在这样的语境下，将逮捕与羁押分离在法律文本上并没有大改的需求，而且将司法权的审查因素进一步提前介入审查，也兼顾了侦查现实的紧迫性需求，在人权保障方面有合理的安排。

而对于需要较长时间的羁押，则需要公安机关结合侦查需要以及收集到的证据证明其确实为保障诉讼顺利进行所需。如果侦查机关在侦查过程中认为为了保障诉讼需要且应当对犯罪嫌疑人予以羁押的，应当向检察机关提出申请，并由检察机关予以审查。这一步最大限度地考量了当下实践的传统需求，仍然保留了检察机关的审查权。如果检察机关认为没有必要羁押，则可以直接予以驳回请求。如果检察机关经审查认为符合法定条件并确有羁押必要的，由其向法院提出申请动议，并由法院通知辩护人与被告人参与，在三方共同参与的前提下由法院来开庭审理，对证据和事实作出司法裁判以决定是否需要羁押，并需要当庭作出裁决。对于裁决，应当保障控辩双方有权提出复核申请。

一、中外实践的考察

（一）我国实践的考量

就我国的刑事诉讼传统而言，审前的司法控制向来是缺失的。一直以来，我国刑事诉讼模式都是流水线型模式，公检法三机关在各自诉讼阶段分段包干，因此，整个诉讼阶段基本形成了以侦查为核心的诉讼阶段论。在刑事审前程序中，对于羁押性强制措施也无有效的司法规制。具体而言，拘留制度往往具有时限过长、审批封闭以及必然附带的羁押状态等缺陷。稍有不同的是，逮捕介入了检察机关的审查批准，但基本上仍然是行政化审批程序。现行刑事诉讼法经过修改增加的听取辩护律师的意见等规定仍然难以形成一种诉讼的三角构造。而且，在法律后果方面，一旦逮捕申请得到批准（而且大部分都会得到批准），就意味着被追诉人将受到长达两个月的审前羁押。更为严重的是，在明文规定的诸多情形下，羁押期限的延长也仍然在一种内部的行政化审批中进行，缺乏制约机制。司法的裁决在对人身自由进行处分的全程中都始终处于缺位的状态。

在审前程序中，羁押毫无疑问是对人身自由作出的最为严厉的一种实体处分行为。对于现行的司法实践，本文认为押捕一体化存在严重的弊端。首先，将审前羁押与拘留、逮捕混同，不仅混淆了状态与行为的区别，而且更是在实质上降低了审前羁押的适用条件。特别是对于逮捕而言，造成了一种严进严出的状态，违背诉讼规律。其次，行为与状态的合一使审前羁押缺少了司法的终局裁判，从而降低了适用的标准。最后，押捕一体化扭曲了审前羁押的程序属性，而被倾注了过多的惩罚性色彩，成为一种侦查取证的手段。仔细剖析现下的羁押状态，可以说我国的羁押已经在很大程度上超越了诉讼层面的意义而被赋予了极大的惩罚性与压迫取证的色彩。我国现行的羁押制度与刑罚执行存在着一定程度上的错位关系。这样的异化对于实现刑事诉讼的目的百害而无一利，违背了刑事诉讼的基本理念，既不利于保障人权，也不利于打击犯罪。

所以，在我国，诉讼化构建的一个重大方向就是排除过多的惩罚性，使得羁押回归到诉讼的程序性手段上。司法权的本质就在于其判断性，也只有司法权才能最终裁决实体处分。

（二）比较法视域的考察

对于审前羁押的司法控制是世界主要法治国家的通例。当然，他国经验并不一定要为我国所复制，但是对于域外实践经验的比较、反思、扬弃再加以借鉴、尝试仍是有必要的。在历史渊源上，将逮捕与羁押分离的制度诞生于英美法系的英国，其1679年《人身保护法》的颁布标志着逮捕和羁押的初步分离。[①]该法明确规定了对审前羁押的司法审查，并开创了捕押分离的制度。随后随着实践的发展，加之其传统对司法权的推崇，英美法系国家对于审前羁押的司法控制程序发展得更为翔实、具体、完善。英国对侦查行为的司法审查有较为完善的机制，其不仅对司法令状制度的适用范围有明确界定，更规范了逮捕时间、司法介入主体等具体要素。[②]而在美国，其典型的特色在于将自由、人权的高度拔高于宪法、宪政并给予高度的重视。在具体的刑事司法领域，其也针对司法令状的具体事项作出了规定。[③]而且，更为重要的是，其针对不当的侦查行为、侵犯人身自由的行为给予详细的程序性保护机制。[④]一般来

① 该法规定，没有法庭所发布的附有理由的逮捕令不得捕人。对于被捕人必须在20天以内提交法庭审理，逾期应立即释放。该法还规定了“人身保护令”制度，即被捕人或其代表有权请求法庭发出命令将被捕人在一定期限内解送法庭，以审查其监禁理由。如认为无正当理由，可立即释放。羁押的司法审查程序使逮捕和羁押发生了初步的分离。这一趋势在后来的刑事诉讼制度演进过程中变得越发突出。

② 在少数特殊情况下，法律允许采用无证逮捕或无证搜查。此外，警察对任何公民实施的逮捕都必须有令状的授权。警察对公民逮捕后的羁押最多是36个小时，如果要延长就必须得到法院的授权，但仍不得超过96个小时。此后，警察必须将嫌疑人提交给治安法院，后者将就是否继续羁押作出裁决。此外，遭受不当侦查行为侵害或非法羁押的嫌疑人，还可以向高等法院王座庭申请人身保护令予以权利救济。

③ 美国也建立了针对逮捕的令状授权机制，即除了在法律规定的例外情况下以外，警察对任何人实施逮捕、搜查都必须向一名中立的司法官提出申请，证明被逮捕者或被搜查者实施犯罪行为具有可成立的理由并且是必需的。法官经过审查，认为符合法律规定条件的，才发布许可令状。这些令状通常界定了警察行使逮捕权的方式、程序和界限。

④ 对于审判前的羁押，美国联邦系统规定了两种正常途径的救济渠道：一是申请复议，即对于治安法官签发的羁押令以及不是由本案有初审权的法院或联邦上诉法院签发的羁押令，被羁押人有权向对本案有初审权的法院申请撤销或变更，对该项申请，应当立即作出裁决。二是上诉，对于羁押令、驳回请求撤销或变更羁押令的申请的裁定，被羁押人可以依法提出上诉，由上诉法院对羁押再次审查。

说，其对于审前羁押的理念在于逮捕行为可以适用于紧急情形下的侦查需要，而对于人身自由的长时间剥夺必须要有司法权的判断。而且，这样的一个过程不仅需要控辩审三方的诉讼构造，更难得的是其赋予被控诉方诸多的对抗权以实现人权保障，其中典型的就包括人身保护令、对羁押时限的延长需要再次司法审查以及羁押决定的上诉等制度。

大陆法系国家也具有司法权审查的令状传统。在当前的实践中，其一般规定逮捕或拘留作为强制到案手段主要是检警机关的职权，羁押则作为一种独立的强制措施，需要经由有司法权的司法机关进行司法审查加以决定。在德国的法律体系中，被追诉人的人身防御制度极为完善，法律对羁押的司法审查时限①、羁押复查②以及权利救济程序都有详细规定。③ 法国在制度中，刑事诉讼法典的序言中就明确了对羁押性强制措施的司法审查制度，并在改革中设立羁押法官制度，加强对审前羁押的司法控制，以保护人身自由权。④

---

① 德国《刑事诉讼法典》第九章第115条规定了“向法官解交”：“（一）根据逮捕令逮捕被指控人后，应当不迟延地向管辖法院的法官解交。（二）解交后，法官应不迟延的，至迟在第二天对被指控人就指控事项予以讯问。”

② 德国《刑事诉讼法典》第九章第117条规定了“羁押复查”：“（一）在待审羁押期间，被指控人可以随时申请法院复查是否应当撤销逮捕令，或者依照第一百一十六条延期执行逮捕令……（五）待审羁押期已经执行了三个月，被指控人在这期间既未提出羁押复查也未对羁押提出控告，应当依职权进行羁押复查，但被指控人如果有辩护人时除外。”

③ 根据法律规定，执行机关在执行强制措施时必须履行法定的保护性义务。例如，被羁押者在被羁押时，可以在任何时候向发布逮捕令法官提出撤销的申请；被羁押者特殊保护措施，即通过宪法法院、欧洲人权法庭，保护被羁押者的人身权利；被羁押后可随时向签发羁押令的法官提出异议，质疑羁押有两种方式，可以就羁押令提起上诉，也可以申请签发法官对羁押令进行复议。

④ 法国《刑事诉讼法典》序言第（3）项规定：“针对每个犯罪嫌疑人或被追诉人的强制措施应当由司法机关作出或在司法机关的有效监督下作出……”此外，此项法律还设立了自由与羁押法官，其目的在于限制预审法官相对过大的权力。先行羁押措施一般是在预审法官和自由与羁押法官均同意的情况下才能实施。在预审法官与自由与羁押法官双重审查的体制下，法国新的刑事诉讼法对先行羁押措施的审查更加严格。

日本现行的刑事诉讼制度融合了英美法系和大陆法系的因素，但是其也对羁押性强制措施作出了司法限制。根据其法律规定，对于逮捕与羁押作出明确的区分，要求对羁押进行司法审查。[①] 可以说在世界范围内，司法文明的理念得到了进一步的扩展与尊重，审前羁押也在世界范围内得以传播。许多国际公约都在无罪推定理念下确立了审前羁押的司法审查原则。[②]

综上所述，对于审前羁押的司法控制无论大陆法系还是英美法系的法治发达国家都早已有之。以司法令状制度为特色，司法权对于审前的强制性侦查行为都有制约的权限，其中不仅仅是对剥夺人身自由的逮捕与羁押措施，更涵摄至搜查、扣押、查封、冻结财产等。如果单单将视角限于逮捕、羁押的领域，两大法系也有各自特点。大致来说，英美法系素来推崇的是控辩平等对抗，该理念在审前与审判阶段都得到了落实与贯彻。在审前阶段，这样的理念体现出来的就是对令状制度的重度依赖，公民对司法权威也予以了高度的认可。所以，判断一项强制侦查行为是否合法就可以简单地以是否得到司法授权为依据，也就是是否具有令状，或者在事后是否得到司法授权。可以说，英美法系中，司法权对于侦查权限的控制体现出了精密、细致的特点。相对于此，大陆法系虽然也有令状制度的传统，但是大陆法系对于国家的信任却更高，因此令状制度的辐射范围以及司法审查的力度并不如英美法系。然而，随着实践的发展以及两大法系的融合，在逮捕羁押中，令状的适用体现出了向侦查实践让步的趋势。在具体的司法实践中，无证逮捕的比例运用的程度越来越高，而且初步审查如果并没

---

① 日本《刑事诉讼法典》将逮捕分为普通逮捕、紧急逮捕和现行犯逮捕三种。普通逮捕的逮捕证由检察官司员或警察提出申请，由法官审批和签发。紧急逮捕、现行犯逮捕执行之后，检察官司和警察应立即补办向法官申请逮捕证的手续。如果法官不签发逮捕证，应立即释放该被捕人。

② 联合国《保护所有遭受任何形式拘留或监禁的人的原则》第 4 条、第 9 条;《公民权利和政治权利国际公约》第 9 条第 3 款;《欧洲人权公约》第 5 条第 1 款、第 2 款、第 3 款、第 4 款以及第 8 条等，都充分体现了令状主义和司法审查的原则。

有严重的情形，在程序上也并没有进一步获得司法授权的必要，似乎有逐渐沦为“橡皮图章”的趋势。[①] 当然，这也有其实践中并没有区分违法与犯罪而一概都可以适用逮捕的原因，但这也反映出了令状制度本身内在的弊端，无法契合需要追求高效率的侦查行为。因此，我国在吸收借鉴过程中也要考量效率与追诉效果的因素。

（三）域外经验借鉴的理念指导

应当说，在程序正义的理念下惩罚犯罪是全世界需要面对的共同议题，因此在我国刑事诉讼改革中域外经验有以下两点是值得思考借鉴的：

第一，应当坚持贯彻未决羁押例外原则。这就要求在实行捕押分离的前提下，严格限定羁押的理由、条件、证明标准等，体现比例原则；赋予司法官员独立审查羁押的权力；审前羁押诉讼构造中应当落实程序正义的具体要求，保障诉讼程序的公正以及对被追诉人的权利保障。

第二，在无罪推定理念的基础上，新设羁押措施作为状态性强制措施，并引入严格意义上的司法审查机制，切实保障国际公约规定的“非羁押待审”的底线权利。所以，这势必要求逮捕与羁押要实现分离，成为两种不同的强制措施。而就程序而言，两者要受到各自独立的两次审查（逮捕情形下的侦查机关内部审查与检察授权审查；羁押情形下的检察启动申请审查与司法独立审查）。可以说，双重审查机制使逮捕和羁押在授权方面受到更加完善的约束。[②]

---

① 出于侦查的需要，对逮捕适用的司法审查原则有了越来越多的例外，这种变化是符合侦查活动的规律的。在这里，逮捕与羁押的分离实际上可以确保安全与自由、侦查的效率与程序的正义得到合理的平衡。

② 陈瑞华：《审前羁押的法律控制——比较法角度的分析》，载《政法论坛》（《中国政法大学学报》）2001 年第 4 期。

二、本土化诉讼构造的文本考量

（一）宪法视角的考量

刑事诉讼法素来有“小宪法”之称。可以说，刑事诉讼法治化的进程，必然需要从宪法中获得成长的根基土壤。这一点，美国的实践很具启发的意义。可以说，现代刑事诉讼基本理念的无罪推定、程序法定、公正审判等应当有宪法层面的维护才能得到最高的权威效力。而在羁押性强制措施的诉讼化构造中，首先需要在宪法层面得到确认的基本原则就在于对人身自由的维护、对司法终局裁决的认定以及公正、公开审判的确认。

在具备以上的基本视角后审视我国的宪法规定。我国宪法明文规定了“国家尊重和保障人权”“公民的人身自由不受侵犯。任何公民，非经人民检察院批准或者决定或者人民法院决定，并由公安机关执行，不受逮捕”以及“人民法院依法独立行使审判权”。可以说，在构建羁押性强制措施诉讼构造的尝试中，对这三条的解读是至关重要的。长期以来，限于侦查权在刑事诉讼程序中的强势地位以及多年实践形成的惯性思路，在提出的改革建议中很少关注宪法层面的理解。本文认为，根据我国宪法的规定，在文本意义上，我国宪法仅规定了“逮捕”的概念，但并未界定这里的逮捕是一种行为还是一种羁押状态。如果将此处的逮捕理解为一种逮捕行为亦未尝不可。这样就能够在具体的刑事司法中进一步作出解释：将逮捕行为分为原则上需要经过司法审查的有证逮捕以及例外情形下针对紧急情况而为之的无证逮捕。而逮捕作为一种诉讼意义上的程序性行为，由检察机关批准，顾及了侦查实践中对于效率的要求。而羁押，从现行逮捕中剥离，成为一种独立的强制措施后，可以作出体系性的文本解读：我国《宪法》对人身自由的保障高度重视，逮捕行为尚且需要检察机关审查，故而刑事司法领域内对人身自由长时间剥夺的羁押，则当然性地需要更严格的司法审查。这就为羁押性强制措施诉讼化构造打下了坚实的宪法根基。

（二）刑事诉讼法视角的考量

在刑事诉讼法视域内，2012年修法的理念以及趋势就是加强审前阶段的透明性以及增加诉讼对抗的因素。现行刑事诉讼法较之以往增加并规定了检察机关在行使批捕权过程中听取辩护律师意见的要求。[①] 可以说，这条规定考量了诉讼构造的因素，虽然在时间上有一定的“时差”，但是其提供的思路仍然值得进一步发扬。我们知道，三角的诉讼构造在刑事司法中之所以是一个科学合理的状态而受到肯定以及采纳的重要原因在于：三方共同出席于该构造，在秉持控审分离、控辩平等、审判中立的理念中，追诉方与辩护方两者的“争斗”使得各自的理由得到充分表达也能够了解对方的态度与理由。毫无疑问，这样的状态下中立第三者是可以最好地得知全部的案件情况以及事实、理由。而三方共同作为法律工作者，在基本的事实面前，其提出理由与见解无疑也进一步夯实了证据体系合法、合理的基础，共同维护了刑事司法的正义。因此，在现行改革的基础上再往前推进一步，就可以实现合理的诉讼构造。

另外，在这里需要强调提出一点，即关于逮捕的证据标准问题。在现行押捕合一的情形下，逮捕时需要掌握的证据标准往往需要从严、从高把握，这样才能保障人权和案件的正确处理。然而这往往又造成了严进严出的状态，定罪率高，即不仅使羁押少了一道司法审查程序，后续如果侦查需要进一步延长羁押时间也缺失司法审查，而且违背了刑事诉讼发展的规律。如果将逮捕与羁押分开，我国的逮捕的证据标准是世界各国最高的。但正因为连在一起，羁押率居高不下。因此，只能选择逮捕程序与羁押程序分离。而且，在刑事司法进程中一个大的方向与规律就是随着程序的进行证据将

① 《刑事诉讼法》第86条第2款规定：“人民检察院审查批准逮捕，可以询问证人等诉讼参与人，听取辩护律师的意见；辩护律师提出要求的，应当听取辩护律师的意见。”

逐步充实，而随之证明标准则逐渐提高。现行制度中，逮捕时的状况当然性延伸到羁押之中，显然不科学。

（三）司法改革视角的考量

当下正如火如荼进行的司法改革浪潮有诸多的改革措施是可以对羁押性强制措施进行可行性保障支撑的。

首先，四中全会《决定》提出的“推进以审判为中心的诉讼制度改革”为羁押性强制措施提供了框架性的支撑。虽然理论中对于“审判中心”的内涵还有些争议，但是有一点是能够确定的：审判中心的理念要求庭审的实质化。侦查、审查起诉阶段，都在为审判阶段奠定基础。如果审前阶段的办案质量高——程序文明、取证合法，而并非借羁押压迫取证、先行惩罚，则庭审阶段才能实现真正意义上的实质化。因此，这就为羁押性强制措施诉讼化构造的构建提供了前提性基础。

其次，“司法机关内部人员干预案件责任制”为羁押性强制措施诉讼构造提供了制度性保障。在现行司法改革中，增加司法机关的独立性以及司法人员的独立性是重中之重。其中，独立性的题中要义就是能够实现独立办案，而不为外界因素所干预。当下，有观点认为，法院不适合进行羁押审查的一个重要理由在于我国并没有羁押法官制度，如果有法院进行羁押批准权会导致先入为主的预断，不符合案件公正。本文认为，这是一个技术性的问题而并非不可攻克的难题。在推进当前司法改革的进程中，不断提高法院、法官的独立性，只要在分发审判任务时，将羁押审查法院办理的案件随机分发给法官进行裁判，加之不得干预、过问案件的制度规定，也可以做到司法机关内部人员办理案件的两分，从而实现公正审理。

最后，四中全会《决定》明确提出了“完善对限制人身自由司法措施和侦查手段的司法监督”，为羁押性强制措施提供了指导方向。此处之“司法监督”，本文认为并不局限于检察机关的法律监督权。这里的“监督”应该从更广泛意义上的控权进行理解，此处的改革意见正是针对现行检察机关法律监督的羸弱提出的，因此需要更强有力的羁押性强制措施诉讼构造的控权模式。

三、羁押性强制措施诉讼构造的建议

大体而言，一方面是将我国现行的拘留不仅在名称上改为“逮捕”，更重要的是要明确“逮捕行为”的内涵，符合逮捕行为的程序性意义。另外，将逮捕行为分为有证逮捕和无证逮捕，其中的有证逮捕需要在事前就有司法授权，而无证逮捕只能应用于紧急情况下。这就要求对其在实现程序、审查方式以及后续司法控制方面要有相关的制度制约。另一方面是关于羁押制度的诉讼化构建。本文的思路是实施捕押分离，并将审前羁押纳入刑事强制措施体系。对于长时间剥夺人身自由的羁押必须要有法院的司法审查，并且控、辩、审三方要在诉讼的构造内进行，并给予相关的程序保障与羁押实现延展的限定，实现权利救济。对此详细阐述如下：

（一）刑事拘留制度的思辨

我国现行刑事诉讼法规定的拘留制度，一般被认为是在紧急情况下暂时限制犯罪嫌疑人人身自由的刑事强制措施。[①] 但这样一种临时性措施却在随后附随了较长时间的羁押状态。这样看来整个刑事拘留制度的法律效果大体相当于无证逮捕和审前羁押的总和。对此，本文认为应当用尽量小的司法改革投入以取得最大的法律效果。因此，将刑事拘留变更为逮捕，使之成为紧急情形下强制到案

① 《刑事诉讼法》第80条规定：“公安机关对于现行犯或者重大嫌疑分子，如果有下列情形之一的，可以先行拘留：（一）正在预备犯罪、实行犯罪或者在犯罪后即时被发觉的；（二）被害人或者在场亲眼看见的人指认他犯罪的；（三）在身边或者住处发现有犯罪证据的；（四）犯罪后企图自杀、逃跑或者在逃的；（五）有毁灭、伪造证据或者串供可能的；（六）不讲真实姓名、住址，身份不明的；（七）有流窜作案、多次作案、结伙作案重大嫌疑的。”

的措施，同时缩短逮捕后的羁押状态时间；将逮捕分为有证逮捕与无证逮捕，并明确各自的适用程序：一般情形下实施逮捕行为需要检察机关的批准，紧急情形下可以不经批准而立即执行，但是事后需要申请并得到授权。若无法获得授权，则应当立即释放。这就要强化检察机关对侦查机关适用逮捕的监督与制约。对此，本文再进一步提出几点构想：

第一，废除刑事立案程序，将逮捕行为视为刑事程序的开端。在司法实践中，立案程序只是三机关内部的分工审查程序，如果以逮捕行为作为开启程序的标准也可以实现这样的功能。而当下就立案程序自身而言，其对于揭示、证实犯罪，保护公民的合法权益没有任何实际意义。因为，就惩罚犯罪而言，需要经过长期的侦查工作，不是立案程序能实现的；而保护权益，则更多的是需要后续程序的保障，本身与立案程序并无太大关联。所以，本文认为以逮捕行为作为程序启动的标志，并起到告知的作用，更具有直接、实践意义。但是，在我国的立案中涉及的刑事诉讼管辖方面的规定并不因此而废除。在进行逮捕行为前，需要有关机关采取紧急措施的，仍然要按照管辖的规定进行。本文的意图在于落实管辖之后，并不需要有一个独立的立案程序，直接将逮捕行为视为一个告知的义务。

另外，关于逮捕行为的证据标准。由于此时的逮捕行为只具有程序性的意义，而且只是刑事诉讼程序的开端阶段，因此此时的证据标准不宜定得过高。本文认为，对于此时的证据标准可采用“基于可能事由的合理怀疑”标准。对此，本文试图进一步作出如下解释：首先，“可能事由”的判断是基于一个正常的理性的人作出的常识性判断，不能仅仅是臆断；其次，这样的判断应当有一定数量与种类的证据标准作为支持，而不能仅仅依靠主观想法；最后，“基于可能事由的合理怀疑”标准应该是一个自由心证的过程，其对于证据的可采性应该有适度的放宽，而不像审判一般严苛，如品格证据、犯罪记录等应该视为可采。

查机关在侦查过程中，随着诉讼进程的推进，证据证明体系的完善，认为犯罪嫌疑人具有一定的人身危险性，而为了保障诉讼的顺利进行而认为有羁押必要的，即向检察机关提出羁押申请。而检察机关在审查之后有两种路径选择：一是认为证据不足，不需要予以羁押的可以直接驳回；二是认为确有羁押必要的，则向法院提出启动羁押诉讼程序的申请，从而进入诉讼构造。

这里有必要强调三点：第一是应当赋予检察机关哪个部门启动程序的资格？本文认为结合目前的实际情况，可以将此项职权交于检察机关的侦查监督部门审查，而并不需要新造一个羁押申请部门。这主要是考虑到多年来在实践中一直是由侦查监督部门来行使批捕权，故而赋予其启动羁押诉讼程序的权力是可行的，也节约司法资源。同时，这样也能够顺应法理的内涵：通过程序上的处理行使法理监督权，而非直接进行实体处分。第二是侦查监督部门审查的期限与方式。侦查程序中毕竟惩罚犯罪的时限紧迫，因此在时限与审查方式的设定上需要突出效率的因素。对此本文认为，检察机关的侦查监督部门应当在三日内审查完毕，同时审查的方式以对侦查机关递交的材料进行书面审理为主。当然，现行规定的可以听取辩护律师的意见以及辩护律师提出请求的应当听取其意见的规定可以予以保留。这是因为如果此时通过审查就可以作出不予羁押的决定，也就没有必要进入后续诉讼构造，可降低司法成本。第三是关于诉讼地位的中立性问题。本文认为这个阶段侦查监督部门的予以羁押申请难免带有一定的追诉倾向，但检察机关毕竟具有法律上的客观、中立的地位，而对羁押将重点由后续的诉讼构造解决。因此，此处的审查是基于对检察机关地位的尊重，体现的是互相制衡、以权限权的理念。

其次，诉讼构造的裁决主体应当是法院。众所周知，羁押措施是审前程序中对人身自由采取的最为严厉的措施。它不仅完全剥夺了被追诉人的人身自由，而且在此基础上附随于人身自由的各种权利也会受到限制。因此，在诉讼构造中由中立的法官进行独立、中立的裁决是相当有必要的。由法官行使羁押令状的签发权也是各国立法例中的通行做法。而且，也只有法官在羁押程序中能够保持中立与超脱的地位，作出公正裁判。这里需要重点探讨是否导致“先入为主”的问题。本文认为，当下环境中另行构建一套羁押法官系统并不现实，切实的思路在于加强法院和法官的独立性保障与职业准则要求。而对于这两点正是当下司法改革的趋势与重点要求。借改革东风，提出切实可行的方案确保法官独立办案，并构建完善的机制确认司法机关内部人员打听、刺探、泄露案情的惩罚机制。这样直接简单有效的方案就是直接在分发审理案件时回避当初审理该案羁押与否事项的法官。这样的措施不仅有效，而且简单可行，契合当下司法改革的思路。

最后，诉讼构造的抗辩主体是犯罪嫌疑人、被告人及其辩护律师。在诉讼构造中，犯罪嫌疑人、被告人并不是单纯地追诉客体，不是强大的国家机器面前“一只待宰的羔羊”。犯罪嫌疑人、被告人及其辩护律师可以提出辩护见解，论证人身危险性的未达到羁押标准，并论证取保候审的可行性。① 而且，在该构造中法律也应当明确规定指出辩护方拥有的权利、义务。例如，在此期间有权聘请律师，并且与律师进行单独面谈的权利、有权对侦查人员的违法行为提出控告等。

2. 羁押证明标准分析

对此，本文重点探讨现行刑事诉讼法规定的“有证据证明有犯罪事实”与“可能判处有期徒刑以上刑罚”是否合适的问题。本文认为，“有犯罪事实”的表述中“犯罪”一词的存在偏离了无罪推定理念的要求。而且在此时的程序中，应当更加关注的是是否有必要采用羁押以实现保障诉讼顺利进行。因此本文建议将这种表述改为“有证据证明有重大犯罪嫌疑”，而且应限于重大犯罪嫌疑而非

---

① 本文对取保候审的改革思路已于他文中论述，这里只需强调一点，即固定住处监视居住制度也可以并入取保候审制度中，成为取保候审的附义务条件之一，并且为了扩大取保候审的适用，可以结合实践继续予以丰富。

一般。另外，关于可能判处有期徒刑以上刑罚的规定显得太低。在逮捕与羁押两分的情况下，对于羁押的条件应当予以严格掌握。对此，可以限定为：可能判处三年以上有期徒刑的刑罚。这不仅从降低羁押率，保护权利的角度予以考虑，而且三年的标准也是刑法上重罪与轻罪的分界线。将羁押限于可能判处三年以上有期徒刑的刑罚的一个原因是与前面的重大嫌疑相呼应，也是体现羁押采用中的谦抑取向。而对于其他具体标准的掌握，现行刑事诉讼法已经有了明文规定，而且高检的刑诉规则也进一步明确地规定可以予以吸收。① 在此，本文附带说明：羁押诉讼构造中的举证责任仍然要由控诉方承担，但辩护方对于未达刑事责任年龄、不在犯罪现场、属于依法不负刑事责任的精神病病人等情形要如实提出。

3. 诉讼构造的审理方式分析

对于审理方式的选择，必须在效率与公正、惩罚犯罪与人权保障之间有所偏向。本文在之前逮捕的构建中充分考量了效率的因素，因此在检察机关审理的方式上更偏向采用书面式的审理。但是，如果在羁押诉讼构造中仍然如此，则法官只能听取一面之词，并且更多的可能是只听取控诉方的一面之词。这将使得犯罪嫌疑人、被告人陷于极其不利的地位。因此，本文认为在审理方式上，羁押诉讼程序中也应当贯彻直接言词审理原则。检察机关在启动程序的申请中，只能在申请书中提出申请、犯罪嫌疑人姓名、涉嫌罪名等程序性事项。而对于辩护方的要求也是如此。然后双方在法庭上提出关于案件事实、法律适用、证据体系方面的见解，并且在这个阶段也可以要求证人出庭。而对于羁押延长时诉讼程序的审理方式，本文在后续部分予以详述，此处不赘述。

其他审理方式方面的问题，本文认为在羁押诉讼程序中可以由一个法官独任审理，但是在庭审之后法官应当在听取双方意见以及审查证据的基础上当庭作出裁定。因为这时的审理限于羁押的必要

① 参见《人民检察院刑事诉讼规则》第 139 ～ 142 条。

性，并不复杂，而且这个程序仍然要考虑时效与侦查的紧迫性，因此本文认为需要当庭裁决。而对于法官，对羁押必要性的考量不应只限于证据，更重要的是对人身危险性的考量以及能否优先适用取保候审的考量。对此，法官应该中立地予以通盘裁量。

4. 羁押时限的分析

关于羁押时限，本文认为要指出三点：第一，要明确确认羁押时限应与诉讼时限两分；第二，法官对于羁押时限的长短具有一定的自由裁量权，而且羁押时限的延长需要经法官再次审查决定；第三，羁押的时间计量单位应当改当前的“月”为“日”。首先，必须要改革当下羁押时限附随于诉讼时限的情形，确认羁押时限的相对独立性。这在实质上也是为了避免把羁押作为一种侦查手段来使用。这就必须革除现行《刑事诉讼法》第 96 条的规定。[①] 其次，正如确定对犯罪的刑罚一般，羁押时限要有一定的分档，以针对不同的实践需求。而且法官应当具有一定的裁量权。再次，关于羁押时限延长的法定事由应当在法律上作出明确的规定，而且需要由中立法官对需要延长羁押的理由予以审查并作出是否延长羁押期限的决定。只是这个阶段由于之前已经有过诉讼构造的审理，因此此时法官可以接受控辩双方的书面意见，并在此基础上作出裁决，而不再用开庭质证审理方式。[②] 最后，对于羁押时限的时间计量单位，不应该以“月”为单位。众所周知，月有大月、小月之分，羁押作为对人身自由最严厉的处分，在时限上应当体现出严谨、精确的态度。因此，本文认为对于羁押时限应当以“日”为单位。

---

① 犯罪嫌疑人、被告人被羁押的案件，不能在本法规定的侦查羁押、审查起诉、一审、二审期限内办结的，对犯罪嫌疑人、被告人应当予以释放；需要继续查证、审理的，对犯罪嫌疑人、被告人可以采取取保候审或者监视居住的强制措施。

② 根据德国《刑事诉讼法典》第 121 条的规定：“因特殊情况需要延长羁押期限的，须由州高级法院作出继续待审羁押的决定。”根据法国《刑事诉讼法典》第 145 条的规定：“须由预审法官签发附理由的命令方可延长羁押期限，并且，该命令应当在通知检察官后，必要时还应当在听取被审查人或其律师的意见后方能签发。”

5. 权利救济的分析

所谓没有救济就没有权利，因此权利的救济程序是羁押诉讼构造中根基性的一个环节。首先，对于被追诉方法律帮助权的保障。在羁押的诉讼程序启动之前，被追诉人的人身自由极可能已经处于一种被临时限制的状态。对于此时其辩护权的保障应当由检察机关予以落实。也就是说，当检察机关收到侦查机关提出需要予以羁押的申请，并建议检察机关向法院提起开启程序的动议，检察机关应当立即告知犯罪嫌疑人及其辩护人，并在随后决定是否提出申请并将结果通知辩护方。在这个过程中，对于犯罪嫌疑人与辩护人之间的交流、会见等应当予以许可并保障。其次，对于法官作出裁定的救济。如果法官经过诉讼审查认为需要予以羁押的，应当赋予被羁押人申请救济权，也即应当允许对该裁决的上诉。但同样是基于诉讼效率的考量，上诉应采用书面审理的方式，并坚持二审终审，同时上诉不中止执行羁押。最后，对于侦查机关违法办案、暴力取证等行为被羁押人应当有申诉控告的权利。对此，应当建立一套产生不利后果的救济程序，如羁押诉讼程序中的非法证据排除规则等。

6. 羁押必要性审查分析

现行法律规定了检察机关对于羁押必要性进行审查的规定。但是在检察监督羸弱的大氛围下，羁押必要性审查很难落实。在羁押诉讼构造中，对于羁押必要性审查的权力应当赋予法官，并且可以依职权或者依申请进行。

7. 非羁押转羁押的构想

我国《刑事诉讼法》第 79 条第 3 款规定："被取保候审、监视居住的犯罪嫌疑人、被告人违反取保候审、监视居住规定，情节严重的，可以予以逮捕。"对于这种情况，如何纳入诉讼构造的体系中？本文认为：在现行立法原意上，"非羁押转羁押"的情形之所以单列一款，在适用条件上与普通案件应当有所不同。对于这种情形下的羁押，在要求上就只有一点：违反取保候审、监视居住规定，情节严重。所以，公安机关对于这类案件需要予以羁押，在程序上仍然需要遵守上文所述的程序，但是在证明方向上需要证明的就是“情节严重”，并且，对于“严重”的证明应当综合考量：是否能够保证诉讼活动正常进行、人身危险性、案件的性质与情节、可能判处刑罚轻重等因素，在证明标准上应达到让裁判者信服。

以审判为中心下的侦审关系：反思、追问与展望*

张　可**

以审判为中心的诉讼制度改革自十八届四中全会提出伊始，在司法实践中已经经历了一年的考验。其间学界庶几纷纷著述，对如何理解以审判为中心、如何调整相应的诉讼关系作出了理论回应。应当说，理论层面的以审判为中心已经趋于成熟。此时选择撰写一篇学术成果颇多的题材难免有邯郸学步、东施效颦之嫌。然而，笔者执笔之初衷并非完成一篇趋之若鹜式的应景之作，而是基于对诉讼关系，尤其是侦审关系形式化趋势的深刻忧虑而作。

当前，对以审判为中心的解读主要是建立在对传统"侦查中心"式诉讼制度的批判与反思上。这种逻辑证伪的理解方式虽然可以在一定程度上厘清当前我国刑事诉讼存在的主要问题，却容易陷入片面追求诉讼阶段这一形式要件，忽视诉讼关系这一实质要件的桎梏之中。需要明确的是，以审判为中心是一个诉讼关系命题。它不应当被简单解释为以审判阶段为中心，而应当更加强调审判职权在三种诉讼职权中的核心地位。就侦审关系层面而言，应当更加注重审判权在整个诉讼阶段中的"判断权"属性，

---

* 基金项目：本文为中国政法大学 2015 年博士研究生创新实践活动资助项目"在审判中心视野下侦审关系研究"（项目编号 2015BSCX27）阶段性成果。

** 中国政法大学刑事司法学院 2015 级博士研究生。

发挥审判权对侦查权的制约作用，拓展审判权与侦查权的协作功能。

一、反思：以审判为中心的基本逻辑

“以审判为中心”与“以侦查为中心”的差别，从表面上看，是刑事诉讼中究竟是“谁说了算”的不同，实际上，更重要的是“凭什么说了算”的差异。[①] 仅仅从主体层面对审判中心说进行考量，并不能挖掘出以审判为中心所蕴含的深层次价值，要真正理解以审判为中心，首先要对以审判为中心的正当性作出回应。

（一）“权力论”抑或“阶段论”：以审判为中心的逻辑基点

在对以审判为中心的合理性进行印证之前，必须厘清其基本内涵。一直以来，学界对于以审判为中心的解读一般基于两个出发点：一是以诉讼阶段为主线对以审判为中心进行剖析，最具代表性的是“两中心说”和“三中心说”。前者认为“以审判为中心”具备两层次的含义，即在整个诉讼阶段中要以审判阶段为中心，在审判阶段中要以庭审为中心。而后者则从审判阶段的纵向构造上对其进行了补充，认为除上述两层含义外，还应补充以第一审程序为中心。此种解读方式下的诉讼制度改革侧重的是庭审实质化和证据规则的完善。二是以权力配置为主线对以审判为中心进行解释，这种解释建立在对传统三机关配合制约说的批判之上，认为在司法职权的运行过程当中，侦查权、检察权（主要指公诉权）应当服务于审判权，其权力运行的实质是在为审判作准备。这种解读方式下的诉讼制度改革不啻将目标着眼于审判阶段本身，还强调充分发挥审判权在侦查阶段、公诉阶段的前置作用，更加侧重审判权在诉讼各个阶段的核心地位。

① 王敏远:《重构诉讼体制——以审判为中心的诉讼制度改革》，中国政法大学出版社 2016 年版。

如果从正确性上进行评判，两种解读方式下的以审判为中心并没有对错之分。“阶段论”和“权力论”更像是以审判为中心的近景目标和远景目标。对十八届四中全会《中共中央关于全面推进依法治国若干重大问题的决定》进行整体考量不难发现，决策层并无意突破《宪法》第135条所确立的分工配合制约原则，而是希冀在不改变原有“线型结构”的前提下，尝试性地提高审判权在三种权力中的权重，着力点主要放在夯实审判阶段的独立地位上。2016年10月10日“两高三部”出台的《关于推进以审判为中心的刑事诉讼制度改革的意见》明确指出“……人民法院、人民检察院和公安机关办理刑事案件，应当分工负责，互相配合，互相制约……”再次表明了这种态度。这就使得以审判为中心的诉讼制度改革初期的主要探索集中在优化审判程序上。然而，随着司法改革的不断深化，阶段层面的审判中心改革势必不足以应对多向度的制度演进，一方面，高质量的审判程序是以高质量的审前程序为基础的，没有审判权对侦查监督、庭前会议等前置程序的有效介入，庭审实质化就难以得到有效推进。另一方面，我国的刑事诉讼将长期秉持权力主导型模式，社会力量只能通过有限参与起到补充作用。在权力方处于绝对弱势的情况下，更加需要通过审判权来制约控诉权。因此，司法改革中后期，重点应当放在挖掘以审判为中心所蕴含的诉讼规律之上，从“阶段性”改革过渡为“权力性”改革，推进以审判权为中心诉讼制度向深层次发展。

（二）审判权的“判断权”属性：以审判为中心的逻辑起点

前文已经述明了以审判为中心的本质是以审判权为中心这一基本理论前提，但要解答究竟缘何要以审判权为中心尚需从权力属性层面对审判权进行解析。

事实上，从比较法的视野来看，无论是在奉行当事人主义诉讼模式的英美法系国家，还是在实施职权主义诉讼模式的大陆法系国家，审判权的“判断权”属性都是受到普遍认可的。托克维尔认为:“在法官审理一个案件而职责与此有关的法律时……他一定要对该项法律进行一定的判断。”[①] 郑正忠先生认为:“狭义之司法权则指民事及刑事案件之审判权，所谓审判权，乃通过国家审判机关之审理判断，而实现司法权作用之权能。”[②] 马克思同样指出:“法律是普遍的，应当根据法律来确定的案件是单一的。要把单一的现象归结为普遍的现象需要判断。”[③] 所谓审判，就是对案件事实和证据作出判断，对最终处理结果作出决断，差异仅仅在于作出判断所依据的价值取向。英美法系国家的法官在作出判断时考虑更多的是以何种方式处理案件才能达到定分止争的目的，而大陆法系国家的法官则是以实质真实作为唯一的考量。然而无论在何种法律制度之下，“判断权”都至少存在三种共性的特征：首先，就权力的行使主体而言，判断权的行使主体具有唯一性。诉讼中任何程序性事实和实体性事实的认定，特别是涉及公民人身、财产等重大权利的事项必须由审判方，也即法官作出。其次，就权力的效力而言，判断权具备终局力。审判方作出的处理结果即为最终权威的处理结果，不得随意更改。最后，就权力的组织结构而言，判断权应当中立无偏移。判断权与争议双方应始终保持一种“正三角形”的结构样态，不偏不倚地运行。这三项特征恰恰说明了在刑事诉讼运行过程中，以审判权为中心相对于以侦查权、检察权为中心更具合理性，原因在于：其一，从诉讼本质上来看，诉讼本身就是一个判断的过程，在诉讼过程中理应以判断权为中心。作为判断权合法载体的审判权在诉讼过程中势必要优于检察权和侦查权。其二，从诉讼构造上来看，在诉讼的任何阶段对任何争议性事实作出公正判断的最优结构必然是一种判断方居中而立，不偏不倚，争议双方地位平等，相互对抗的“正三角形”样态。相较于侦查权和检察权，以具备判断权属性的审判权为中心完成对诉讼过程中各项争

① [法]托克维尔:《论美国的民主》(上卷)，商务印书馆1988年版。

② 郑正忠:《两岸司法制度之比较与分析》，五南图书出版有限公司1999年版。

③ 马克思、恩格斯:《马克思恩格斯全集》，人民出版社1956年版。

议的判断不但是必需的，而且是理性的。其三，从诉讼效率上来看，兹于审判权的终局性，以审判权为中心，用审判职权来把握诉讼的整体进程可以减少无效、非法的诉讼行为，避免诉讼的反复与拖沓。

（三）审判权的三种功能：以审判为中心的逻辑展开

以审判为中心的正当性回应仅仅能够解决对该项诉讼制度改革缘起的理论困惑，并不能为制度改革的推进提供明确路径。如何推进以审判为中心？相关诸项制度的改革方向是什么？这些困扰理论界与实务界良久的问题依旧无法得到清楚的解答。其实，既然已经明确了以审判为中心的关键是审判权，就不难得出这样的结论，即以审判为中心的诉讼制度改革事实上是在寻求一种最大限度地发挥审判权功能的方法。如何进一步推进以审判为中心的诉讼制度改革核心在于明晰并发挥审判权的功能。

具体来看，审判权功能可以从三个维度上来理解：一是主要通过实体性裁量而形成的权利救济功能。一个法制健全的社会一定是一个权利社会。立法机关赋予公民权利，司法机关则为公民主张权利提供一个权威、公正的渠道。审判权作为一种严格意义上的司法权，其意义就在于通过正确的裁判来惩治侵权行为，保障公民的权利。二是主要通过程序性裁量而形成的公权制约功能。民主和法治时代，权力不再神秘，越来越多的人认识到“权力是一种必要的恶”，故，“任何权力都不得位于法律之上”是对待权力的理性主张。① 正当程序作为现代司法制度的一种基本价值追求，一直以来都是遏制权力滥用的有力武器。然而，诉讼程序的合法不能诉诸权力机关的自觉，“权力制衡”“以权力制约权力”才是应对权力扩张理想方式。审判权作为一种中立的裁判权理应承担起制约控诉权的职能。三是通过上述两种裁量方式以及对法律解释的论断形成的社

① 张明楷:《刑法格言的展开》(第3版)，北京大学出版社2013年版。

会治理功能。一方面，作为国家的一项公权力，审判权本身就兼具社会治理的职能。通过对案件的事实作出认定，审判权无论是在控制犯罪、维护社会稳定上，还是在定分止争、促进社会和谐上都有着不可替代的作用。另一方面，审判权的运行是一个在适用法律的过程中，既可以通过出台司法解释的方式为法律的理解提供显性指引，又可以在日常的裁量中蕴含对法律理解的隐形指引。

二、追问：以审判为中心下侦审关系的理性架构

以审判为中心的逻辑脉络是以审判为中心运行的基本原理。推进以审判为中心的诉讼制度改革从宏观层面来讲，就是要架构起符合这种基本原理的诉讼关系。既然以审判为中心的运行路径在于充分发挥审判权的基本功能，那么与之对应的侦审关系就必须放在审判权功能的视角下进行探讨。

（一）控审分离—权利救济视角下的侦审关系

审判权权利救济功能得到充分发挥的前提是审判权“判断权”属性得到国家司法制度的充分尊重，具体表现是权力的配置以科学的诉讼结构为基础，重点在于保证审判权的独立性。控审分离作为科学诉讼构造的一个重要方面，其意义就在于通过保证审判权的独立性来保证判断结果的公正。然而，在现代各国的刑事诉讼中，同属公权力的控诉权和审判权有着天然的亲密性，特别是在我国，控审之间仅有机构的相对分立而没有职能的彻底分离，警察职能、检察职能司法化，审判职能行政化的问题较为严重。这些权能的异化又使得原本就羸弱不堪的辩护权难以发挥效用，司法公正难以得到实现。以审判为中心的诉讼制度改革意图通过形塑诉讼结构，实现刑事诉讼的科学化，使刑事司法制度运行回归司法规律。因此，以审判为中心下的侦审关系一定是公民权利可以得到有效救济的侦审关系，也必定是控审分离下的侦审关系。

首先，需要明确的是，控审分离只是对诉讼“正角形构造”特性之一的总结，对它的认识不能脱离诉讼构造这个整体概念，否则就会将控审关系简单等同于国家专门机关之间的权力分工，使得诉讼职能之间的相互关系演变为一方主体的内部关系，陷入片面化。控审分离下的侦审关系应当是存续于辩护权充分参与的三方构造之中的关系。其次，应当认清的是，控审分离层面下的侦审关系强调的是审判权相对于侦查权的独立性。与侦查权混淆不清的审判权不具备作出正确裁量的能力，毕竟“不能做自己案件的法官”是公正裁断的基本要求。最后，在上述两点的基础上不难看出，权利救济视角下的侦审关系的实质实际上就是一种相互分离的侦审关系：其一，侦审分离的方式在于根据权力性质科学划分其职能。从权力性质来看，侦查权属于行政权，审判权属于司法权。前者的职能在于执行法律，后者的职能在于适用法律。因此，侦查权并不具备认定某项事实是否犯罪的功能，审判权也不应介入侦查犯罪的具体行为中，二者在职能上应当有明晰的界限。其二，侦审分离的核心在于排除审前决断。审前决断是指在正式庭审开始之前，法官内心已经形成了先入为主的确信。它有主动和被动两种类型。前者成因主要是审判权运行主体过早过深地接触侦查信息；后者的成因主要是侦查权在侦诉审三种权力中一家独大的异化格局。因此，排除审前决断一方面应当隔绝庭审法官过早与侦查行为的接触，另一方面应当平衡侦诉审三种权力的权重地位。其三，侦审分离的保障在于辩护权的充分参与。“两造具备，师听五辞”是作出正确判断的基础之一。缺乏辩护权的侦审关系势必陷入盲从和迷惘而不可避免地走向相互依附。辩护权的充分参与可以起到平衡证据、丰富信息的作用，使审判权兼听两造，真正独立。

（二）司法控制—公权制约视角下的侦审关系

公权力的天然扩张性要求其必须受到严格的制约。侦查权作为公权力的一种，理应接受规制。审判权的公权制约功能下的侦审关系主要侧重的是审判权对侦查权的司法控制。从理论层面来看，司法控制本身是得到了普遍认可的，争点主要集中于控制的程度，由此也衍生出了两种截然不同的侦审观念：纠问主义侦审观念和控辩主义侦审观念。前者认为侦查本来就是侦查机关调查犯罪嫌疑人的程序，应当承认侦查程序是强制的，并严格限制审判权对侦查权司法控制；后者则认为侦查只不过是侦查机关独自进行的准备活动而已，强制是为了将来进行的审判而由法院单独实施，①应当通过审判权全面限制侦查权的运行。从实践层面来看，鉴于侦查权运行的特质，侦查权的制约也确实存在一定的复杂性。一方面，侦查行为作为一种专业性极强的活动，其内在的技术独占性，决定了自身的私密性和自治性。复杂易变的犯罪形势和狡滑的犯罪分子要求侦查权的运行模式必须要具备高度的灵活性，侦查行为应当被赋予更大限度的自由裁量权。另一方面，侦查行为作为一种时刻存在侵犯公民权利危险的活动，又决定了其本身应当受到监督和控制。对于侵犯公民宪法权利或其他重大权利的侦查措施，不能赋予侦查机关相应的自由裁量权，而应当将其收归司法审查的范畴。

理论与实践的分歧预示着审判权对侦查权的司法控制似乎并不是一个单一的模式，而应当作多元化的考量。公权制约下的侦审关系应当是一种双重结构并存的动态关系。要实现对侦查权的理性制约首先必须对侦查权的运行模式进行区分和界定。具体而言，侵犯公民人身、财产和隐私权利的侦查行为可以被界定为强制性侦查权运行模式，其他的侦查行为则可以被归类为任意性的侦查权运行模式。在强制性侦查权运行模式下的侦审关系应当是一种制约型的侦审关系，侦查权的运行必须得到审判权的许可和监督；任意性侦查权运行模式下的侦审关系应当是一种分立式的侦审关系，审判权应当尊重侦查权的独立地位，不干预侦查机关的正常业务活动。需要指出的是，审判权对侦查权的司法控制作为一种侦查机关、审判机

① ［日］田口守一：《刑事诉讼法》（第5版），张凌、于秀峰译，中国政法大学出版社2010年版。

关、犯罪嫌疑人三方参与的诉讼活动，应当具有与实体性裁量相似的诉讼结构。因此可以说，侦审分离是审判权制约侦查权的前提和基础，而且同样需要以辩护权的充分参与作为保障。

（三）相互协作—社会治理视角下的侦审关系

“国家治理现代化”是党十八届三中全会提出的重要战略举措，是全面深化改革总目标的有机组成部分。社会的公平正义是人类追求的首要价值目标，现代化的国家治理必须为社会公平正义的实现创造有利的条件和保障。[①] 侦查权和审判权都是国家的公权力，在国家权力运行中共同担负着社会治理的职责。从这个角度来看，侦审之间应当也具有一种相互协作的关系，司法公正是二者协作所要达到的终极目标。

具体而言，审判权对侦查权的协作功能表现为两点：一是通过司法解释、法律规则弥补法律的不足和不确定性，指导侦查权的运行。“法典和制定法的存在并不使法官显得多余，法官的工作也并非草率和机械，会有需要填补的空白，也会有需要澄清的疑问和含混，还会有需要淡化的难点和错误……这些制定法经常支离破碎、考虑不周并且不公正……因此法官作为社会中的法律和秩序之含义的解释者，就必须提供那些被忽略的因素，纠正那些不确定性……”[②] 引用布莱克斯通的话，“法官是活着的法律宣誓者”。通过对刑事诉讼法的细化解释，审判权可以为侦查权的运行提供清楚、明确的依据，为案件的公正处理奠定基础。二是通过自身的运行引导侦查权的运行。以审判为中心要求侦查、公诉都要服务于审判，这就意味着审判权运行本身便担负着引导侦查权运行责任，一方面审判程序中严格的证明标准可以引导侦查机关的取证工作；另一方面实质而公正的庭审也可以倒逼侦查机关恪守职责，遵循正当程序，规范执法。

① 陈光中:《国家治理现代化标准之我见》，载《法制与社会发展》2014 年第 5 期。

② ［美］本杰明·卡多佐:《司法过程的性质》，商务印书馆 1998 年版。

侦查权对审判权的协作功能集中于三点：其一，在侦查阶段，表现为通过侦查行为固定证据和犯罪嫌疑人。侦查阶段是刑事诉讼的起始阶段，也是案件的准备阶段。此阶段侦查权力运行的目的就在于为公诉、庭审准备资料。“侦查为准备起诉之程序，故因决断是否提起公诉起见，应汇集决断时所必需之资料。”[①] 其二，在公诉阶段，表现为通过检察机关与审判机关进行的有限沟通。庭审开始之前，为提高庭审效率和质量，法官需要对案件基本事实、证据概况有一个基本了解。这种了解的基本路径就是依靠公诉机关将筛选、整理完备的侦查案卷移交法官审阅来完成的。其三，在审判阶段，表现为通过侦查人员出庭作证，协助法官查明事实真相。彼时侦查权的协助功能是通过证言的形式来实现的。

三、展望：理性侦审关系引导下的制度面向

侦审关系重新架构必然牵动相应制度的变革。控审分离、司法控制、相互协作下的侦审关系须要司法辖区与行政辖区分离制度、司法审查与司法令状制度、侦查法官制度、法律援助与律师保障制度、警察出庭作证制度作为基本落脚点和有效支撑点。

（一）司法辖区与行政辖区分离制度

控审分离下的侦审关系要求侦审之间要有权能的分离，尤其是要保持审判权的独立地位。从我国的司法实践来看，影响司法独立性的两个重要因素是司法的行政化和地方化。前者使得法官个体受制于法院机构，后者使得审判机关对包括侦查机关的地方党政产生依附性。就侦审关系层面而言，首先要解决的问题应当是审判权的去地方化，落实到制度上便是司法辖区与行政辖区相分离。

---

① 蔡墩铭：《刑事程序立法理由、判解决议、令函释示、实务问题汇编》，五南图书出版有限公司 1993 年版。

就此项制度，有三点内容需要加以说明：首先，从域外的司法经验来看，司法辖区与行政辖区相分离是一个普遍性的制度设计。在英美法系国家，英国早在十三、四世纪便通过巡回法院的逐步设置实现了法制在一国范围内的统一[①]，美国的巡回法院的设立同样不依据行政区划而进行；在大陆法系国家，德国和法国一样按照司法区设置法院，法院在哪里设置与行政区域并没有什么关系，主要是由历史原因形成的，同时也根据社会的发展进行调整，原则是要方便诉讼[②]。其次，决策层虽然已经在党的十八届三中全会发布的《中共中央关于全面深化改革若干重大问题的决定》中对此项制度作了方向性的规定，但并未对方案的具体操作进行解释。共识性的做法是扩大或者合并基层法院、中级法院的管辖区域，关键在于解决此种改革带来的合宪性问题，即完善宪法、法院组织法关于人大与人民法院的关系、法院院长任免等规定。最后，尽管辖区分离制度改革涉及修改宪法、组织法等种种复杂问题，但是其改革前景依然优于随之而来的阵痛。剥离了侦查权干扰的审判权才能在诉讼中发挥中心作用，在司法运行中维护公平正义。

（二）司法审查与司法令状制度

公权制约下的侦审关系要求实现审判权对强制性侦查权运行的司法控制，以强化对侦查权运行的司法监督，抑制侦查权的肆意扩张。司法审查与司法令状制度最早兴起于英美，后又被大陆法系国家普遍确认，其核心在于以司法权对强制侦查行为进行审查后颁布的司法令状作为侦查行为正当性的依据。[③] 应当说，强制侦查行为的司法审查制度是我国亟须引进的一项法律制度，这不仅是对解决侦查实践中实际问题的考量，更重要的是基于调整侦审关系、推进

① 陈卫东:《司法机关依法独立行使职权研究》，载《中国法学》2014 年第 1 期。

② 周道鸾:《外国法院组织与法官制度》，人民法院出版社 2000 年版。

③ 张可、陈刚:《审判中心视野下侦查程序的改革与完善》，载《河南社会科学》2016 年第 6 期。

刑事诉讼宪法化战略考虑。[①] 但鉴于我国国情的特殊性，司法审查制度的推进不宜过快，而应以温和渐进为基本原则，切入点可以放在两个方面：一是区分任意性侦查行为与强制性侦查行为，并按强制力之大小，对强制性侦查行为划分等级；二是暂行法院司法审查与检察院“准司法审查”相结合的二元式审查模式，依据强制力等级，可先将强制力较高的涉及人身自由的侦查行为的审批权由侦查机关、检察机关划归法院，其他强制性侦查行为审批权限暂由侦查机关划归检察机关，待条件成熟后逐步移交法院。

（三）侦查法官制度

控审分离下的侦审关系要求排除法官预断，遵循直接审理原则。英美法系国家通行的做法是实行起诉书一本主义。这也是我国之前司法改革的努力方向。然而，2012 年我国新刑事诉讼法对全案卷宗移送制度的恢复意味着起诉书一本主义似乎并没有在我国的司法实践当中取得良好的效果。一味地强调侦审分离的结果是忽视侦审间的协作功能，阻碍案件实质真实的发现。卷宗移送制度的危险在于容易使法官陷入先入为主的境地，造成实际意义上的侦查主导审判，动摇审判权的中心地位。然而若严格贯彻直接审理原则又会导致一旦证人因特殊原因无法出庭，侦查阶段的证言将毫无用处的危险。[②] 事实上，施行于大陆法系国家的侦查法官制度为化解这种两难处境提供了一条很好的出路。侦查法官并非从事或主导侦查追诉活动的法官，而是指在侦查阶段受侦查机关之申请而决定特定侦查措施的法官。[③]具体来讲，侦查法官制度包含三个方面的内容：其一，侦查法官与庭审法官是两个相互分离的主体，主要目的是防

---

① 张可、陈刚：《审判中心视野下侦查程序的改革与完善》，载《河南社会科学》2016 年第 6 期。

② 孙远：《侦审关系侧面之审判中心主义的形式与实质》，载《当代法学》2016 年第 4 期。

③ 林钰雄：《刑事法理论与实践》，中国人民大学出版社 2008 年版。

止法官提前预断。其二，侦查法官可以通过庭前听审的方式对侦查阶段的证言及时保全，但是这种证言保全必须建立在充分保证侦辩双方质证权的基础之上，关键在于保障犯罪嫌疑人的辩护权。其三，侦查法官可以通过对强制性侦查行为的审批与授权实现对侦查权运行的司法控制。

虽然侦查法官制度在调和程序正义与实体正义矛盾之间具备一定的优越性，但也应当看到，基于我国案多人少、法官素质偏低等基本国情，侦查法官制度的推行不宜过快过广。可行的做法是，将侦查法官制度实施的案件范围控制于故意杀人、贪污贿赂等重大刑事案件之内，且在用作证言保全以前应尽量穷尽其他手段与措施。

（四）法律援助与律师权利保障制度

上文评述中一再强调，侦审分离、司法控制是以对犯罪嫌疑人、被告人辩护权的充分保障为前提的。没有辩护权的充分参与，便不可能做到真正的侦审分离，也不可能实施有效的司法控制。然而在我国刑事司法的现实中，律师阅卷权、会见权受限，律师讯问在场权空白，法律援助范围过窄，被告人在庭审程序中的辩护权尚不能得到有效保障，更遑论侦查程序中的辩护权推行了。2012 年的刑事诉讼法修改在完善辩护人法律地位与作用的基础上将法律援助的适用阶段由审判阶段拓展到了侦查、起诉与审判三阶段，无疑是一种巨大的进步，然而新法和随后“两高”及各部门出台的解释、规则与规定并没有彻底解决律师权利落实到实践层面所遇到的阻挠与困境，诸多规定尚存在模糊与空白之处。法律援助的案件比率依旧偏低，审前阶段的法律援助难以保障。鉴于此，之后的努力方向应该是：其一，在立法上明确、细化、拓展律师的基本权利，尤其是要保障律师在侦查阶段的辩护权，也即程序性辩护权，如讯问在场权等。其二，探索长效的法律援助方法，借鉴公诉辩护人制度中的合理成分，建立机构设置合理、资金运营科学、援助质量较高的法律援助体系。

需要进一步说明的是，辩护权的行使同样需要以侦审分离、审判权制约侦查权为基础。按照德国法学家拉德布鲁赫的观点，“假如原告本身就是法官，那只有上帝才能充当辩护人”，[①]毕竟，在没有中立裁判者参与的诉讼活动中，被告方的辩护无论是否具备事实和法律上的基础，也无论这种辩护是否具有说服力，都无法发挥直接的辩护效果。[②]

（五）警察出庭作证制度

警察出庭作证是庭审阶段侦查权协助审判权的主要方式，也是审判权独立于侦查权的重要标志。因此，建立警察出庭作证制度无论对于保障审判权的正确运行还是对于树立审判权的独立、中立的地位都具有重要意义。证人出庭作证制度是庭审实质化的基本保障，也是直接言词证据的基本要求。警察出庭作证制度作为证人出庭作证制度的一个方面，应当符合证人出庭作证的制度要求，但是鉴于其主体的特殊性，仍有必要对个中蕴含的问题作出补充和说明：其一，应适当放宽警察出庭作证的范围。《刑事诉讼法》第 187 条仅规定了警察就其执行职务时目击犯罪情况而出庭作证，但这明显是不够的。对于被依法询问过的证人、被害人难以出庭作证、辩方对警察取证提出合法性质疑而又没有其他证明方式、警察运用复杂的信息化技战法收集证据，锁定犯罪嫌嫌疑人等情况，人民法院认为是有必要的，警察均应出庭作证，作出解释说明。其二，应强化警察出庭作证的技巧与心理应对。由“侦查中心”向“审判中心”过渡需要一个适应的过程。长期缺乏出庭经验的警察需要通过培训和学习，掌握作证技巧，提高心理应对能力，以适应对抗制庭审，发挥出庭作证的实质功效。

---

① ［德］拉德布鲁赫：《法学导论》，米健译，中国大百科全书出版社 1997 年版。

② 陈瑞华：《程序性制裁理论》（第 2 版），中国法制出版社 2010 年版。

认罪认罚从宽制度与检察机关办案能力的提高

刘曹祯 *

2016年9月3日，全国人大常委会表决通过决定，授权最高人民法院、最高人民检察院在18个城市开展刑事案件认罪认罚从宽制度试点工作。旨在“落实宽严相济刑事政策，完善刑事诉讼程序，合理配置司法资源，提高办理刑事案件的质量与效率，确保无罪的人不受刑事追究，有罪的人受到公正惩罚，维护当事人的合法权益，促进司法公正。”① 认罪认罚从宽制度针对我国刑事司法中案件积压、司法资源有限等问题，以新的制度形式重新配置司法资源，进一步完善我国的刑事司法程序体系，对于“推进以审判为中心的诉讼制度改革”具有重大意义。笔者通过调研，以提高我国基层检察机关的办案能力为切入点，简要探讨落实认罪认罚从宽制度在提高检察机关办案能力、节约司法资源中的作用和意义。

一、基层人民检察院的办案情况分析

近年来，案多人少是检察机关在司法实践中面临的现实问题，

* 中国政法大学刑事司法学院2015级博士研究生。

① 《全国人大常委会关于授权最高人民法院、最高人民检察院在部分地区开展刑事案件认罪认罚从宽制度试点工作的决定》，载《人民日报》2016年9月4日第4版。

在办案人员没有明显增加的情况下，检察机关办理的案件数量有逐年增加的趋势，因此，提高检察机关的办案能力，是当前检察机关亟须解决的问题。根据《2016 年最高人民检察院工作报告》显示，仅 2015 年全国检察机关就对 1390933 人提起公诉，而承担了全国绝大部分公诉任务的基层检察院的工作尤为繁重。虽然我国《刑事诉讼法》中设置了简易程序，对符合简易审理条件的刑事案件进行分流，以减轻基层司法机关的办案压力，但是简易程序的案件分流效果还不是很明显，特别是在审查起诉阶段，对检察机关的工作压力的缓解以及办案能力的提高并没有带来显著改变。

（一）基层人民检察院的案件办理情况

在调研中，笔者发现在承担我国大部分刑事案件的基层检察院中，案多人少的问题十分突出。以河南省驻马店市为例，该地级市共有九县一区共十个基层检察院，各基层检察院在 2015 年，具体的办案情况如下：

县区	起诉案件数	办案检察官	人均办案数
驿城区	592 件	7 人	85 件
遂平县	262 件	5 人	52 件
确山县	406 件	5 人	81 件
西平县	381 件	6 人	64 件
汝南县	442 件	5 人	88 件
上蔡县	667 件	6 人	112 件
平舆县	502 件	4 人	126 件
正阳县	429 件	6 人	72 件
泌阳县	520 件	5 人	104 件
新蔡县	371 件	8 人	46 件

从上表中不难发现，该市基层检察院中的办案检察官人数都不足 10 人，而各基层检察院每年要承担数百起的刑事案件，人均办案数最低的也接近 50 件，而最高的达到了 126 件。如果对该数字进行进一步量化，基层检察机关办案压力大的问题就更加明显。

2015年的国家法定节假日为11天，周末共104天，检察机关全年的正常工作时间仅为250天。在人均办案数量最少的新蔡县平均每名检察官每5天就要办理一起刑事案件，而人均办案数量最多的平舆县平均每名检察官在不到2天的时间里就要办理一起刑事案件。如此巨大的办案压力使基层检察官不堪重负。为了保证案件得到公正的处理，基层检察官只能通过加班加点以及放弃节假日休息来按时完成案件的起诉工作。在调研中笔者还发现2015年是该市检察机关办理刑事案件较为常态化的一年，而在该市进行打黑除恶专项治理活动的2012年及2013年，刑事案件的数量更加庞大。例如，2013年该市的九县一区的基层检察院，人均办案数量均超过了100件，而最多的县区更是达到了惊人的人均165件。虽然上表只是对一个地级市的九县一区十个基层检察院工作压力的简单统计，但窥一斑而见全豹，根据笔者的进一步调研发现，这种案多人少的情况所造成的巨大办案压力在全国的基层检察机关中十分普遍，有些基层检察机关的办案压力甚至更加繁重，因此，缓解办案压力，提高办案能力，成为目前检察机关必须解决的问题。

案多人少是我国基层检察院中普遍存在的问题，为了保证司法公正和办案质量，缓解检察机关的办案压力，提高检察机关的办案能力，如果简单地从案多人少的角度出发最直接的解决办法就是改变案多和人少的局面。案多的情况在短时间内得到控制并不现实，随着社会的发展和法治化进程的加深，我国的刑事案件数量有逐年增加的趋势。控制刑事案件的发生，减少案件的数量不仅仅是单纯的刑事司法问题，而是需要经过相当长时间的社会、经济、文化、教育、法治等多方面的共同发展才可能达到理想状态，因此，在短时间内解决案多的情况并不现实。而针对人少的情况，虽然相对于案多问题较为容易解决，但是考虑到我国目前尚处于社会主义初级阶段的现实情况，国家的人口多，底子薄，还有许多关乎国计民生的重大问题需要持续加大投入，如医疗、教育、交通、基础设施建设等问题，过大或过快地增加司法投入并不符合现实情况。而且司法机关的工作人员需要具有极强的专业素养，必须经过长时间的学习和培训，并不能够简单地通过加大投入就一蹴而就地解决问题，所以，通过增加办案人员来缓解办案压力的方法在短期内也不可行。既然直接地缓解办案压力的两种方法都难以在短时间之内取得成效，那么要缓解基层检察机关的办案压力，就需要以间接的方法入手，在保证司法公正的前提下，结合我国目前刑事司法的实际情况，优化司法资源配置，以案件分流的形式对可以简化的程序进行简化，同样可以达到提高检察机关办案能力的目的。

（二）简易程序与检察机关办案能力提高

提高办案效率，优化司法资源配置，是我国刑事司法领域中的热点问题。1996 年我国《刑事诉讼法》增加了简易程序，该程序又在 2012 年修改的《刑事诉讼法》中得到了进一步的完善，其目的就是要“统筹处理好公正与效率的关系，优化司法资源配置”，[①] 以达到缓解基层司法机关办案压力，提高司法效率的目的。但是根据笔者的调研，简易程序案件在基层司法机关中的适用率并不高，而且简易程序主要是针对性缓解基层人民法院审理案件的办案压力，在缓解基层检察机关的办案压力方面效果并不明显。这是由多方面的原因造成的，其中主要有：

第一，根据《刑事诉讼法》第 168 条的规定：“人民检察院审查案件的时候，必须查明：（一）犯罪事实、情节是否清楚，证据是否确实、充分，犯罪性质和罪名的认定是否正确；（二）有无遗漏罪行和其他应当追究刑事责任的人；（三）是否属于不应追究刑事责任的；（四）有无附带民事诉讼；（五）侦查活动是否合法。”这是检察机关在审查起诉阶段必须查明的情况，不论是普通程序案件还是简易程序案件都应当遵循这一标准，而且这样的标准不因案件是否将要适用简易程序进行审理发生任何变化，所以即使法院决定适用简

① 卞建林：《扩大适用简易程序：追求效率不牺牲公正》，载《检察日报》2012 年 3 月 29 日第 3 版。

易程序来审理案件，检察机关审查案件的工作量实际上并没有发生变化。

第二，根据《刑事诉讼法》第208条第1款规定："基层人民法院管辖的案件，符合下列条件的，可以适用简易程序审判：（一）案件事实清楚、证据充分的；（二）被告人承认自己所犯罪行，对指控的犯罪事实没有异议的；（三）被告人对适用简易程序没有异议的。"这里的"可以"赋予了基层法院对于适用简易程序的自由裁量权。而针对基层检察机关，根据此条第2款规定"人民检察院在提起公诉的时候，可以建议人民法院适用简易程序。"也就是说，基层检察机关对于简易程序的适用只有建议权没有决定权。检察机关的建议无非有两种结果，一种是法院同意了检察机关的建议，案件将以简易程序进行审理，另一种是法院不同意检察机关的建议，那么案件将以普通程序进行审理。这两种情况无论是哪一种，检察机关都已经为正式开庭审理案件做好了准备，对缓解检察机关的工作压力并没有实际意义。也正是由于检察机关在简易程序的适用问题上的被动性，在一定程度上削弱了检察机关对案件适用简易程序的积极性。

第三，根据《刑事诉讼法》第212条规定："适用简易程序审理案件，经审判人员许可，被告人及其辩护人可以同公诉人、自诉人及其诉讼代理人互相辩论。"这就说明简易程序的案件并不是完全不需要质证、辩论等法定程序，当取得审判人员的许可时，控辩双方是可以进行法庭辩论的，即使基层法院决定适用简易程序审理案件，公诉人也需要在开庭之前做好进行法庭辩论的准备。虽然这样的规定是"检察机关履行其追诉职责，是审判构造的要求，是公诉人行使其控诉职能的需要，是检察机关履行审判监督职能的需要，"[①] 但是客观上使得公诉人的实际工作量在简易程序案件中也难以得到有效控制。

---

① 卞建林：《扩大适用简易程序：追求效率不牺牲公正》，载《检察日报》2012年3月29日第3版。

通过以上分析不难看出，在简易程序审理的案件中，无论是在审查阶段还是在起诉阶段，检察机关的整体工作量并没有因为简易程序而显著减少。而简易程序在缓解基层检察机关的办案压力方面的作用并不明显，对检察机关办案能力的提高也没有显著的帮助。针对这样的问题，全国人大常委会授权最高人民法院、最高人民检察院在 18 个城市开展刑事案件认罪认罚从宽制度试点工作，更具有针对性地缓解检察机关特别是基层检察机关的办案压力，提高其办案能力。

二、认罪认罚在提高检察机关办案能力中的作用

"认罪认罚制度是建立在侦控机关指控犯罪嫌疑人、被告人有罪的基础上的一种制度延伸，它适用于任何案件性质、诉讼程序类型，广泛存在于刑事诉讼过程中。它不是脱离于刑事实体法、程序法规范而独立存在的一项诉讼制度。"[①] 在刑事案件中，被追诉人可以根据自己的判断和辩护律师的建议自愿地、理智地放弃自己无罪推定的权利，通过认罪认罚免于诉累，且规避败诉风险，而公诉机关在被追诉人主动认罪的前提下，可以依法对被追诉人降低或者减轻指控，减少公诉方的工作，特别是省略了法庭质证和法庭辩论的准备工作，快速审结案件，从而缓解公诉人的办案压力。这种以简单、快捷的诉讼程序来简化检察机关审查案件的工作以及公诉工作的制度，缓解了基层检察机关的工作压力，提高了办案能力，实现了司法资源的优化配置，使检察机关能够集中精力准备需要进行正式开庭审判的普通程序案件。

（一）认罪认罚有利于简化检察机关审查案件

基层检察机关面对庞杂的刑事案件，如果不能合理地对不同的

① 陈卫东:《认罪认罚从宽制度研究》，载《中国法学》2016 年第 2 期。

案件进行有效分流，则很难实现司法资源的合理配置。在推进庭审实质化的进程中，如果要保证重大疑难案件的审理能实现庭审实质化，那么对相对简单的刑事案件进行合理分流就显得尤为必要。这也正是认罪认罚从宽制度在检察机关审查案件时缓解其办案压力，提高办案能力的重要作用之体现。

根据《刑事诉讼法》第 168 条的规定，人民检察院在审查案件的过程中，需要查明五种情况，其中，“犯罪事实、情节是否清楚，证据是否确实、充分，犯罪性质和罪名的认定是否正确”显得尤为重要。而且在 2012 年修改的《刑事诉讼法》中新引入了“排除合理怀疑”的概念，虽然此概念是针对审判阶段法官定罪量刑的标准，但是学界普遍认为，鉴于刑事诉讼中各个阶段的证明标准具有渐进性，排除合理怀疑同样应当适用于刑事诉讼中的各个阶段，虽然并不要求达到法院定罪量刑的证明标准，但是需要符合在本诉讼阶段之内的排除合理怀疑的情形。这样的规定对检察机关审查案件提出了新的更高的要求，为了达到相应的证明标准，检察机关势必投入更多的人力、物力，这也在客观上增加了检察机关的办案压力，使得人员本就紧张的基层检察机关在司法资源配置方面更加捉襟见肘。

在司法实践中，还存在着检察机关明知被追诉人有罪的可能性极大，但是根据我国的刑事诉讼证明有罪的标准，证据不足而不能形成证据链条，对被追诉人不能定罪的现象。按照法律规定的“疑罪从无”原则，被追诉人可能被宣判无罪。这不仅极有可能放纵了真正实施了犯罪行为的被追诉人，产生不良的社会影响，而且对检察官办理案件的积极性也是巨大的打击。认罪认罚从宽制度可以有效地缓解这一矛盾，在检察机关证据掌握不足的情况下，被追诉人自愿认罪认罚，既免于检察机关继续深入调查取证而造成的司法资源浪费，也可以使被追诉人早日结束诉讼之累，而且能够获得相应“从宽”的处理结果，使控辩双方达到“双赢”的局面。不仅节约了有限的司法资源，提高了诉讼效率，而且维护了司法公正。

认罪认罚从宽制度，在打击腐败案件中也具有积极的作用。根据党中央全面从严治党的战略方针，我国司法机关对腐败案件的打击力度不断加大，但是由于腐败案件的性质决定了其具有隐密性的特点，使得检察机关侦办腐败案件存在着客观困难。而随着反腐败案件的增加，检察机关在侦办腐败案件中的办案压力也不断加大。在实践中，腐败案件的相关证据难以收集，很难形成有效的证据链，难以达到惩罚犯罪、打击腐败的效果。认罪认罚从宽制度可以通过被追诉人的主动认罪，公诉机关依法对其减轻或减少指控的途径来审理复杂的、难以收集证据的腐败案件。我国在利用认罪认罚从宽制度处理腐败案件中有许多可以借鉴的经验，如在 2004 年的“余振东案”中，辩诉交易（类似于我国的认罪认罚从宽制度）的作用就得到了充分体现，余振东在其辩护律师的帮助下达成了与美国政府的辩诉交易，签署了《答辩备忘录》，做出有罪答辩，在各方都同意的情况下由美国政府遣返回中国①。这不仅对外逃的腐败分子产生了巨大的震慑，表明了我国政府打击腐败的决心，还为我国检察机关在以后的工作中利用认罪认罚从宽制度更加有效地打击腐败提供了宝贵的经验。

（二）认罪认罚有利于简化检察机关公诉工作

认罪认罚从宽制度有利于检察机关简化起诉工作。特别是党的十八届四中全会通过的《中共中央关于全面推进依法治国若干重大问题的决定》（以下简称《决定》）指出，在全面推进依法治国的建设中要“推进以审判为中心的诉讼制度改革，确保侦查、审查起诉的案件事实证据经得起法律的检验。”②《决定》对刑事司法工作提出了新要求，检察机关在落实审查起诉的案件事实证据经得起法律的检验方面需要进一步探索。“推进以审判为中心”要求庭审（开庭

---

① 杨宇冠、刘曹祯：《辩诉交易制度简论》，载《人民检察》2016 年第 11 期。

② 《中共中央关于全面推进依法治国若干重大问题的决定》，载《中国共产党第十八届中央委员会第四次全体会议文件汇编》，人民出版社 2014 年版，第 45 页。

审判）在整个刑事诉讼的过程中起决定性作用[①]，而作为庭审中最重要的环节，法庭质证也变得尤为重要。庭审的实质化也就成为我国刑事诉讼发展的必然方向，为了适应这样的发展变化，检察机关作为国家的公诉机关，在未来的刑事司法中必然要针对法庭质证和法庭辩论多做功课，在庭审前做好相应的准备。但是在司法实践中如果每一个案件都要经过法庭质证和法庭辩论显然是不现实的，一方面检察机关没有如此巨大的人力支持，另一方面也不是所有的案件都需要进行法庭质证和法庭辩论。在新一轮的刑事司法改革中，如何保证对需要开庭审理的案件进行充分的质证和辩论，促进庭审的实质化成为重点，这也就要求对不需要开庭审理的案件进行合理的分流。

认罪认罚从宽制度，可以不经过“审”而直接进行“判”，这不仅仅是对法院办案压力的缓解，更是对公诉机关办案压力的缓解。需要特别指出的是，认罪认罚从宽制度虽然省略了“审”的过程，但并不会对案件的公正性产生不利影响，被追诉人的认罪认罚必须是建立在其自愿认罪的基础之上的。当被追诉人在辩护律师的专业帮助下，选择放弃了自己无罪推定的权利[②]，公诉机关在其自愿认罪的基础上降低或者减少对被追诉人的指控。这样的制度设计不仅认可了被追诉人自由处置自身权利的权利，而且保障了被追诉人的辩护权，法官也只是对被追诉人认罪认罚的自愿性、明智性、真实性方面进行核实，然后根据公诉机关“从宽”的建议进行宣判，在兼顾效率的同时最大限度地保证了司法公正。在认罪认罚从宽制度下，由于没有“审”的过程，公诉人就没有必要在开庭前对法庭质证和法庭辩论进行过多准备。这样就大大节省了公诉人员的时间，以便其能够投入更多的精力准备那些真正需要开庭审理的重

---

① 陈光中:《推进“以审判为中心”改革的几个问题》，载《人民法院报》2015 年 1 月 21 日第 5 版。

② 杨宇冠:《论权利放弃——以无罪推定权利为视角》，载《杭州师范大学学报》（社会科学版）2008 年第 5 期。

大、疑难、复杂案件，保证了需要进行法庭质证和法庭辩论的案件的实质化的同时，缓解了检察机关的公诉工作压力，提高了其办案能力，实现了司法资源的优化配置。

三、认罪认罚对提高检察机关办案能力的意义

检察机关是我国的公诉机关，代表国家行使公诉权。在刑事案件中，检察机关的办案质量直接关系着“惩罚犯罪”和“保障人权”双重任务的完成，因此提高检察机关的办案能力，保证检察机关的办案质量是检察机关在工作中需要不断努力的方向，然而面对案多人少的普遍情况，检察机关需要通过相关程序，特别是认罪认罚从宽制度对一部分案件进行分流，一方面提高了检察机关的办案能力，保证了办案质量，另一方面在贯彻我国宽严相济的刑事政策和完善我国刑事司法制度方面也具有重大的现实意义。

（一）认罪认罚从宽制度是贯彻宽严相济的刑事政策的体现

“抗拒从严、坦白从宽”是我国基本的刑事司法政策之一，是在我国长期的司法实践中总结的符合我国国情的司法理念。然而，相对于抽象的原则，在实践的具体操作中，“从严”比较容易把握，但是对“从宽”的规定，缺乏一定的法律支持。在符合什么样的情况下可以从宽，以及从宽的限度问题，在法律中一直没有明确，同时也缺乏制度支持。而认罪认罚从宽制度的建立，为我国“抗拒从严、坦白从宽”的宽严相济的刑事政策提供了制度性的保障。在认罪认罚制度的规范下，如果被追诉人主动认罪，那么根据法律规定，检察机关就可以依法对其降低或者减少指控，这样被追诉人就能得到相应的“从宽”处理。这样统一的、明确的标准不仅有利于司法机关特别是检察机关在司法实践中把握从宽的尺度问题，也更容易使被追诉人信服“坦白从宽”的政策，从而促使刑事司法中被追诉人主动认罪，以取得从宽处理的结果，减轻基层检察机关的办

案压力，提高办案能力，保证办案质量，形成良性循环。

当然，需要注意的是，认罪认罚从宽制度也要有一定的界限或者是例外，并不是所有的被追诉人认罪认罚都应当从宽进行处理，需要有一定的例外存在。比如，在针对性质极其恶劣或者是惯犯的处理上，认罪认罚从宽则不一定成为必然。虽然法律的要义具有惩戒和教育的双重属性，但是，对于性质极其恶劣的刑事犯罪，被追诉人可能会有策略性认罪的企图，以违心的认罪认罚来逃避其应有的制裁，如果对这样的被追诉人进行了从宽的处理，无论是从个案处理的微观角度，还是从社会稳定的宏观角度，都不利于司法公正和权威的整体形象。虽然在一般的刑事案件中也可能存在策略性认罪的现象，但是考虑到其社会危害并不特别巨大，而且核实被追诉人的认罪认罚是发自内心的忏悔还是策略性认罪的难度巨大，为了保障认罪认罚从宽制度的顺利进行，保证司法资源的合理配置，对这类案件可以采取相对宽容的态度。在针对惯犯的处理上，认罪认罚从宽制度也应当有所缩紧，这并不是说对所有的惯犯的认罪认罚都不进行从宽的处理，而是在对惯犯从宽处理的过程中要进行更加严格的核查，这样是为了有效避免惯犯规避法律制裁，有利于维护司法的公正性。

在实行认罪认罚从宽制度的同时，还需要特别注意可能存在的司法腐败的问题。虽然我国大部分的司法工作人员承受着巨大的办案压力、兢兢业业地追求司法公正，为法治工作无私奉献，但是，不能否认在司法机关中的确存在着一些害群之马，这些少数的司法腐败分子，利用自己手中的职权，以司法作筹码为自己谋取不正当利益，玷污了司法的纯洁性，损害了司法的公正性，更削弱了司法在人民群众心目中的权威性。鉴于认罪认罚从宽制度的特殊性，通常是由控辩双方参与的不公开进行的协商，透明性不强，这也就很容易给外界特别是媒体、网络等造成广阔的想象空间。虽然媒体的监督对司法的公正具有积极意义，但是相对不透明的程序难免会让外界对司法的公正性产生质疑，这样的情况不利于司法公正性的体现。为了防止司法腐败现象的发生，也为了保障司法公正，认罪认罚从宽制度必须要有严格的标准，公诉人的从宽主张要依据法律的规定进行，不能恣意妄为，被追诉人只能在法律规定的范围内得到相应从宽的处理。只有把司法权力关进制度的笼子里，才能保证司法公正，也有利于认罪认罚从宽制度的良性发展。

（二）认罪认罚从宽制度是完善我国刑事司法制度的需要

认罪认罚从宽制度在完善我国刑事司法制度方面有着极为重要的意义。如果仅从浅层次分析，认罪认罚从宽制度可以直接缓解我国检察机关的办案压力，提高其办案能力，但是如果对该制度进行深入的研究，不难发现认罪认罚从宽制度对于我国的刑事司法制度的完善具有更加深刻的意义，是我国完善的刑事司法制度中不可或缺的一部分。从刑事司法的发展规律着眼："刑事诉讼法应当为司法部门提供多种程序选择：用复杂的刑事诉讼程序处理重大、复杂的案件；用简单、快捷的诉讼程序处理简单的案件。"① 而对不同的刑事案件的繁简分流，正是现代社会中，司法文明发展的体现。司法公正作为刑事司法的首要价值，是人类社会发展中长期以来追求的目标，但是随着社会的发展，公正虽然依旧是司法价值最主要的体现，但是效率的价值也在逐步提高。英国有句著名的谚语："迟来的正义不是正义。"② 简单而言，如果司法机关为了追求绝对的正义，而忽略了时效，那么即便是最终达到了追求正义的目的，也已经失去了原本正义的意义。

现代刑事司法所追求的价值目标不仅仅是公正，而且要求兼顾效率，针对我国司法实践中存在的各种问题，将司法效率作为刑事诉讼法的一项价值目标，在追求公正价值取向的前提下兼顾效率的因素，有助于解决我国刑事司法中长期存在的超期羁押、诉讼拖延

① 杨宇冠：《我国刑事诉讼简易程序改革思考》，载《杭州师范大学学报》（社会科学版）2011 年第 2 期。

② 英语原文为："Justice delayed is justice denied."

等问题[1]，同时也有利于构建我国完善的刑事司法制度体系。认罪认罚从宽制度，借鉴了国外辩诉交易制度的经验教训，结合我国国情，创建了新的控辩双方的审前协商机制。为实现我国刑事司法中的繁简分流的程序构建，进一步完善我国刑事诉讼中的审前程序，为我国以后刑事司法改革审前程序的构建创造了良好的基础。通过认罪认罚从宽制度，以及相关制度的研究，系统梳理和规范我国刑事司法中的审前程序，建立相对完备的案件分流程序，保障庭审实质化的实现，在进行司法资源的优化配置和案件的繁简分流的同时，最大限度地实现司法公正。这是我国司法实践中对完善刑事司法结构新的探索，对于进一步完善刑事司法制度具有重大的意义，同时也是我国全面推进依法治国战略中必须经历的过程。

四、结语

认罪认罚从宽制度是我国对于案件繁简分流的新探索，也是我国刑事司法制度中追求公正和效率的新尝试。在我国日益繁重的刑事司法环境下，认罪认罚从宽制度的适时提出，对于提高检察机关，特别是基层检察机关的办案能力方面具有重要的作用。认罪认罚从宽制度作为完善我国刑事司法制度体系中的案件繁简分流制度，是实现我国社会发展和司法文明的必然结果，对贯彻宽严相济的刑事政策，完善我国的刑事司法制度都具有积极意义，也将在“推进以审判为中心的诉讼制度改革”中扮演越来越重要的角色。

① 杨宇冠等:《公正高效权威视野下的刑事司法制度研究》(第 1 版)，中国人民公安大学出版社 2013 年版，第 44 ～ 46 页。

关于速裁程序正式入法的初步构想

李逍遥 *

一、刑事速裁程序试点评估

(一) 试点改革背景

近年来，随着社会管理方式的不断创新以及刑事法律精密化程度的提升，轻微刑事案件的比例显著上升。据统计，2012 年，全国法院判处三年有期徒刑以下刑罚 900021 人，占生效判决人数的 76.65%；2013 年 934011 人，占 80.61%；2014 年 980004 人，占 82.73%。判处拘役以下刑罚的人数也逐年增长，2012 年占生效判决的 42.96%，2013 年占 45.66%，2014 年占 46.37%。[①] 在这种背景之下，司法资源的有限性和稀缺性成了阻碍我国司法现代化发展的重要因素，加之对于大量的轻微刑事案件，简易程序难以体现高效、速裁的优势，难以达到有效提高诉讼效率的目的。[②] 新的司法改革举措势在必行。为此，2014 年 6 月 27 日，第十二届全国人大常委会第九次会议审议通过《关于授权最高人民法院、最高人民检察院在部分地区开展刑事案件速裁程序试点工作的决定》(以下简

---

* 中国政法大学 2015 级刑事诉讼法学博士研究生。

① 袁定波:《刑事速裁试点过半，“简”程序不“减”权利》，载《中国审判》2015 年第 17 期。

② 刘广三、李艳霞:《我国刑事速裁程序试点的反思与重构》，载《法学》2016 年第 2 期。

称《决定》)。[①]

《决定》明确指出，设立刑事速裁程序的目的在于“进一步完善刑事诉讼程序，合理配置司法资源，提高刑事案件的质量与效率，维护当事人的合法权益”[②]。其意义在于“有利于及时惩治犯罪，维护社会秩序，促进社会和谐稳定；有利于优化司法资源配置，解决司法实践中案多人少的矛盾；有利于贯彻宽严相济、惩办与教育相结合的刑事政策，教育矫治犯罪人”[③]。

从上述文件可以推断，创设刑事速裁程序的首要目的是在不失公允的前提下，对案件进一步进行繁简分流，提高诉讼效率，缓解乃至解决司法的“资源瓶颈”。

(二)刑事速裁程序试点工作概述[④]

截至2016年6月30日，各地确定试点基层法院217个，适用刑事速裁程序审结案件52540件共54572人，占试点法院同期判处一年有期徒刑以下刑罚案件的35.88%，占同期全部刑事案件的18.48%。[⑤]总而观之，各地试点工作进展平稳有序，整体运行状况良好，进入全面、规范适用阶段，并已取得阶段性成效，但同时也存在一些问题和困难。[⑥]

---

① 参见“中国人大网”：http://www.npc.gov.cn/npc/xinwen/2014-06/28/content_1869454.htm，最后访问时间2016年3月22日。

② 参见“中国人大网”：http://www.npc.gov.cn/npc/xinwen/2014-06/28/content_1869454.htm，最后访问时间2016年3月22日。

③ 参见“中国人大网”:《对〈关于授权在部分地区开展刑事案件速裁程序试点工作的决定(草案)〉的说明》，http://www.npc.gov.cn/wxzl/gongbao/2014-08/22/content_1879705.htm. 最后访问时间2016年3月22日。

④ 截至目前，刑事速裁程序试点工作已经运作一年多，基于资料来源可靠性和系统性的考虑，笔者仅就该试点中期评估资料为基础，探索试点工作的规律以及未来走向。

⑤ 参见人民网:《刑事速裁程序试点两年办案质效双升》，http://legal.people.com.cn/n1/2016/0905/c42510-28690491.html，最后访问时间2016年11月5日。

⑥ 袁定波:《刑事速裁试点过半，“简”程序不“减”权利》，载《中国审判》2015年第17期。

1. 改革取得的成效

从现有资料可以看出，适用速裁程序审理案件主要有以下优势：

第一，审结案件时间明显缩短。2014 年 8 月，在国家最高权力机关的授权下，最高人民法院、最高人民检察院、公安部、司法部联合印发了《关于在部分地区开展刑事案件速裁程序试点工作的办法》(以下简称《办法》)。《办法》规定，人民检察院一般应在受理案件后 8 个工作日内作出是否提起公诉的决定，这比现行规定的审查期间缩短了 22 天；人民法院适用刑事速裁程序审理案件，一般在受理后 7 个工作日内审结，这比简易程序日的相应期间缩短了 13 天；从实际审理时间角度，在适用速裁程序审结的案件中，5 天内审结的占 46.85%，5 ～ 10 天审结的占 47.06%，两者合计占 93.91%[①]。

第二，当庭宣判率高，服判率高。从当庭宣判率角度，速裁案件当庭宣判率达 94.60%，高于试点法院同期适用简易程序审结的一年有期徒刑以下的刑罚案件。从服判息诉角度，在速裁案件中，检察机关、附带民事诉讼原告人均没有提出抗诉、上诉，个别被告人为了留所服刑等原因提起上诉，上诉率为 2.20%，低于试点法院同期适用简易程序审结的判处一年有期徒刑以下刑罚案件。[②]当庭宣判是以审判为中心诉讼制度改革的重要内容，是集中审理原则的必然要求，尤其是对于案情简单、证据充分的轻微刑事案件，应当落实当庭宣判制度。速裁程序试点很好地体现了审判的中心地位，更好地实现了诉讼公正，增加了当事人对判决的认可度，维护了司法权威，获得了各界的广泛关注与好评。

第三，当事人权利保障较充分。《决定》和《办法》均强调对

① 袁定波：《刑事速裁试点过半，“简”程序不“减”权利》，载《中国审判》2015 年第 17 期。

② 袁定波：《刑事速裁试点过半，“简”程序不“减”权利》，载《中国审判》2015 年第 17 期。

当事人，尤其是犯罪嫌疑人、被告人的权利予以重点保障，如上述规定中明确提出保障其在速裁程序中的知情权、选择权以及获得律师帮助的权利。其中，法律援助的覆盖面较简易程序有了质的提升。[①] 这些权利保障突出了犯罪嫌疑人、被告人的诉讼主体地位，体现了我国司法文明程度的提高。此外，被告人获得迅速审判是“宽严相济”的刑事政策精神的外在体现，也是对国际条约的遵守和践行。

2. 改革存在的问题

然而，当前速裁程序的运行也暴露了一些问题。

第一，程序设计的价值理念不清晰。现行刑事速裁程序力求效率与公正并重，打击与保障并举。例如，《决定》将“合理配置司法资源，提高刑事案件的质量与效率，维护当事人的合法权益”作为此次改革的目的，实际上意图通过该程序的设置，来实现司法资源的科学合理配置、公正和效率兼顾、人权保障等多重目的的和谐并存。这种“面面俱到”的“乌托邦式”的构想，反而模糊了速裁程序的功能定位，淡化了多重价值之间的矛盾与冲突，使得该程序在运行过程中因缺乏明确的指引而受到多种价值理念冲突的掣肘，进而阻碍了该程序作用的发挥以及后续改革举措的推进。

第二，试点开展不均衡。从全国范围来看，14 个试点省市中，广东、上海、山东、福建、北京 5 个地方的案件就占了 61.00%[②]；从个别地方试点法院来看，同一个试点城市的不同法院之间运用速裁程序审结案件的数量也十分悬殊：截至 2015 年 5 月上旬，H 法院适用速裁程序审结案件 305 件，J 法院和 W 法院分别是 35 件和 56 件[③]；从罪名适用角度，适用比例最高的前五个罪名分别是

① 潘金贵、李冉义：《规则与实效：刑事速裁程序运行的初步检视》，载《安徽大学学报》（哲学社会科学版）2015 年第 6 期。

② 袁定波：《刑事速裁试点过半，“简”程序不“减”权利》，载《中国审判》2015 年第 17 期。

③ 潘金贵、李冉义：《规则与实效：刑事速裁程序运行的初步检视》，载《安徽大学学报》（哲学社会科学版）2015 年第 6 期。

危险驾驶罪（49.55%）、盗窃罪（20.62%）、毒品犯罪（19.16%）、故意伤害罪（4.59%）和交通肇事罪（2.58%），其余案件合计仅占 3.50%。[①]

第三，速裁程序适用率不高。全国范围内，试点法院适用速裁程序审结刑事案件占同期判处一年有期徒刑以下刑罚案件的 28.76%；从个别试点法院来看，T 市 8 个试点单位 6 个月时间里共审结速裁案件 311 件，占同期审结全部刑事案件的 9.57%，与中央预期的 30% ～ 40% 的适用率之间还有很大差距[②]；更有甚者，J 法院试行速裁程序的 6 个月以来，速裁程序的适用率在 4%左右[③]。这样的案件覆盖率显然与此次改革的初衷不符。造成这种现象的原因主要有：其一，适用速裁程序的条件较为严苛。《决定》在规定了该程序的适用范围之外，还规定了排除适用的八种情形，压缩了该程序适用的空间。其二，有关机关协调配合仍显不足。作为一项新的改革举措，公安司法机关以及司法行政部门在一些问题上存在不同看法，尚未达成统一标准或共识，在客观上限制了该程序的适用范围。其三，司法人员适用速裁程序积极性不高。速裁程序对于程序的简化主要体现在法庭调查和法庭辩论阶段的省略，而侦查阶段和审查起诉阶段以及审前阶段的诉讼程序并未有实质性简化，证明标准也没有相应降低。其实际效果是：一方面，公安司法机关工作人员要在更短的时间内完成与此前等量的工作；另一方面，速裁程序审理阶段也仅比简易程序少几分钟时间，庭审效率差别不大。[④]

---

① 袁定波：《刑事速裁试点过半，“简”程序不“减”权利》，载《中国审判》2015 年第 17 期。

② 张爱晓：《刑事速裁试点中存在的问题及解决对策》，载《中国审判》2015 年第 17 期。

③ 潘金贵、李冉义：《规则与实效：刑事速裁程序运行的初步检视》，载《安徽大学学报》（哲学社会科学版）2015 年第 6 期。

④ 郑敏：《在正当程序的框架下，构建刑事速裁程序书面审理制度》，载《中国审判》2015 年第 17 期。

第四，审前羁押强制措施适用率偏高。速裁案件被告人判决前被采取取保候审或监视居住措施的占 46.64%；被采取拘留、逮捕措施的占 53.36%。[①] 虽然羁押强制措施适用率相比简易程序已有所降低，但是值得注意的是，速裁程序的适用对象是轻微刑事案件，社会危害性较低，加之犯罪嫌疑人、被告人认罪，应当以采取非羁押性强制措施为原则。否则，羁押措施在速裁程序中的广泛适用不仅会引发强制措施手段与罪质有违比例原则的质疑，也存在犯罪嫌疑人"交叉感染"和"罪行倒挂"的风险，不利于犯罪嫌疑人的权利保障。

第五，辩护质量有待提升。"诉讼程序的简化，意味着对抗环节的简省，被告人的权利承担一定的风险，所以适当考虑被告人对简易程序的态度，是正当程序原则的应有之意。"[②] 这段论述对于速裁程序同样适用。值得注意的是，犯罪嫌疑人、被告人在诉讼程序中的有效参与是以获得律师的有效帮助为前提的。然而，调研表明，有的地区值班律师制度形同虚设，派驻的要么是年轻缺乏经验的律师，要么就是一些在援助过程中不尽责的律师，这样难以为犯罪嫌疑人、被告人提供有效的帮助。[③]

二、构建刑事速裁特别程序必要性探析

无论是对于上述试点效果的确认，还是对于现有弊端的改进，都需要以立法的方式来进行。刑事速裁程序入法典已是大势所趋，正如博登海默所言："法律是一个带有许多大厅、房间、凹角、拐角的大厦，在同一时间里想用一盏灯照亮每一房间、凹角、拐角是极

① 袁定波：《刑事速裁试点过半，"简"程序不"减"权利》，载《中国审判》2015 年第 17 期。

② 樊崇义等：《正当法律程序研究——以刑事诉讼程序为视角》，中国人民公安大学出版社 2005 年版，第 3 ～ 4 页。

③ 潘金贵、李冉义：《规则与实效：刑事速裁程序运行的初步检视》，载《安徽大学学报》（哲学社会科学版）2015 年第 6 期。

为困难的，尤其是由于技术知识和经验的局限，照明系统不适当或者不完备时，情况就更是如此了。”① 那么，随之而来便产生了速裁程序作为“另一盏灯”在《刑事诉讼法》这座“法律大厦”中的位置问题。这是一个立法技术问题，其核心就是协调速裁程序和简易程序② 之间的关系。

对此，第一种可能的立法模式便是将速裁程序列入简易程序的规定中，使之成为第三节内容的一部分；第二种可能的立法模式是在第三编“审判”中增加“速裁程序”一节，使之与第三节“简易程序”并列出现；第三种可能的模式则是在第五编“特别程序”中以独立一章的形式增加“速裁程序”的规定。无论是何种模式，都必须经过立法标准的充分检视才能确立。一般而言，立法质量评估标准主要在于：“一是看法规是否具有针对性和可操作性，是否抓住了社会经济发展中的突出矛盾或迫切需要解决的主要问题；二是看法规是否克服了部门利益倾向，有审批项目的，审批权限执行得如何；三是看法规所规范的内容与实施前相比取得了哪些成效；四是看法规是否符合立法技术规范，章节条款的设置、文字表述是否合理、可行；五是看所立法的法规执法成本是否合理。”③

第一种立法模式认定速裁程序和简易程序之间构成一种包容关系：速裁程序被视为从现有的简易程序适用案件范围的一部分脱离出来的相对独立的程序，但是大体上仍是属于简易程序的范畴。但是这种立法模式具有明显的弊端：一者，直接与本次改革试点的初衷相违背。《办法》明确指出：“人民法院在审理过程中，发现不符合速裁程序适用条件的，应当转为简易程序或者普通程序审理。”如果将两者定位为包含关系，则无法达成该《办法》制定的本意。

① [美]博登海默:《法理学：法哲学及其方法》，华夏出版社 1987 年版，第 199 页。

② 为了严格区分广义的简易程序和狭义的简易程序，本文所称“简易程序”特指法典中所确立的“简易程序”，即狭义的简易程序。

③ 马发明、王郷:《建立法规跟踪问效制度初探》，载《中国人大》2005 年第 13 期。

二者，无法有效缓解两个程序之间因在适用案件范围和适用程序上的诸多差异所带来的法理上的冲突。比如，两者在对当事人辩护权的保障方面，速裁程序对于该权利的保障作出了更为严格、更为全面的保障。若将速裁程序置于简易程序之下，将引发如下质疑：为何适用性质更严重、处罚更严厉案件的简易程序对于辩护权的保障反而有所降低？因而，这种立法模式是不可取的。

第二种立法模式将速裁程序置于审判编之下，又独立于简易程序，表明该立法模式意识到速裁程序和简易程序之间的差异，但更加强调两者具有相同属性——都是对于审判程序的简化，即都属于简化的审判程序。在两种程序的关系上，有学者认为，"刑事案件速裁程序位于刑事审判程序的最低端，是对目前双层结构的简易程序的再次切分"①；速裁程序与简易程序的区别主要体现在案件适用范围和启动方式上②；"速裁程序与简易程序之间形成了'简上加简'的关系"③。诚然，这种立法模式有其积极的意义：首先，该模式可以解决我国简易程序（广义）单一化的问题，能够更好地实现"繁简分流"的程序功能。与国外立法例相比较，我国刑诉法典中确立的简易程序仅有一种，而其他国家和地区的简易程序立法呈现体系化和多元化特点，有的直接规定为简易程序，也有的设置了一些"特别程序"。④例如，德国简易程序体系包含简易程序和处罚令程序；意大利简易程序体系包括简易审判程序、依当事人的要求适用刑罚、快速审判程序、立即审判程序和处罚令程

① 李本森：《我国刑事案件速裁程序研究——与美、德刑事案件快速审理程序之比较》，载《环球法律评论》2015 年第 2 期。

② 叶肖华：《简上加简：我国刑事速裁程序研究》，载《浙江工商大学学报》2016 年第 1 期。

③ 熊秋红：《刑事简易速裁程序之权利保障与体系化建构》，载《人民检察》2014 年第 17 期；刘广三、李艳霞：《我国刑事速裁程序试点的反思与重构》，载《法学》2016 年第 2 期。

④ 刘玫、鲁杨：《我国刑事诉讼简易程序再思考》，载《法学杂志》2015 年第 11 期。

序五种；我国台湾地区也存在简式程序、简易程序和协商程序的简易程序体系。针对我国大陆地区简易程序体系简单的现状，创设一种新型的简易审判程序可以丰富广义上简易程序的层级、优化我国广义简易程序的结构体系。其次，突出速裁程序的审判属性，契合“以审判为中心”的诉讼制度改革的要求，有助于避免审判“流于形式”。最后，将速裁程序独立于简易程序避免了第一种立法模式下的矛盾，符合设立速裁程序的本意。然而，这种立法模式依然存在诸多不合理之处：其一，速裁程序的设计属于广义的简易程序，不能简单地将其置于审判编中。例如，《办法》第3条有关取保候审和监视居住适用的规定实际上适用于侦查、审查起诉和审判全过程，而非仅限于审判阶段；第4条“法律援助值班律师制度”同样适用于诉讼全程；第5条和第6条规定的公安机关、辩护人和检察机关的程序启动权同样超出了审判阶段的范围。其二，如果认为上述规定在正式入法时可以分别规定于总则、侦查、审查起诉和审判之中，那么这一程序的系统性将受到损害，而且因涉及多个章节的调整，立法的难度和成本也将大大提升。其三，这种模式依旧不能避免第一种立法模式中的法理冲突问题。

第三种立法模式将刑事速裁特别程序单独规定在特别程序编中。相比前两种立法模式，第三种模式更为科学、合理。首先，增设刑事速裁特别程序可以为“全程加速”的制度设计构想提供正当化依据。若要实现诉讼的“全程加速”，制度设计必然要突破审判阶段的束缚，而在审判编之下增设速裁程序显然不能满足这一需求。其次，将速裁程序的相关内容进行集中规定，既可以突出程序的独立性和系统性，又可以降低法律修改的成本和难度，因此更具备可操作性。再次，这一立法模式可以解决上述两种模式中存在的法理冲突——被指控人获得法律援助权利的正当性解释问题。在这一特殊程序中，被指控人的认罪实质上是对部分诉讼权利的放弃，如法庭调查、法庭辩论的权利。正是因为刑事速裁程序克减了被指控人的诉讼权利，法律援助与律师帮助因此显得更为重要。[①]最后，这种模式同样可以满足我国刑事诉讼多元化的需求，可以很好地实现繁简分流，提高诉讼效率，保证办案质量。

事实上，国外立法也存在类似第三种的立法模式。例如，德国《刑事诉讼法典》在第六章“特别程序”编第二节和第三节分别规定了“快速审判”程序[②]和“刑事处罚令”程序；与德国相似，日本《刑事诉讼法典》在“简易程序”章规定了“即决裁判程序”“简易命令程序”和“交通案件即决裁判程序”；[③]俄罗斯《刑事诉讼法典》规定了“被告人认罪的特别程序”，但并未将其规定在《刑事诉讼法典》第四部分特别程序编之下，而是置于第三部分——法院诉讼程序中关于法庭调查、法庭辩论、最后陈述、判决的规定之后，这是因为立法者考虑到这一特殊程序并不像未成年人刑事案件特别诉讼程序或适用强制医疗特别程序那样，是贯穿整个诉讼进程的诉讼设置，它只是对审理程序的简化，只是对审判阶段的特殊设置[④]。对此，我国可以参考上述国家立法模式，构建符合我国需要的刑事速裁特别程序。

三、刑事速裁特别程序体系初步构想

（一）速裁程序的价值理念

有学者认为，普通程序以公正为价值目标，简易程序追求公

---

① 汪建成：《以效率为价值导向的刑事速裁程序论纲》，载《政法论坛》2016 年第 1 期。

② 有学者称其为“简易程序”，是指对那些案情简单或证据清楚的案件应检察院的申请，刑事法官、陪审法庭对其立即进行审理的诉讼程序。左卫民等：《简易刑事程序研究》，法律出版社 2005 年版，第 34 页。

③ 宋英辉、孙长永、朴宗根等：《外国刑事诉讼法》，北京大学出版社 2011 年版，第 487 页。

④ 张军、陈卫东主编：《域外刑事诉讼专题概览》，人民法院出版社 2012 年版，第 233 页。

正与效率的平衡。[①] 但目前的普通程序和简易程序显然不能满足我国司法的现实需求。在此背景之下，强调更高效率的速裁程序应运而生。那么，这种程序必然有着不同的价值诉求，否则不仅刑事速裁程序的特点无法形成，其所期待的节省司法资源的功能也难以实现。[②] 质言之，速裁程序的设计以效率为导向，由此构成了三位一体的完整的刑事审判程序的价值取向。[③]

对此，笔者深表认同。虽然任何程序的设计都包含着相同的理念：公正第一，效率第二。[④]“公正是法律制度所要实现的最高理想和目标，也是人们用来评价和判断一种法律制度具有正当根据的价值标准。”[⑤] 甚至罗尔斯教授直接论述道：“某些法律和制度，不管它们如何有效率和条理，只要它们不正义，就必须加以改造和废除。”而“使我们忍受一种不正义只能是在需要用它来避免另一种更大的不正义的情况下才有可能。”[⑥] 但需要说明的是，一方面，所谓的“第一”和“第二”，更多的是在公正和效率发生冲突时候的价值选择，而在不违反公正的基础上突出效率导向，是正当的，也是必要的。另一方面，在不同的程序构造下，公正的价值内涵不同：从普通程序到简易程序，再到速裁程序，贯穿着一条主线——程序正义[⑦] 的递减和诉讼效率的递增。普通程序对于程序正义的保障最为

① 汪建成:《以效率为价值导向的刑事速裁程序论纲》，载《政法论坛》2016 年第 1 期。

② 汪建成:《以效率为价值导向的刑事速裁程序论纲》，载《政法论坛》2016 年第 1 期。

③ 汪建成:《以效率为价值导向的刑事速裁程序论纲》，载《政法论坛》2016 年第 1 期。

④ 陈光中:《刑事诉讼法》(第 5 版)，北京大学出版社 2013 年版，第 17 页。

⑤ 陈瑞华:《刑事审判原理》(第 2 版)，北京大学出版社 2003 年版，第 46 页。

⑥ [美] 罗尔斯:《正义论》，何怀宏、何包钢、廖申白译，中国社会科学出版社 1988 年版，第 3～4 页。

⑦ “程序正义”是与“实体正义”和“形式正义”相对立的概念，它突出一种“过程价值”，主要体现在程序运作过程中。一项法律程序本身是否具有程序正义所要求的品质，要看它是否使那些受程序结果影响的人受到了应得的待遇。参见陈瑞华:《刑事审判原理》(第 2 版)，北京大学出版社 2003 年版，第 47～48 页。

完整，而速裁程序则保障最低限度的程序正义。

由此，确定速裁程序“最低限度程序正义”的内涵范围成为问题的关键。参照联合国《公民权利与政治权利国际公约》第14条第（3）项有关刑事被告人在审判中所享有的“最低限度程序保障”的要求，并结合速裁程序自身特点，笔者认为速裁程序立法至少要保障以下几项权利：一是犯罪嫌疑人、被告人不受强迫自证其罪权；二是犯罪嫌疑人、被告人充分的知情权和程序选择权；三是犯罪嫌疑人、被告人获得律师帮助权；四是被害人知情权与救济权；五是保持基本的诉讼构造。其中第一个是速裁程序适用的最基本条件，也是程序正当性的基础要件；第二个中的知情权包括对于被指控的罪名、案由、自身权利以及诉讼速裁程序的后果；第五个则包括控审分离、法官中立、控辩平等等最基本的诉讼特征。而后，在保证最低限度的程序正义的基础上，再构造高效的诉讼程序。诉讼效率力求在诉讼过程中，主体以较快的速度，以较少的资源投入有效地解决更多的纠纷。[①] 质言之，诉讼效率具备两大特征——诉讼成本[②]的节约和诉讼周期的缩短。

因此，速裁程序立法原则应是在不违背“最低限度的程序正义”的前提下，以效率为价值目标，具体措施在于降低诉讼成本和节约诉讼时间。

（二）速裁程序的适用案件范围

《办法》规定了9种具体罪名和2种类型化犯罪罪名——毒品犯罪和扰乱公共秩序犯罪。总的来看，目前速裁程序适用的罪名不超过25个，占刑法所有罪名的5.5%。[③] 而根据《宪法》所确立

① 陈光中等:《中国司法制度的基础理论问题研究》，经济科学出版社2010年版，第579页。

② 此处成本更侧重于物质成本的损耗，故而属于狭义的成本概念，不涵盖时间成本。

③ 张显春:《刑事速裁程序的困境及出路》，载《中国审判》2015年第17期。

的平等原则，对于实施了具有同等社会危害的犯罪行为的犯罪人而言，不仅要在实体上对其科以大致等同的刑罚，还要在程序上保障其享有选择同种诉讼程序的权利，因此仅从罪名角度限制该程序的适用缺乏充足的理由；从法律效果角度，将一些罪名纳入速裁程序适用范围能起到鼓励犯罪嫌疑人自愿认罪的效果，如具有较高隐蔽性的行贿受贿案件；从社会效果角度，轻微刑事案件的处理以提高效率作为优先考虑，不会对公正价值造成太大的牺牲，容易为社会大众所理解和接受；[①]从比较法角度，在规定了处罚令程序的主要国家，如意大利、德国、韩国、法国、日本等，主要是依据被告人可能判处的刑罚种类来确定适用处罚令的案件范围[②]。

另一种思路是将速裁案件适用范围调整为三年有期徒刑以下刑罚，倘若如此，必定导致简易程序独任制审判和现行速裁程序合并，没有达到快速审理案件层级多元化的目的[③]。且可能因为法官、检察官量刑裁量权的扩大而导致司法风险放大。[④]此外，在多数法治发达国家，三年有期徒刑已属于重罪，应当加强被告人相应的人权保障，而非相反。

因此，笔者建议立法明确速裁程序适用于所有可能被判处一年以下有期徒刑、拘役、管制或者单处罚金的刑事案件。

（三）速裁程序适用条件

1. 积极要件

现行《办法》第 1 条从四个方面规定了速裁程序适用的积极

① 汪建成：《以效率为价值导向的刑事速裁程序论纲》，载《政法论坛》2016 年第 1 期。

② 陈卫东主编：《模范刑事诉讼法典》（第 2 版），中国人民大学出版社 2011 年版，第 440 页。

③ 李本森：《我国刑事案件速裁程序研究——与美、德刑事案件快速审理程序之比较》，载《环球法律评论》2015 年第 2 期。

④ 李本森：《我国刑事案件速裁程序研究——与美、德刑事案件快速审理程序之比较》，载《环球法律评论》2015 年第 2 期。

要件:“……（一）案件事实清楚、证据充分的;（二）犯罪嫌疑人、被告人承认自己所犯罪行，对指控的犯罪事实没有异议的;（三）当事人对适用法律没有争议，犯罪嫌疑人、被告人同意人民检察院提出的量刑建议的;（四）犯罪嫌疑人、被告人同意适用速裁程序的。”其中，第（1）项要求案件必须“事实清楚、证据充分”，该项作为速裁程序的首要前提十分必要；第（2）项明确犯罪嫌疑人、被告人必须认罪，且所认是“指控的犯罪”；第（3）项要求当事人对法律适用无争议，犯罪嫌疑人、被告人对检察机关量刑建议无异议；第（4）项规定了犯罪嫌疑人、被告人对于速裁程序的决定权。其中，第（1）项、第（2）项、第（4）项要件设置较为科学、合理，应予保留。需要注意的是第（3）项的规定，该规定存在有以下几层含义：一是速裁程序适用需要包括被指控人与被害人等在内的所有案件当事人对法律适用无异议，否则，程序不得适用；二是人民检察院提出了量刑建议；三是只需犯罪嫌疑人、被告人同意该量刑建议即可，无须其他当事人同意。对此，需要说明的是：第一，对于“适用法律没有争议”中的“法律”是指实体法还是指程序法抑或两者都包含,《办法》的表述并不清楚，但结合后述的量刑意见及第（4）项对速裁程序同意权的单独规定，可以推断此处“法律”特指实体法，即对于刑法条文的适用没有异议。实际上如此规定并无实际意义，当事人往往关注的是量刑的轻重及赔偿的多少，而非罪名的选择问题。第二，该条规定速裁程序适用在检察院提出量刑建议之后，这就在程序上排除了案件在审判阶段法院启动速裁程序的可能，缩小了速裁案件适用范围。第三，其他当事人，尤其是被害人对于量刑建议的异议不阻碍程序的适用的规定在一定意义上牺牲了被害人的权利，不排除办案机关出于效率或者其他原因而故意损害被害人权利的可能，应当注重保障被害人的知情权以及救济权等权利。

鉴于此，笔者建议在保留《办法》第 1 条规定的第（1）项、第（2）项、第（4）项的基础上，立法作出以下变化：取消第（3）

项中当事人对于法律适用有无争议的规定；将“犯罪嫌疑人、被告人同意人民检察院提出的量刑建议”的规定置于审查起诉阶段，以肯定审判机关的程序启动权；在诉讼各阶段赋予被害人对于速裁程序决定的知情权和复议权。

2. 消极要件

现行《办法》共规定了 7 种具体的不适用速裁程序的要件，对该程序的适用进行了严格的限制，但有些限制条件是没有法理依据，甚至是违背法理的。例如，《办法》第 2 条第（1）项规定盲、聋、哑犯罪嫌疑人、被告人不适用该程序，表面上看立法是为了保护这些身体存有缺陷的被指控人的诉讼权利，但实质上是限制了这些弱势群体获得迅速审判的权利，实属不公。再如，在共同犯罪案件中，部分被指控人对指控事实、罪名、量刑建议有异议的，实际上并不影响其他同案犯适用速裁程序。因为该程序适用的要件之一就是“事实清楚、证据充分”，这也就意味着不仅共同犯罪人共同实施的犯罪行为符合这个标准，也说明控方已经清楚掌握共同犯罪人之间的主从犯关系，且证据确实充分。第（4）项中，法院认为量刑建议不当的，如果仍符合速裁程序条件，完全可以在审判阶段建议公诉机关与被告人达成新的量刑建议，从而提高诉讼效率。第（5）项将当事人达成和解协议作为速裁程序适用的前提，本意旨在在速裁程序中保障被害人获得救济的权利，但实际上混淆了速裁程序与和解程序的界限，和解程序重在被害人的救济和法秩序的恢复，速裁程序重在诉讼效率。[①] 这样的立法虽然可以充分保障被害人获得救济的权利，但在司法实践中，在侦查和审查起诉阶段，被告人及其家属能够代为赔偿、退赔的比例很低，导致大部分这些罪名的案件不能进入速裁程序，即使能够代为赔偿、取得谅解，也是双方较长时间“博弈”的后果，这样又可能造成被告人被变相超期羁押。[②] 既然在

① 汪建成:《以效率为价值导向的刑事速裁程序论纲》，载《政法论坛》2016 年第 1 期。

② 张显春:《刑事速裁程序的困境及出路》，载《中国审判》2015 年第 17 期。

理论和实践中，该项规定都存在不合理性，笔者建议立法时将其取消。第（6）项和第（7）项将被指控人“违反取保候审、监视居住的相关规定，严重影响诉讼活动正常进行”以及“具有累犯、教唆未成年人犯罪等法定从重情节”的情形排除在速裁程序适用范围之外，同样缺乏充足的理由支撑。

国外刑事诉讼法对于简易程序或特别程序的限制极少。如德国《刑事诉讼法典》第417条、第419条规定，对于最高刑罚是一年监禁或者吊销被告人的驾驶执照的案件，只要案件实施简单或者证据没有争议，公诉人就有义务提起快速审判程序。[①] 日本《刑事诉讼法典》第二编第四章“即决裁判程序”中明确规定，检察官对于决定提起公诉的案件，认为案件事实清楚且轻微，证据调查能迅速终结并考虑其他情形适当时，可以在提起公诉的同时，以书面申请即决裁判程序。但相当于死刑、无期、或最低刑期为一年以上的惩役或监禁的案件，不在此限。[②]

因此，我国速裁程序立法应取消不合理的限制，仅将第（3）项内容作为刑事速裁程序的消极要件。

（四）速裁程序的办理

1. 程序的启动方式

速裁程序启动方式主要有两种：一是检察机关建议启动；二是法院自行决定启动[③]。其中，检察机关建议启动是主要方式，侦查机关和辩护人可以建议人民检察院按速裁案件办理。这样规定具备合理性，与国外主流立法模式相一致，应予保留。

值得注意的是，目前实务界有一种观点：将速裁程序的启动

① ［德］托马斯·魏根特：《德国刑事诉讼程序》，岳礼玲、温小洁译，中国政法大学出版社2004年版，第207页。

② 宋英辉、孙长永、朴宗根等：《外国刑事诉讼法》，北京大学出版社2011年版，第487页。

③ 虽然《办法》中没有明确法院启动方式，但在随后的《刑事案件速裁程序试点工作座谈会》中确立了法院启动模式。

权前移至侦查阶段。[①] 这样提议的目的在于：一方面，可以调动侦查机关适用速裁程序的积极性；另一方面，意在最大限度地提高效率。笔者以为，这种声音反映了司法实务的切实需求，应当予以关注。但是具体手段上，不适宜将程序启动权前移至侦查阶段，而是继续保留侦查机关的建议检察机关启动程序的规定。因为，侦查的主要任务是收集证据、查明犯罪事实、查获犯罪嫌疑人。[②] 基于此，侦查机关的主要职责在于针对犯罪行为以及犯罪嫌疑人展开调查，固定、收集证据，而不包括程序选择权或启动权。否则，侦查机关便同时担任“球员”和“裁判”，不符合程序正义的基本要求。

2. 速裁案件的办理程序

速裁程序的办理程序是其区别于简易程序的最集中的表现。目前的速裁程序和简易程序的主要差别在于：一是在案件适用范围方面，速裁程序适用范围小于简易程序；二是在诉讼程序方面，速裁程序是对简易程序的再简化；三是在权利保障方面，速裁程序对于犯罪嫌疑人、被告人的权利给予了更为全面的保护，如规定了法律援助值班律师制度。可以看出，目前的速裁程序改革并未走出“仅在简化庭审程序上‘做文章’的思维定式”[③]。如此一来，有学者便认为速裁程序和简易程序之间仅仅是一种“简上加简”[④]的关系；而在实践中，也如上文所述，速裁程序虽然规定可不经过法庭调查和辩论，但也仅比简易程序少几分钟的时间，因此庭审效率相差不大[⑤]。那么，为了节省几分钟的时间而推动速裁程序立法，无疑是对

---

① 徐斌：《效率通向公正：刑事速裁程序实证研究》，载《中国审判》2015 年第 17 期。

② 陈光中主编：《刑事诉讼法》（第 5 版），北京大学出版社 2013 年版，第 282 ～ 283 页。

③ 左卫民等：《简易刑事程序研究》，中国人民大学出版社 2005 年版，第 259 页。

④ 熊秋红：《刑事简易速裁程序之权利保障与体系化建构》，载《人民检察》2014 年第 17 期。

⑤ 郑敏：《在正当程序的框架下，构建刑事速裁程序书面审理制度》，载《中国审判》2015 年第 17 期。

立法资源的浪费。而要实现诉讼经济可从迅速审判、简化程序、合并处理、对有瑕疵的诉讼程序经补正后维持有效、避免浪费、避免重复六个方面进行努力。[①] 因此，简化庭审程序仅仅是提高诉讼效率、实现诉讼经济的其中一项内容，除此之外，有必要在审前阶段增强合作，压缩不必要的时间，建立一种侦、诉、审全程加速的模式，从而发挥速裁程序的独立性优势。

（1）侦查阶段对速裁案件的处理

总体而言，在侦查终结后，对于认为符合速裁程序条件的案件应当迅速移送至检察机关。

之所以强调“侦查终结后”，是因为只有案件侦查终结之后，对于案情是否属于“事实清楚、证据充分”才有了充分认知的依据。同时，在侦查终结时犯罪嫌疑人对于所涉嫌的犯罪的认罪态度也大致稳定。有学者认为在侦查阶段应当降低证据收集标准，确立自认印证规则——侦查机关在收集到与犯罪嫌疑人对犯罪构成所作供述相印证的证据时，就可认为证据已经充分，不再进行收集。[②] 这样的提议是不可取的。因为这种做法虽有助于提高诉讼效率，但一方面，其大大增加了公诉失败的风险：若在审查起诉阶段或者法庭审判阶段被指控人拒绝认罪，那么现有证据很可能达不到“犯罪事实清楚、证据确实充分”的标准，而轻伤害、交通肇事、寻衅滋事等轻罪案件存在发案快、过程短暂、现场灭失快、微量痕迹物证难以收集的特点，[③]最终导致诉讼的失败；另一方面，这样的做法过于倚重犯罪嫌疑人的口供，有重拾“口供中心主义”之嫌，不利于犯罪嫌疑人人权保障，也与司法改革的方向不符。另外，速裁程序案件的案情相对简单明了，降低证据收集标准并不能带来实质上的

① 林俊益:《程序正义与诉讼经济》，元照出版公司 1997 年版，第 87 ～ 165 页，转引自左卫民等:《简易刑事程序研究》，中国人民大学出版社 2005 年版，第 261 页。

② 徐斌:《效率通向公正：刑事速裁程序实证研究》，载《中国审判》2015 年第 17 期。

③ 汪建成:《以效率为价值导向的刑事速裁程序论纲》，载《政法论坛》2016 年第 1 期。

效率提升。

有关“迅速移送”的要求，应从两个方面进行理解：一方面，应当在立法上对于“迅速”作出合理的限定，如规定在案件侦查终结后，应当由承担预审职能的部门在三日内作出是否建议检察机关启动速裁程序的决定，以此加快案件办理效率。另一方面，可以创新移送的方式，如对于符合速裁条件的案件，立法可以准许电子证据移送的方式，具体做法是通过办案机关之间专用信息系统来进行案件流转与数据传送。例如，对于书证、犯罪嫌疑人供述和辩解，可以将其扫描并上传至专用系统；物证可以通过图片的方式传送。这种方式方便快捷，并且不会对证据本身产生不利影响。即使该案件随后不符合速裁程序的适用条件，那么完全可以按照其他诉讼程序进行诉讼。同时，可以通过立法的方式，明确侦查机关在移送审查起诉时，对于认为可以按照速裁程序办理的，在向检察机关提交速裁建议书时，在案卷或电子文档显著位置设置速裁启动建议的标志，以此提示检察机关对于此类案件要快速审查，符合条件的及时按照速裁程序办理。如此一来，便可将这类轻微刑事案件与其他案件相区分，避免案件耽搁。

（2）审查起诉阶段速裁案件的处理

案件进入审查起诉阶段，无论是公安机关建议适用速裁程序的案件，还是检察机关启动的速裁案件，主要经过的诉讼程序如下图：

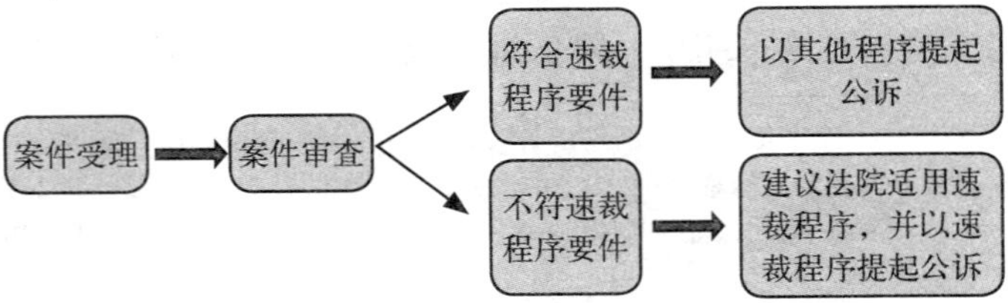

在此过程中要提高速裁程序效率，需要从以下几个方面着手：

第一，建立快速接收机制。对于侦查机关移送的建议适用速裁程序的案件，检察机关案管部门应当在当天将案件材料移送公诉部门处理。这一要求是必要的，也是可行的，可以保证案件移送过程中的及时性。

第二，建立快速审查机制。案件经审查，应当在《办法》规定期间内（8日内）作出是否提起公诉的决定。检察机关认为可以适用速裁程序的，应当及时提起公诉，并建议法院依照速裁程序审理。

第三，建立移送衔接机制。与侦查阶段的案卷移送相同，一方面，检察机关向法院移交案卷也可以借助电子技术进行；另一方面，在案卷移送过程中注明“建议适用速裁程序审理”字样，以提示审判人员迅速办理。

第四，建立及时终止机制。检察机关对适用速裁程序办理的案件，因事实或证据发生变化，不再适用速裁程序的，应当及时作出终止速裁程序的决定，并及时告知有关机关。

第五，建议引入证据开示制度。速裁程序的适用要尊重犯罪嫌疑人的自决权。《办法》明确规定适用速裁程序以犯罪嫌疑人“承认所犯罪行，对指控的犯罪事实没有异议”为前提。因此，为提升犯罪嫌疑人对指控的认可度，促使其真诚悔罪，可以在讯问犯罪嫌疑人时向其本人及辩护律师出示已掌握的证据。事实上，已有试点单位实行该制度，并取得良好的效果。①

第六，当下不应引入量刑协商制度。为提高速裁程序适用率，一些试点地区尝试建立“控辩协商机制”，如广州市海州区②、山东省③等地区。但是这种协商机制存在着一些弊端：首先，控辩协商

① 袁定波：《刑事速裁试点过半，“简”程序不“减”权利》，载《中国审判》2015年第17期。

② 海珠区建立的是一种审查起诉阶段的“协商机制”。参见杨美满：《广州海珠：刑事速裁改革样本》，载《中国审判》2015年第17期。

③ 山东省建立的是一种适用于审判阶段的，控、辩、审三方参与的协商。参见袁定波：《山东：刑事速裁量刑建议可磋商》，载《中国审判》2015年第17期。

缺乏法律依据。对于公法而言，“法无授权即禁止”这是出于对公权力滥用的防范以及对于私权的保障。显然，现有法律规定没有赋予检察机关就量刑与犯罪嫌疑人协商的权力；其次，赋予检察机关量刑协商权，实质上限制甚至侵犯了法院对于案件量刑的裁判权，认罪量刑是专属于法官的权力，而非检察官[①]；再次，在一些情况下，犯罪嫌疑人之所以认罪，实因被检察官以更重或更多的刑罚威胁恐吓，这无异于刑讯逼供[②]；复次，在法律援助律师值班制度尚未完善之际，允许这种协商制度可能会损害到犯罪嫌疑人的权益；最后，即使建立量刑协商制度，因协商过程的隐秘性，这一制度也未必会取得良好的社会效果，反而可能会引发被害方以及舆论对于司法公正的质疑，进而影响诉讼效率。

（3）审判阶段速裁案件的处理

概括而言，在审判阶段，速裁程序处理要做到以下几个方面：

首先，案件及时移交。对于检察机关建议适用速裁程序审理的案件，法院立案部门应当在当日将案件材料移送至审查起诉部门。《办法》对此没有规定，建议在立法时将案件移送的期间予以明确规定。

其次，庭审过程简化。在此方面，《办法》已经有了具体的规定，如对于被告人当庭认罪、同意量刑建议和适用速裁程序的，可以不再进行法庭调查和法庭辩论程序；审理方式明确为审判员一人独任审判等。现有规定能够大大节约庭审时间，符合速裁程序对于效率的追求。从实践效果来看，有的试点法院“55 分钟 12 起案件全部审完，最快一起案件耗时仅 3 分钟”[③]，有的试点法院“从开庭到宣判仅 20 分钟”[④]，效率提升明显。因此，立法可以保留现有相关

① Wayne R. Lafave & Jerold H. Lsrael, Criminal Procedure 929(West Publishing, 2d ed., 1992).

② John H. Langbein, Torture and Plea Bargaining, 46 U. Chi. L. Rev. 3(1978).

③ 袁定波:《武汉：刑事速裁步入“新常态”》，载《中国审判》2015 年第 17 期。

④ 袁定波:《山东：刑事速裁量刑建议可磋商》，载《中国审判》2015 年第 17 期。

规定。

再次，规定认罪不得任意撤回原则。被告人在接受量刑建议，并向法院表示认罪之后，在判决作出前，原则上不可再撤回该“承认”，有法定理由者除外。在美国联邦法院审理的辩诉交易案件中，被告只要在法院判决前，能证明任何公平正当的理由，法院可准许被告人撤回认罪声明。① 实际上，在美国，被告人认罪的撤回是受到严格的限制的。我国速裁程序也应当对于被告人的认罪撤回作出严格限制：在充分保障被告人认罪自愿性的前提下，只要被告人向法院认罪并同意量刑建议的内容，就应当产生一定的确定力，不得任意更改。至于准予撤回的法定理由，参照美国“公平正当”的标准，我国立法可以将其界定为“有证据证明被告人基本权利受损，可能影响其自由决定权正常行使”的情形，如被告人未获充分告知、没有辩护人介入、因受欺骗或胁迫而认罪等。需要注意的是，只要是在向法院表示认罪之前，均可以撤回认罪，相应的案件将转为简易程序或普通程序审理。

最后，实行一审终审制度。事实上，不少学者从不同角度提出速裁程序一审终审制度，但是理由不够充分。例如，有学者认为审判监督程序完全可以替代二审程序，且在被告人充分参与、权利获得充分保障的情况下，不得以量刑过重为由提出上诉，否则会造成司法资源的浪费，并且属于违约行为。② 但笔者以为，审判监督程序和二审程序在理念和制度设计上存在质的不同，不能相互取代。且若以节约资源为由剥夺被告人上诉权，理由未免牵强。倡导一审终审的理由并非为速裁程序上诉率较低（2.2%），不能因为上诉案件少就否定上诉制度存在的价值。有学者从二审的三个功能——纠错功能、救济功能和平衡法律适用功能切入，说

① Federal Rules of Criminal Procedure 32(d)，转引自王兆鹏：《美国刑事诉讼法》（第2版），北京大学出版社2014年版，第676～677页。

② 袁定波：《山东：刑事速裁量刑建议可磋商》，载《中国审判》2015年第17期。

明二审对于速裁程序案件没有存在意义。[①] 笔者认为，上述理由尚不构成实行一审终审制度的充分理由，而更为重要的原因在于：对于上诉案件，“如果二审仅作形式审查，实质上也就成了一审终审，丧失了监督的意义；如果二审作实质审查，相当于宣告了一审程序的无效，也沦为了实际上的一审终审。”[②] 基于此，笔者建议速裁程序实行一审终审，对于裁决不服，在规定期间内提出异议的，转为简易程序或者一审普通程序审理；若没有提出异议的，则具有终局效力。法理依据在于通过速裁程序审理的案件，事实的认定和证据的举证质证程序被省略，相当于这部分内容未经法庭审理，仅仅认定其认罪的自愿性。因而，对于不服速裁程序裁决上诉的，适用简易程序或者普通程序不存在法理障碍。而且，由于上诉率很低，不会占有过多的司法资源，具备可行性。

（4）适用于侦、诉、审三阶段的立法建议

除了在各个阶段静态地体现出速裁程序有别于其他程序的特点之外，还应动态地展现速裁程序整体诉讼过程的独特性，以此更加突出速裁程序的“全程加速”特点。具体而言，立法可以在以下两个方面加以确认：

一方面，建立办理速裁案件的“绿色通道”。效率是速裁案件的价值导向，为尽可能地提高办案效率，有必要在侦、诉、审三阶段设置一种速裁案件办理快捷通道，以实现“全程加速”的目标。要建设这条“通道”，需要保障以下几个方面：其一，公安司法机关需统一认识，避免因观点冲突而造成诉讼时间的延迟。在试点过程中，部分法院协调公、检、司法行政部门出台试点实施细则，细化适用规定、强制措施、值班律师、量刑建议、移送期限、庭审程

① 汪建成：《以效率为价值导向的刑事速裁程序论纲》，载《政法论坛》2016 年第 1 期。

② 徐斌：《效率通向公正：刑事速裁程序实证研究》，载《中国审判》2015 年第 17 期。

序等要求。[①] 其二，在公、检、法、司各部门设置专门的速裁案件接收和移送部门，并由专人办理。如上文所说，在办理速裁案件过程中，应在案卷显要处标注统一标识，以便案件的快速交接和办理。同时，速裁案件建议由专人进行办理，这样可以很好地保证办案质量、提高办案效率。其三，在程序设计上，仍然突出法院的主导性作用，检察机关、公安机关和司法行政机关协助配合，以体现以审判为中心的刑事司法规律。[②]

另一方面，提前社会调查时间。现行《办法》第 7 条规定人民检察院对于可能宣告缓刑或者判处管制的，可委托司法行政机关进行调查评估。实践中往往导致社会调查期限与办理速裁案件期限相冲突，很多案件来不及调查评估就到了法院。[③] 这样的后果是宣告缓刑或者判处管制的案件比例很小，在某地办理的 76 件速裁案件中，法院判处缓刑的仅为 6 件，无判处管制、免于刑事处罚案件。[④] 而速裁程序针对的是轻微刑事案件，应当以非监禁措施为主，故而

① 如山东省青岛市城阳区人民法院与各区市公安分局、检察院联合制定了《关于开展刑事案件速裁程序试点工作的实施细则》，明确了公、检、法三机关办理速裁案件的职责及程序。参见袁定波:《山东：刑事速裁量刑建议可磋商》，载《中国审判》2015 年第 17 期。再如，武汉市中院专门制定了《武汉市基层法院刑事案件速裁程序试点工作办法实施细则（试行）》和《关于收监及速裁案件判处非监禁刑的范围》，规定了移送该院取保候审的被告人决定逮捕的具体条件，并对危险驾驶、交通肇事、盗窃、故意伤害、抢夺、非法拘禁、毒品、诈骗、敲诈勒索及未成年人犯罪 10 种犯罪非监禁刑适用标准作出具体可操作性的规定。参见袁定波:《武汉：刑事速裁步入“新常态”》，载《中国审判》2015 年第 17 期。又如，武汉市中院专门制定了《武汉市基层法院刑事案件速裁程序试点工作办法实施细则（试行）》和《关于收监及速裁案件判处非监禁刑的范围》，规定了移送该院取保候审的被告人决定逮捕的具体条件，并对危险驾驶、交通肇事、盗窃、故意伤害、抢夺、非法拘禁、毒品、诈骗、敲诈勒索及未成年人犯罪 10 种犯罪非监禁刑适用标准作出具体可操作性的规定。参见袁定波:《武汉：刑事速裁步入“新常态”》，载《中国审判》2015 年第 17 期。

② 李本森:《我国刑事案件速裁程序研究——与美、德刑事案件快速审理程序之比较》，载《环球法律评论》2015 年第 2 期。

③ 张芹、吕晨辉:《开展刑事案件速裁程序调查分析报告》，载《法制与社会》2015 年第 9 期。

④ 张芹、吕晨辉:《开展刑事案件速裁程序调查分析报告》，载《法制与社会》2015 年第 9 期。

社会调查结果是必不可少的。为解决上述问题，可以从两个方面入手：一方面，对于侦查机关建议适用速裁程序的案件，可以对其审查后认为可能宣告非监禁刑的案件，立即委托行政司法部门进行调查评估；另一方面，立法可以考虑将社会调查时间不纳入审查起诉时间，提高非监禁刑适用率。

（五）速裁案件中的当事人权利保障

1. 被告人权利保障

被告人的权利保障构成了刑事案件速裁程序正当化的核心。[①]根据《办法》规定，犯罪嫌疑人、被告人在刑事案件速裁程序中享有速裁程序选择权、自愿认罪权、非法证据排除权、辩护权、法律援助权、出庭受审权、最后陈述权、有条件不公开审理权、上诉权等权利。[②]可以说，现有速裁程序赋予了犯罪嫌疑人、被告人除与言词原则相关的权利外的所有诉讼权利。如此全方位的权利保障在维护被指控人权益的同时，也在提升速裁程序的正当化程度。然而，《办法》在赋予被指控人各项诉讼权利的同时，缺乏对于权利实现的保障性手段及行使权利受阻时的救济性措施，这就使得很多权利规定仅仅成为法条中的权利，难以真正落实。为此，有关速裁程序中几项重要权利的规定应作如下完善：

第一，自愿认罪权的保障。犯罪嫌疑人自愿认罪是速裁程序最显著的特征，因而对于自愿认罪权应当给予最为严格的保障。自愿认罪表明被指控人认罪完全是自愿的、理性的。自愿表明被指控人选择程序完全依靠自己的理性来选择，是自己意思自由的产物；理性则以被指控人对于所选程序的后果有全面而客观的认识为前提。可以说，对于这两个要求的违反，将直接导致诉讼程序的不公正。

---

① 李本森：《我国刑事案件速裁程序研究——与美、德刑事案件快速审理程序之比较》，载《环球法律评论》2015 年第 2 期。

② 李本森：《我国刑事案件速裁程序研究——与美、德刑事案件快速审理程序之比较》，载《环球法律评论》2015 年第 2 期。

《办法》将被告人认罪自愿性作为速裁程序适用的必备要件，同时，在审查起诉阶段和审判阶段一再强调司法机关对于被指控人认罪自愿性的确认，可以说权利保障十分充分、具体。然而，在实践中如何确保认罪的自愿性便成为现实的问题。与美国刑事诉讼中协商制度存在检察官“以更重或更多刑罚来威胁”①的情形相类似，我国刑事速裁程序同样存在公安司法机关出于自身利益考虑而欺骗甚至胁迫被指控人认罪的情形。在这种情况下，相较于其他程序，无辜者可能会面临更大风险。为此，应当在立法中明确，对于因受欺骗或迫使而违背意志的认罪行为不具有法律效力。除此之外，还应配套建立讯问犯罪嫌疑人、被告人辩护律师在场制度，以保证认罪的自愿性。

第二，程序选择权的保障。被指控人的速裁程序选择权是在理性状态下的自由选择，是速裁程序正当性的重要基石。有关速裁程序的告知，《决定》第 6 条规定：“人民检察院经审查认为案件事实清楚、证据充分的，应当拟定量刑建议并讯问犯罪嫌疑人，了解其对指控的犯罪事实、量刑建议及适用速裁程序的意见，告知有关法律规定。”这一规定主要存在以下几个问题：其一，告知行为置于询问犯罪嫌疑人对于速裁程序意见之后，犯罪嫌疑人往往是在对速裁程序缺乏足够了解的情况下进行选择；其二，告知的内容不详，仅仅规定为“有关法律规定”难以充分保障犯罪嫌疑人的知情权；其三，对于不告知或者不完全告知的行为缺乏制裁性措施。由此，应当在立法中明确在告知速裁程序的特殊制度、适用程序的后果之后，再行询问犯罪嫌疑人对于适用速裁程序有无异议。②同时，对于犯罪嫌疑人被欺骗或者被胁迫选择速裁程序的，应当赋予犯罪嫌

① John H. Langbein, Torture and Plea Bargaining, 46 U. Chi. L. Rev. 3(1978).

② 虽然司法部《关于切实发挥职能作用做好刑事案件速裁程序试点相关工作的通知》明确了法律援助律师应当负有“告知犯罪嫌疑人、被告人适用速裁程序的法律后果”的义务，但是目前并未采取强制辩护原则，因此在没有律师帮助的案件中，被指控人的知情权仍无法得到充分保障。

疑人程序选择的撤销权，以维护自身利益，维护程序公正。此外，现行《办法》明确赋予了辩护律师建议启动速裁程序权，但是对于该权利缺乏体系化保障。立法应当在赋予辩护律师权利的同时，既要保障该权利的顺利行使，又要提供相应的救济途径，充分保障被指控人的程序选择权。

第三，法律援助权的保障。辩护律师被视为平衡器①，是“贫穷、未受到教育的被告人恐惧、无知和疑惑的解药”②。保障认罪的被告人获得律师帮助权是建议速裁程序获得正当性的关键所在。③《办法》第 4 条建立了法律援助值班律师制度。这是速裁程序设计的一大亮点，可以很好地保障犯罪嫌疑人、被告人获得法律援助的权利。但是，正如笔者在上文所言，该制度在司法过程中存在辩护律师经验缺乏、责任心不足的问题，法律援助的效果大打折扣。为此，要从律师的素质和经验两个方面进行把控，建立相应的准入制度，以最大限度地保障被指控人获得辩护的权利。另外，可以建立相应的有效辩护标准。在美国，有效辩护的认定标准经历了从“正义的笑柄”到“合理胜任”的转变。目前学界普遍支持的是逐项检查或类别化标准，即先将辩护人应有的辩护行为予以逐项明示或类别化，并检视辩护人在个案中是否逐项做到应有的辩护行为，借此设立辩护人最起码应达到的最低标准，如未达到应有的最低标准，即视为未提供有效的律师协助。④我国立法可以设定相应的类型化的刑事辩护最低标准，对于违反该标准的辩护行为归于无效。

第四，提高非羁押措施适用率。从试点效果看，速裁案件被告

---

① [美]约书亚·德雷斯勒、艾伦·C. 迈克尔斯:《美国刑事诉讼法精解》(第 4 版)，魏晓娜译，北京大学出版社 2009 年版，第 191 页。

② Alschuler, Note 133, supra, at 1179.

③ 熊秋红:《刑事简易速裁程序之权利保障与体系化建构》，载《人民检察》2014 年第 17 期。

④ 王兆鹏:《美国刑事诉讼法》(第 2 版)，北京大学出版社 2014 年版，第 391～392 页。

人判决前被采取取保候审和监视居住措施的占46.64%；被采取拘留、逮捕措施的占53.36%。低于试点法院同期适用简易程序审结的一年有期徒刑以下刑罚案件的数量。[①] 相比简易程序，速裁程序非羁押性强制措施适用率有所提升，但是羁押性强制措施的适用比例依然偏高。因为在这类案件中犯罪嫌疑人、被告人自愿认罪，基本不存在妨碍诉讼活动正常进行的可能性，证据也不大可能会发生变化，没有对犯罪嫌疑人、被告人进行羁押的必要性。[②] 因此，速裁案件应当以适用非羁押型措施为原则，羁押性强制措施的适用应当严格审查其合理性和必要性，而决定适用羁押措施的应当尽量缩短羁押时间，以防止“刑期倒挂”“交叉感染”等不利于被指控人人权保障的现象发生。

2. 被害人权利保障

在有被害人的案件中，刑事速裁程序在保障犯罪嫌疑人、被告人权益的同时，不能忽视对被害人权利的保障。被害人权利保障除包括获得赔偿这一实体权利外，还包括报告犯罪及立案侦查、告知被害人权利及诉讼进程、保证被害人参与诉讼程序和享有律师帮助等程序性权利。[③] 针对《办法》有关被害人保护的规定，有学者指出，其中存在三点不足：第一,《办法》中虽有三处提及“被害人”，但未明确规定被害人及其诉讼代理人不同意适用速裁程序的法律后果，使得现有规定缺乏法律效力；第二,《办法》并未规定被害人不同意检察机关指控的案件事实时的救济，这既不利于被害人诉讼参与权的保护，也不利于法官查明案件的事实真相；第三，速裁程序的改革主要集中于审判程序，而对侦查程序、审查起诉程序中被害人诉讼权利保护的法律规定并不完善，这同样不利于保障被害人

① 袁定波:《刑事速裁试点过半，“简”程序不“减”权利》，载《中国审判》2015年第17期。

② 汪建成:《以效率为价值导向的刑事速裁程序论纲》，载《政法论坛》2016年第1期。

③ 岳礼玲:《刑事审判与人权保障》，法律出版社2010年版，第315～320页。

的知情权和程序参与权。[①]笔者对此深表赞同。而该问题的解决之道在于：一方面，构建涵盖侦、诉、审三阶段的刑事速裁特别程序，在每个诉讼阶段均对被害人权益加以明确保护；另一方面，加大被害人对于速裁程序适用的参与度和影响力。具体立法举措是：如在速裁程序启动后，有关机关可以听取被害人意见，被害人提出要求的，应当听取。再如对于被害人提出的意见，应当记录在案。若决定不予采纳的，有关机关应当告知被害人该决定及原因。被害人若对此决定不服，有权申请复议。总之，在平衡被告人与被害人权利的同时，也维护了公正与效率的基本关系。

四、结语

提倡和实行“简约的法律”，是现代法律回应社会日益复杂化的必然趋势。[②]构建刑事速裁特别程序是我国刑事诉讼简约化的重要举措。而刑事速裁程序只有保证独立性才能发挥其最大的制度价值。这种独立性体现在速裁程序既不是对于简易程序的再次简化，也不能将其整体纳入审判程序之中，而是应当将其设置成一种与未成年人刑事案件、当事人和解的公诉案件等类似的特别程序。该特别程序始于侦查终结，终于执行完毕，适用宽泛，程序简便，以当事人权利保障为主线，强调对“最低限度程序公正”的坚守和对诉讼效率的追求。除了上述立法建议之外，笔者认为“刑事速裁程序”这一术语并不能很好地涵盖该制度所设计的所有内容，建议立法者可以参考俄罗斯刑事诉讼立法模式，将其修改为“被告人认罪的特别程序”。同时，可以在部分地区增加“处罚令程序”试点工作，主要针对可能判处单处罚金的刑事案件进行书面审理，对轻微刑事案件再次繁简分流，以实现诉讼资源的最大化利用。

① 刘广三、李艳霞：《我国刑事速裁程序试点的反思与重构》，载《法学》2016 年第 2 期。

② ［美］理查德·爱波斯坦：《简约法律的力量》，刘星译，中国政法大学出版社 2004 年版，第 29 页。

论庭前会议制度存在的问题与完善

张子君*

2012年刑事诉讼法修改的亮点之一是设立庭前会议制度，对庭前程序做了重大改革。新刑事诉讼法实施以来，庭前会议制度的开展不但成为司法实践的热点，更成为一大难点。由于庭前会议制度的相关法律不够完善，控、辩、审三方对该制度的认识不完全一致，并且缺乏实践操作经验，导致庭前会议制度的适用随意性较大，可操作性不强，没有达到应有的法律效果。鉴于庭前会议制度的适用在司法实践中存在较多困惑，笔者以新刑事诉讼法的贯彻实施为视角，进一步探讨庭前会议制度在实施过程中的问题与完善策略。

一、我国庭前会议的立法规定及法律意义

2012年3月《中华人民共和国刑事诉讼法》再次修订，第182条第2款规定："在开庭以前，审判人员可以召集公诉人、当事人和辩护人、诉讼代理人，对回避、出庭证人名单、非法证据排除等与审判相关的问题，了解情况，听取意见。"这标志着我国庭前会议制度正式确立。随后，最高人民法院、最高人民检察院分别出台的最高人民法院《关于适用〈中华人民共和国刑事诉讼法〉的解释》（以下简称《解释》）第183条、第184条和《人民检察院刑事诉

* 中国政法大学刑事司法学院2016级博士研究生。

讼规则（试行）》第 430 ～ 432 条，对庭前会议制度进行了进一步的细化和解释，规定了庭前会议制度的案件适用类型和问题适用范围，这意味着庭前会议制度得到了初步完善。庭前会议从制度设计走到了法律条文，最终步入了诉讼程序的应用，它对于促进庭审程序优质高效具有重要意义。

（一）有助于保障司法公正。司法公正是在审判中，按照公开、公平、中立的原则，制定科学合理的程序，实现对诉讼主体与诉讼参与人权利义务正确平等的合理分配，使之达到理想的争议结果。刑事诉讼程序是通过程序之间的相互关系，实现各要素之间的平衡和制约，以实现刑事司法公正。庭前会议制度正是连接起诉程序与审判程序的重要诉讼阶段，发挥着承上启下的关键节点作用，如果忽视庭前会议制度的重要性，必然会导致刑事司法各元素功能混乱、平衡失调、制约失控，从而妨害司法公正最终实现。庭前会议制度的另一个功能就是对拟出示或调查的证据材料进行判断，通过判断让无证据能力的证据不得在法庭中提出，使审判人员的判断不受非法证据的干扰，保证裁判的中立，从而实现司法公正。

（二）有助于提高诉讼效率。在司法公正的前提下实现刑事诉讼效率，有利于减少司法资源的投入，在最短的时间内产生公正的结果，以实现诉讼程序的正当性，及时体现刑法的惩罚与预防功能。在庭前会议中，控辩双方对彼此所掌握的案件情况有了充分的了解，对法庭审理结果有了可预测的判断，这样控辩双方更容易达成一致意向。同时，利用庭前会议程序促成被告人与被害人庭前和解，也有利于避免庭审中再行和解对被告人带来的诉讼拖累，避免司法资源的浪费。《解释》第 184 条规定附带民事诉讼可以在庭前会议阶段进行调解，最高人民法院在 2017 年 3 月出台的《关于全面推进以审判为中心的刑事诉讼制度改革的实施意见》（以下简称《实施意见》）中规定："被害方提起附带民事诉讼的，可以在庭前会议中进行调解"，即这一程序价值在司法实务中的具体体现。

（三）有助于发现案件真实。提高诉讼效率不等于草率审判，不等于扭曲案件事实，能否提高诉讼效率依赖于对案件事实的查明。庭前会议制度的目的在于防止轻率地将被告人交付审判，消除不利于发现案件真实的各种情况，避免因案件的真实争议造成延期审理，为庭审中发现案件真实做好准备。庭前会议有利于贯彻以事实为依据，以法律为准绳的刑事诉讼原则。

经过几年的运行，该制度在实践中暴露出程序定位不清、规则适用不明等诸多问题，并未完全达到预期的法律效果。本文从基本概念入手，揭示出庭前会议制度存在的主要问题，查找产生问题的原因所在，最终提出一个合理的解决方案，以期对完善庭前会议制度提供有益的参考，发挥其应有的功能和价值。

二、庭前会议制度的主要内涵和法律特征

刑事庭前会议程序作为广义刑事庭前程序中的一项保障控辩双方诉讼权利、提高诉讼效率的重要诉讼阶段，其核心是准备，目的在于提高诉讼效率，即通过必要的准备为顺利庭审创造条件，尽量让控、辩、审三方在庭前获得更多的案件信息，争取将有可能影响庭审顺利进行的问题在庭审前解决，是推进案件审理安排和进行的非正式性会议，准备不充分将导致庭审出现诉讼拖延。对于庭前会议制度的含义，有学者认为：庭前会议制度是诉讼关系人在第一次庭审日期之前进行的诉讼准备，由法院加以推动，原则上法院只是协助当事人推进庭前准备①。还有学者认为："为审判期日之审理得以快速及确实地进行，程序上事先需为充分的准备。公判期日之审理准备，系属于经由受理案件之法院及其他诉讼关系人之所为之准备程序。"② 在我国现有司法背景下，我们认为，刑事诉讼中的庭前会议制度是指在法庭决定开庭之后，开庭审理之前，由法官主持，

---

① [日]松尾浩也:《日本刑事诉讼法》，丁相顺译，中国人民大学出版社2005年版。

② 黄朝义:《修改后准备程序运作之剖析与展望》，载《月旦法学》2004年10月第113期。

控辩双方共同参加，解决梳理案件程序性问题及部分实体性问题，旨在为庭审扫清阻碍，保证庭审集中审理的准备程序。庭前会议制度的主要特点是：

（一）诉讼性。庭前会议作为刑事诉讼审前程序的组成部分，必然应当具备诉讼化的程序构造样态。传统的诉讼构造理论认为，刑事诉讼构造是指刑事诉讼法所确立的进行刑事诉讼的基本方式以及控诉、辩护、裁判三方在刑事诉讼中形成的法律关系的基本格局，也即“三方组合构造”。[①] 日本学者井户田侃在此基础上进一步指出，刑事诉讼构造存在于刑事诉讼的各个程序之中，是诉讼主体为达诉讼目的而以之为基础进行诉讼的诉讼法律关系。[②] 由此推论，庭前会议中也应当存在一种“三方组合”的构造样态，它具体包括三方面的内涵：其一，控审分离。控审分离是庭前会议正当性的基础。一方面，庭前会议的裁判主体与控诉主体应当严格分立，各司其职，互不干预；另一方面，庭前会议的裁判主体与正式庭审的裁判主体应当有所区别，避免先入为主，未决先断。其二，裁判中立。裁判中立是庭前会议公正性的前提。庭前会议的裁判主体应当依法独立行使职权，居中裁断，不偏不倚。其三，控辩平等。控辩平等是庭前会议有效性的保障。庭前会议控辩双方应当尽量在资源分配和权力（权利）待遇上保持均衡性和对等性，以实现庭前会议于二者的实质意义。

（二）程序性。庭前会议作为刑事程序法调整的一个制度范畴，必然带有程序性的基本特质。这种程序性的特质决定了庭前会议无论在价值趋向还是在内在精神上都应当契合于程序正义的基本理念。正义一般包括实体正义与程序正义。前者着力于合理分配和保护社会的实体性价值；后者强调的是实现实体正义之程序的有效性及其本身的正义性。[③] 现代司法理念与传统司法理念的区别在于程

① 宋英辉:《刑事诉讼原理》，北京大学出版社 2014 年版，第 151 页。

② [日]井户田侃:《刑事程序构造论的展开》，日本有斐阁 1982 年版，第 2 页。

③ 张可、陈刚:《审判中心视野下侦查程序的改革与完善》，载《河南社会科学》2016 年第 6 期。

序正义之独立价值的认可与发展。程序正义具化为庭前会议制度要实现两种目标：其一，庭前会议应当严格遵循法律，杜绝法外因素之干扰。程序运行之目的便在于排除制度运行中的“人格”因素，防止主观肆意影响司法公正。其二，庭前会议应当具备制约权力和保障权利的基本形式。程序正义所追求的形式合理的价值在于：即便是这种形式对结果正义的保障存在不确定性，至少这种程序上的努力也可以使这种结果被人接受。毕竟我们之所以能够忍受一种不正义，唯一的正当理由也是需要用它来避免另一种更大的不正义。[①]

（三）协商性。对抗与协商是现代刑事司法中的两种基本价值理念。前者强调的是公正，因此更加侧重于保障控辩双方地位的均衡性和对抗性，将充分、有效地法庭对抗作为实现正义的根本手段。后者强调的是效率，因此其追求多偏重于明确公诉机关、诉讼当事人的主体地位，充分尊重他们诉权的自主性和意思自治。从传统意义上来讲，对抗确实是发现案件实质真实、保障案件公正处理所需要坚持的一种司法模式，然而不容否认的是，随着恢复性司法对改造性司法的不断影响，保证诉讼效率，避免当事人陷于诉累也应当作为现代刑事程序法治的一个重要考量。庭前会议的目的在于通过充分的审前合意，简化庭审流程，提高诉讼效率，蕴含着协商性的内在需求。应当指出的是，尽管庭前会议制度从制度形成的宏观层面上来讲是一种协商性的诉讼活动，但是在制度落实的微观层面也不能彻底忽视诉讼行为本身应当具备的对抗性特质，庭前会议的协商性质并不是对诉讼对抗的否认，而是一种上升和发展。

三、庭前会议制度的现状及主要问题

庭前会议主要通过相关庭前的准备活动提高法庭审判效率和质

① ［美］约翰·罗尔斯:《正义论》，何怀宏等译，中国社会科学出版社 1988 年版，第 2 页。

量。但从目前的情况来看，无论在理论上还是在司法实践方面，庭前会议都存在一些问题，主要表现在以下几个方面：

（一）启动主体单一。新修订的《刑事诉讼法》第182条第2款规定的庭前会议的主持人是审判人员，略为宽泛的概念不影响其依职权启动，实践中即是法官垄断了庭前会议的召开权。在普通案件中，法官以其中立裁量的身份、全面了解案情的优势决定是否召开庭前会议是合理的，但是在办理案情复杂、证据繁多的案件时，公诉机关也有召开庭前会议的诉求，以便有针对性地制订公诉方案、提高公诉效率。辩护方享有召开庭前会议的建议权是实现程序正义的应有之义，辩护权是刑事诉讼中被控者的一项最基本的诉讼权利，庭前会议制度是专业性很强的程序，如果被告人的辩护律师没有召开庭前会议的建议权，这些权利难以得到有效保障。综上所述，庭前会议启动主体过于单一不利于充分发挥庭前会议的作用。

（二）庭前会议决议的内容不当。新刑事诉讼法规定，庭前会议可以涉及回避、出庭证人名单、非法证据排除等与审判相关的问题，最高人民法院司法解释将其细化为八个方面，包括管辖、调取证据、提供新证据、申请不公开审理等，不直接关涉案件的实体问题，实体问题留待庭审时解决，庭前会议只是为了提高庭审效率而提前解决一些程序问题。但是程序问题和实体问题有时很难截然分开，两者之间存在直接或间接的关系，程序问题处理不当可能会影响案件实体的处理，如非法证据排除等问题，这将会导致法庭审判形式化，有损司法公正。

（三）庭前会议的效力不被认可。庭前会议作为一项法律程序设置，主要目的在于通过“了解情况，听取意见”来提高审判效率。提前了解各种意见，不做决断且做好应对计划是立法者的原意，《实施意见》要求庭前会议要制作笔录和庭前会议报告[①]，这两项文书的法律效力较模糊，具有不确定性。这样的法律规定在司法

① 参见《关于全面推进以审判为中心的刑事诉讼制度改革的实施意见》全文。

实践中导致诸多问题，如对于控辩双方未在庭前会议中提出却在之后的庭审中提出的争议性程序事项，法庭如何处理？对于争议性的程序事项控辩双方已经在庭前会议中达成共识，但在之后的庭审中反悔，法庭如何处理？立法对庭前会议的法律约束力未做规定，势必会造成程序重复，资源浪费，进而抵消庭前会议的制度功能。

（四）被告人是否参加庭前会议不明确。《解释》第183条第2款规定："法院召开庭前会议，根据案件情况，可以通知被告人参加。"《实施意见》中要求："庭前会议在法庭或其他办案场所进行，由审判人员主持，控辩双方参加，必要时可以通知被告人到场"，均明确法官有决定被告人是否参加庭前会议的自由裁量权。实践中被告人在开庭审理前往往处于被羁押状态，这给庭前会议中被告人出席增加了困难，导致现实中庭前会议只有公诉机关和辩护人参加，被告人缺位。不可忽视的是，法院视情况而定让被告人参与庭前会议，主要以被告人参加庭前会议的方便程度为衡量标准，而非将保障被告人的诉讼权利作为首要考量因素。这容易导致由于被告人未出席庭前会议而对审前情况一无所知，即使知悉审前情况，也有可能否认庭前会议的结果，使庭前会议流于形式。

四、庭前会议制度的完善

合理高效的庭前会议制度对于保证司法公正、提高诉讼效率具有重要意义，构建科学合理、适合我国国情的庭前会议制度，是解决司法实践中现实存在问题的良药，也是有效避免冤假错案，实现司法公正的改革路径之一。

（一）探索庭前会议法官与庭审法官相分离。我国庭前会议多由案件主审法官主持，有时合议庭成员都会参与庭前会议的讨论。从域外经验来看，国外多是由预审法官主持庭前审理，由审判法官主持法庭审理活动。笔者认为，我国也可以借鉴国外的这种程序性设置，由立案庭的法官或法官助理担任庭前会议的主持者，刑事审判庭的法官和人民陪审员则专门主持开庭后的审判活动，以实现将非法证据排除于事实裁判者视线之外的初衷。目前，在司法实践中，庭前会议解决的主要问题即非法证据排除问题，如果事实的裁判者参与庭前会议，难免会受到相关证据的影响。

（二）庭前会议应审查程序性及部分实体性问题。法官在庭前会议中除应处理程序性问题外，还应处理部分实体性问题。最高法院《解释》第 184 条第 2 款规定，审判人员可以询问控辩双方对证据材料有无异议，对有异议的证据，应在庭审时重点调查；无异议的，庭审时举证、质证可以简化。虽然此条着力解决的是证据等程序性问题，但是其中蕴含的争点梳理与争点简化的内容，对于实体性问题的解决同样具有借鉴意义。所谓争点，是“源自双方当事人的主张和争辩的一个特定的、实质的争议点；它是一方当事人肯定，而另一方当事人予以否定的事项，如果一项指控事实在答辩时被否认，那么该事项就成为双方当事人的争点。”① 梳理与简化争点不但有利于缩短庭审时间，提高庭审效率，而且有利于双方当事人高效质证，推进庭审实质化；它不仅适用于程序性问题，也适用于实体性问题。具体而言，对于影响定罪量刑的案件情节，审判人员同样可以通过询问控辩双方有无异议的方式进行争点梳理，对于有争议的案件情节在庭审时重点调查；无异议的，庭审时关于此情节的法庭调查和法庭辩论均可以省略。

（三）赋予庭前会议的决定以法律效力。庭前会议的效力与庭前会议的使用率密切相关，如果庭前会议不具备法律效力就会和庭审活动重复，增加法官、公诉人和辩护人的诉讼成本，浪费司法资源。同时，庭前会议具备效力也是提高审判效率的必然要求。“如果从现实出发看待二者的关系，并非在所有的案件中解决公正都是第一位的。在司法实践中，或由于案件本身的因素，或由于当事人的主观需求，有些案件效率问题比公正问题更为突出、更为迫

① GARNER B A. Black’s Law Dictionary[M]. 8th ed.St.Paul: West, A Thomson business, 2004.

切。”[①] 因此，庭前会议具有法律效力是提高诉讼效率的应有之义。确保庭前会议有效要使庭前会议的结果有效，《实施意见》中规定：“庭前会议应当制作笔录，由参加人员核对以后签名。”[②] 明确了庭前会议应以记录的形式固定下来，在形式上保证完整性和合法性。但值得注意的是，该记录并不具备法律效力。庭前会议的决议具有法律效力意味着在庭审上双方没有新的事实、证据或其他法定原因不得对认定提出异议，[③]如果在庭审中重复提出异议，则法庭可以当庭驳回[④]。

（四）庭前会议有辩护人和被告人参加。我国《刑事诉讼法》第 182 条第 2 款规定了庭前会议的参加者为“公诉人、当事人、辩护人和诉讼代理人”，可见庭前会议要有辩护人参加，无论以听证方式还是以会议方式召开庭前会议，辩护人的作用都不可小觑。辩护人在非法证据排除、变更强制措施等问题上以其专业性保障了被告人的诉讼权利，在证据开示、争点整理等问题上使得被告人诉讼权利保障落到了实处，辩护人有能力与公诉人有效对抗，厘清争议焦点，为庭审的顺利进行扫清障碍。辩护人参与庭前会议使被告人的权利得到切实的尊重和保护，从某种程度上说是刑事诉讼制度人权保障的重要标志之一，也是法律制度民主程度的重要标志之一。

理论界对于辩护人参与庭前会议之必要性鲜有争议，然而对于被告人是否应该参加庭前会议无明确的态度。我们认为，被告人在刑事诉讼中是独立的诉讼主体，享有当事人所具有的诉讼权利，基于对被告人诉权自主性的考量，保障被告人庭前会议的参与权不但是必要的，而且是必需的。庭前会议解决的事项关涉被告人切身的

---

① 顾永忠：《刑事案件繁简分流的新视角——论附条件不起诉和被告人认罪案件程序的立法建构》，载《中外法学》2007 年第 6 期。

② 参见《关于全面推进以审判为中心的刑事诉讼制度改革的实施意见》全文。

③ 卞建林、陈子楠：《庭前会议制度在司法实践中的问题及对策》，载《法律适用》2015 年第 10 期。

④ 南永绪、袁红：《庭前会议制度的实践应用及思考——以〈刑事诉讼法〉第 182 条第 2 款及相关司法解释为视角》，载《西部法学评论》2015 年第 2 期。

利益，然而决策层似乎并没有给予被告人庭前会议主体地位足够多的尊重，《解释》第 183 条第 2 款规定：“召开庭前会议，根据案件情况，可以通知被告人参加。”这里使用“可以”的含义即非强制性规定，赋予了法官较大的自由裁量权，实际上被告人出席庭前会议有非常深厚的法理基础。

首先，被告人参加庭前会议是保障人权的直接表现。庭前会议要解决的不仅仅是程序性问题，还有部分实体问题。被告人参加庭前会议可以比较有效地解决控辩双方对证据掌握的不对称情况，更充分地保障辩方诉讼权利的行使。庭前会议功能的实现不仅需要辩护人，更需要被告人深入地参与制约公诉权的行使，避免不符合起诉条件的案件进入审判程序，达到保障人权的目的。

其次，被告人参加庭前会议是实现程序正义的必然要求。根据《解释》第 183 条第 2 款的规定，被告人什么时间、什么条件、在哪里、用什么程序参加庭前会议尚不明确，在某种程度上意味着法律没有给辩护人和被告人参与庭前准备的机会，什么情况下被告人参加庭前会议取决于法官的认识和判断，缺乏制度制约和法律监督。法官在开庭前召集控辩双方同时到场，就程序争议问题进行听证，并在听取各方意见的基础上加以裁决，这将极大地维护程序正义，程序正义的最基本的要求是：与诉讼结果有利害关系或者可能因该结果蒙受不利影响的人，都有机会参与到诉讼中，并得到提出有利于自己的主张和证据以及反驳对方提出的主张和证据的机会，[①]给予所有与案件程序争议问题有利害争议的各方参与庭前会议的权利，使各方成为裁决过程的协商者、对话者和被说服者，而不是被动接受法官的裁决、消极承受法官处置的诉讼客体[②]。

（五）庭前会议程序性事项的完善。首先，在庭前会议召开的时间上应当与正式庭审有一定的间隔。在开庭审判前的准备活动中，法院决定开庭审判后，最迟在开庭 10 日前向检察院送达起诉

① 宋英辉：《刑事诉讼原理》（第 4 版），法律出版社 2003 年版，第 41 页。

② 陈瑞华：《程序正义理论》，中国法制出版社 2010 年版，第 1 页。

书副本；通知当事人、法定代理人、辩护人、诉讼代理人在开庭5日前提供证人、鉴定人名单；在开庭3日前通知检察院的开庭时间、地点；最迟在3日前送达传唤当事人的传票等。参考如上，庭前会议的召开应当为控辩双方预留足够的准备时间，以7日为宜。

其次，庭前会议的形式应当符合刑事诉讼的基本构造，关键在于保证控辩双方的充分对抗。庭前会议的理想状态除要解决程序性问题外还要解决部分实体性问题，单纯听取意见，了解情况的听审方式并不能达到简化庭审流程，提高诉讼效率的目的。同时需要指出的是，庭前会议应以公开为基本原则。司法公开是现代司法理念的普遍要求，是保障司法公信力，树立司法权威的根本保障。庭前会议作为刑事诉讼的一项基本制度同样应当奉行司法公开原则。因此，除少数涉及国家秘密、个人隐私、未成年人等案件外，庭前会议均应当是公开的，接受社会监督。

五、结语

将庭前会议制度引入我国刑事诉讼法是一大进步，它为保障审判活动的顺利进行、提高庭审效率、保证审判质量起到了重要作用，尽管目前还存在种种不足，但制度的完善本身需要司法实践不断地锤炼。为了巩固司法改革成果，特别是要有针对性地对该制度适用效率低、程序不明确、辩护权保障不到位等问题采取有效措施。庭前会议制度的改革应当结合司法改革中的其他措施的完善同时进行，刑事诉讼中的各项制度和措施是相互关联、相互作用的，庭前会议制度是我国司法改革的一个组成部分，需要与刑事诉讼的其他制度一起共同完善。

比较法视野下公诉案件不起诉裁量权机制的阶梯化重构

郭　锴*

随着2013年现行刑事诉讼法的施行，确立了我国的不起诉制度包括法定不起诉（第15条）、证据不足不起诉（第171条）、酌定不起诉（第173条第2款）以及附条件不起诉（第271～273条），其中检察官不起诉裁量权仅包括酌定不起诉和附条件不起诉。现行的刑事诉讼法对附条件不起诉的适用主体进行了严格限定——未成年犯罪嫌疑人，在此主体范围内与酌定不起诉存在重叠，同一案件若符合上述两种不起诉裁量权适用条件时，检方该如何选择适用，目前并无规定。随着认罪认罚从宽试点的进行，我国刑事诉讼法日后将呈现多层次、阶梯化构造。通过对其他地区不起诉裁量权机制进行比较与借鉴：如美国的审前分流制度、英国检察院不起诉裁量权的表现方式、德国的暂缓起诉制度、法国的追诉适当制度、日本的起诉犹豫主义等，找出我国公诉案件不起诉裁量权机制的现存问题，并对其进行“不起诉—酌定不起诉—附条件不起诉—起诉”的阶梯化重构。

* 中国政法大学刑事司法学院2015级博士研究生。

一、我国公诉案件不起诉裁量权应然“阶梯化”的背景

(一)司法机关“案多人少”矛盾突出，迫切需要繁简分流

《刑法修正案(八)》的实施以及劳动教养废除，现行刑诉法中检察机关的不起诉裁量权不足以缓解“人少案多”的矛盾。2011年2月的《刑法修正案(八)》将扒窃、入户盗窃以及危险驾驶等违法行为入刑，导致罪刑轻微的刑事案件明显增多并呈上升之趋势。随着2013年11月劳教制度的废除，大量轻微刑事案件或转为治安处罚或转入刑事诉讼程序，这无疑对本来就接近饱和的刑事司法资源雪上加霜，进而不利于审判的公正和刑罚的及时。以授权刑事案件速裁程序试行之前的2013年为例：整个2013年全国法院判处的约106万刑事案件生效判决中，判处一年以下有期徒刑、管制、拘役或单处罚金的约40.1万件，约占总数的37.8%，大量的一年以下有期徒刑的轻微刑事案件在司法审理程序上占用了理应投入在重大案件的司法资源，在司法机关人少案多矛盾突出的背景下，进一步凸显了改革之必要性。[①] 对于监所，亦需要缓解其羁押压力，稳定监所仓情。

近年来亦围绕“案多人少”的问题进行了一系列试点改革：1. 针对“人少”进行了“司法人员员额制改革”，目的是对办案人员进行数量和质量的提高；2. 针对“案多”则通过贯彻“宽严相济”的刑事政策对其进行“繁简分流、轻轻重重”的试点改革：如2014年的“刑事案件速裁程序试点”和2016年的“认罪认罚从宽制度试点”。

(二)认罪认罚从宽制度试点对公诉案件不起诉裁量权范围的扩张

党的十八届四中全会提出：“完善刑事诉讼中被告人认罪认罚从

① 梁国栋:《刑事速裁立法引领司法改革前进》，载《人民网》2014年8月20日。

宽制度”。最高人民法院也将其作为一项重要任务写入了《第四个五年规划纲要》。2016 年《关于在部分地区开展刑事案件认罪认罚从宽制度试点工作的办法》(以下简称《办法》)中第 13 条更是明确扩大了检察机关的不起诉裁量权，甚至超出了现行刑事诉讼法的框架[①]。该条款试图通过合理的机制激励犯罪嫌疑人认罪认罚，换取从宽处理，这亦有利于缓解我国长久以来的“重罪重罚、轻罪轻不下来”的司法现状。

(三)“多层次，阶梯化”成为世界各国刑事程序发展的趋势

后现代法学主张强调差异性，否定统一性；强调多元性，否定普遍性；强调多变性，否定确定性；[②]其体现在刑事诉讼程序中，即各主要国家多采用“差别化程序，多层次，阶梯化”的方法处理刑事案件，我国亦通过试点改革在刑事诉讼程序中初步建立起“普通程序—简易程序—速裁程序”的三阶简化格局。检察机关上承侦查，下启审判，作为繁简分流的重要一环，其不起诉裁量权并未进行配套改革。

(四)对嫌疑人切实有益，符合“修复性司法”的要求

修复性司法与报应性司法相对，前者又被称为“损害恢复论”，主张在社会上要形成对被害人恢复被损害的利益，对侵害行为人采用非刑罚的方法规范。前者强调的是修复被侵害的人际关系和达成和解，后者强调的是对违法行为进行非难及其效果的刑罚。[③]而适用不起诉裁量权的案件，嫌疑人通过认罪认罚、积极赔偿被害人等方法换取从宽不起诉，对其自身来说：一是减少羁押期，一定程度上避免了在检索内与其他人员交叉感染，且保障了被追诉人的人身自

---

① 《关于在部分地区开展刑事案件认罪认罚从宽制度试点工作的办法》第 13 条。

② 张纯:《对后现代法哲学思潮的思考》，载《贵州社会科学》2007 年 12 月第 6 期。

③ [日]田口守一:《刑事诉讼法》，张凌、于秀峰译，中国政法大学出版社 2010 年版，第 124 页。

由权。二是免于承受讼累，免于接受审判，有利于被追诉人的身心健康；三是能够最大限度地减少“污点“，有利于其日后回归社会。

二、世界各地区公诉案件不起诉裁量权机制

在英美法系国家当事人主义的诉讼模式中，当事人可以处分自己的诉讼权利，故检察官的不起诉裁量权很大，最初基本不受制约。大陆法系国家则相反，起初欲将法规细化详尽，甚至不欲给司法官员不起诉裁量权。但随着两大法系相互吸收借鉴，现在英美法系国家逐渐对检察官的自由裁量权加以限制，大陆法系国家则从原来的绝对起诉法定主义向起诉法定主义与起诉便宜主义相结合转变，但是相对于英美法系国家检察官的巨大的不起诉裁量权相比，大陆法系国家检察官的不起诉裁量权仍受到诸多严格的制约。

（一）美国公诉案件不起诉裁量权机制

1. 源起

美国的公诉案件不起诉裁量权机制即“审前分流”制度，其最早起源于针对少年犯罪的“延缓起诉”制度，又由于其最早在纽约市布鲁克林区实施，后来被称为“布鲁克林计划”。其目的是保护未成年人：一是防止其与成年罪犯“交叉感染”；二是免受正常刑事诉讼程序的讼累；三是免受审判之辱；四是利于以后回归社会。其后，由于效果较好，推广适用于成年嫌疑人。《美国联邦检察官工作手册》明确规定：“其目的在于把某些罪犯从传统的刑事司法程序中分流出来，纳入由美国缓刑局管理的监督和服务项目中。”[①] 该制度基于挽救罪犯、预防犯罪的目的，作为一项起诉的替代性措施，节约了诉讼司法资源，能将更多的精力集中到更为重大的案件当中，同时为罪犯提供回归社会和补偿被害人的机会。

---

① United States Attorney’s Manual Chapter 9-22.

2. 适用条件

美国检察官的不起诉裁量权所考虑的因素有：证据是否充足；当在不起诉决定并非由于证据不足所导致的时：一是对于嫌疑人方面，主要考虑：涉嫌罪名，主适用于非暴力犯罪，如欺诈和盗窃；是否有犯罪记录；适用对象：性别、年龄、种族等，绝大多数适用于较年轻和较年长者，其中又以较年轻者比例更多，这亦从某种程度上体现了最初的立法目的。二是受害人是否谅解。当案件不涉及公共利益，且被害人表示不必起诉时，检察官可作出不起诉的决定。三是是否符合比例原则。若起诉的成本会远超不起诉的成本，且犯罪性质并不十分恶劣，检方可不起诉。四是检察官的判断。起诉是否会对嫌疑人造成过度的伤害。例如，被害人的告发与实际情况不符，起诉嫌疑人有违公平，检察官可根据自己的判断作出不起诉决定。五是辩诉交易的结果。六是嫌疑人行为的“危害”可不经起诉得到纠正。①

3. 执行

美国的审前分流制度与我国的未成年人附条件不起诉相似，均有对嫌疑人履行相应义务的监督期限：1 个月至 5 年。具体情况由地区缓刑考察官员负责，监督内容包括：对受害方补偿、社区服务、父母参与（主要针对的是少年犯，包括刑事责任和经济责任）、持续性教育等。与我国未成年人附条件不起诉不同的是，美国审前分流制度的适用对象已经从未成年犯罪人扩展到了成年犯罪人，这实际上表明，在美国，检察机关的起诉自由裁量只能以“审前分流”这一制度来表现。因此，美国的检察机关不起诉裁量权的表现方式只有一种。

美国检察官拥有极大的不起诉自由裁量权，即便是重罪案件或证据较为充足的案件，其考虑公众利益、诉讼成本、犯罪行为人改

① [美]韦恩·R. 拉费弗、杰罗德·H. 伊斯雷尔、南西·J. 金：美国法律文库《刑事诉讼法》（上册），卞建林、沙丽金等译，中国政法大学出版社 2003 年版，第 741 ～ 802 页。

造难易程度后，仍可以作出不起诉的决定，取而代之的往往是诉讼外和解或者辩诉交易。但目前正逐步对检察官不起诉裁量权进行限制，如通过规定详细的成文法性进行规范，使更多机构参与到整个程序当中①。在联邦层面上，还根据1982年《审前服务法案》创设了审前援助机构，为审前分流方案的开展提供了重要的机构保证。

（二）英国公诉案件不起诉裁量权机制

1. 警察自由裁量权的分流

英国较为独特的是警察对轻微刑事案件是否起诉有较大的自由裁量权，其附加条件主要是实施正式的警告或警察告诫（告诫并非判决，但是警方会有相应的记录，对以后再次犯罪时是否会提起诉讼产生影响），王室检察官也可以考虑替代起诉的方式②。英国警察的自由裁量权对刑事案件分流有重要作用，此处与法国类似，警察在刑诉案件立案中占主导地位。尤其是对于青少年，为了避免其承受“犯罪者”的标签避免开庭审理程序，警方往往会对其进行告诫。警察如此大的自由裁量权也引起各方质疑，呼吁对其进行适当限制。

2. 检察官的不起诉自由裁量权

王室检察官在决定是否提起起诉时，主要分为两个阶段：第一，证据是否充足以支持诉讼；第二，公共利益考量，起诉是否符合公共利益。后者即主要体现了英国检察院的不起诉裁量权，英国的检察院不起诉裁量权的表现方式只有一种。王室检察院的公共利益考量主要为：一是嫌疑人情况，主要考量嫌疑人的年龄是否属于年幼或年老；二是涉嫌犯罪罪名，包括犯罪的情节和严重程度，如是否使用了武器或者暴力威胁、被害人身份和年龄、是不是有组织的犯罪、犯罪的动机、嫌疑人的悔罪态度、犯罪影响范围等；三是案件的公开是否涉及国家秘密或国家安全。综上所述，如果

① 孙力:《暂缓起诉制度研究》，中国检察出版社2009年版，第81～112页。

② 参见《王室检察院检察官条例》，para.6.12。

不起诉更加有利于对公共利益的保护，则检察官往往选择不起诉。此外，英国检察官通常会以辩诉交易为手段作为不起诉的附加条件。事实上，辩诉交易在英国是通过检察官自由裁量权才得以合法化的。

（三）德国的公诉案件不起诉裁量权机制

1. 德国公诉案件不起诉裁量权的产生与发展

德国最初是严格的起诉法定主义国家，即检察官对于符合起诉条件的案件必须追诉，不能有其他选择。但随着犯罪率的大幅增长以及犯罪情况的日趋复杂，德国的司法机关面临日趋严重的“案多人少”的现象。直至 1964 年德国《刑事诉讼法典》修改，其中第 153 条首次赋予了检察官极为有限的不起诉裁量权——针对轻微刑事案件且需经过法院同意。此后，又进一步对检察官的不起诉裁量权进行了扩展，1975 年对刑事诉讼法的再次修改中，增加了第 153 条 a，其中对于小额财产的案件德国检察官可享有不经法院同意的不起诉裁量权。到了 1993 年，为了进一步减少对于刑事案件的司法开支，《减轻司法负担法》进一步扩大了检察官的不起诉裁量权的适用范围。新修改的《刑事诉讼法典》中第 153 条 a，已经将检察官不起诉裁量权的权限扩大到中等严重程度的犯罪，无须征得法院同意的范围也得以扩大。[①]

2. 德国的暂缓起诉机制

德国的公诉案件不起诉裁量权主要体现为“暂缓起诉”。主要规定于德国《刑事诉讼法典》第 153 条和第 153 条 a。[②] 德国检察官的不起诉裁量权有两种：

未损害公共利益的轻罪，可能被判处不超过 1 年刑罚或罚金的犯罪。该情况又可分为：需经过法院同意的和不需经过法院同意

---

① ［德］汉斯 – 耶尔格·阿尔布莱希特：《刑事诉讼中的变通政策以及检察官立法庭审理开始前的作用》，载《诉讼法论丛》（第 3 卷），中国政法大学出版社 1999 年版。

② 参见 1998 年修改后的德国《刑事诉讼法典》第 153 条 a。

的。前者检察官可以在法院同意的情形下，不规定责任或者负担地作出不起诉犯罪人的决定。后者是如果犯罪后果轻微，检察官可不经法院同意径行终止案件（即第 153 条）作不起诉决定。德国《刑事诉讼法典》第 153 条的规定与我国酌定不起诉类似：程序处理轻罪的时候，如果行为人责任轻微，不存在追究责任的公众利益的，经负责开始审判程序的法院同意，检察院可以不予追究。对于尚未受到最低刑罚威胁，行为所造成后果显著轻微的罪决定不予追究时无须法院同意。已经提起公诉时，在前款先决条件下，经检察院、被诉人同意法院可以在程序的任何一个阶段停止程序。在由于存在第 205 条的原因所以不能审判，或者在第 231 条第 2 款、第 232 条和第 233 条情况中是被追诉人缺席情形审判的时候，停止程序时无须被诉人同意，对裁定不得要求撤销、变更。

对已经损害公共利益的轻罪，检察官经法院和被指控人同意可以作出不起诉的决定，当然犯罪人应当承受相应的负担和责令（即第 153 条 a）。此外，将未成年人作为特殊群体单列开来，使之在相同情况下承受更为轻微的责任。德国的立法实际上将犯罪人罪行的轻重作为行使两种不起诉裁量权的标准。第 153 条 a 与我国的附条件不起诉类似，其规定了监督期限和附条件事项，期限为 3 个月到 1 年不等。但是适用对象与我国有很大区别。德国对未成年犯罪人的不起诉裁量权有专门规定。德国《未成年人法院法》第 45 条就规定对于青少年所犯的轻微犯罪案件，已经采取了某种教育措施，缺乏起诉利益的案件或者已经进行了与被害人和解的青少年犯罪案件，主办检察官可以不予起诉。这实际上是对未成年犯罪人的特殊保护，特别是对初次犯罪和轻微犯罪的未成年人。[①]

3. 对不起诉裁量权的监督

德国对检察官不起诉裁量权的监督包括：被控告人的监督，即在检察官决定不起诉而终止案件的案件中，检察官必须告知控

① 陈光中、[德]汉斯－耶尔格、阿尔布莱希特：《中德不起诉制度比较研究》，中国检察出版社 2002 年版，第 62 ～ 76 页。

告人；检察机关和法院的相互监督，由于大部分不起诉案件需要检察官和法官的一致同意才可能进行，所以二者的相互监督对于正确终止案件具有很大的促进作用；被害人救济，假如被害人对检察机关的不起诉决定不服，可以通过“强制起诉程序”以寻求救济。

（四）法国的公诉案件不起诉裁量权机制

法国现行刑诉法中的不起诉裁量权又被称为“追诉适当”制度。法国《刑事诉讼法典》第 40 条赋予检察官在对案件的决定方面享有较为广泛的自由裁量权，包括：是否追诉和应当如何追诉，还可增加一系列不起诉附加条件[①]。法国检察官的不起诉裁量权表现方式只有一种：嫌疑人应在相应的监督期限内承担相应的责任（或赔偿）。其立法亦是为了使轻微犯罪人员更易于回归社会。

具体附加条件规定在第 41—1 条和第 41—2 条。通过对法国《刑事诉讼法典》第 41—1 条规定可知，法国检察官进行“起诉附条件”，其目的是补救或补偿因嫌疑人犯罪行而对公众利益造成的损害，在嫌疑人能进行补救的情况下，检察官可以不提起公诉。其中第（5）项：若嫌疑人的行为没有严重危害或危及公共利益，检察官经双方当事人同意可以进行调解。

第 41—2 条，规定了另一种附条件不起诉——刑事和解。有两种情况检察官可以进行刑事和解，在尚未发动公诉时：一种是对已经承认自己犯有“主刑可能处罚金或刑期在 5 年或 5 年以下监禁刑的一项或数项轻罪”的自然人；另一种是自然人在相应场合承认自己犯有一项或数项违警罪。可以适用的案件包括轻微的暴力伤害案件、威胁、诽谤、虐待动物社会危害性不大且法定刑都在 3 年有期徒刑以下的以及包括抛弃家庭的犯罪、妨碍亲权行使的犯罪、家庭

---

① ［英］杰奎琳·霍奇森：《法国刑事司法——侦察与起诉的比较研究》，张小玲、汪海燕译，中国政法大学出版社 2012 年版，第 332 页。

暴力犯罪等涉及家庭关系的犯罪。此外刑事和解需双方一致同意，且嫌疑人支付一定数额的赔偿。

（五）日本的公诉案件不起诉裁量权机制

1. 日本的起诉犹豫主义

日本公诉案件不起诉机制又被称为“起诉犹豫主义”。日本的起诉犹豫主义可以追溯到明治维新时期的“微罪酌定起诉犹豫”，其目的是解决大量犯罪案件的增加导致的司法资源紧张的问题。这一制度体现在日本现行《刑事诉讼法典》第248条，其适用对罪名的要求并无范围限制，理论上甚至从对社会危害性小的轻微犯罪到刑法中规定的严重犯罪，检察官均可作出不予起诉的决定。在日本现行刑诉法中，检察机关行使不起诉裁量权的表现方式只此一种，并无考验期，年龄亦仅作为一项考量性因素，与我国的酌定不起诉类似。

2. 日本检察机关有起诉犹豫的考量因素

第一，有关嫌疑人的方面：性格（包括品行、癖好、习惯、健康状态、前科劣迹、常习性等）；年龄（包括年幼、年老等）；境况（如家庭环境、职业、人际关系等）。第二，有关犯罪事实方面：罪行轻重（包括法定刑和受害程度的轻重）；犯罪的情况（包括犯罪的动机、方法以及犯罪的社会影响、与被害人的关系等）。第三，犯罪后的情况（包括认罪的态度是否良好、有无积极恢复损害、赔偿、有无悔改之意等）。[①] 综上可知，检察官在作出不起诉决定前要综合考量刑事政策、被害人意愿以及诉讼经济等多方面因素。其在行使不起诉裁量权时尤其在意被害人及其家属的意见，他们的建议会直接影响检察官的决定。

3. 监督

为保证检察机关不起诉裁量权的正当行使，须有相应的监督措

---

① ［日］田口守一：《刑事诉讼法》，张凌、于秀峰译，中国政法大学出版社2010年版，第122～150页。

施。在日本主要有两种：公开的程序和事后审查。检察审查会制度是日本事后审查机制的特色之一，检察审查会是公民参加公诉程序的代表制度，主要作用是对检察机关作出的不起诉决定进行审查，在审查后作出“应当起诉”或“不起诉不当”的决议。在2004年日本刑诉法修改后，检察审查会决议的约束力进一步加强，对于第二次检察审查会作出的应当起诉的决议，该决议有着提起公诉的效果。该制度在日本运行效果良好，对我国相关机制的完善有借鉴作用。

三、各国公诉案件不起诉裁量权的启示

（一）各国公诉案件不起诉裁量权的类型

如上文所述，各主要国家的检察官自由裁量权无外乎两种：一是酌定不起诉，虽然嫌疑人符合起诉条件，但考虑到某些因素后不予起诉，其结果等同于“无罪不起诉”，属于直接不起诉。日本的起诉犹豫主义即属于此种。二是附条件不起诉，虽然和酌定不起诉同属于不起诉，区别在于在检察官正式作出不起诉决定之前，嫌疑人需通过某个“考验期”，在考验期内嫌疑人不得违反相关法规。附条件不起诉的适用比酌定不起诉更为严苛，其所适用的罪行同样比酌定不起诉更为严重。美国、法国均采用附条件不起诉。德国则是两种不起诉并行。

1. 单一制不起诉机制

多数主要国家仅采用一种不起诉的方式，可暂称其为“单一制不起诉”。在仅采用一种不起诉方式的国家中，大多数国家并未明确区分酌定不起诉与附条件不起诉的概念，二者选采其一。此种做法易于司法机关在司法实务中操作，防止出现无所适从的混乱现象。但是却未根据不同犯罪的严重程度对不起诉裁量权进行相应的阶梯化划分，使得单一制不起诉机制缺乏层次性。

2. 阶梯制不起诉机制

有些国家采用两种不起诉裁量权表现方式，可暂称其为“阶梯制不起诉”，德国即是此种。其检察官不起诉裁量权的表现方式有两种，其将是否损害公共利益作为两种表现方式的界限，界限规定明晰，亦不会给检察官在实务中带来操作困惑。但反观我国，单就未成年人设立制度，设立之初的目的是保障人权，易于未成年人犯罪后回归社会。但是其在立法规定的粗疏使得对未成年犯罪人不起诉与原有的酌定不起诉在适用上存有重叠，意外地赋予了检察官适用上的选择权，无谓地放大了检察官的不起诉自由裁量权，笔者认为亟须重构我国酌定不起诉和附条件不起诉的关系。

（二）我国公诉案件不起诉裁量权的罅隙

1. 酌定不起诉适用范围过窄，且规定不明

一是适用范围过窄。根据刑诉法规定，我国的酌定不起诉的案件适用范围被限定在“依照刑法规定不需要判处刑罚或者免除刑罚”的案件，而在司法实践中很多法定刑在三年以下，实际犯罪情节轻微，虽然不符合刑法规定的不需要判处刑罚或者免除刑罚的规定，但通过诉讼外的方式亦足以恢复其所造成的损害。我国酌定不起诉的适用法规与国际当下减少适用短期自由刑的趋势并不相符。短期自由刑之所以被大家逐渐弊病，就是因为短期自由刑对犯罪人的矫治功能的程度远远小于其所带来的各种弊端：大量的短期自由刑造成监所资源紧张；短期自由刑不利于嫌疑人日后回归社会，且在监所中交叉感染。惩罚嫌疑人并对其所造成的损害进行修复应该有多种途径，检察官的不起诉相对于短期自由刑甚至是缓刑，有诸多优势：程序简便、节约司法资源、有利于回归社会，对嫌疑人而言其的教育、矫正、改造的方式也更为多样。

二是法律规定不明。我国酌定不起诉的适用条件是“犯罪情节轻微，依照刑法规定不需要判处刑罚或者免除刑罚。”其中“犯罪情节轻微”指《刑事诉讼法》第 15 条的规定，而“依照刑法规定

不需要判处刑罚或者免除刑罚”主要是：刑法总则中没有造成损害的中止犯、防卫过当、紧急避险超过必要限度、从犯、胁迫犯、犯罪较轻的自首犯、有重大立功表现、自首后又有重大立功表现、又聋又哑或者盲人犯罪的、预备犯、在国外受过刑罚处罚的；刑罚分则中如行贿人在被追诉前主动交代行贿行为的、介绍贿赂人在被追诉前主动交代介绍贿赂行为、收买被拐卖的妇女、儿童，对被买儿童没有虐待行为，不阻碍对其进行解救的、非法种植罂粟或者其他毒品原植物，在收获前自动铲除的等。

“犯罪情节轻微”并非“可能被判处三年以下有期徒刑、管制、拘役或者罚金”的犯罪，且并无明确规定此处的“犯罪情节轻微”是指量刑情节还是法定刑：若指“量刑情节”，则可能嫌疑人所犯重罪，但情节比较轻微，如此检察官需判断该情况下案件被起诉至法庭后将判的刑罚，其涉嫌越法官之权，代为先行审判，此种情况检方裁量权更甚。故笔者认为“犯罪情节轻微”应当是指“法定刑”。现有法规粗疏，无确切执行标准，其在刑法中均为总则的原则性规定和分则某个具体罪名中的规定。

2. 附条件不起诉适用范围过窄，实无存在必要

我国现行刑诉法中的附条件不起诉与世界主要国家附条件不起诉的最大区别是：其他国家往往将未成年人作为作出不起诉决定的一项考虑因素，而我国在设立附条件不起诉时的目的是保障未成年犯罪人的权益，响应对未成年犯罪人以教育感化为主，惩罚为辅的方针政策。究竟是否有必要为未成年犯罪人专门设立一项制度，我国的其他立法上的规定是否也能达到这一目的？

第一，现有的酌定不起诉可以满足对未成年犯罪人特殊保护的目的。在处理未成年犯罪人的案件时，可以将年龄作为一项重要考虑因素。如果按照现在这样，附条件不起诉和酌定不起诉在对未成年犯罪人处理时有重合之处，检察官可以任意选择两种制度之一，这无形中放大了检察官的自由裁量权，反而会对司法实践中的运用造成混乱。第二，附条件不起诉的初衷应是对案件进行分流，

节约司法资源、提高诉讼效率。若将其主体适用范围限定在未成年人，那么在司法实践中起到的分流作用将会大大减小。第三，《刑事诉讼法》第 272 条第 3 款规定了未成年犯罪人在考验期内应当遵循的事项，与刑诉法中取保候审人应当遵循的事项大致相同，完全可以由取保候审制度代替该项规定。将原有的酌定不起诉和取保候审制度相结合，完全可以达到未成年人附条件不起诉保护未成年犯罪人的目的，将附条件不起诉限定在未成年人适用不免大材小用。

3. 我国公诉案件不起诉裁量权缺乏监督机制

我国不起诉裁量权虽然法定适用范围较窄，且使用率极低，但亦存在着缺乏监督机制的问题，尤其是在认罪认罚从宽制度试点中，赋予了检察机关更大的自由裁量权，尤其是不起诉裁量权。在试点《办法》第 13 条中，甚至赋予了检方突破现有刑诉法框架限制作出不起诉决定的权力，且允许检方对涉嫌数罪中的一项或多项提起诉讼。诚然要施行认罪认罚从宽制度必然扩大检方的自由裁量权，但权力的扩大还需相应配套的规范进行制约，否则将面临权力被异化滥用的危险。

（1）酌定不起诉

第一，缺乏事前监督。德国《刑事诉讼法典》第 153 条规定即使是轻微刑事案件，检察官在作出不起诉决定之前，仍需经过法官的同意，其实质就是对检察官不起诉裁量权的事前监督，虽然其规定了“对于尚未受到最低刑威胁，行为所造成后果显著轻微的罪决定不予追究时无须法院同意”，其“尚未受到最低刑威胁”指的是没有到德国最低刑两个月程度，这一点与我国不同，我国的最低刑是六个月，究其原因是德国将我国一些自诉案件甚至我国的一些治安案件都包括在刑事案件内，其案件来源比我国大很多，所以其所说的尚未受到最低刑威胁指的是相当于我国的治安案件或者自诉案件，没有可比性。故德国刑诉意义上的与我国相当的轻微犯罪案件在检察官作出不予起诉决定之前都需要法院的同意。而我国检察机关在作出不起诉决定前，法官并无途径参与，更无法进行事前监督。

第二，缺乏事后监督。根据《刑事诉讼法》第175条和第176条的规定以及《人民检察院刑事诉讼规则（试行）》（以下简称《高检规则》）的第415条到第425条的规定，公安机关、被害人、被不起诉人、上级检察机关以及最高人民检察院有相应的事后监督机制，但是对于公安机关、被害人或者被不起诉人来说，他们的复议、复核或者申诉的监督力度实际上都是非常无力的，因为他们的复议、复核或者申诉的对象也都是检察机关，虽然说有层级的关系，但也都是一个系统，并不能保证效果的有效性。被害人虽然可以向法院提起自诉，但是作为国家机关的公安机关和检察机关都无法提起公诉的犯罪人，被害人又怎么收集足够的证据进行起诉？

（2）附条件不起诉

根据我国《刑事诉讼法》第271条的规定，对附条件不起诉的事后监督救济机制基本仿照我国酌定不起诉，故其也面临如前所述的问题，缺乏事前监督机制。此外，附条件不起诉的犯罪人的犯罪行为往往要比酌定不起诉的犯罪人犯罪行为严重，故监督机制也需要更为严格。不仅需在事后给予被害人和被不起诉人救济途径，在没有被害人和被不起诉人申诉的时候也给检察官一个自我监督的途径。

如果附条件不起诉作为未成年犯罪人单独适用的一项制度，实无存在必要，完全可以由酌定不起诉和取保候审制度相结合加以代替。但是附条件不起诉作为一项与酌定不起诉同位阶的概念，其又有存在的必要，酌定不起诉是直接由检察机关作出不起诉决定，没有考验期，往往适用犯罪十分轻微，对社会没有危害的犯罪，而附条件不起诉需要检察机关设定一个考验期，往往针对的是轻罪，对社会有一定的危害，但是由于考虑到犯罪动机，犯罪人有年老年幼、是否聋哑之分，其能为不起诉划分层次，故我国仍需不仅限适用于未成年人的附条件不起诉。

四、我国公诉案件不起诉裁量权机制的"阶梯化"重构

综上所述，为了适应我国刑事案件日益复杂的趋势，我国应对公诉案件不起诉裁量权机制进行"阶梯化"重构，需以"不仅限于未成年人的附条件不起诉"在酌定不起诉和起诉之间起到缓冲作用，如此能够引起对相对不起诉的扩大适用，提高了轻微触犯刑法的人免受刑罚的比例，对尽量减少或者减缓对社会生活的刑事干预具有积极的社会意义，也能够策应正在试行的认罪认罚从宽制度中对检察院自由裁量权的扩张。建立起"不起诉—酌定不起诉—附条件不起诉—起诉"阶梯式的由轻到重的检察官自由裁量权表现方式。

（一）明确对于酌定不起诉与附条件不起诉的立法规范及适用划分

1. 立法规范

重构后的酌定不起诉与现有酌定不起诉意义相同，如果检察官作出了酌定不起诉决定，该决定同无罪不起诉的效果一样，无须被不起诉人负担责任或经过考验期。重构后的附条件不起诉与我国现行的附条件不起诉的区别是适用对象的不同：不仅限于未成年人，针对的对象应当根据嫌疑人的年龄、性格、境况、犯罪性质和情节、犯罪原因以及犯罪后的悔过表现等进行衡量判断。

适用附条件不起诉时，须有符合先决条件，如嫌疑人真诚悔悟、本身具有再次回归社会的内在条件、取得被害人谅解，同时兼采公共利益的因素。审批程序上，重新设立的附条件不起诉在最终不起诉决定之前无须再出具"附条件不起诉"的决定，而作直接简化的处理，如此可避免被不起诉人在这段时间的尴尬地位，其实质就是酌定不起诉与我国取保候审相结合的制度，只是在取保候审期间规定的"不作为"要求事项上增加一些"作为"要求的事项，即不起诉附加条件，如罚款、提供劳务、社区矫正或者积极的刑事和解或调解。而新设立的检察官不起诉裁量权表现方式的划分标准不

再是对象的不同，而是适用案件的不同，即从酌定不起诉到附条件不起诉的案件应当是由轻到重。

2. 适用划分

明确两种不起诉的案件适用范围。将酌定不起诉的案件适用范围划定在可能被判处一年以下有期徒刑、管制、拘役或者罚金的刑事案件；将附条件不起诉定在法定刑在三年以下有期徒刑、管制、拘役、罚金刑等罪行较轻的刑事案件。对酌定不起诉和附条件不起诉进行有层次的案件划分，建立起“不起诉—酌定不起诉—附条件不起诉—起诉”的阶梯式过渡机制。

（1）扩大酌定不起诉的适用范围

同时建立一个行之有效的不起诉过渡机制，清晰的案件划分标准：一是将“法定刑”作为划分案件的标准之一：将酌定不起诉的适用范围定位在可能被判处一年以下有期徒刑、管制、拘役或者罚金比较恰当，与 2014 年刑事案件速裁程序试点中适用的刑期范围相对应；二是将公共利益原则作为检查官在适用何种不起诉的考量因素。

由于不起诉是一个阶梯性的过渡机制，因此，重新设立的酌定不起诉作为直接不起诉的不起诉制度，适用的案件应当比附条件不起诉要轻微，应适当扩大酌定不起诉的适用范围，提高其实际利用率。从我国的司法实践来看，虽然我国酌定不起诉制度在 1996 年刑诉法中早已确定了，但在实践中检方适用极少，从 2007 年至 2011 年五年间，我国不起诉率的均值仅为 2.8%[①]。在检察机关内部，不起诉率往往作为考核检察官绩效的标准，往往不起诉率高的检察官的绩效考核并不好。这对检察官运用酌定不起诉有实质性的制约作用，因此应当改变这一情势，将对检察官运用不起诉的限制改为鼓励。综观世界范围内的很多国家，包括德国，往往把我们视为自诉案件甚至治安案件都列为轻微犯罪，这极大扩充了不起诉的适用

① 李辞：《论附条件不起诉与酌定不起诉的关系》，载《政法论坛》2014 年第 4 期。

范围，故应当适当扩大不起诉的案件适用范围，充分发挥起诉附加条件的效率价值。比如，我们可以将现有的一些自诉案件列为公诉案件，包括一些告诉才处理的案件，这些案件在司法实践过程中往往会因为自诉人的弱势地位证据无法收集，造成了被害人的实际损害且得不到及时有效的补偿。可以利用检察官的不起诉裁量权，督促犯罪人进行及时赔偿和道歉，对于稳定社会秩序也起到了很好的作用。

（2）扩大附条件不起诉的适用范围

第一，扩大刑期适用范围。因为附条件不起诉在适用案件的范围上应当相对于酌定不起诉更为宽泛，且为了使附条件不起诉起到应有的分流作用，附条件不起诉适用的案件应当比较大。酌定不起诉的案件是犯罪情节轻微，那么附条件不起诉的案件就应当是犯罪情节较轻。定在法定刑在三年以下有期徒刑、管制、拘役、罚金刑等罪行较轻的刑事案件，此处可与《办法》中的“认罪认罚简易程序”的刑期适用范围相对应。

第二，将公共利益作为考量因素之一。酌定不起诉限定的是犯罪情节轻微的案件，主要考虑的是犯罪情节本身。而附条件不起诉除了要考量犯罪本身的因素，更多的是要着眼于社会公共利益的需要。检察官可以根据法定刑和公共利益的考虑去运用不同的起诉方式，从而体现出我国不起诉裁量权表现方式的层次性，也即检察官在确认了法定刑之后，根据公共利益的损益程度来决定是适用酌定不起诉还是附条件不起诉。检察机关在考虑公共利益的因素时，还应当考虑社会公众所能接受的法律感情、法律意识的程度，而不能仅仅从法律条文出发来判断。例如，有些案件，如果不起诉不符合公共利益，有可能对社会造成不良的影响，即使从法律角度看符合不起诉的条件，也不能作出不起诉的决定。

第三，扩大适用对象范围：未成年人或者在校学生、老年人、严重疾病患者、盲聋哑人或者怀孕、哺乳期的妇女、初次吸毒者以及其他犯罪对社会危害不大的初犯、偶犯、从犯、胁从犯等，而那些虽然此次的犯罪情节比较轻，但是属于惯犯、累犯的也不能对其适用附条件不起诉。

（二）将不起诉裁量权与刑事和解相结合

刑事和解与不起诉制度相结合的做法在各国十分常见，如德国就规定对于青少年所犯的轻微犯罪案件、缺乏起诉利益的案件以及已经采取了某种教育措施或者犯罪青少年已经进行了与被害人和解的案件，检察官可以不予以起诉。可以借鉴国外的相关做法，建立起符合我国国情的刑事和解和不起诉制度的桥梁。

由于适用酌定不起诉和附条件不起诉的案件都是犯罪程度不严重的案件，因此，在检察院作出酌定不起诉或者附条件不起诉之前，可以将被害人同意作为不起诉决定的必要条件，即在有被害人的案件中，检察院在作出不起诉决定之前，应当询问被害人的意见，如果被害人同意和解，支持检察官不起诉的决定，那么检察官可以不起诉，但如果被害人不同意不起诉，那么检察官应当继续刑事诉讼程序，将案件交给法院进行审判。但现行《刑事诉讼法》第277条规定刑事和解的适用对象是因民间纠纷引起的可能判处三年以下故意犯罪和除渎职以外的七年以下过失犯罪。

笔者建议对于除了我国刑事和解已经规定的案件适用对象继续适用之外，对于法定刑在三年以下有期徒刑、管制、拘役或者单处附加刑的犯罪人，只要犯罪情节较轻，真心悔悟，积极主动赔偿被害人，及时采取有利于被害人的补救措施，已经取得被害人谅解的，不论是否因民间纠纷引起，都可以作为附条件不起诉的附加条件来适用，此处也可与我国正在试行的认罪认罚从宽制度中的“认罪认罚简易程序”相对应。此外，出于公共利益因素的考虑，对于初犯、偶犯、中止犯、未遂犯、从犯和胁从犯、防卫过当或者紧急避险过当、具有自首立功等情节，已经取得被害人谅解，积极减少其犯罪行为给被害人或者国家社会带来的损失的，应当鼓励当事人和解，这符合酌定不起诉和附条件不起诉设立的初衷。

（三）完善对不起诉裁量权的监督机制

对现有的酌定不起诉和附条件不起诉的监督机制进行了补充完善。将其分为外部监督和内部监督，其中外部监督包括法院的事前监督以及事后的被害人和被不起诉人的监督；内部监督依靠检察机关的自我主动监督。

1. 外部监督——强化“事前监督”，简化“事后监督”

外部监督是主要的监督方式，我国在酌定不起诉和附条件不起诉上只有事后监督，包括被害人向法院提起自诉，虽然事后监督作为最普遍的监督方式是非常有必要的，但是要想事半功倍的话，事前监督才能达到最佳效果。

（1）事前监督

事前监督在这里主要指的是法院的事前监督。可仿照德国刑事诉讼法直接不起诉和附条件不起诉两种制度的做法，我国检察官在作出酌定不起诉或者附条件不起诉决定之前，应当将案件材料向对应的法院备案，说明案件的情况，取得法院的同意。法院可把检察官判断失误的案件在正式作出不起诉决定之前停止，避免决定之后的复议、申诉等救济工作，其实际上更节约时间和精力。且法院的事前监督督促检察官在作出不起诉决定时更为严谨和慎重，亦是对检察官滥用裁量权的有效制约。

（2）事后监督

事后监督在我国现行刑事诉讼法上已经有了基本框架，即公安机关的复议复核、被害人和被不起诉人的申诉，但其规定有诸多缺陷，有待完善。

对于公安机关而言，建议取消公安机关对检察机关不起诉决定的复议和复核权。检察机关作出不起诉的决定往往就和公安机关的意愿相违背，且在司法实践过程中，检察机关的不起诉决定在对公安机关的考核中被视为对侦查工作正确性及有效性的否定，这无疑会影响公安机关行使复议、复核权行使的客观性。此外，公安机关作为前一侦查机关对熟悉法律工作的后一控诉者提出反对意见有点本末倒置的嫌疑，而且就算检察机关的不起诉决定出现了问题，也有后一法律审判者法院的监督制约，这足以修正检察机关的决定。

对被害人而言，被害人根据现行的刑事诉讼法的规定可以向上一级检察机关申诉或者直接向法院提起自诉。其中向法院直接提起自诉就是我国自诉种类的第三种——公诉转自诉案件。公诉转自诉案件最大的弊病就是自诉人缺乏有力的证据来证明，因为连公安机关和检察机关作为以具有国家的强制力为后盾的国家机关都缺乏有力的起诉理由的情况下，被害人作为相比较而言的弱势群体就更难有途径去收集证据，从而更难推翻检察院的不起诉决定，因此，这种案件的结果往往都是自诉人败诉。针对这种情况，我们可以参照德国的强制起诉制度将“公诉转自诉”模式改成“自诉启公诉”模式，但德国的强制起诉制度针对的是在证据不足不起诉的情况下，被害人不服向上级检察院申诉，上级检察院可以重新启动该案或者维持原不起诉决定，但是我们现在面对的是酌定不起诉和附条件不起诉，不能忽略检察官的自由裁量权，因此要相应地作出调整。被害人在检察机关作出不起诉的决定之后，有权向法院提出审查案件的申请。法院可以根据由检察官作出不起诉决定之前的事前监督所收到的案件材料的备案或者被害人新提交的证据进行再次审查来决定该案件是否适宜进入刑事审判程序。如果法院裁定开启诉讼程序，则随后的诉讼程序应该维持公诉的特征。检察官应当正式移送证据，并进行必要的诉讼程序和工作，但仍然可以有自己的立场，即可以向法院作出无罪判决的建议。

对于被不起诉人而言，被不起诉人如果对检察官的不起诉决定不服，主要是觉得自己没有罪，为了证明自己的清白，也为了避免背负上“不起诉”这一负担，从而向检察机关进行申诉，因此，针对这种情况，就没有必要像《高检规则》第 421 条那样规定对被不起诉人的申诉进行细致地审查，而且审查部门是作出不起诉决定的检察机关，这就相当于自己审查自己的决定，也没有实质上的意义。因此，可以规定检察机关在收到被不起诉人的申诉后应当无条件地向法院提起公诉，由法院对被告人是否构成犯罪作出裁判。这不仅有利于保证申诉程序的公正合理，而且在实践中也具有可操作性，因为案件起诉后，被告人可能承担被法院判决有罪，甚至判处刑罚的不利后果，这都是被不起诉人在申诉之前应该考虑到的，因此能够为自己的行为负责，而且这也限制了被不起诉人滥用申诉权情况的发生。

2. 内部监督——变“被动”为“主动”

这里的内部监督与我国现行规定的内部监督不尽相同。我国的内部监督指的是检察机关“被动”地接受监督，即只有在公安机关、被害人和被不起诉人向作出决定的检察院或者上一级人民检察院申请复议、复核以及申诉的情况下才会启动检察机关同级或者上下级的内部监督，也即所有的都是事后监督。此处的内部监督不仅指我国现有的事后检察机关的内部监督，最主要的还包括事前，即检察机关作出不起诉决定之前的检察机关上下级的内部监督，具有“主动性”。

我国可规定在检察机关正式作出酌定不起诉或者附条件不起诉决定之前，检察官应当向上级检查机关说明案件的情况以及不起诉的理由，由上一级检察长或者检委会进行审查，只有在审查通过的情况下才能作出不起诉的决定，并且审查通过后还应当向上级检察机关备案。只有检察官自觉地进行自我监督，才能保证其作出不起诉决定的正确性，也能防止检察官滥用不起诉裁量权。

刑事政策的概念界定

刘亚男 *

人文社会科学的研究需要对话交流与学术批评，而展开学术交流与批评的首要前提是明确讨论对象的概念，否则很难提高学术讨论的针对性和有效性，也很难产生真正的学术争鸣。作为近年来我国刑法学界的热门话题，刑事政策本身概念的科学界定，对刑事政策的研究既具有重要的基础性和前瞻性价值，也理应成为刑事政策研究的首要任务。

一、学科谦抑性是刑事政策理性定位的方向指引

（一）刑事政策代表性定义梳理

正所谓“有多少个刑事政策研究者大概就有多少种刑事政策概念”。综观古今中外所有涉足刑事政策的学者，见仁见智，各种概念不胜枚举，几乎找不到两个完全相同的刑事政策的定义。但通过对主要学者的代表性观点的梳理与整合，我们仍可窥见一二。

据学者考证，现在意义上的“刑事政策”的称呼始于费尔巴哈，他将心理学、实证哲学、一般刑事法及刑事政策作为刑事法的辅助知识，赋予了刑事政策的独立地位。[①] 后经众多学者的继承与

* 中国政法大学刑事司法学院 2016 级博士研究生。

① ［日］大谷实:《刑事政策学》(新版)，黎宏译，法律出版社 2009 年版，第 8 页。

创新而不断发扬光大，各种定义亦蔚为大观。根据笔者的有限考察，国内外目前大多数有关刑事政策概念的理论综述都采用广义与狭义的标准进行分类，但由于所谓广义与狭义之间标准的不甚明确，加之诸位学者的侧重点亦有不同，这种分类归纳方法又往往造成新的更大的混乱，故笔者在此尝试抛开不同广狭程度的分类标准，以诸代表性观点为实现刑事政策防控犯罪的目的所侧重的不同路径为标准进行新的分类梳理。

第一类，通过社会的全面参与来实现防控犯罪的目的。例如，安德鲁·卢瑟福认为："刑事政策可以被认为是社会整体对由于犯罪现象所引发的问题的具体反应。"① 马克昌教授认为："(刑事政策是)以预防或者镇压犯罪为主要目的的国家机关的一切对策。"② 魏东教授认为："刑事政策是指国家政治系统和社会公共权力组织基于一定的社会公共价值目标并以预防犯罪为个性价值目标而有组织地采取的一系列方略。"③ 这类定义更强调"政策"二字，让刑事政策扩展到整个社会政策的范畴，有范畴过大之嫌。

第二类，通过直接运用刑事法体系来实现防控犯罪目的。例如，"刑事政策探讨的仅仅是为了和犯罪作斗争人们需要采取哪些必要的合目的性的刑事上的反应。"④《北京大学法学百科全书》认为："刑事政策是国家或执政党依据犯罪态势，对犯罪行为和犯罪人运用刑罚和有关措施，以期有效地实现惩罚和预防犯罪之目的的方略。"⑤ 我国台湾地区学者林东茂认为，刑事政策是指"国家运用刑法体系，有效而且合理对抗犯罪的政策"。⑥ 这类定义则更强调"刑

① 马献钊:《宽严相济刑事政策实证研究》，法律出版社 2015 年版，第 13 页。

② 马克昌:《宽严相济刑事政策研究》，清华大学出版社 2012 年版，第 1 页。

③ 魏东:《刑事政策原理》，中国社会科学出版社 2015 年版，第 28 页。

④ [德]克劳斯·罗克辛:《刑事政策与刑法体系》，蔡桂生译，中国人民大学出版社 2011 年版。

⑤ 杨春洗、康树华、杨殿升编:《北京大学法学百科全书》，北京大学出版社 2001 年版，第 917 页。

⑥ 林东茂:《一个知识论上的刑法学思考》，中国人民大学出版社 2009 年版，第 255 页。

事”手段，主张科学运用刑罚手段防控犯罪，但刑事政策的责任主体不甚清晰。

第三类，通过直接影响刑事立法来间接实现防控犯罪的目的。例如，费尔巴哈认为，刑事政策就是基于心理强制说的刑事立法政策，正所谓“刑事政策是立法国家的智慧”；德国学者耶塞克认为：“刑事政策探讨的问题是刑法如何制定以便其能够最好地实现保护社会的任务。”[①]这类定义力图通过修改刑法以更好地防控犯罪，让刑事政策成为一个观察与评估现行刑事法治的学科，此一定位亦值得检讨。

（二）以学科谦抑姿态界定刑事政策

一个学科或理论基础的基本概念不可能是多维的、飘忽不定的、无所不包的，否则该学科或理论将丧失其独立存在的灵魂与基础，也无助于相关问题的根本解决，更不能成为特定探索的基准。因此，一个学科基本概念的界定应当适当谦抑，注重务本。

犯罪现象作为一个复杂而严重的社会问题，其形成与发展原因亦复杂多样，故要解决这一社会问题也绝不是仅凭国家在刑事上的强制措施就能奏效的，只有政府部门、社会团体、公民个体广泛参与，使各种社会政策密切配合，才能根本而有效地减少或消灭犯罪。从这个意义上来讲，我们不但没有理由反对广义的刑事政策，而且应该积极倡导社会各界共同努力，为防治犯罪作出各方面应有的贡献。但是作为一个专门的研究课题，或者说作为刑事政策学这样一门专门的学科，刑事政策的研究范围是否应该如此面面俱到便成为一个值得讨论的话题。

关于刑事政策的核心意义，我国台湾地区学者林东茂有如下经典的论述：“作为一门学科，刑事政策应该有其学术研究上的核心内涵……如果泛泛谈广义的刑事政策，就等于不承认有一个对抗犯罪

① ［德］汉斯·海因里希·耶塞克：《德国刑法教科书》，徐久生译，中国法制出版社 2001 年版。

的核心部门与研究领域。”[①]的确，每一个学科都要有自己的核心研究领域，在自己涉足的范围内保有最基本的自我约束，笔者认为这可以称为“学科本身的谦抑性”。一个不懂得学术谦抑且不清楚自己核心研究领域的人，注定只能泛泛谈问题，而不会具备深挖问题的能力；一个不具备学术谦抑且不明晰自己核心研究领域的学科，也注定只能逐步被边缘化，而不会具备突破创新的潜力。

如果刑事政策的研究真的以减少或消灭犯罪的所有对策为研究对象，则对象注定会过于广泛，并且与社会政策的研究难以区分，最终导致刑事政策的研究过程四处树旗而无处着力，甚至可能会出现被社会政策的研究完全架空的危险，这将是所有刑事政策研究学者所不愿看到的结果。虽然目前理论界主张从广泛意义上讨论刑事政策的呼声日渐高涨，但笔者仍呼吁学界理性对待谦抑的刑事政策在弥补犯罪问题上的不足，冷静回归谦抑刑事政策的定位，对刑事政策的内涵核心进行深入研究，将刑事政策解决不了的问题交给社会学或其他学科[②]。因此，从学科谦抑性角度理解刑事政策是本文的一个首要基点。

事实上，学科范畴的不断扩张根源于人的贪念，因此，学科的谦抑呼吁全体社会公众的谦抑，呼吁所有人各归本位，洞明其位，精谋其政，同时亦不苛责他人承担其不该承担之责。比如，按照古典自由主义的观点，国家的任务仅限于防止灾难发生，而不包括促进公众幸福，如果社会大众都能对此有深刻的理解与赞同，那么就不会功利地苛责政府承担社会国或福利国的责任，也就不会给予国家过度干涉公民自由的借口。刑事政策的研究亦是如此，如果社会不苛求刑事政策包治百病，就有助于刑事政策研究者紧守刑事政策的专业范畴，深挖精研，让刑事政策学根深叶茂，为整个犯罪防控目标的实现作出真正有价值的贡献。

---

① 林东茂:《一个知识论上的刑法学思考》，中国人民大学出版社 2009 年版，第 237 页。

② 陈兴良:《缅怀片面》，载《法制资讯》2011 年第 7 期。

二、防控犯罪、维护秩序是刑事政策的核心价值

在人文社会科学领域，核心价值是一个学科区别于其他学科的显著标签，也是一个学科之所以能成为一个独立学科的灵魂所在，更是一门学科健康发展的方向指引。自由、公正、秩序、效率都是法学所孜孜追求的最重要的核心价值，但对于刑事政策而言，究竟哪一个才是其核心价值？

（一）秩序是刑事政策所追求的核心价值

有学者认为，刑事政策学的本体价值范畴体系应当包括犯罪防控（秩序）、人权保障（自由）、社会发展（效率）、相对公正四项。[①] 在全面推进依法治国的当下，秩序、自由、效率这些法学的重要价值不仅是刑事政策所需要关切的价值，更应体现在社会生活的方方面面。因此，刑事政策学的价值体系将其全部囊括好似并无不妥，但如果探讨刑事政策的核心价值，这显然有些迷离。笔者认为，刑事政策的核心价值是秩序，在于防控犯罪，维护社会秩序。

日本学者大谷实教授认为："刑事政策的终极目的是维持社会秩序，即促进构成社会的个人和团体之间的和谐，维护社会安全，保障国民安定地生活。"[②] 这里所谓的维持社会秩序，包括但不限于在犯罪发生前防止犯罪，在犯罪发生后恢复被犯罪破坏的秩序，满足犯罪被害人及其家属的报复感情，防止犯罪活动所伴随的人权侵害等。

还需要说明，刑事政策与刑事法所追求的核心价值并不相同。很多学者认为刑事法和刑事政策的核心价值都是维护和恢复秩序，如有学者认为，"刑事法和刑事政策，虽都是为了防止犯罪，但说到底，均是服务于维持、恢复社会秩序这一共通目的"[③]。但笔者认

① 魏东：《刑事政策原理》，中国社会科学出版社 2015 年版，第 80 页。

② ［日］大谷实：《刑事政策学》（新版），黎宏译，法律出版社 2009 年版，第 14 页。

③ ［日］大谷实：《刑事政策学》（新版），黎宏译，法律出版社 2009 年版，初版序。

为刑事法和刑事政策在各自追求的核心价值方面有着显著的区别。刑事追诉权是一种典型而强大的公权力，是最能直接影响公民人权与自由的国家暴力，法是典型的公法，属于限权法和授权法，因此其核心价值是公正与自由，主要目的是限制国家公权力，这与刑事政策采取积极的综合措施以维护社会秩序的核心价值不甚相同。

（二）防控犯罪包括事前的预防犯罪和事后的控制犯罪两个方面

关于刑事政策所关照的犯罪是面向过去的已然犯罪还是面向未来的未然犯罪抑或是二者兼而有之，不同的学者对此见仁见智。例如，李卫红教授就认为刑事政策面对的是已然的犯罪，其目标是通过对犯罪人的人道主义处遇的实现，避免初犯者再次实施危害社会的行为，所以其主要是事后反映，而不是事前预防性的反映。[①] 而我国台湾地区学者许福生主张，“防制犯罪包括事先采取有效措施以防范犯罪于未然的犯罪之预防，以及对于已然犯罪的犯罪者应采取何措施，以制止其将来再犯罪的犯罪之压制两类”。[②]

如前分析，既然刑事政策所追求的核心价值是秩序，那么就必然包括对已然被破坏的秩序的恢复和未被破坏的秩序的维护，换句话说，刑事政策对秩序的维护既面向过去也面向当下、面向未来。因此，刑事政策既要研究已然之犯罪，也要研究未然之犯罪。正如梁根林教授所说：“刑事政策不应当只是对犯罪现象的本能的、直观的、情绪的、经验的反映，而应当根据对犯罪现象的现状、特点、成因、趋势以及惩罚和控制犯罪的实践效果等关系犯罪现象与反犯罪斗争的客观事实的实证考察和科学分析，认识、把握并反映基本犯罪规律，使刑事政策成为对犯罪现象的规律性的认识和理性的反映。”[③]

---

① 李卫红:《刑事政策学》，北京大学出版社 2009 年版，第 63 ～ 67 页。

② 许福生:《刑事政策学》，中国民主法制出版社 2006 年版，第 10 页。

③ 梁根林:《刑事政策：立场与范畴》，法律出版社 2005 年版，第 23 页。

因此，笔者认为，刑事政策的目的价值应当定位为防控犯罪，所谓犯罪的防控即指对犯罪行为的预防与控制，包括事前的预防犯罪和事后的控制犯罪两个方面。犯罪预防即在犯罪尚未发生之时所采取的事前的国家行动，而犯罪控制则是国家在犯罪行为发生之后，通过对行为人的惩罚与教育，改造行为人改正错误，不再犯罪。

三、遵守法律是刑事政策的必要前提

刑事政策与刑事法律都有防控犯罪、维持秩序的任务，二者具有既相互区别又紧密相联的关系，既有冲突又有协同。因此，如何全面科学地把握刑事政策与刑事法律的关系是刑事政策学科定位和一系列理念问题得以解决的关键所在。

（一）刑事政策与刑事法律的冲突

弗朗茨·冯·李斯特曾经典性地指出，“刑法是刑事政策不可逾越的屏障”，这句名言一针见血地指出刑法与刑事政策之间的冲突与紧张关系。事实上，刑事政策与刑事法律的冲突根源于国家权力与人民权利之间的冲突，国家权力天生具有突破人民权利的冲动，而人民权利通过立法的集中体现，其核心目的就是控制国家权力。

或者说，法治的意义在于制约国家权力，防止国家权力的滥用，刑事法具有惩罚犯罪与保护人民的双重任务，但惩罚犯罪只是手段，保护人民或者说保障人权才是刑事法的根本任务和核心价值。易言之，刑事法律属于公法，其本身即属于授权法和限权法，公民通过刑事立法赋予国家一定的刑罚权，而国家也只能在法定的刑罚权范围之内活动。

从政策和法律的关系来看，“政策的制定属于国家权力的范畴，是权力外在的表达方式，由于权力本身带有自身的需求，具有一定的政治职能，并且不总是与社会职能相一致，所以对更多强调社会职能的法律总是存在一种突破的冲动，从而对合法性进行突破”。[①]因此，刑事政策与刑事法律之间具有天然的紧张关系，会时时处在相互冲突的状态之下。尤其是在法律的权威性不够强大的社会状态下，受权力操控的刑事政策往往会基于功利性的考虑，而超限度地解释法律，甚至扭曲法律、违背法律。

（二）刑事法律应成为刑事政策的主导

惩罚犯罪是我国刑事法律的两大任务之一，因此，对于犯罪防控这一目标价值的实现，刑事政策与刑事法律又有着相当的一致性。一方面，刑事政策可以作为刑事法律的补充，可以在刑罚手段之外预防与控制犯罪；另一方面，刑事政策也可以影响刑事法律的立法实践及司法解释，可以通过对现有刑事法律实践效果的观察和社会形势的把控，尤其是当刑事法律的正当性真正脱离社会现实、违背人道主义原则的情况下，刑事政策能够也应当对刑事法律的适用进行合法性框架内最大限度地柔化。

但是，刑事政策在影响刑事法规范的解释、修改与完善过程中，总是以追求防控犯罪的最优化效果为基本取向，但是不受罪刑法定制约的刑事政策必然存在着破坏法治与侵犯人权的巨大危险，而最终的结果必将是刑事政策的彻底终结。而按照人民主权论的逻辑，法律是人民制定的反映人民意志的，权柄在人民手中；而政策则是由国家权力主导的，是权力综合社会形势运作的结果，权柄在国家手中。在全面推进依法治国的当下，政策也必将归于法律的规制之下。评价一个政策，不仅要看其是否有效，更要看其是否合法。因此，刑事政策的制定与执行都必须在刑事法律的框架内，受刑事法律的约束和控制，这尤其体现在对罪刑法定原则和无罪推定原则的贯彻。

政策这个词语在我国政治生活中被广泛使用，政策治国的观念

① 孙万怀:《刑事政策合法性的历史》，法律出版社 2016 年版，第 436 页。

根深蒂固，在政策与法律的博弈过程中，政策总是占据上风，立法往往成为政策的现实化体现，而所谓的刑事政策学也往往沦落为对现有刑事政策的解释与背书。这既不利于刑事政策学的独立发展，更是对法治的破坏。刑事政策依赖国家权力，而国家权力以合法性为基础，如果权力支撑下的刑事政策突破刑事法律的控制而滥用，则会导致人民群众失去对政治的忠诚与信任，权力和政策必将双双丧失合法性，并最终导致政治危机的出现。因此，刑事政策本身的合理性不能也不应从功利性的角度和社会秩序的实际效果去检验，而只能从合法性方面体现出来，故刑事法律必须在刑事政策制定与执行中占据主导地位。

四、以公安部门和司法行政部门为代表的政府机关是刑事政策的责任主体

刑事责任的主体直接受制于刑事政策的范畴大小，因此，不同的刑事政策的概念一般都会对应着不同的刑事政策的责任主体。例如，魏东教授采用最广义说的观点，认为“刑事政策主体是刑事政策行为的参与者，具体包括直接或间接地参与刑事政策制定、执行、评估监控的政治组织、利益团体与个人”。[①] 曲新久教授也从刑事政策执行的角度表达出类似的观点，即我国刑事政策执行的领导者是中国共产党，监督者是人民代表大会，主要的执行主体是公检法三机关，另外，监狱、经济组织和公民个人也是刑事政策的执行主体。[②] 而刘仁文教授则从狭义的角度上认为刑事政策作为被国家权力所垄断的一种权力，其决策主体只能是“代表国家权力的公共机构”。[③]

---

① 魏东：《刑事政策原理》，中国社会科学出版社 2015 年版，第 139 页。

② 曲新久：《刑事政策的权力分析》，中国政法大学出版社 2002 年版，第 111 ～ 224 页。

③ 刘仁文：《刑事政策初步》，中国人民公安大学出版社 2004 年版，第 33 ～ 34 页。

其实，国家为防控犯罪，维持秩序，需要采用各种各样的措施与手段，包括且不限于：普法宣传、全民禁毒、法律援助、社区矫正、社区守望相助、加强警务巡逻、国际刑事司法互助等。这里面涉及的行为主体非常之多，几乎可以涵盖社会中的各色人等。事实上，全面并且根本地防控犯罪有赖于全社会的共同参与，因此笔者无意反对刑事政策实践主体的多元化，但作为刑事政策的责任主体则不可不察。

正如我国台湾地区学者林东茂所言："刑事政策的实践必须有对抗犯罪的主事政府部门，而其他的政府部门只不过是协助者，否则设官分职就失去意义。"[①] 如果把所有直接或间接地参与刑事政策制定、执行、评估监控的政治组织、利益团体与个人都定性为刑事政策的责任主体，就等于不承认有一个对抗犯罪的核心部门，事实上就等于没有责任主体。试想一下，如果人人都是责任主体，如果犯罪率飙升，那么人民群众就会责怪公安部门办案不力，公安部门会指责教育机构没有做好人格教育工作，政府的各个部门也必将纷纷推脱。因此，刑事政策要有效发挥作用，必须明确责任主体。

从价值上看，刑事政策是为防控犯罪、追求秩序而存在的。根据天赋人权与社会契约的基本理念，公民为和平而秩序地追求幸福，让渡部分权利给国家占有以维护社会秩序，因此，公权力当然应承担起防控犯罪、维护秩序的责任，公民只有追求个人幸福的权利，而绝无防控犯罪的义务。但在公权力中，司法权属于一种消极的权力，只能严格依照法律适用法律以恢复业已被犯罪行为破坏的社会秩序，不适合采取积极的刑事政策以防控犯罪，因此，这样的义务只能由国家行政机关来承担。

在我国，国家行政机关部门众多，其中，公安部门作为维护社会治安的主要力量，司法行政部门则承担着大量法定的预防犯罪

① 林东茂：《一个知识论上的刑法学思考》，中国人民大学出版社 2009 年版，第 254 页。

的任务。因此，公安部门与司法行政部门理应成为政府机关中制定与执行刑事政策的责任主体，而公民个人或民间团体的自发防范活动，政府其他部门采取的不以防控犯罪为直接目的的政府活动等，即使可以起到防控犯罪的作用亦不属于刑事政策的研究范围。至于公安机关、司法行政机关两者内部如何细化分工，则是属于另一个层面的问题了。

五、刑罚之外的直接反犯罪措施是刑事政策的主要手段

刑事政策的价值要顺利地落地生根依赖于相应的刑事政策手段，科学有效的刑事政策手段是将刑事政策理念与内容转化为现实的必要途径，是刑事政策发挥实际社会效用的中介性环节和关键性环节。所谓“磨刀不误砍柴工”，明确刑事政策的主要手段对刑事政策的研究至关重要。笔者认为，关于刑事政策的主要手段应澄清以下两个误区：

（一）立足于司法独立，刑罚手段不能成为刑事政策的主要手段

首先，从我国刑事政策的责任主体上看，刑罚手段不能成为刑事政策的主要手段。我们论述了我国刑事政策的责任主体应当是以公安机关和司法行政机关为代表的政府部门，或者我们可以说，刑事政策的主体是行政部门而不是司法部门，是政府而不是法院，而拥有行政权的政府只有追诉犯罪的权力，但却没有刑罚的权力。因此，刑事政策所采用的手段也只能是行政性手段而不是司法性手段，更不能是刑罚手段。

其次，从刑罚权保留的法治原则上看，刑罚手段也不能成为刑事政策的主要手段。刑罚直接影响到公民个人的财产、自由甚至生命，是国家为维护社会秩序所采用的最为严厉的治理手段。刑罚也因其严厉性而具有最后手段性，这里的最后手段性一方面意味着能

不动用刑罚就不动用刑罚，另一方面也体现在法治原则对刑罚权立法的绝对保留上，也就是说，对于刑罚权的立法权只能掌握在国家最高权力机关手中。而我国全国人民代表大会并不直接参与犯罪的防控，因此，也不能随时随意制定刑罚以应对犯罪。

最后，从司法独立的角度看，刑罚手段也不能成为刑事政策的主要手段。现代法治国家，法院拥有对刑罚裁量权的绝对垄断地位，而且司法独立与司法中立的价值属性也决定了刑罚不能成为也不应成为政府制定与执行刑事政策所应意图染指的手段，这也是政府权力品格的内在要求与重要体现。

（二）立足于学科谦抑，非直接的反犯罪措施也不能成为刑事政策的主要手段

经济上的贫困和文化上的荒芜是产生犯罪的最好沃土，因此，要防控犯罪，最根本的手段当然是发展经济、繁荣文化，让社会大众都能共享经济上的富裕与文化上的满足。但是发展经济与文化的过程涉及社会生活的方方面面，需要社会全体的动员与参与，从广义上说，一个国家所有正面的经济政策和文化政策都是在为防控犯罪、维护社会秩序做准备与努力，所有的这些也都可以看作刑事政策的一部分。但如同本文第一部分所论述的那样，研究范围的无边无际将会导致研究方法的无处着力，以及研究体系和研究效果的崩坏，刑事政策手段的无边无际也同样会导致刑事政策手段的虚化，让刑事政策的手段与方法淹没在国家的经济政策、文化政策、社会政策之中而丧失其存在的意义。

正如日本学者大谷实教授所说的那样，“社会政策也同防止犯罪相关，但只要其效果仅仅是间接或伴随性的，则应当说其不包含在刑事政策的范围之内”。[①] 刑事政策所倚重的手段与方法必须与社会政策区隔开来，将刑事政策的主要手段限定在以公安机关和司

① ［日］大谷实:《刑事政策学》(新版)，黎宏译，法律出版社 2009 年版，第 4 页。

法行政机关为代表的政府机构所采取的直接反犯罪措施，如普法宣传、法律援助、警务巡逻、社会守望相助、心理疏导等。

综上所述，刑事政策的主要手段应该是以公安机关和司法行政机关为代表的政府机构所采取的刑罚之外的直接反犯罪措施。

六、对犯罪学研究成果的借鉴是刑事政策的学科基础

虽然学科的谦抑性要求学术研究要在自己的学科领地内深耕细挖，精益求精，不贪大求全，不飘摇浮躁，但这与闭门造车完全是两码事。事实上，任何一门学科都不是孤立地存在，单凭任何一门学科的单打独斗也不可能真正解决任何社会问题，开放、对话、借鉴是学科发展与问题解决的不二法门。

现代刑事政策学的奠基人冯·李斯特认为“与犯罪作斗争是以了解犯罪的原因和刑罚的效果为前提条件的”，也正是基于这样的认识，李斯特将刑事政策的概念定义为“国家借助于刑罚以及与之相关的机构来与犯罪作斗争的、建立在以对犯罪的原因以及刑罚效果进行科学研究基础上的原则的整体（总称）”①。虽然笔者并不完全认可李斯特对刑事政策的定义，但却认同他有关刑事政策与犯罪学的关系的观点内核，换句话说，刑事政策的科学制定与有效执行离不开对犯罪学成果的充分借鉴与吸收。

我国台湾地区犯罪学方面的经典教科书均将犯罪学定位为犯罪原因学，如张甘妹认为，“狭义的犯罪学乃研究犯罪现象及犯罪发生原因之学问”②，林山田等著名学者亦进一步将犯罪学定义为：“研究犯罪现象与犯罪人的科技整合的经验科学”③。据此，犯罪学在学科属性上属于整合与犯罪问题有关的法学、社会学、心理学、医学

---

① ［德］冯·李斯特：《论犯罪、刑罚与刑事政策》，徐久生译，北京大学出版社2016年版，第212页。

② 张甘妹：《犯罪学原论》，汉林出版社民国七十四年版，第17页。

③ 林山田、林东茂、林灿璋：《犯罪学》，三民书局2016年版，第8页。

等学科并主要采用实证调研方法的一门经验科学，除研究犯罪人外，犯罪学的主要任务是描述犯罪现象并探讨犯罪现象的成因。

我国台湾地区学者许福生将刑事政策学与犯罪学的关系比喻成医疗上的诊断与治疗的关系，笔者认为甚是贴切传神，刑事政策学与犯罪学的确是相互衔接、密切相连的两门学科。犯罪学的研究任务主要在事实层面，重在描述犯罪现象并探讨犯罪的成因，而刑事政策学的研究任务主要在对策层面，重在寻找防范与控制犯罪的对策与方法，从这个意义上讲，犯罪学的研究成果正好是刑事政策学的基础资料与必要准备。

不过刑事政策学与犯罪学在学术立场与研究方法上有着显著的差异。在学术立场上，犯罪学属于经验科学，在研究立场上大多采用绝对的价值中立，这与刑事政策研究需要进行必要的价值判断与选择的立场具有明显的区别。在研究方法上，犯罪学多采用实证主义的研究方法，采用现象观察、资料分析、科学试验、实地调查等手段获取关于犯罪的第一手资料，对犯罪现象作出价值中立的观察与解释，而刑事政策学则侧重在犯罪学已有数据的基础上进行进一步的理论分析与实践总结，并最终作出正确的反犯罪决策。因此刑事政策学如果没有犯罪学的研究成果的支撑，其研究内容必然会成为空论。

除了犯罪学，刑事政策还需要借鉴社会学、心理学、医学、管理学等诸多学科的研究成果与经验教训，这其中尤其需要借助社会学的研究。犯罪是一种错综复杂的社会事实，其产生与发展受政治、经济、社会、法律、文化，甚至民族、种族、职业、自然环境等多元因素的影响，这决定了防控犯罪也必将是一个涉及社会方方面面的系统性工程。正如冯·李斯特说的“最好的社会政策就是最好的刑事政策”[①]。好的社会政策有助于从根本上铲除犯罪现象产生与发展的土壤，其效果虽然缓慢但却彻底。

① 马献钊:《宽严相济刑事政策实证研究》，法律出版社 2015 年版，第 16 页。

七、总结

从学科谦抑性角度来看，刑事政策必须理性定位，研究范围要清晰且有限度；从刑事政策的核心目的价值角度来看，防控犯罪以维护和恢复秩序为其必然的使命；从对刑事政策与刑事法律之间的冲突来看，合法性是刑事政策制定与执行所不可逾越的必要前提；从责任主体角度看，以公安机关及司法行政机关为代表的国家机关负有绝对的责任；从刑事政策所主要依赖的方法与手段来看，除刑罚手段外的各种直接反犯罪措施是刑事政策理念与内容落地生根的必由之路；从对刑事政策学与犯罪学、社会学等学科的比较来看，犯罪学等学科的研究成果理应成为刑事政策在制定与执行中的重要借鉴。

综上所述，笔者认为，刑事政策是指以公安机关和司法行政机关为代表的政府机构在充分吸收犯罪学等相关学科研究成果的基础上，遵循法律的规制，综合采用除刑罚以外的直接反犯罪措施手段的总和。

法官独立的中式思考

范再峰 *

法官独立，按照有学者对司法独立的结构划分，属于法院独立、法官独立和审级独立三重结构之中的一种司法独立形态。[①] 从一般意义而言，是指法官具有行使审判权的独立性，法官行使审判权应不受法内因素与法外因素的影响。无论从司法独立的内涵还是外延来分析，法官独立都是司法独立的一个最基本的要素。而就审判在诉讼程序中的终局性作用而言，法官独立无疑是司法独立的一个最高形态。没有法官独立，裁判结果的公正性与合法性是缺乏充分说服力的。法官独立作为一个老生常谈的话题，也是历来司法改革的一个重点。从 20 世纪 90 年代开始的以审判方式为主的改革，到以人民法院"一五改革纲要"为标志而全面展开的司法体制和工作机制改革，再到后来持续不断的人民法院二五、三五、四五改革的进行，使司法改革逐渐由浅入深、由表及里，进入不断地深化发展阶段。法官独立的论争与改革也由此走过了二十多年的发展历程。然而，虽然经过了这么长的时间，但我国的法官独立却始终没有实现学者们所畅想的独立样态[②]，理想与现实之间似乎总是存在着一定甚至是相当的差距。那么，理想与现实之间到底是一种怎样

* 中国政法大学刑事司法学院 2015 级博士研究生。

① 俞静尧:《司法独立结构分析与司法改革》，载《法学研究》2004 年第 3 期。

② 综合现在的情况考量，可以预计未来我国司法改革中法官的独立问题依然会成为一个重点。这将在下文中予以明释。

的鸿沟？我国的法官独立发展到现在是一种怎样的形态？未来应向何处去？由此，这些疑问便引发了笔者关于法官独立问题的中式思考。所谓中式思考，是指立足于我国的司法实际来思考法官独立问题，力求使思考和论证能够最大限度地贴合我国的司法现实，避免理想化所带来的思想空洞和非理性认识。

一、徘徊在理想与现实之间的中式法官独立

我国学者对法官独立的认识是随着西方法学思想和法律制度的传播而逐渐形成的。所以，从严格意义上讲，法官独立并非我国学者所创制。而是西方国家在经历了资产阶级革命，认识到在封建专制统治下法官沦为统治阶级压迫人民的工具这一社会现实后，为巩固革命的胜利成果，实现资本主义下公平正义的社会秩序，所逐渐形成的一个概念。也正基于此，法官独立逐渐成为西方法律文化中的一个优良传统，法官理所当然应当具备的良好品格。这从西方各法治发达国家的法典和国际条约中便可见一斑。例如，德国《基本法》第 97 条第 1 款规定："法官独立行使职权，只服从法律。"日本《宪法》第 76 条规定："所有法官依良心独立行使职权，只受本宪法及法律的约束。"《公民权利和政治权利国际公约》第 14 条规定："在判定对任何人提出的任何刑事指控或确定他在一件诉讼案中的权利和义务时，人人有资格由一个依法设立的合格的、独立的和无偏倚的法庭进行公正的和公开的审讯。"[①]美国 1787 年宪法虽规定了司法权的归属（即"合众国的司法权属于最高法院以及由国会随时下令设立的低级法院"[②]），而并未涉及司法权的独立，但基于三权分立的政体设计，使得司法权天然地独立于行政权和立法权，作为

① 陈光中、魏晓娜：《论我国司法体制的现代化改革》，载《中国法学》2015 年第 1 期。

② 陈光中：《比较法视野下的中国特色司法独立原则》，载《比较法研究》2013 年第 2 期。

司法权行使之最终载体的法官，便自然享有独立的审判权。而“联邦党人认为，法官独立有助于三权分立制衡，有助于正确地解释法律，也有助于维护宪法的权威。”使法官独立自美国建国以来，便受到格外重视和充分保障。

法官独立之所以在西方法治国家被视为理所当然，而不像我国法律中只明示规定法院独立，不谈法官独立[①]，是因为至少从西方资产阶级革命后法官制度形成伊始，在“西方的司法理论中，首先强调的是法官独立，当现代法院制度产生后，才逐步有了法院独立的概念。”[②]法院只是在法官成为一种职业后，即“当从业人员形成一定规模之后……提升职业影响，形成职业合力，便于职业自律性管理，利于职业精进和发展”而搭建的一个平台。所以，在西方国家，法官独立自近现代以来，从未遭受过质疑。当然，有一点需要说明的是，法官独立并非法官绝对意义上的独立。作为提出“三权分立”学说而被视为提出司法独立理念第一人的孟德斯鸠，对后世之最大贡献实为他的权力制衡观念：“要防止滥用权力，就必须以权力制约权力”。[③]“事实上，绝对的司法独立在制度实践中不仅是不存在的，亦是不可能的。因为，司法制度始终是政治制度的一部分，任何一种社会制度下的司法运作过程都不可能自行其是，而不受业已形成的政治秩序的约束，司法的运作从来都是嵌入特定的社

① 我国《刑事诉讼法》第5条规定：“人民法院依照法律规定独立行使审判权……不受行政机关、社会团体和个人的干涉。”《人民法院组织法》第4条规定：“人民法院依照法律规定独立行使审判权，不受行政机关、社会团体和个人的干涉。”《法官法》第1条规定：“为了提高法官的素质，加强对法官的管理，保障人民法院依法独立行使审判权，保障法官依法履行职责，保障司法公正，根据宪法，制定本法。”从我国相关规范司法独立的条文中可以看出，我国法律所明确规定的是法院独立，未在条文中规定法官独立的内容。由此，关于法官独立的明确规定在我国法律条文中尚处于空白状态。

② 蒋惠岭：《“法院独立”与“法官独立”之辩——一个中式命题的终结》，载《法律科学》（西北政法大学学报）2015年第1期。

③ ［法］孟德斯鸠：《论法的精神》（上册），张雁深译，商务印书馆1997年版，第154页。

会政治环境之中并受其影响的。”[1] 这就是为什么美国最高法院大法官是由总统提名任命，而欧陆国家的法官也大多由司法部长提名任命的原因。所以，即便西方各国或明示或暗示地表明了法官独立的思想，也不能视为一种绝对的、超脱于政治体制的独立。但西方各国无论在对法官独立的追求和实际的保障上而言，均在最大限度地实现法官的独立。由此可以认为，西方司法制度所实践的法官独立是一种全面而充分的法官独立。笔者认为，这种全面而充分的法官独立可以做如下描述：无论法官的产生通过何种形式，但至少法官在行使职权时，只服从法律和自己的良知。裁判可能无法在所有案件中都做到不偏不倚地维护公正，但至少裁判的作出不会受到除审判法官外的因素影响。

这种近乎理想化的法官独立形态，不仅是西方学者所极力维护的，同时，伴随西方法学思想的传播，也为我国学者所逐渐接受。并成为抨击我国司法传统及实践对于法官独立或漠视或含糊其辞的表达之有力武器。随着学界对司法实践中法官独立状况的忧虑和不断呼吁，我国司法实务部门也开始逐渐重视法官独立行使审判权的问题，并开启了自上而下一轮又一轮的司法改革，及至现在已经进行到第四轮司法改革。然而，从已经经过的改革，以及现在正在进行的改革来看，未来以法官独立为主旋律的司法改革还会继续。我国的法官独立不仅现在并未实现这一理想的图景，而且在未来较长的时间内也难以实现。正如有学者所言：“西方式的法官独立在我们当代中国并没有实施的条件与基础，我们的司法改革措施从一开始就必须以实在法的理性为根据武装起来”。[2] 所以，在经历了二十多年的司法改革后，到目前为止我们所逐渐成形的并非学者所畅想的法官独立，而是演化为一种中国式的法官独立。这并非曾经出现的

---

① 全亮：《论司法独立的有限性——以法官选任为视角》，载《甘肃政法学院学报》2014 年第 1 期。

② 王申：《科层行政化管理下的司法独立》，载《法学》2012 年第 11 期。

那种“不独立”[1]的状态，而是一种以明确制度所固化的，但却有些模棱两可的“独立”。作为一种中式的法官独立，笔者认为其包含如下制度形态及特征：

一是法律规定的回避和模糊化。无论是作为我国根本大法的《宪法》，还是宪法性法律的《人民法院组织法》，以及《刑事诉讼法》《民事诉讼法》和《法官法》，均是根据《宪法》第131条的规定，即通过“人民法院依照法律规定独立行使审判权，不受行政机关、社会团体和个人的干涉”来对法院的独立地位予以明确的规定，而法官独立并没有明确表达在上述法律中。虽然有一些条文，如《人民法院组织法》第10条，阐述了在人民法院，行使审判权的主体是合议庭和独任庭这类审判组织，且这些审判组织均是由作为个体的法官构成的，而不是整体的法院。但本条的重心则主要放在对审判组织之构成的描述，而未指明法官的独立地位。类似的条文如《法官法》第1条、第2条和第5条，第1条为制定本法的目的，其中包括“保障法官依法履行职责”，而关于法官的首要职责则主要规定在第5条，即“依法参加合议庭审判或者独任审判案件”，在第2条中，则规定了“法官是依法行使国家审判权的审判人员”。如果将此三条合并理解，即为保障依法行使国家审判权的审判人员参加合议庭审判或者独任审判案件。以上列举的条文似乎包含了些许法官独立的意味，可总是让人感觉晦涩难懂。如果真的要赋予法官独立的地位，为什么不在法典中开宗明义地表达“法官独立行使审判权”的意思，而是以一种让人猜测的手法来做似有似无的暗示。从立法技术上讲，这并非难事，而在实际立法时却舍明求暗，显然是包含着某种意图。

① 所谓“不独立”，是指在“文革”期间，我国公、检、法三家之间应有的正常关系遭到破坏，公安机关一家独大，检察机关被撤销，法院形同虚设。在这种社会背景下，法院独立在事实上已丧失了存在根基，而本就有些模糊的法官独立更是无所适从。审判已然形式化，完全沦为阶级镇压的工具。

二是审判委员会作用和地位特殊。审判委员会（以下简称审委会）是我国除合议庭与独任庭这两种明确的审判组织外的一种特殊审判组织。这点可以从《刑事诉讼法》第178条到第180条的规定中得出。审委会的主要职责是对合议庭难以作出决定的“疑难、复杂、重大的案件”，经审委会讨论后作出决定。这一决定因合议庭应当执行，而被视为事实上的裁判。审委会就是采用这种特殊的方式来发挥对特定案件的实质裁判作用。然而审委会是在庭审结束后，通过案件讨论会的形式所做出的裁判，这种典型的法院内部“审者不判、判者不审”的现象历来为理论界所诟病。所以，对审委会的改革也被视为司法改革的一个重要方面。从司法改革的脉络来看，对审委会采取的措施是在保留其组织形式的基础上，逐渐限缩审委会的裁判权力。从最高人民法院2013年10月发布的《关于审判权运行机制改革试点方案》来看，审委会对案件的讨论仅限于法律适用问题，同时审委会由会议制改为审理制。其目的在于消除审委会对事实问题的判断权，避免法外因素对事实认定的干扰。然而，这种在案件审判法庭所在的法院之内，设置一个采用审理制讨论案件法律适用问题的机制，是否意味着对二审程序的一种不完全预演（毕竟二审采用全面审查原则，既审查事实问题，也审查法律适用问题）。如果不考虑上述因素，仅就法律适用问题进行讨论的审委会，是否就意味着法官的独立。殊不知，法官独立包括裁判应由法官独立作出。而审委会在庭审后作出裁判的行为，无论以何种理由，事实上依然是对法官独立性的制约，这也有违司法的亲历性要求。而从目前司法改革的进路来看，对审委会的改革显然是一个利益均衡的结果。由此，审委会在我国法院中的地位和作用，不可谓不特殊。

三是政法委干预案件的思维惯性。政法委是我国特有的一个职能部门，是党领导政法工作的一个媒介，其职能本意是“对政法工作进行宏观指导和协调，当好党委的参谋和助手……使各级政府切实负起对所属的公安、安全、司法部门业务工作的领导责任。”[①]客观而言，政法委的这种职能定位是合理和值得肯定的。然而，政法委的职权在1994年之后却被扩大了，开始从宏观性的指导工作，转变为宏观与微观并行管理，并且可以“研究和讨论有争议的重大疑难案件”[②]，这就使政法委具有了干预个案的权力。在当时的历史条件下，审委会具有干预个案的权力，而政法委也被赋予了这项权力，这就使得法官的审判沦为仅具有形式意义的法庭表演，至少在重大、疑难案件面前丧失了独立裁判的能力。政法委干预个案早已为学界所熟知且诟病，一方面它违背了诉讼规律，另一方面它也违背了现代国家的社会治理原则，是一种不合理的扩权。并且政法委对案件的干预缺乏有效的制约机制，是一种凌驾于法律之上的超法律权力，在某种程度上架空了法律。由此，经过学界和实务界的共同努力，政法委的职能开始逐渐变化。中央政法委书记孟建柱同志在2013年全国政法工作电视电话会议上的讲话指出，要进一步理顺党委政法委与政法各单位之间的关系，明确党委政法委不再干预个案的办理。这样至少在中央精神层面上，政法委干预个案的能力被废止了。然而，中央对政法委职能回归其本意的定位，是否能够在司法实务中产生有效的影响呢？在政法委多年干预个案的权力影响下，司法机关在某种程度上已经形成了依赖于政法委协调个案的思维惯性，并且成为事实上的潜规则。在中国社会，上命下从的模式一旦形成，就很难回归到其实施之前的状态，权力至上的观念在中国根深蒂固。即使一个不具有合理性的制度在存在了多年之后，其本身的不合理性也会因时间的消磨而变得理所当然起来。所以，对政法委能否在今后的实践中切实实现自身权力的收缩，还有待于观察和思忖。

四是实践中三机关“互相配合”的异化问题。我国公、检、法三机关分工负责、互相配合、互相制约既是一条规范三机关在刑事

① 陈卫东:《司法机关依法独立行使职权研究》，载《中国法学》2014年第2期。
② 陈卫东:《司法机关依法独立行使职权研究》，载《中国法学》2014年第2期。

诉讼中相互关系的宪法性原则，也是一条刑事诉讼法原则。其立法意图在于促使三机关在刑事诉讼的过程中，能够分别依据各自的职能，共同推进刑事诉讼程序的进行，实现刑事诉讼的目的。这一原则体现了权力分立与权力制衡的理念。然而，在司法实践中，该原则却异化为“配合有余，而制约不足”，法官在某种情况下，或碍于公、检、法三家的情面，或受到来自上述两机关的“威逼利诱”，而无法在个案中坚持独立性，使最终的裁判结果演变为公、检、法三机关“共同探讨，互相配合”会议式讨论结果。法官独立在此种“互相配合”的情景下荡然无存，刑事诉讼俨然成为一场权力的游戏，受追诉人无法受到公平正义的审判。而“互相配合”之所以会异化，既有历史的因素[①]，也有法律本身的问题。在我国法典中，“互相配合”的内容规定得相当模糊，而“互相制约”也未明确指明如何制约，制约什么。就整体而言，三机关的关系在法典中只是原则性地表达了出来，它更多体现的是立法者的一种姿态。法条的实用性要远小于其所彰显的政治口号性。加之司法解释的不足，以及公、检、法三机关天然上的亲缘性，使这一本就模糊的立法意图在实践中被有意无意地扩大解释了，成为公、检、法三机关协调办案的最有力武器。由此，“互相配合”在事实上也蜕变为一种超法律的制度形态，成为影响法官独立的一个重要因素。

此外，就检、法两机关的关系而言，我国检察机关所独有的法律监督职能，在某些情形下会成为影响法官独立性的一个潜在因素。在公诉方不满法官裁判结果的情形下，检察院可以通过实施法律监督职能的方式，来实现对法官的钳制作用，从而获得有利于公诉方利益的裁判结果。检察院法律监督职能的宪法性地位，必然会增加法官独立办案的障碍，使法官在审判时无法做到真正意义上的超然和中立。这一无奈的司法现实，不失为我国中式法官独立背景

① 总体上而言，包括熟人社会所带来的传统意识以及法治发展本身的不完善。这是由我国的社会历史国情决定的。

下的一个特色。

就以上四点的性质而言，前两者属于中式法官独立在制度上的体现，属于法律规定范畴内的因素；而后两者则属于我国司法惯例的范畴，是真正意义上的法外因素，因而笔者将其视为中式法官独立的一种特征。或许以上四点并不足以概括中式法官独立的所有表现形态（如舆论对法官独立性的影响），但这至少能够充分体现出中式法官独立的整体构造，并足以说明目前我国的法官独立有别于西方法治国家的法官独立，与后者充分而全面的独立相比，中式的法官独立是一种有限的法官独立。笔者认为，可以用如下的描述表示：法院独立被明确地规定在各个法典之中，而法官独立只能通过对条文的对比、解释而得出某种可能性；决定法官独立与否的往往不是法条之规定，更多的是司法实践中错综复杂的权力与利益之争；法官独立似乎是一块可触又不可触的区域，对此总是抱有一定程度的戒心与担忧；在某些场合下，法官独立仅仅表达了建立法治国家的一种姿态，一种形式意义上的独立。但在某些场合，“有限”则反倒有助于至少在实体意义上实现个案正义；而对法官而言，独立或许只是一个脆弱的权力，一个可能并非其所欲的附随物。由此，来源于西方法治国家之理想图景下的法官独立，在中国的历史和现实条件下，只能演化为一种中式的、有限的法官独立①。这似乎再次验证了那句俗话：“橘生淮南则为橘，生于淮北则为枳。”当然，这并非对中式法官独立及其前景抱以悲观态度，而恰恰是对其所作出的科学判断。理想是丰满的，而现实是残酷的。可唯有正确认识到现实的景况，才可能在理想与现实之间搭建起一座可能的桥梁。

---

① 这是基于我国现阶段的立法和司法实践而对我国的法官独立的状况所作出的整体评价。而事实上，不仅是现在，自中华人民共和国成立后我国的法官独立始终处于一种有限独立的状态，只不过相较以前而言，现阶段法官独立的有限程度改善了很多。当然，这并不代表未来我国的法官独立会依然停留在“被限制”的范畴。

二、中式法官独立的成因

中式法官独立是在自改革开放我国开始走法治化道路，并经历了20世纪90年代的初步改革,21世纪进行的一轮又一轮深化改革，发展到现在所逐渐成形的。由于这一系列的改革的宗旨都是促使我国的法治化，所以中式法官独立并非意味着我国法治发展走了下坡路，而恰恰是经过不断发展完善的结果。无论上文所谈的审委会，还是政法委，在客观上都是中式法官独立的特征，并非本文所谈的中式法官独立的成因。就其成因而言，应当是隐藏在这些制度之后的更为深层次的原因。在笔者看来，中式法官独立的成因既受深厚的历史印记的影响，也有来自现实的原因，它是由历史与现实的交汇融合而衍生。

就历史因素而言，行政权强势的历史传统以及根深蒂固的等级观念，对中式法官独立之形塑产生了最为基本、也是最为核心的影响。在我国历史上，行政权与司法权是不分的，准确地说，司法权从来都附属于行政权。因为判官断案时可能从来都不会认为自己是在行使司法权。所以，在我国的封建历史上，法官独立是不存在的概念，也是从未发生过的事情。这一方面由封建“家天下”的政治传统所决定，“普天之下，莫非王土”，所有的权力最后享有者均为封建君主，而封建君主的权力是不受限制的。另一方面也从未出现类似欧陆封建国家的法官职业群体，所以也不存在形式意义上的法官独立。由此，中国两千一百多年的封建王朝，也是行政权所独占的时代。直到近代，随着西方法律思想逐渐渗透到中国，以及我国资产阶级革命的进行，法官独立等近代司法理念才逐渐在我国生根发芽，也逐渐形成了一定规模的法官队伍。至此，法官独立才成为我国司法理论界和实务界的一个有探讨意义的问题。由于我国的封建时代具有超脱于其他文明的稳定性，即虽然有王朝的更迭，但在至少两千年的时间里，从未受外来因素的干扰而中断过，或发生社会性质转变的革命。所以，也就形成了我国独特的政治文化传统，即强烈的封建等级制度和中央集权的国家结构。虽然我国跳过了资本主义阶段而直接进入社会主义这一更高级的社会形态，但由于经历的时间尚短，缺乏资本主义国家几百年的发展沉淀，不可能用短短一百年的时间去完全消除两千一百多年所形成的落后守旧的思想意识。虽然这一意识形态早已为我国社会文化所摒弃，但它还是以一种十分隐蔽的方式潜伏在我国的社会中，并不断地显示出其所具有的“生命力”。在“文革”时期，公安机关（通常被认为是具有司法性的行政机关）一家独大，法院、检察院在事实上被取缔，就是这一传统行政权强势地位的体现；法官等级依照公务员的职级标准来设立，无疑是行政性因素向法官群体的渗透，最终的结果必然是法官丧失独立性；审委会与政法委对案件可能的干预，也是这种等级观念与集权观念在作祟。从某种意义上而言，这种落后陈腐的观念早已以一种文化传承的形式，逐渐渗透到每一个国人的潜意识里，影响到我国社会的方方面面。而中式法官独立的内核，即司法行政化问题，也正是在这种文化的影响下所逐渐形成的。虽然学界与实务界也早已认识到司法行政化对法官独立的侵蚀作用，并采取了诸多去行政化的措施。但与制度上的去行政化相比，更为重要的是思想上的去行政化。在这方面，我国还有很长的路要走。

就现实因素而言，我国法官队伍的整体素质也是导致中式法官独立的一个重要原因。在中华人民共和国成立后相当长的一段时间里，由于众所周知的原因，我国的法学教育曾经出现过断档。而在重新回归法治化道路后，由于法学教育才刚刚恢复，所培养的法学专业的学生还不足以填补法官职位的空缺。为此，便出现了退伍军人进法院等各种非法学专业出身，甚至从未学过法律的人员做法官的现象。致使我国的法官队伍从一开始就存在素质参差不齐的先天不足，并成为我国司法实践的一个较为严重的缺陷。为解决此问题，从2000年开始，国家开始组织统一的司法资格考试，并逐渐使是否通过司法资格考试作为能否成为法官的一个重要准入标准。时至今日，我国法官队伍的整体素质有了很大的提高。然而，与国外法官独立获得充分实现的国家相比，我国法官的整体素质在事实上仍处于一个较低的层次。在美国，“法律职业的从业人员多为律师，且法官、教授等多为律师出身。”[①] 且美国律师无论从相对数量和绝对数量上，都居世界首位。反观我国，“许多法学院学生刚从学校毕业不久便担任法官，从事一线审判工作。有些非法律专业的学生，经过一段时间的突击学习通过司法考试，进而又被招入法院充任法官。”[②] 而“美国法官候选人最重要的一点就是拥有律师、检察官、国会议员或在内阁供职等丰富的实践经历，因为这些经验决定了该法官候选人是否能够胜任将来的法官工作。”[③] 其他诸如英国、德国、日本等国家也都拥有一套成熟的法学教育及法官选任制度。由此，导致我国法官整体素质较低的一个重要原因，在于我们对法官的选任及前期教育，走的并非一条精英化的道路。我国法院共有在编人员约 34 万人，其中法官 19.88 万人。即使除去在法院从事其他工作的法官，从事一线审判工作的法官亦有约 14 万人。[④] 这样一个规模庞大的法官群体，根本无法保证法官的高度精英化。而“从世界范围看，实现法官独立原则的国家，无一不是走法官高度精英化路线……高度精英化、小众化是法官独立的必要前提。”当然，这并非强调要通过减少法官数量，首先实现小众化，继而实现法官的精英化。这种削足适履的方法无益于法官精英化的养成，法官的精英化还在于法学教育的模式以及法官在社会评价中地位的提升等多方面因素的影响（鉴于论题所限，笔者对此不做过多论述）。然而有一点可以肯定的是，由法

① 徐立:《美国法学教育及其对我国的启示》，载《法学杂志》2010 年第 12 期。

② 顾培东:《再论人民法院审判权运行机制的构建》，载《中国法学》2014 年第 5 期。

③ 全亮:《美国法官任用制度及其借鉴》，载《求索》2013 年第 8 期。

④ 新华网:《中国深入推进法官检察官员额制改革》，http://news.xinhuanet.com/2015-07/22/c_1116009926.htm，最后访问时间 2016 年 4 月 5 日;《我国法官人数近 20 万人》，载《京华时报》2013 年 7 月 26 日第 4 版。

官整体素质较低所带来的法官素质的参差不齐，必然会导致不同法官在办案能力上的明显区别。特别是面对一些疑难复杂的案件时，有些法官从自身角度便失去了独立裁断的能力。这就为审委会、政法委等案外因素的介入提供了正当的理由，致使法官丧失了在个案中的独立地位。由此，法官的非精英化培养模式导致其素质普遍较低的状况，引发了国家和社会对法官独立办案能力的担忧。在这种情况下，如果明确赋予法官以全面而充分之独立品格，有可能出现较大的司法风险（在疑难复杂案件中尤为明显）。显然，在法官独立的时代趋势下，似乎唯有寻求一种权宜之计才能平衡这一利益的相差。此所谓中式法官独立在此现实情况下所产生的原因。

而现实因素的另一方面，即在我国现实的司法环境下，法官独立是否为法官群体所向往，其本身是否为法官所欲？笔者认为，这也是一个需要进行深入探讨的问题。法官作为审判权行使主体，其自身对独立的态度对法官独立原则充分而全面的实现必然有重要影响。可以试想，如果法官自身对独立持一种可有可无的漠视态度，那么赋予在这样法官身上的司法独立是不会发挥其应有的价值和意义的。与西方法治国家中法官与生俱来的独立品格不同的是，作为后发性的法治国家，我国法官的独立品格只能通过后天的方式来养成。在一个缺乏司法独立传统的国家，实现这点并非易事。由此，在我国现实的国情下，法官独立是否为法官所欲就很值得商榷了。从法官独立的本论上来谈，法官独立意味着赋予了法官更大的权力，法官也因此要承担更多的责任，这体现了权责一致的观念。而责任的增大，意味着法官可能要承担更大的司法风险，无论从程度上，还是范围上都要有所增大，这就必然会带来法官待遇和职业保障的改善。否则，法官所承担的压力与获得保障的不均衡，必然会影响司法的稳定性。而没有哪个法官会希望得到这种仅具有象征意义的法官独立。因此，法官独立是否为其所欲，便撇不开法官能否获得有效保障的问题。在我国的司法背景下，后者甚至会对前者形成决定性的钳制力。而现实情景是，我国的法官由于是比照公务员的标准来设置待遇水平的，所以法官并不会因其责任的重大性而享有更多的福利。相比之下，国外的法官普遍采用高薪聘用制，且普遍高于其他职业人员的工资待遇和福利水平。“一是因为法官的职业及其审判行为被视为一种复杂劳动，法官是纠纷的最后裁判者，理应获得较高的物质补偿；二是高薪制更有助于养廉。”[①] 对法官而言，最大的廉洁无疑是独立地作出公正的判决。而与我国法官福利待遇一般相对的是，案多人少所带来的巨大压力，这在基层法院尤为明显，平均一个基层法院的法官每年要审上千件案件。然而，除北京、上海和广州基层法院法官的待遇较高，可达万元外，在我国其他地区，尤其在中西部地区，“基层法院法官的月工资普遍在 1000 ～ 2000 元，一些快退休的法官，其工资也就将近 3000 元。甚至在同一个地区，同是一名科级干部，基层法院的法官与市级法院法官相比，也差距甚远。”[②]“基层法院、基层法官的待遇比较低，像我们在县里工作，一个刚刚上班的年轻人，法律本科毕业的大学生，可能只能拿到 1200 ～ 1300 元的工资。”[③] 这种职业待遇水平的整体低下与地区差异，势必会影响到法官对独立性这一更高价值目标的追求。此外，从最近十几年的司法改革上看，所采取的都是一种自上而下的改革方式。由于法官本身对独立性的要求不高，也没有多少接受独立的热情。由此，在缺乏自下而上改革动力的情景下，必然会使自上而下的改革限缩在一个较小的范围内。因为出于避免社会制度因发生较大变动可能带来的不稳定因素，以致消弭了上层改革者自身能够获得的利益，上层改革者必然会采取一种缓步推进的方式来进行改革。这就是为什么“最近十五年的司法改革

① [美]亨利·J. 亚伯拉罕：《司法的过程》（第 7 版），泮江伟、宦盛奎、韩阳译，北京大学出版社 2009 年版，第 30 页。

② 钱锋：《法官职业保障与独立审判》，载《法律适用》2005 年第 1 期。

③ 《基层法院、基层法官待遇比较低 留不住人才》：http://news.china.com.cn/2013lianghui/2013-03/10/content_28196483.htm，最后访问时间 2016 年 4 月 7 日。

主要集中在工作机制改革和完善上，又称机制改良，而较少涉及体制改革的内容。”[①] 另外也说明了法官独立之路为何步履维艰。对法官而言，行政化的等级结构，决定了法官宁愿牺牲审判权的独立，也不愿放弃自身升迁的道路。因为升迁是其获得较高待遇的唯一合法途径。综上所述，我国法官独立的现状不可谓不受法官之现实需求的影响。从某种意义上而言，法官独立这一理念，还并没有充分深入法官群体的内心，并化作对这一崇高使命的不懈追求。法官独立似乎只是一个游离在我国法官，特别是基层法官意志以外的附随物。这一现实因素便为中式法官独立的形成提供了充分的理由和生长环境。

笔者在上文中所论述的法官整体素质以及法官待遇水平等，可能会被某些学者认为是我国法官不独立的佐证，并由此推导出我国法官没有独立的意义[②]。这显然是一种错误的观点，上述这些历史和现实因素，确确实实会制约我国法官独立性的发挥。但它们所反映的，是我国法官目前还缺乏实现充分而全面独立的基础，与我国法官因此不需要独立是两个概念。事实上，正是这些客观因素的存在，才构成了中式法官独立存在的基本理由。因为它们毕竟没有消弭所有塑造独立的要素，它们只是需要解决障碍性条件（当然我国所面临的这一障碍是比较棘手的）。且从当前以及未来的司法改革上看，推动法官独立的思路是确定无疑的。这是我们在看待中式法官独立的问题时，所应始终坚持的一个基本立场。

---

① 蒋惠岭:《过去15年的中国司法改革》，http://www.chinareform.net/html/category35/38/20140604/18168.html，最后访问时间2016年4月7日。

② 如顾培东教授谈到，法官独立不是我国司法改革的方向。并从我国的法官数量庞大，无法满足法官的精英化要求，以及法官的业务素质、法官的教育水平、审判经验上来论证法律独立并不符合我国国情。参见《再论人民法院审判权运行机制的构建》。诚然，虽然现阶段我国法官无论是从物质保障上还是社会环境的背景下，都不可能实现笔者所述的西方法治国家全面而充分的法官独立，但这并不意味着我国法官因此就失去了独立的意义和价值。事实上，这些缺陷的存在恰恰是我们需要努力改进和完善的地方。而我们努力的目标也未必一定要原汁原味地实现西方国家的法官独立，而是立足我国国情，打造某种中式的法官独立（这点笔者在下文也会阐述，此处不再赘言）。

三、中式法官独立的未来走向

站在历史与现实的交汇点上，中式法官独立未来会走向何方，应走向何方，这是每一个学者都需要思考的问题。我们不能对此抱有太多不切实际的希冀和幻想，也不能因现实的残酷和无奈而感到束手无策、悲观应对。无论在何时，我们都应该以理性和慎思的态度去对待所面临的难题，这是一个学者所应具备的优良品格。就中式法官独立的未来走向而言，笔者认为首先可以肯定的是，中式法官独立的基本结构在未来的一定时期内不会发生显著的变化，这种中式架构下的法官独立依然是一种有限的法官独立。当然，其限制性程度与现在相比较会进一步降低，正如现在相较于过去一样。但还不足以使其突破“有限”这一界限。这就意味着我国有限的法官独立之现状不会在短时间内发生显著的甚至堪称革命性的变化。

正如上文所言，中式的法官独立具有深厚的历史和现实因素。且不谈现实因素，单就历史因素而言，伴随着基因的移转、文明的传承而早已固化在我们民族共同体中的某种可以称为文化的元素，是不会在较短的时间内有所改变的（一种共同意识的形成不是一蹴而就的，需要经历千百年的筛选和淘汰）。这就导致一旦意识形态形成之后，无论优劣，想要扭转可能需要更长时间的不断渗透和熏陶。当然，以社会的变革推动文化及意识的变动或许是一个较为快捷的方式，但人类文明的发展规律则决定了这未必是一件容易的事。由此，形成在深厚历史遗产之上的中式法官独立，历史性决定了其本身所固有的稳定性。而这种稳定性是不会依靠单纯移植西方法律制度和宣传纯粹的西方法学思想而有所松动的。相反，不切实际地引入西方法律制度来改造中国的制度，只会塑造一个具有“洋面孔”的四不像，这非但不会解决现实的困境，反而会带来更多的无法预计的问题。值得庆幸的是，中式法官独立的现状本就说明了我国在司法改革中所坚持的立足本国国情的基本原则。而笔者在此所要说明的是，在未来我们仍应当坚持这一基本的价值取向。

而与历史因素不同的是，现实的一些问题则似乎为推动中式法官独立的演化提供了一些契机。诸如我国的司法公信力问题、错案问题、司法行政化这些悬浮在表层的制度形态和为社会公众所熟知的问题，在一定程度上成为推动司法改革的催化剂。然而，由于司法制度的特殊性，任何一个司法上的微小差错都可能带来一系列的灾难性影响。例如，一起错案的出现，就会引发社会对整个司法制度合理性和正当性的担忧，乃至有可能转化成对一国政治体制及政党执政的合法性的怀疑。因为“一次不公的判决比多次不公的行为为祸尤烈，不公的行为只是弄脏了水流，而不公的司法则污染了水源。”[①]笔者认为，这可以称为司法所暗含的“蝴蝶效应”[②]。何况我国在司法上的差错绝非可以用“微小”来形容。而法官作为终极裁判者，具有决定事实认定与法律适用的终局性职能。这就使司法活动中所出现的任何一个问题，最终都有被归罪于法官之嫌。结果是，法官并没有得到社会应有的尊重和信任，人们宁愿通过司法以外的方式来解决司法上的问题，这不能不说是一种无奈之举。由此，没有我国司法公信力的整体提高，没有公民法治意识的普遍增强来消除司法曾经给其带来的不良印象，法官独立将缺乏实质的可信性；而没有法官充分而全面的教育培养机制和保障制度，法官独立也不会为法官群体所接受。

而实现上述观念的转变和制度的革命性演进，绝非一日之功，需要一个循序渐进、不断摸索的过程，这其中还有可能出现制度的反复。在这一过程中，系统本身所具有的稳定性会依然使其以一种

① 正义网—检察日报：http://news.163.com/12/1116/07/8GDP8BJN00014AED.html，最后访问时间 2016 年 4 月 9 日。

② “蝴蝶效应”(The Butterfly Effect) 是指在一个动力系统中，初始条件下微小的变化能带动整个系统的长期的巨大的连锁反应。蝴蝶效应是气象学家洛伦兹 1963 年提出来的。蝴蝶效应在社会学界用来说明：一个坏的微小的机制，如果不加以及时地引导、调节，会给社会带来非常大的危害，戏称为“龙卷风”或“风暴”；一个好的微小的机制，只要正确指引，经过一段时间的努力，将会产生轰动效应，或称为“革命”。参见 http://baike.so.com/doc/353880-374863.html，最后访问时间 2016 年 4 月 9 日。

似乎尘封不动的方式在运转着。比如，我们可以充分预计到，审委会与政法委会在相当长的时期内继续存在，并会以一种特殊的方式俯视着法官的办案，可能不会形成实质性的影响，但依然会以法官能够感知的方式意识到它们的存在；我国法官的整体素质也同样不会在短期内有质的提高，与此类似的还有法官的尊荣感和使命感。然而，实际上变化则在每时每刻都发生，哪怕是十分微妙的变化（这点从过去十余年的司法改革所发挥的实际效用上就可得出）。中式的法官独立，在现在和未来也会以这种方式逐渐发展和演变。我们能够看到的是，我国法官所享有的独立司法权将会越来越具有实质性，法官独立将逐渐成为一种法官日常的行为习惯。不过这种发展不一定会演变成具有浓郁西方色彩的法官独立。从务实的观点出发，可以期待并能够最终实现的法官独立，仍应是带有中式“乡土气息”的法官独立。而与现阶段的有限独立相比，其限制性已被极大地降低了，而全面和充分将成为此种独立的基本特征。实现这一目标需要一个由量变到质变的不断积累的过程。而一旦积累到一定程度，有限演变为非有限这一质变就会发生。所以，只要司法改革能持续不断沿着既定的路线和目标前进，中式的法官独立必将发展为一种在实质意义上充分而全面的独立形态。我们对此将始终抱有信心。

在中式法官独立逐渐去有限性的过程中，其中式框架下的要素和相关制度也会发生着变化。这些无疑是我们应当预见到并通过具体的改革来予以实现的。如果没有意识到这些，很可能会使我们的改革走向歧途，非但无法实现所畅想的法官独立，反而会导致其他难以预计的问题出现。就笔者的认识而言，应从以下几个方面的具体变革入手。

一是法官员额制与法官精英化。法官员额制早在 1999 年《人民法院五年改革纲要》就已提出，并一直延续到现在，成为司法体制改革中一个至关重要的问题。简要来讲，法官员额制意在对法院人员实行分类管理，让审判水平较高、司法实务经验丰富的人员

“入额”，而其他达不到入额要求的则成为司法辅助人员，使法官能够专注于审判事务，从而提高审判质量。员额制作为我国法官职业化道路的一项重要举措，其制度定位本身就有利于精英法官队伍的形成。因为在法官员额制的背景下，进入审判一线的法官相较以前会有所减少，从而使审判法官的整体规模变小。而规模变小，也就意味着更有利于对法官进行培养，法官的审判水平也会越来越高。由此，法官员额制改革可视为实现法官精英化的必经阶段。而法官精英化则是一个更高层次的改革目标，实现法官精英化也是一个渐进的过程。就目前而言，入职多年的审判法官往往学历层次较低，多是非法学科班出身，而近几年入职的青年法官则在学历层次和知识结构上有了显著提高。这是一个良好的开端，未来要继续保持这样一种发展态势。这样在经历了一定时间之后，高学历的法官会逐渐成为法官队伍的主体，从而稀释掉文化层次较低的法官，实现法官队伍在学历上的精英化。同时，要对法官队伍的总量有所控制，精英化至少意味着相对的小众化。此外，法官的职业保障、薪酬待遇问题也是司法改革中所需要着重解决的问题。现在很多人之所以不愿做法官，很大程度上在于法官的付出和收获不成正比。而待遇和保障的提高，一方面能够稳住人心，另一方面还可从律师、学者中吸引一部分人过来，从而丰富法官队伍的来源。通过实现法官的精英化，法官对行使独立审判权的意识和责任感必然会大大加强。这是在大众化法官充斥在司法队伍的时代下所难以想象的。从某种意义上而言，法官员额制和精英化为法官独立设定了前提，奠定了物质基础。

二是去除干扰法官独立的“制度惯性”，使法官失去长久以来形成的“制度依赖”和“机构依赖”，敦促法官独立行使职权。所谓“制度惯性”，笔者认为是指制度一旦形成，即便被认为是不合理的而终止其运行，但这一制度的影响也不会随着其被终止而立即消失；或者虽然对制度进行了修正，但原有的制度所发生的作用可能会依然存在。特别是在这一制度本身又契合了一定群体某种需求的情况下。在笔者看来，审委会、政法委以及长期行政化的办案审批制，在当下的改革中已然显示出隐藏在其中的“制度惯性”。“制度惯性”的存在，使得对制度的变革，往往只能完成实现既定目标的第一步，而更为重要的是去除“制度惯性”。因为在“制度惯性”的影响下，会使其作用的主体内心依然存在着“制度依赖”和“机构依赖”，这种隐形的因素会继续影响着法官的独立性之发挥。而如何去除“制度惯性”，无疑成为我们所面临的一个颇为棘手的问题。笔者认为，应首先从制度层面上做到除旧革新的彻底性。如果制度的变革本身不彻底而留有余地，或左右逢源，就恰恰为“制度惯性”的形成和巩固提供了“温床”。同时，在改变制度的同时，更要改变其作用对象的思想，这就又回到上述所谈的法官精英化的问题。法官的精英化不仅包括法官的教育程度和办案能力等技术性的精英化，还包括其思想意识的精英化。由此，去除“制度惯性”与法官的精英化又是相辅相成的。唯有二者形成合力，才可解决其分别指向的问题。

三是促进法官群体意识的形成。所谓法官的群体意识，是指法官作为一个群体有着共同的理念、价值观和追求。这种共同意识是由法官之间个人意识的交汇、渗透并融合而逐渐形成的。法官群体意识的价值在于，它能够使身在其中的每一个法官都视自己为这个共同体中不可或缺的一分子，使每一名法官都能形成为共同体的利益而不懈奋斗的强烈责任感。排除在“理性人”理论中“每一个人都是自利的”[①]所带来的弊端，促成法官群体所追求之目标的实现。法官的群体意识是法官克服其个人的自利性，并采取群体行动推动法官独立的一个根本前提。“可以想象，在一个司法尚未获得独立的社会里，如果相当一部分甚至所有法官都致力于司法独立的话，实现这样的目标可能性很大；但如果很少甚至没有法官愿意为司法

① 王建勋:《司法如何获得独立——法官行为与集体行动的困境》，载《学术界》2013 年第 12 期。

独立贡献力量的话，则这样的目标很难实现。”① 而法官群体意识的形成，则并非易事。“影响个体法官行为动机的因素和条件包括该群体的规模、同质性以及法官之间的信任、互惠等社会资本。”② 由此，法官群体意识能否形成，与其群体的规模、群体成员是否具有同质性，以及法官之间能否形成紧密的联系，将成为重要的考量因素。而当前我国的法官规模过于庞大、法官因其来源的多样性造就不同的法官思维和追求的差异性，且相互之间的信任、互惠关系的缺失，使得我国法官群体还没有形成一种共同的群体意识。致使来源于法官对自身独立性的追求，难以形成一股推动司法独立的有效力量，造成法官独立可能并非为其所欲的后果。所以，在今后要特别注重法官群体意识的培养。要以此为核心，通过各方面的数管齐下来实现法官的群体意识的养成。

在本部分中，笔者首先阐明了我国法官独立未来的整体走向，即在一定时期内，中式有限的法官独立依然会继续存在，而实现“去有限”则是一个渐进的演变过程。这是我们正确看待我国的法官独立问题，并采取有效改革的一个认识论前提。其次又分析了在实现法官独立的过程中，应着重考虑的几个方面的问题。由此，笔者认为，我们对于中式法官独立未来走向的判断，既应有宏观上的把握，也应有微观上的认识。事实上，宏观的目标正是通过微观的具体变革而实现的。我们应始终秉承这一认识论原则，脚踏实地地推动我国法官独立的充分实现。

① 王建勋:《司法如何获得独立——法官行为与集体行动的困境》，载《学术界》2013 年第 12 期。

② 王建勋:《司法如何获得独立——法官行为与集体行动的困境》，载《学术界》2013 年第 12 期。

“繁简分流”语境下侦检关系的重构

——围绕审判中心的话语展开

袁 博*

一、问题的提出

党的十八届四中全会通过的《中共中央关于全面推进依法治国若干重大问题的决定》(以下简称《决定》),明确提出“推进以审判为中心的诉讼制度改革,确保侦查、起诉的案件事实证据经得起法律的检验。全面贯彻证据裁判规则,严格依法收集、固定、保存、审查、运用证据,完善证人、鉴定人出庭制度,保证庭审在查明事实、认定证据、保护诉权、公正裁判中发挥决定性作用。”可见,“以审判为中心”的诉讼制度改革居于总领,旨在“严格司法”,内容涵盖证据裁判、实质化庭审、认罪认罚从宽制度等多项子集。①

审判中心的实现不是对现实的罔顾,而是基于现实基础的合理配置与建构。司法资源的有限性具有零和性特征,意味着无

---

* 中国政法大学刑事司法学院2016级博士研究生。

① “以审判为中心的诉讼制度改革是完善我国刑事诉讼制度,实现程序正义的核心,而庭审实质化是审判中心主义的应有之义。”且建立健全认罪认罚从宽制度是配套改革措施。沈德咏:《庭审实质化的六项具体改革措施》,载《法制日报》2016年2月3日第9版。

法兼具多元价值。社会转型加剧，实体层面"轻罪入刑"日甚一日，大量事实清楚、证据充分的简单轻微刑事案件涌入刑事司法领域，司法资源消耗极大，[①]更使得"走过场"的负面情绪在整个刑事诉讼领域弥散，抢夺了切实需要实质化庭审的重要案件的时空资源。

程序的选择性与多元化是刑事法制现代化的重要表征，也是对人的主体选择充分尊重的表现。"繁简分流"理念的提出是对司法资源困境的一种破解，也是对"庭审形式化"的一种斩断剥离与合理归置。2016 年 9 月 3 日，全国人民代表大会常务委员会决定授权最高人民法院、最高人民检察院在部分地区开展刑事案件认罪认罚从宽制度试点工作，为"繁简分流"理念的实现提供了制度依据。无论是"简"所付型的认罪认罚从宽制度，抑或"繁"所代表的实质化庭审，都是"以审判为中心"的善意诠释与逻辑展开。没有认罪认罚从宽制度对大量轻微刑事案件所占资源的压缩，就无法为实质化庭审撑起必要的时间与空间。因此，认罪认罚从宽制度与实质化庭审是实现"以审判为中心"的一体两翼，二者相辅相成，互为轩轾。[②]

案件由审前环节流向审判环节，无论是分流至认罪认罚从宽制度，还是实质化庭审，审判机关均是以被动而中立的姿态视之，而侦检之间的互动与角力却是繁简分流的主导。因此，以审判为中心使侦、检、辩、审之间关系发生重构，侦检关系处于"分流"之"源头"，在"繁简分流"语境下应当有不同形态的对应。

---

① 李本森:《法律中的二八定理——基于被告人认罪案件审理的定量分析》，载《中国社会科学》2013 年第 3 期。

② "推进案件繁简分流，优化司法资源配置。完善刑事案件速裁程序和认罪认罚从宽制度，对案件事实清楚、证据充分的轻微刑事案件，或者犯罪嫌疑人、被告人自愿认罪认罚的，可以适用速裁程序、简易程序或者普通程序简化审理。"参见"两高三部"《关于推进以审判为中心的刑事诉讼制度改革的意见》第 21 条之规定。

二、侦检关系的一般问题

“以审判为中心”的诉讼制度改革绝不是对审前程序的漠视，反而对审前程序提出了更多的希冀与要求，只有审前程序功能趋向正当，才能保障“审判中心”不被僭越，而审前程序的定位恰恰是侦检关系角力的结果。

（一）“侦检关系”的一般释义

本文所称侦检关系，是指侦查机关与检察机关在刑事诉讼审前程序中所呈现的相互影响、相互作用和相互制约的具体样态。[①] 二者以此消彼长的动态守恒形式存在，案件在相互作用之下生成、演变或者归于消灭。不同诉讼构造下的侦检关系会表现为不同形态。一般而言，英美法系国家主要采取侦检（诉）分离模式，以警察为主的侦查机关负责侦查，检察官负责审查起诉；德、法、意、日等国采取侦检一体模式，检察官主导侦查。[②] 相较而言，侦检一体模式在效率方面显然优于分离模式，但制衡略显不足。总之，模式选择最终取决于一国特定的社会存在，并以“地方性知识”的形式存在，在不断调适的过程中彼此相互适应。因此，侦检关系的合理形态应当放置于一国的具体语境之中进行度量。

（二）以审判为中心背景下的侦检关系

“语言是存在的存在。”行文修辞所至表达了事物的旨归，同时也为事物创设了界限。《决定》为诉讼制度改革指明了旨归的同时，也通过特定的修饰语为其设定了界限。

从语义分析角度来看，“中心”一词，含“与四周等距”之义，

---

① 陈卫东:《“以审判为中心”视角下检察工作的挑战与应对》，载《学习与探索》2017 年第 1 期。

② 顾永忠:《侦检一体化：理想与现实》，载《国家检察官学院学报》2005 年第 2 期。

意味着审判之效力将在空间上呈现出一种无差别地反向延伸至起诉与侦查环节的趋势，突出了审判程序价值的广延性。“以审判为中心”并非“以审判为重心”，不是审判阶段的各种功能的机械汇聚，也不是对侦查、起诉、审判三者孰轻孰重的刻意区分。也正因如此，《决定》在提出“以审判为中心”的诉讼制度改革话语时，同时指出“确保侦查、审查起诉的案件事实证据经得起法律的检验”。从整体视角来看，一个“中心”的实现，还需要诸多程序设置围绕此“中心”所负载的价值准则发生流变。

侦检关系又位于审判中心的“供给”一侧，如此特殊的位置关系造就了侦检关系对审判形态的决定性和塑造性。或者说，侦检关系先于审判、发动审判、制约审判，甚至以“源”的姿态塑造审判。因此，“以审判为中心”的观念越胜，矫正审前程序、重塑侦检关系的意义就越发重要。我国立法语境下的侦检关系在“分工负责、互相配合、互相制约”的原则下展开。《关于〈决定〉的起草说明》在强调审判阶段和庭审环节在保障案件质量、维护司法公正方面的重要作用的同时，还专门指出：“我国刑事诉讼法规定公、检、法三机关在刑事诉讼活动中各司其职、互相配合、互相制约，这是符合中国国情的，具有中国特色的诉讼制度，必须坚持。”再一次强调了“以审判为中心”的实现，还需要理顺三机关“分工负责、互相配合、互相制约”的格局。实现关系理顺、各司其职的关键在于让“越位”的权力回归原位。

长期以来，为了有效地打击犯罪，侦查中心主义盛行，侦查权长期“越位”，检察权成为依附，造成“口供至上”“凡捕必诉”等一系列有悖于诉讼规律的流弊产生。侦检之间“制约不足、配合有余”，且产生的效果并未止步于审查起诉环节，在“构罪即捕”的前序程序作用下产生“诉必有罪”的思维定式，形成强烈惯性直接顺延至后续程序，进一步导致了庭审流于形式，甚至“架空”审判。可见，扭转既往的侦检关系样态并进行合理重塑，直接关系着审判中心愿景能否实现。

三、理性回归：改革激流中的检察机关再定位

“人权保障不容任何迟疑与拖延。”“以审判为中心”的诉讼制度改革应进一步牵动审前程序发生价值转向，以“源头治理”为着力点，凸显人权保障价值，着重对侦查行为的张力进行约束，使侦查权运行在合法区间。在我国当前司法语境下，审判机关缺席审前程序，而检察机关与侦查机关在时空条件上相互毗邻。在相对合理的权力配置之下，约束侦查权的权能顺势延伸至检察机关，检察权扮演着制约侦查、启动审判的双重角色，更在空间位置上阻隔了侦审之间的直接联系。可以说，这一环节的制约更加直接，威慑更为直观。因此，检察机关应主导侦检关系形态的重塑。

从微观品格来看，侦查行为具有极为强烈的主动品格，在侦查的博弈过程中，打破规则和逾越规则而取得奇效的强烈心理满足，往往成为侦查行为失当的诱因。检察机关如果不能加以克服，必然酝酿错案风险，这一消极规律已被近年来曝出的系列错案所证实。无独有偶，法国著名的“乌特罗案”，预审法官、检察官和警察共同构成了固执而强大的侦查力量，加之司法惯性的助力，使得案件鲜有回旋的余地，最终酿成法国历史上的“司法灾难”。[①]“种种前鉴，后事之表。”侦检之间过于莫逆的关系已经显现出对公平正义的巨大破坏力，审判中心更不在话下。

未来，检察机关自侦部门转隶监察委员会，监察委员会将与公安机关同位于侦查一侧，检察机关务必要在侦查力量急剧扩容的监察制度改革和以审判为中心的诉讼制度改革的激流中找准自身角色定位，其定位关涉着流向审判中心的案件质量，如果检察机关未能有所担当，则“向审判看齐”的愿望将再度沦陷。

一物两面，自侦力量的剥离本应视作检察机关自我减负的契机，剥离了侦查强烈的追诉偏向，反使其客观中立属性得以彰显。

① 施鹏鹏:《不日而亡？——以法国预审法官的权力变迁为主线》，载《中国刑事法杂志》2012 年第 7 期。

从世界范围来看，检察官的客观义务已经穿越了法系之间的界限，在世界范围内普遍确立[①]，更写入了联合国《关于检察官作用的准则》的序言，最凸显其客观公正品格的便是第11条规定的检察官对侦查活动合法性的监督。如何利用现有制度框架衍生新的机制，并将新的理念与价值注入，发掘并厚植更为广泛的制度空间，是检察机关的当务之急。

四、侦检关系之重构："繁简分流"语境下的关键词展开

"繁简分流"是保障"以审判为中心"定向施策，精准发力的关键。无论是实质化庭审，还是认罪认罚从宽制度，侦检关系均处于"源头"地位，务必要秉持慎始敬终的态度，矫正侦检关系偏差，凸显检察权对侦查行为的收束作用，为审判中心抵消侦查力量的不当冲击。

（一）庭审实质化背景下的侦检关系

在既往"以侦查为中心"的侦检关系中，口供具有侦破案件和证明有罪双重作用，在如此"高回报"的驱动之下，促使侦检之间形成"利益捆绑"并产生彼此默契以至于对口供产生高度依赖，并以此造就了证据供给体系的原初形态。伴随强大司法惯性，后续程序与侦查一同陷入"口供至上"与"卷宗中心主义"的桎梏。而近年来得到纠正的系列错案不仅对"口供至上"与"卷宗中心主义"进行了彻头彻尾地"证伪"，也在一定程度上证实了失实口供与错案之间的逻辑关联。可见现实语境下的错案之要害在于失实口供，而失实口供多源于非法取证，非法取证又必然寓存于特定的形式与质料之中。从形式逻辑路径来看，可以得出"侦查中心—口供至上—失实口供—非法取证—非法取证寓存的形式与质料"的基本形

---

① 陈光中:《论检察》，中国检察出版社2013年版，第242页。

态。从形式逻辑角度来看，动摇“失实口供”赖以存在的形式与质料，也即能够动摇失实口供的时空条件与实质条件，便可促进侦查的“去中心化”而转向庭审实质化。

因此，实现庭审实质化的关键在于破除“口供依赖”，可从内外两个层面来进行约束：一者，就外在形式来看，应当对审前程序中的时间与空间外在形态进行规制，压缩“口供”生成的时空条件。在这一层面，侦检关系的角力集中于当事人的自由状态。羁押是形式上不利的开端，在这一时空场域中充满了各种对当事人不利的风险，更是滋生非法取证活动的“暗箱”，而且羁押状态本身就是一种强迫，影响当事人口供的真实性；二者，从内在质料来看，对侦查行为与措施的具体样态进行规制，在外在层面的轮廓笼罩下，证据作为实质上不利的开端，侦检关系角力的落脚点在于侦查行为取证手段的最大限度，也即当事人权利的可侵犯程度。简言之，外在层面对应审前羁押问题，内在层面对应非法证据排除问题，二者依附于侦检二者间的互动过程，分别构成了审前程序的形式与质料。

1. 形式侧面：纾解审前羁押困境

（1）审前羁押泛化对实质化庭审的冲击。庭审实质化旨在解决审判流于形式、诉讼权利虚置、侦查“架空”审判等问题。在这些问题的背后存在一个共性的制约因素，即羁押措施泛化。审前羁押，在不同国家有着不同的设定和称谓。① 通常来看，英美法系国家将审前羁押的时间节点限定至审判开始之前，而大陆法系国家则在时空条件上相对宽泛，时间节点截至生效判决之前。意大利法将其置于预防性措施之下，故可称作“预防性羁押”，法国法在1970年将“预防性羁押”改为“先行羁押”，德国法第112条称之为

① 审前羁押相较于“未决羁押”而言，时空范围较小，不包含庭审阶段的羁押。本文关注审前羁押，原因在于庭审阶段之羁押已进入审判视野，审判机关可以自决。审前之羁押，对“以审判为中心”的干涉格外突出。

"待审羁押"。[①] 总之，域外多将羁押作为一种相对独立的强制措施，只有在司法审查之下，满足严苛条件时方可适用。而我国语境下的羁押则是逮捕后的一种伴随状态。为了与域外术语在实质层面上对应，故此处采"羁押"而非"逮捕"。需进一步明确的是，将域外"逮捕"(Arrest)与我国逮捕进行比较研究，特别是在证明标准方面将"Arrest"与"Detention"混同，显然是一种错位对应[②]。

由于审前羁押措施拥有解除逃跑之虞、方便侦查、心理强制等多重博弈优势，并伴随着"避仇"与"和难"等社会矛盾化解的社会功效[③]，逐渐养成了公、检、法三机关对审前羁押措施的高度依赖，进而呈现出羁押强制措施的实体化倾向[④]，更导致审判环节所适用的程序以及实体判决均受到前序羁押的牵绊。所以，如果说刑事诉讼程序呈现"流水作业"的样态，那么羁押措施就好比"泛水之上"的舟船，将诉、审捆绑在一起，也将当事人囿于其中，同起同落。因此，庭审实质化得以实现的肯綮之一便是审慎适用并逐步缩限审前羁押。[⑤]

(2)审前羁押的现实问题。无论任何阶段，任何人均应享有免受不当羁押危险的权利。党的十八届四中全会《决定》更专门提出"完善对限制人身自由司法措施和侦查手段的司法监督"。鉴于此，针对逮捕条件中的社会危险性问题，2015年10月9日，最高人民检察院、公安部出台《关于逮捕社会危险性条件若干问题的规定》(试行)；针对逮捕后的羁押必要性审查问题，2016年1月22日，最高人民检察院出台《人民检察院办理羁押必要性审查案件规定》(试行)，从逮捕前后两个阶段分别对审前羁押问题进行了细化，但

---

① 陈瑞华:《审前羁押的法律控制——比较法角度的分析》，载《政法论坛》2001年第4期。

② 陈永生:《逮捕的中国问题与制度应对》，载《现代法学》2013年第4期。

③ [日]穗积陈重:《复仇与法律》，曾玉婷、魏磊杰译，中国法制出版社2013年版，第10页。

④ 汪海燕:《检察机关审查逮捕权异化与消解》，载《政法论坛》2014年第6期。

⑤ 卫跃宁、宋振策:《论庭审实质化》，载《国家检察官学院学报》2015年第6期。

仍存在一定的间隙：一是社会危险性与羁押必要性之间欠缺有效衔接，二是符合司法特点的“三角形”听审机制仍未成为一种必要。比较域外相关实践发现，设立独立机关居中决定审前羁押问题已成为国际通例，更为精进的是美国还设有专门审前服务机构（起源于“Manhattan Bail Project” 1961）①，以精细化的特殊预防手段为当事人提供专业服务，保障信息采集更加全面、中立、客观，也为我国审前羁押决定权进一步分化提供了崭新视角②。

（3）纾解审前羁押的初步设想。从我国当前的刑事司法权力配置来看，一般来讲，检察机关关涉审前羁押的启动与终结，因此，在“以审判为中心”的侦检关系重塑过程中，检察机关应当充当为实质化庭审“减负”的责任。如前文所述，在时空条件上对审前羁押进行缩限是纾解问题的关键。从诉讼标的角度来看，逮捕前的社会危险性审查与捕后的羁押必要性审查都是立足于独立的诉讼标的，也即当事人是否存在影响未竟之诉讼的可能性。由此便引出两个关键话题：其一，程序独立。审前羁押之处断应当与追诉职能分离且相对独立，形成侦辩对抗、检方居中的三角形构造。这也是联合国《非羁押措施最低标准准则》（东京规则）第 3 条第 3 款的明确要求③。其二，羁押证明标准独立。证明标准是权衡且衔接社会危险性与羁押必要性的关键。一方面，羁押是出于对未来不确定性的考量，因此，不可能实现“排除合理怀疑”。另一方面，羁押是对人身自由的强烈约束，其证明标准又当然高于“合理根据”（Probably Cause）。因此，导入“优势证据规则”（Preponderance of the evidence or Balance of probability），在对比相互矛盾的证据的证

① 蓝向东：《美国的审前羁押必要性审查制度及其借鉴》，载《法学杂志》2015 年第 2 期。

② Ares, Charles E., Rankin, Anne, Sturz, Herbert, *The Manhattan Bail Project: An Interim Report on the Use of Pre-trial Parole*, New York University Law Review 38: 67–95.

③ United Nations Standard Minimum Rules for Non-custodial Measures (The Tokyo Rules).

明力基础之上加以权衡，更加符合羁押问题的裁判特点[①]。

2. 实质侧面：强化非法证据排除功能

（1）检察机关主导的审前非法证据排除。如果说审前羁押通过时空条件为失实口供创造了一个特定的场域，那么非法取证行为更甚，为获取失实口供而直接侵犯人身权利、破坏自由意志，酝酿冤狱危险。2012 年刑事诉讼法修改，在吸收 2010 年《关于办理刑事案件排除非法证据若干问题的规定》主要内容的基础上，通过"五条八款"确立了非法证据排除规则，并专门在第 54 条第 2 款规定："在侦查、审查起诉、审判时发现有应当排除的证据的，应当依法予以排除，不得作为起诉意见、起诉决定和判决的依据"，为检察机关在公诉环节排除非法证据奠定了逻辑前提[②]。

从侦检关系上来看，检察机关，特别是公诉环节理应具备排除非法证据的最强动机。假如非法证据在公诉环节未得以排除，则检察机关必然要在审判阶段承受非法证据未被排除的不利后果。而检察机关与生俱来的追逐胜诉后果的本能，会迫使其在公诉环节排除非法证据更加主动。此外，公诉环节较之审查批准逮捕阶段，时空条件更为适宜：时间条件上更充分，空间上因毗邻审判而格外迫切。这些先决条件注定了非法证据排除机制在审前程序中公诉环节呈现扩张的态势。倘若从非常态的角度来看，仍假设非法证据在公诉环节未得以排除，则该非法证据会借助前序程序司法惯性产生的巨大推动力，轻易突破审判。因此，公诉环节的非法证据排除是倒逼侦查行为合法化、规范化的关键。

（2）增强公诉环节非法证据排除的张力。非法证据作为一项事实判断与价值判断的集合，其内涵与外延会随着人权保障价值与惩罚犯罪价值之间的博弈而摇摆。例如，"毒树之果"的适用，也随

① Vivienne O'Connor, Colette Rausch, MODEL CODES FOR POST-CONFLICT CRIMINAL JUSTICE. Volume II: Model Code of Criminal Procedure, 282(2003).

② 樊崇义：《"五条八款"确立非法证据排除规则》，载《检察日报》2012 年 3 月 20 日第 3 版。

着恐怖主义犯罪的蔓延，向缩减适用转向。但非法证据排除机制始终是刑事诉讼中威慑力最强的一项人权保障机能。在其内部蕴含着实体和程序两个侧面，前者关注何为非法证据，后者关注如何排除非法证据，共同构建起审前非法证据排除机制。

我国非法证据中的“刑讯逼供”定义与反酷刑公约中的“酷刑”近缘，但“酷刑”却已经与“其他残忍、不人道或有辱人格待遇”方式同被归于绝对不得克减之列，也就意味着绝对排除事项已经不局限于“与刑讯逼供相当”之程度。[①] 域外立法在非法证据排除的实体方面，不仅规定了绝对不得突破的底限标准，还赋予了较大的弹性和张力，即在逻辑层次上表现为绝对排除与相对裁量排除的组合。然而，我国当前立法表现为由非法言词证据的绝对排除直接跨越到物证、书证的异种证据的裁量排除。明显欠缺非法言词证据的相对裁量排除层次。重要的是，这一相对裁量排除层次才是实现人权保障价值扩张的重要设计，更是实现个案正义的重要载体。而恰是这一层次的缺失，造成了检察机关非法证据排除的乏力。因此，应当在完善底限客观标准的同时，以人权保障价值为依循，赋予检察机关充分的自由裁量权对非法证据进行实体层面的扩容，强化对侦查行为的监督与制约。

（3）改良公诉环节非法证据排除的模式。裁判者作为中立第三方居中裁决而形成“三角形”构造，被视为程序正义最基本的要求。我国审判阶段的非法证据排除程序是源于本诉却又相对独立于本诉的“诉中诉”。此程序中，两者位置互易，争议事实与本诉分离，其裁判的核心是解决价值的冲突。但由于场景不变、参与角色不变，但诉讼活动需查明的事实的价值却在此刻发生了翻转，不免产生“角色混淆”之弊，而推翻基于某种价值预先产生的既有认知的难度和阻力更大，也即要求裁判者在已经对被告人存有偏见的前提下，经由非法证据的排除作出有利于被告人的裁判，实为一种强

① “CAT General Comment No. 2: Implementation of Article 2 by States Parties”. Committee against Torture. 23 November 2007. p. 2. Retrieved 2008-06-16.

求。可见，非法证据排除程序的裁判者势必要与本诉中的裁判者进行必要的分离。审前阶段亦是如此，检察机关在公诉环节还需要在基于"三角形"构造进行独立裁判的基础上，将非法证据排除程序适当分离出来。在我国司法语境中，也就是在非法证据排除问题上实现监督职能与追诉职能的分离。

此处需要补充说明的是，言词证据的核心在于自愿，绝不能被异化为讯问技巧控制下的"塑造"。[①] 德国法对非法证据的理解更加侧重对人的自由意志的保护，也即以是否破坏当事人的自愿性为标准，决定证据的可采性。"语言是意志的外壳。"对待非法言词证据，还应当透过语言的外壳，对人的意志进行把握。这便为解决"重复自白"问题找到了新的着力点，可适当借鉴美国确立的"道伯特规则"，引入科学鉴定意见并配合特定的准入规则，在司法认识与自然科学之间搭建通途[②]。

（二）认罪认罚从宽背景下的侦检关系

实质化庭审中当事人主观上排斥认罪，因此，法庭能够提供一切可能提供的程序装置给控辩双方，令"真理越辩越明"。但认罪认罚从宽制度缺少对穷尽真相的渴望，其本质是当事人在明知的前提下让渡实质化庭审之权利配置，以获得未来可能判处刑罚的从宽。因此，认罪认罚从宽制度中侦检关系应当围绕当事人的自愿性展开。

1. 对认罪认罚从宽的概念再认识

认罪认罚从宽制度理念是追求简约化，而非简单化。因此每一程序装置均应当出于精心设计。目前来看，对"认罪"的理解多从"对被指控的基本犯罪事实无异议，并自愿认罪"入手。此外，最高人民法院规定"对犯罪性质的辩解不影响对自首的认定"也成为

---

① 卫跃宁:《口供制度研究》，中国政法大学 2005 年博士学位论文。

② Kumho Tire Co. v. Carmichael, 526 U.S. 137, 150 (1999).

界定“认罪”的依据①。但此处的“认罪”是否也可以宽泛地理解为基本犯罪事实，还有待进一步商榷。如果对“认罪”的内涵作宽泛的理解，可能会存在对应错位之处②：首先，“自愿”作为凸显种差的概念限定，是认罪之前提，或者说，“自愿认罪”的语义重心不在于“认罪”，而在于“自愿”。“自愿”的前提是首先要在认识层面“明知”，且在意志层面“能愿”。（1）在认识层面的“明知”包含多层含义：其一，明知自己“有罪”。从教义学视角来看，有必要将“罪”进行限定：与道德层面的“有过”不同，“有罪”是指准确的法律评价，因此应防止此罪与彼罪之间的差异引起的不利于被告人的后果。换句话讲，如果将认罪认罚捆绑在一起，不论罪名而只需承认基本犯罪事实即可，就会变相剥夺当事人质疑案件定性的权利。因此，笔者认为认罪的对象不应是宽泛的犯罪事实，而应当精确对应，防止因理解的分歧而影响公正的实现。其二，明知自己“认罪”。“认罪”与“有罪”仍需要进一步的区隔，“认”意味着认可、肯定与接纳。认罪即认可侦检之间共同生成的指控，以及支撑指控的证据，但一般当事人均缺乏足够的专业知识对上述内容进行辨别。其三，明知量刑后果。认罪之后的关键便聚焦于量刑③，而量刑是在对案件现有证据及认罪态度的综合认定基础上的推理过程，需要极为专业的法律知识作为支撑。（2）在意志层面，意志表现为基于上述认识因素前提下的能动反映。这种“能愿”应以能够对后果有清醒认知为前提。也正因如此，试点方案将未成年案件中法定代理人对未成年人认罪认罚有异议的情形排除适用。可见，认识因素与意志因素发挥功能是以“明知”为前提。

“认罚”同样要求同时满足“明知”与“能愿”，即在认识与

---

① 陈卫东：《认罪认罚从宽制度研究》，载《中国法学》2016年第2期。

② 必须说明的是，对“认罪”的理解应当趋于严格，以保障当事人自愿的充分性，而对“从宽”而言应当趋于宽泛，“对犯罪性质的辩解不影响对自首的认定”是从“从宽”角度出发进行的描述。

③ 卫跃宁：《庭审实质化的检察进路》，载《中国政法大学学报》2016年第6期。

意志因素的共同作用之下方可认定为"认罚"。但从语序来看，"认罪、认罚"是针对当事人诉讼行为的客观描述，在命题中扮演充分条件的角色。而"从宽"则是立足国家机关一侧的立场描述。仿佛是"认罪且认罚"方能引起"从宽"的后果，语气中带有强烈的规训意味，因此，实践中应当坚决防止出现上述误读。"认罚"本身即应当包含着从宽的当然含义。总之，认罪认罚从宽制度的核心话语是当事人让渡程序权利获得实体效益。[①] 否则，认罪认罚从宽制度将沦为一场纯粹的"诉讼简化"活动。

需要说明的是，当事人作为社会个体涉入刑事诉讼，不仅关涉终局的实体正义，更包含在程序过程中对国家司法制度的主体体验，以使各方当事人态度情感发生转变。刑法立法趋向积极，其涉入领域逐渐增多。许多案件的实质是公民个体间的互动关系，仅因其影响波及社会并触及刑法才发生刑事追诉。然而，认罪认罚从宽所面向的各类罪行中的当事人起心动念并非是破坏社会秩序，而是国家权力延伸至此，不但未消除旧的矛盾隐患，反而成为新的矛盾所指。因此，认罪认罚从宽不能纯粹地异化为国家与犯罪嫌疑人、被告人之间的对话，并介入矛盾或者代位成矛盾一方。国家扮演正义维护者角色的职责不仅是对社会秩序的恢复，还需保障人际关系的治愈。这也是出于实践中司法者最关心、最敏感的信访问题的风险考虑。因此，认罪认罚从宽制度必须重视被害人的谅解，注重当事人之间人际关系的恢复。

2. 信息不对称之破解：辩护律师取代值班律师

如前所述，认罪认罚从宽的正当性前提是当事人一方能够对"罪与罚"有准确的判断。但问题在于，如法律家一般对刑期有着充分而准确估量的当事人有几许？要保障认罪认罚从宽能够在保障公正的前提下实现提速效果，就必须要防止制度参与者之间的"信息不对称"。"信息不对称"酝酿"道德风险"，更会生成"柠檬市

① 汪海燕、付奇艺：《认罪认罚从宽制度的理论研究》，载《人民检察》2016 年第 15 期。

场”使劣质产品泛滥。[①]法检内部高度重视案件质量，也即视案件为“产品”，则司法运行过程中的大量信息不对称必然会引起案件质量大规模下滑。保障信息对称的关键是信息透明、主体明知。认罪认罚从宽制度能够实现公平正义的关键在于当事人能够在明知的基础上作出自愿性的利己选择。然而，试点方案中并未提及辩护律师的阅卷权，更没有提及开示证据的问题。在此语境中，由于不具有辩护人身份，仅能够为当事人提供法律帮助的值班律师不仅权能有限，且注意义务与勤勉程度大打折扣，导致信息摄入有限。破解问题不能仅靠集体的道德自觉，如果程序或者证据存在瑕疵而各方却均无异议，值班律师能否发挥出预期的功能不免令人生疑，缩水的律师帮助不但不能提供有效帮助，反而会放大信息不对称。然而，实践样本却显示“84.3% 的量刑协商都仅在公诉人与嫌疑人间进行”[②]。

辩护人不是刑事诉讼程序中的“第三人”，其实质是当事人自身的权能在法律知识与技能层面的补充和延伸。破解信息不对称还需要制度的精进，应当将值班律师制度升级为指定律师辩护人制度：一者，唯有律师辩护人具备足够的专业知识与技能；二者，唯有律师辩护人能够全面介入证据审查，辨识证据瑕疵，发现证据链条的断裂；三者，唯有律师辩护人能够以最充分的时间保障、最勤勉的执业态度予以加持，为当事人争取最大利益。也正因如此，无论是程序至上的美国，抑或缜密而忧郁的德国，均保障当事人指定辩护律师[③]，而非“单纯法律咨询、程序选择、申请变更强制措施等

① 吕建军、黄宏武：《经济学原理》，华南理工大学出版社 2015 年版，第 151 页。

② 海淀区试点过程中的协商仅存在于“有委托辩护或法律援助律师”的速裁案件，显然，值班律师并不能代表当事人进行协商。参见游涛：《认罪认罚从宽制度中量刑规范化的全流程实现——以海淀区全流程刑事案件速裁程序试点为研究视角》，载《法律适用》2016 年第 4 期。此外，值班律师以“询问犯罪嫌疑人对程序、定罪、量刑、是否有意见”的方式开展工作，显然是本末倒置。

③ 陈光中、马康：《认罪认罚从宽制度若干重要问题探讨》，载《法学》2016 年第 8 期。

法律帮助”的旁观者。

同时还需一并解决的关键问题是，辩护律师与当事人意见相左时的处断规则。一者，辩护律师经过综合考量认为认罪能够争取当事人最大的利益，而当事人拒绝认罪，拒绝认罪可能基于多重原因，不仅是案件存疑，更包括道德、伦理、信仰等原因，此时应以当事人的意见为准，以体现对当事人主体的尊重；二者，如果当事人接受认罪认罚从宽制度而辩护律师拒绝时，辩护律师应当享有否决权。如果赋予辩护律师这一权利，则意味着即便当事人的认识出现了偏差，仍有辩护律师可以为其进行纠正。或者说，让法律的对话发生在法律家之间。此外，因辩护律师拒绝而拒绝认罪认罚的情形不能因此苛责当事人，也即当事人不得因律师之拒绝而受到不利影响（担心辩护律师滥用此项权利则大可不必，时间成本是诉讼程序中一切主体的共同敌人）。如此，还有利于提升辩护律师在程序中的话语权，真正促成对话框架下的司法生态。

3. 强化检察机关对侦查阶段认罪认罚从宽制度的监督制约

提速的前提是协调顺畅，但绝不能为追求效率使得检察机关再度陷入绥靖与迁就。具结书更不能沦为对侦查活动的简单确认。虽然监督职能与公诉职能存在所谓的“天然冲突”。但在当前监察体制改革的背景下，检察机关迫切地需要由法律监督向“检察监督”精准转向。

（1）审前检察监督的未来走向：程序正当性监督。程序的正当性在于充分保障涉入程序的当事人的权利，特别是均等机会不被剥夺，信息透明不被歪曲，以此增强结果的可接受性。审前检察监督转向程序性监督的益处在于：一者，适时的事前监督，既有的检察监督模式重在结果监督、事后监督，对正义的要求而言，略显迟延；二者，维护判决的既判力。例如，检察机关对判决畸轻畸重的抗诉是典型的结果监督，但在实践中步履艰难，更有破坏判决的既判力之嫌。如果由结果监督逐渐转向事前的程序正当性监督，强化并丰富对有效辩护、合法取证等程序性事宜的合法性、正当性监督，则更为合理：如上述程序性事宜合法，便也消除了枉法裁判的基础，为结果公正奠定了基础。如此，事后的结果监督便可以进行最大限度的缩限，减少对审判结果不必要的干预，以维护法官心证、自由裁量权与判决之既判力；如程序性事宜尚存在不合法之情形，则为后续的结果监督提供了更为充分的理由。同时，还要纠正审前程序的功能偏向：审前程序应以程序推进为主，实体归罪为辅。以此照彻认罪认罚从宽程序，则检察监督应当将重心放置于保障审前程序的公开透明。公开透明带来的多元解构效果最能冲散擅断，对侦查权产生倒逼。

如前文所述，真相的价值可能在多方受益的前提下受到贬损。由辩护律师取代值班律师能够有效打破信息不对称的僵局，最大限度地保障当事人能够在真实自愿的前提下作出最大的利己判断。既然如此，检察机关作为公平正义之守护者，在认罪认罚从宽制度中应当承担起特定的责任，通过相对独立的检察监督来保障当事人的律师辩护权、当事人家属的知会权、被害人的知情权以及人民监督员的监督权，打破认罪认罚从宽程序的单向性，将单边的规训转为更为开放的对话。至少要保障并监督侦查阶段的认罪认罚从宽制度有律师辩护人的全面参与，以此作为塑造新型侦检关系的着力点。

从品格角度来看，检察机关承担此责任最具合理性与现实可行性。一者，如果由侦查机关提供律师辩护人，与其强烈的追诉品格相冲突。而由检察机关承担法定责任，为当事人提供律师辩护人参与到审前活动之中，与其客观中立属性相契合。二者，检察机关借由辩护律师的介入，保障了程序的正当性，更为约束侦查权增添了一份外部力量，形成助攻之势。三者，这一设想看似增添负担，但在自侦转隶之后检察监督力度衰减的背景下，且在未来监察委员会调查的案件要同认罪认罚从宽制度相衔接的前提下，检察机关承担在审前阶段为当事人指定辩护律师的责任的益处还在于，能够在监察委员会查办案件的调查阶段撑开一线空间，以监督的方式强加第三方力量介入，以打破调查环节的高度封闭性，凸显人权保障价值。

（2）弥补漏罅：以认罪认罚从宽制度取代公安机关撤案。"认罪认罚从宽制度普遍适用于侦查、审查起诉和审判阶段"。试点方案要求侦查阶段"对拟移送审查起诉的案件，侦查机关应当在起诉意见中写明犯罪嫌疑人自愿认罪认罚情况"，充分表明需要移送审查起诉的案件并未逾越法院裁判权的终局考验。但试点方案并未对实践中通行的公安机关撤案机制进行规制，也即公安机关单方引起程序倒流的撤案机制并未在认罪认罚从宽制度中得到纠正，致使可以撤案的案件仍旧可以绕开检察和审判环节而由公安机关单方径行处断，暗含着"矮化处理"的风险，其实质是侦查权"越位"取代了审判权的功能。

需要注意的是，《公安机关办理刑事案件程序规定》第 183 条第 1 款第（2）项规定的"情节显著轻微、危害不大，不认为是犯罪的"撤案事由与认罪认罚从宽制度中对应的"犯罪情节轻微不需要判处刑罚"高度近似①，而二者质的差异在于前者无罪而后者有罪但免于处罚。适用认罪认罚从宽制度的前提是当事人认罪，判决结果当然以有罪居多，而撤案作为对不构成犯罪情形的处断方式似乎理所当然。但是，认罪认罚从宽制度作为上位概念，涵盖刑事速裁、简易程序、刑事和解等多重程序装置。②可见，上述程序装置均具有司法属性，而侦查机关以撤案方式进行罪与非罪的处断，即一种极端单方性、封闭性、行政性，且难以实现权利救济的方式③，显然是对"审判中心"的僭越。

---

① 《公安机关办理刑事案件程序规定》第 183 条第 1 款规定："经过侦查，发现具有下列情形之一的，应当撤销案件：（一）没有犯罪事实的；（二）情节显著轻微、危害不大，不认为是犯罪的；（三）犯罪已过追诉时效期限的；（四）经特赦令免除刑罚的；（五）犯罪嫌疑人死亡的；（六）其他依法不追究刑事责任的。"

② 陈瑞华：《"认罪认罚从宽"改革的理论反思——基于刑事速裁程序运行经验的考察》，载《当代法学》2016 年第 4 期。

③ 《公安机关办理刑事案件程序规定》第 184 条第 1 款规定："需要撤销案件或者对犯罪嫌疑人终止侦查的，办案部门应当制作撤销案件或者对犯罪嫌疑人终止侦查报告书，报县级以上公安机关负责人批准。"

撤案机制应为认罪认罚从宽制度所取代，并结合检察监督权的运行切实纠正“以罚代刑”。符合“情节显著轻微、危害不大，不认为是犯罪的”条件的案件分四种情形处断：一者，立案前发现属于上述情形，应作出不立案决定（属于“应立案而不立案”“不应立案而立案”情形者，由检察机关通过立案监督加以纠正）。二者，如立案后发现属于上述情形，公安机关移送案件并附不起诉建议，交由检察机关审查。三者，对于认罪且认罚的并附“自愿认罪认罚情况”的案件，并不意味着检察机关应当一概认可，检察机关仍可以对其进行纠正，并作不起诉处理。四者，赋予检察机关更为机动的自行侦查权，作为监督的终极形式。① 如此一来，便能够有效纠正程序倒流的异化现象，维护刑事司法秩序的安定性。

五、结语

愿景的实现，取决于观念落地。无论庭审实质化抑或认罪认罚从宽制度，侦检关系都亟待重构，关键是检察机关要找准角色定位成为有效衔接侦审的关键，而不是机械地传递案件。从内部来看，考核指标是上达顶层设计、下至基层实践的纽带，是使立法精神通达现实的枢纽。因此，无论是羁押问题的解决，还是非法证据的排除，抑或通过程序性监督约束侦查行为，都需要以内部考核标准的调整为动力，以此促进审判中心背景下的侦检关系转向良性互动。

---

① 周长军：《语境与困境：侦查程序完善的未竟课题》，载《政法论坛》2012 年第 5 期。

我国人权司法保障制度问题研究

周敬敏*

“人权”两字的含义随着社会的发展而日益丰富，包括公民权利、政治权利和经济、社会和文化权利等。保障人权是国际社会的一项基本道义原则，通过法律保障人权也成为一国人权保障体系不可或缺的部分。法律保障包括立法保障、行政保障和司法保障，司法作为维护社会公平正义的最后一道防线，具有保障人权最终实现的救济功能，①在人权保障方面肩负重任，因此也有学者将司法视为人权保障的最佳方式。②人权的司法保障，被视为实现国家治理体系现代化的基础和标志。③随着我国2004年宪法修正案将“国家尊重和保障人权”正式写入宪法后，国家建立健全法律法规，进一步加强司法机关对公权力行使的监督，不断深化司法体制改革，将更多的人权侵害案件，尤其是公权力侵害人权的案件纳入司法救济的范围。受各种发展因素的影响，人权司法保障存在诸多问题并亟待解决。

---

* 中国政法大学法学院2016级博士研究生。

① 莫纪宏:《论人权的司法救济》，载《法商研究》2000年第5期。

② 王夏昊:《司法是人权保障的最佳方式》，载《现代法学》2003年第2期。

③ 韩大元:《完善人权司法保障制度》，载《法商研究》2014年第3期。

一、人权司法保障的内涵及其周边概念辨析

人权司法保障是与立法保障、行政保障相对应的概念，与当下广泛讨论的司法中的人权保障、人权司法救济等概念相互交织。

（一）人权司法保障的概念

1. 我国人权司法保障定义的不同观点

目前我国对于人权司法保障的具体定义不尽相同：（1）有学者认为："人权司法保障制度是指国家司法机关执行的，有关支持或确保直接关系到人得以维护生存、从事社会活动所不可缺少的最基本权利得以实现的、共同遵守的规程或行为准则"。从国际视野看，人权司法保障包括"司法请求权""公正审判权"和"获得司法帮助权"。[①]（2）有学者认为："人权的司法保障包括刑事诉讼过程中除保护被害人权益外，还有保护犯罪嫌疑人、被告人和服刑人的人权及运用司法权来保障人权两个方面。"[②]（3）有学者认为："人权司法保障指通过司法的手段保障个人的权利，不仅包括保障个人权利不受他人侵犯或在被他人侵犯的情况下对侵犯人加以处分，还包括个人权利不受政府的侵犯，特别是在司法活动中应当保障诉讼参与人的权利。"[③]（4）还有部分学者认为人权司法保障包括司法程序中的人权保障和人权的司法救济。[④]

2. 人权司法保障的概念

笔者认为，按照现有的观点，应将人权司法保障的概念进行广义和狭义区分。

---

① 樊崇义、刘文化：《人权司法保障制度与侦查程序改革要论》，载《山西高等学校社会科学学报》2014 年第 8 期。

② 江必新：《关于完善人权司法保障的若干思考》，载《中国法律评论》2014 年第 2 期。

③ 杨宇冠：《论人权的司法保障》，载《法治研究》2016 年第 5 期。

④ 张雪：《我国人权司法保障的法理与实践研究》，吉林财经大学 2016 年法律硕士学位论文。

（1）广义上：人权的司法保障是与人权的立法保障、行政保障相对应的概念，包括人权的司法救济和司法中的人权保障两个方面。原因如下：一者，如果将人权的司法保障等同于人权的司法救济，必然导致理论和实务中认识的不一致，并且将司法中的人权保障单列没有必要；二者，人权的司法救济与司法中的人权保障区别较大，如不进行区分不利于研究的开展。根据该区分，有学者还提到“司法帮助权”，按照现有区分，司法帮助权目的是使公民更顺利地行使诉权，应属于人权的司法救济的范畴，可以作为人权的司法救济的内容。

（2）狭义上：狭义的人权司法保障指公民所享有的人权受到侵害时，根据法律等相关规定，可以向法院请求救济，即“人权的司法救济”。人权的司法保障立足于立法、行政、司法和其他社会主体对公民人权侵害，公民享有司法请求权。其完善路径包括：扩大纳入司法救济的人权的范围，即让更多的人权侵害案件能获得司法救济；优化司法救济途径，确保公民诉权能公平、及时地行使。

3. 人权司法保障与人权司法救济、司法中的人权保障的辨析

（1）人权的司法保障和人权的司法救济。有学者提出，人权的司法救济是指司法机关通过司法程序对人权侵犯的受害者实施的救济。[①] 该定义的内容实际上等同于包括了上述人权司法保障通用说法的两个层面的内容。多数观点认为：人权的司法保障包括人权的司法救济和司法程序中的人权保障两个层面。人权的司法保障、人权的司法救济以及人权的司法救济和司法中的人权保障经常被等同适用。

（2）人权司法保障与司法中的人权保障。司法中的人权保障主要是指国家机关在诉讼活动中，尤其是在刑事诉讼中，要求司法机关不仅要重视被害人的人权保护，还要保障犯罪嫌疑人、被告人和服刑人的人权，即“司法程序中的人权保障”。它强调国家机关

① 张晓玲：《人权理论基本问题》，中共中央党校出版社 2006 年版，第 218 页。

在司法活动中，要重视和保障犯罪嫌疑人、被告人和服刑人员的人权，防止冤假错案的发生。

“狭义的人权司法保障”和“司法中的人权保障”两个概念有如下区别：一是人权保障范围不同，前者人权范围涵盖基本权利的所有内容，后者则是注重在司法审判中的人权，如人身权、自由权、财产权等，故前者范围大于后者；二是司法的范畴不同，前者偏重于组织法意义上的司法的概念，强调是司法机关可以对立法、行政、司法及其他社会主体的侵害人权行为发挥救济功能，后者偏重司法活动，指国家专门机关进行的侦查、起诉、审判、执行等活动和民事、行政诉讼中的审判活动；三是侵害的来源不同，前者司法保障的是来自立法、行政、司法及其他社会主体等对人权的侵害，后者主要是行使司法权的机关在侦查、审判和刑罚执行过程中的侵害；四是侧重点不同，前者主要解决的是人权受到侵害时能否提起司法救济以及如何能更容易地获得司法救济（即更容易地接近司法），后者强调在诉讼过程中，国家机关要如何保障人权。所以它们是两个相互独立的问题。

二者之间的联系：与诉讼过程中人权保障的重要性一样，人权侵害案件能否获得司法救济以及如何更容易接近司法问题值得重视，因为如果人权侵害案件不能接受司法的救济，或者接近司法很有难度，那么进入诉讼程序或者接受审判权将成为空谈。前者是后者实施的基础和前提，后者是人权在司法领域得到重视的延伸，二者都是司法尊重人权的体现。

党的十八届三中全会《中共中央关于全面深化改革若干重大问题的决定》提出：“完善人权司法保障制度。国家尊重和保障人权。进一步规范查封、扣押、冻结、处理涉案财物的司法程序。健全错案防止、纠正、责任追究机制，严禁刑讯逼供、体罚虐待，严格实行非法证据排除规则。逐步减少适用死刑罪名。废止劳动教养制度，完善对违法犯罪行为的惩治和矫正法律，健全社区矫正制度。健全国家司法救助制度，完善法律援助制度。完善律师执业权利保障机制和违法违规执业惩戒制度，加强职业道德建设，发挥律师在依法维护公民和法人合法权益方面的重要作用。”该条更多的是针对司法中的人权保障提出要求，包括对查封、扣押、冻结等强制措施的规范和刑事司法过程中对犯罪嫌疑人、被告人及服刑人员的人权保障等方面。除此之外，提到的法律援助制度和律师制度的完善，可以视为对人权的司法救济层面的要求。

综上所述，本文人权的司法保障采用狭义上的概念，探讨的是中国人权的司法救济层面中的相关问题。

（二）人权司法保障的义务主体

关于人权的描述最早源于西方立宪主义一种“设防”的学说，人权是人民为了保护自由自立的个人所固有的、不可侵犯的权利。[①]一直以来，人们认为对人权最大的威胁来自国家，具体是指政府。随着经济社会的发展，出现了很多实际形态可与国家机关相比拟的大型组织，这些组织发挥着公权力的部分职能，也应被视为侵害人权的公权力主体。

按照社会契约论的观点，国家权力来源于人民的赋予。国家作为公权力的行使主体，负有保护人民权益不受侵害的义务，这也是国家机关合法性存在的基础。中国宪法规定“国家尊重和保障人权”，这表示在中国，国家是承担人权保障义务最主要的主体。此外，社会主体之间的侵权行为，有赖于国家的整治。这里“国家”具体指行使国家权力的国家机关，包括立法机关、司法机关与行政机关、军事机关，以及与公权力活动有关或实际上行使公权力的社会组织。[②]

在我国，人权的司法保障义务也应由“国家”来承担，具体以司法机关承担为主，司法机关按照宪法、法律等规定，对公民提出

① 韩大元、林来梵、郑贤君:《宪法学专题研究》(第2版)，中国人民大学出版社2008年版，第298页。

② 郭道晖:《人权的国家保障义务》，载《河北法学》2009年第8期。

的人权侵害案件请求予以救济。当然在这个过程中，需要立法机关在宪法和法律中确认人权的保障范围和请求救济的程序，需要行政机关严格规范公权力的行使，尊重司法活动，主动接受司法的监督。

（三）人权司法保障的范围

人权的司法保障范围，解决的是哪些人权侵害情形可以通过司法寻求救济。西方法彦云“没有救济就没有权利”，人权作为人生而为人最基本的权利，理论上均应有司法救济途径，即任何公民的基本权利，包括公民权利、政治权利、社会经济权利等都应当能够得到司法的救济和维护[①]。人权保障的核心意义是排除具有强势地位的国家机关对公民个人权利的不法侵犯，人权的侵害包括立法侵害、行政侵害、司法侵害及社会其他主体的侵害（如政治、经济、社会组织等或与公民权利义务有关系的其他公民[②]）。

鉴于国家法治环境、法律体系及国家权力机关之间的关系差异，实践中世界各国人权的司法保障范围也不一致。例如，针对立法侵害，美国确立了违宪审查制度，赋予司法机关审查法律、法规等规范性文件合宪性的权力，而我国则主要通过宪法监督体系实现，最高人民法院只能向全国人大常委会提出审查请求。

司法作为维护社会正义的最后一道屏障，只有尽可能地将更多公民基本权利内容纳入司法救济的范围，才能体现“无救济无权利”的精神。尤其是国家公权力侵害人权的情形，司法机关应充分发挥自己的力量。当前各国通过各种方式和形式不断加强人权保障，以更好地适应公民的需求和社会发展的需要。人权的司法保障范围有不断扩大的趋势，并且致力于将宪法确认的公民基本权利的全部内容纳入司法救济的范围。

---

① 刘红臻:《司法如何堪当人权保障的重任》，载《法制与社会发展》2014 年第 6 期。

② 徐显明:《人权法原理》(第 1 版)，中国政法大学出版社 2008 年版，第 155 ～ 160 页。

（四）人权的司法保障方式

人权的司法保障可以分为两个阶段：第一个阶段是立法，即确立相应的规则体系和标准，各国通过制定规范性文件，将人权的司法保障法定化、规范化，第二个阶段是法律适用，从文本到实践。[①] 人权的司法保障方式有赖于各国立法权、行政权、司法权的关系处理。人权的司法保障方式体现在司法机关对法律的判断和适用。具体来说，在保障方式上，有些国家设有专门的人权司法救济机构，如德国、奥地利、韩国、西班牙等国家设立宪法诉愿制度或者类似诉愿审判的制度。其他一些国家如美国，是通过普通法院进行审查的。

随着人权保障制度的发展和完善，目前的宪法诉愿制度分为两种类型，一是权利救济型，指公民因公权力的行使或者不行使而导致宪法规定的基本权利受到侵害时提起救济，二是违宪审查型，是指对违宪法律进行审查，目的是确保法律等规范性文件不与宪法原则、精神、内容相冲突，维护法律体系的稳定性和统一性。

我国由于没有专门的人权案件受理机构，人权的司法保障方式主要是通过民事、刑事和行政诉讼来实现，即公民就人权受侵害的行为，有权按照诉讼法的规定，向法院提起民事、刑事和行政诉讼，维护自己的合法权益。除此之外，针对立法侵害人权的情形，根据《立法法》第 99 条的规定，最高人民法院可以向全国人民代表大会常务委员会书面提出审查要求，减少立法侵害人权情形，间接实现人权的司法保障目的。

二、我国人权司法保障的发展

人类从未停止过对人权的追求，无论是十七八世纪的古典自然法学派，还是 19 世纪以来的实证主义和功利主义学派，都试图从

① 胡杰:《人权司法保障的法理解读》，载《法学研究》2015 年第 2 期。

不同的研究角度丰富和发展人权理论，重视人权的维护和救济。我们的党和国家也将追求人权作为奋斗的目标，特别是改革开放以来，人权建设和保障事业发展迅速。2004 年宪法修正案首次将人权概念正式引入宪法文本，明确规定“国家尊重和保障人权”，这标志着“尊重和保障人权”由党的执政理念上升为国家的宪法原则，我国人权司法保障制度得到了发展。

（一）立法方面

人权的司法保障离不开立法的完善，其涉及宪法和诸多部门法内容，2011 年 3 月，十一届全国人大四次会议宣布中国特色社会主义法律体系已经形成，而已颁布的法律法规与人权有着不同程度的联系，有十几部法律明示把保障人权作为立法的目的、原则或任务[①]，有关人权保障的法律法规数量有几十部[②]。这些立法为人权的司法保障提供救济依据：

1. 宪法层面

（1）1949 年 9 月，中国人民政治协商会议第一届全体会议审议通过《中国人民政治协商会议共同纲领》，这部起到临时宪法作用的文本，规定公民享有选举权、被选举权、思想、言论、集会、结社、通讯、新闻报道、人身、居住、迁徙、宗教信仰及示威游行等权利或者自由。在当时，纲领对人权内容的规定已经相当完备，为后续宪法关于人权的确认奠定了的基础。

（2）随后又经过 1954 年、1975 年、1978 年和 1982 年颁布的宪法，2004 年宪法修正案把“国家尊重和保障人权”写入宪法，开启了保障人权的新时代，对促进中国人权保障事业有重要意义。现行宪法建立的基本权利体系，内容包括平等权、政治权利、精神自由权、人身权、社会经济权利、获得权利救济的权利和特定主体

---

① 蒋海松:《人权变革：从立法宣誓到司法保障》，载《法学研究》2015 年第 3 期。

② 李晓兵:《“人权入宪”之后中国人权保障的实践及其发展》，载《中国矿业大学学报》2016 年第 1 期。

的宪法权利（部分）。[①] 宪法作为国家根本大法，明确规定了基本权利体系，对人权的司法保障方面具体法律法规的制定和实践起到指导作用。

在人权的司法保障实施主体方面，《宪法》第 128 条规定中华人民共和国人民法院是国家的审判机关。第 131 条规定人民法院依照法律规定独立行使审判权，不受行政机关、社会团体和个人的干涉。宪法确认了人权司法保障的主要实施主体——人民法院，并赋予人民法院独立行使审判权的职责。宪法对诉权行使进行相应规定，奠定了人权司法保障的基石。

宪法一方面确认了人权的司法保障的范围，即人权的种类，另一方面确认了人权的司法保障的实施主体存在的正当性。

2. 法律层面

根据宪法关于人权的种类和司法机关的规定，法律在法院组织法、实体法和程序法等方面予以细致规定。首先是法院组织法，现行《人民法院组织法》于 1980 年正式施行，经过多次修改，规定了法院组织、职权及审判人员等的职责，在促进法院发展、规范审判活动、保障法官履职等方面发挥了积极作用。除法院组织法外，关于人权的政治权利立法、行政、民事、刑事经济、社会及相应程序法等不断完善，为人权的司法保障提供依据，确保实体法保护的人权在受到侵害时，能够通过法定的司法程序寻求救济，尤其是公权力侵害私权利的行为能得到司法的救济。

在中国，基本权利及司法制度规定都是由宪法和法律规定，就某些领域，全国人大及其常务委员会可以授权国务院制定行政法规，但是法规规章并不是人权司法保障的立法主流，在此不予赘述。

中国作为联合国人权理事会成员之一，在不断完善国内立法的同时，还积极与国际社会加强人权保障联系，并加入近 30 项人权保障方面的国际条约。通过国内立法和签署加入国际公约，确保人

① 韩大元、林来梵、郑贤君：《宪法学专题研究》（第 2 版），中国人民大学出版社 2008 年版，第 305 页。

权的司法保障工作有据可依。

（二）行政司法监督方面

司法机关对行政机关侵害人权的救济，又被称为“审查救济”[①]。在我国通常称为行政司法监督，它最主要的形式是行政诉讼。行政诉讼具有权利制约权力和权力制约权力两种属性，集中体现了人权内在精神要求，是司法机关对人权受到行政侵害的最基本和最重要的保障方式。我国于1989年颁布《中华人民共和国行政诉讼法》，将行政权力纳入司法监督的视野，成为人权行政侵害的司法救济重要渠道。为适应人权发展需求，十二届全国人大常委会第十一次会议审议通过《关于修改〈中华人民共和国行政诉讼法〉的决定》，人权的司法保障前更加完善：

1. 在受案范围方面

修订后的内容扩大了行政诉讼的受案范围，将更多行政机关侵犯公民权利的行为纳入法院审判的范围，体现在：一是将诉讼客体由具体行政行为改为行政行为，意味着将抽象行政行为纳入法院审理范围；二是将原规定的受案范围兜底条款中“侵犯其他人身权、财产权的行为”改为“侵犯其他人身权、财产权等合法权益的行为”，这被视为对受案范围最重大的实质扩充[②]。此外，还针对原有应纳入法院审理范围但经常被拒绝受理的情形进行了明确规定。

2. 在诉权保障方面

党的十八届四中全会《中共中央关于全面推进依法治国若干重大问题的决定》（以下简称四中全会《决定》）提出：“健全公民权利救济渠道和方式”，“改革法院案件受理制度，对人民法院依法应该受理的案件，做到有案必立、有诉必理，保障当事人诉权”。行政诉讼由立案审查制改为立案登记制，体现了法院在立案程序上已

① 韩德培：《人权的理论与实践》，武汉大学出版社1995年版，第723页。

② 姜明安：《改革和完善行政诉讼体制机制加强人权司法保障》，载《国家行政学院学报》2015年第1期。

从职权模式转向诉权保障模式，更加注重公民诉权的行使，这对人权的司法救济意义重大。通常认为，司法是社会公平正义的最后一道防线，按照“司法最终解决”原则，任何一个纠纷都可以诉诸诉讼，法院不得拒绝立案及审判。但是一直以来因为立案审查不当而将案件拒之法院之外的情形普遍存在，特别随着社会转型而出现的矛盾叠加现象日益显现后，法院并没有撤除所有门槛对纠纷进行“最终解决”，[①] 其中行政诉讼中出现的“立案难”“立案慢”和“选择性立案”问题，严重影响着行政诉讼法的实施，损害了司法的权威，在立案审查制下，由该制度而产生的选择性司法现象，不仅在地方法院的司法实践和一些司法意见中屡见不鲜，最高法院也时常针对某类案件明确不予受理或限制受理。2015 年 5 月 1 日，人民法院立案登记制开始实施，2015 年 5 月至 12 月，各级法院共登记立案初审案件 994.4 万件，同比增长 29.54%，当场登记立案率达 95%，其中民事案件同比增长 26.45%，行政案件同比增长 66.51%，刑事自诉案件同比增长 58.66%。房屋拆迁、土地征用、政府信息公开等行政诉讼“立案难”问题得到切实解决。[②]

（三）司法制度改革方面

司法机关作为人权的司法保障的主要的义务主体，只有自身符合司法运行的规律，才能承担起保障的责任，深化司法改革，让司法机关独立公正地行使审判权，提高司法机关的公信力和威慑力，对于行政权的监督等有重要意义。司法制度改革包括司法运行机制改革和司法体制改革两个方面。党的十七大以来我国司法改革主要集中于运行机制方面，党的十八大后两个层面并行开展。[③] 随着改

① 陆永棣：《从立案审查到立案登记：法院在社会转型中的司法角色》，载《中国法学》2016 年第 2 期。

② 参见中国人权网：《〈中国司法领域人权保障的新进展〉白皮书》。

③ 陈光中、魏晓娜：《论我国司法体制的现代化改革》，载《中国法学》2015 年第 1 期。

革的进行，司法制度改革的成效不断凸显，与人权的司法保障息息相关，核心的措施包括：

1. 二审及审判监督程序日趋完善

二审和审判监督程序是针对司法机关侵犯人权的救济，是司法机关内部纠错渠道。其内在的法理基础含有人权保障的成分，是为防止司法权作为国家公权力而侵害人权所建立的。① 我国的三大诉讼法都对审判监督程序作了较为详细的规定，审判监督的主体、启动程序、审查方式、裁判方式等规定明确，与信访制度行政诉讼内和诉讼外对接，实现司法侵害人权的救济。

2. 司法管辖制度改革逐步推进

（1）最高人民法院设置并增加巡回法庭的设立。四中全会《决定》明确规定："最高人民法院设立巡回法庭，审理跨行政区域重大行政和民商事案件。"2015 年 1 月，最高人民法院第一巡回法庭和第二巡回法庭分别在深圳和沈阳挂牌成立，审理跨行政区域重大行政和民商事案件，2015 年，深圳、沈阳巡回法庭，审理跨行政区域重大行政和民商事案件，全年共收案 1774 件，审结 1653 件，审限内结案率为 100%。②2016 年 11 月 1 日，中央深改组第二十九次会议审议通过的《关于最高人民法院增设巡回法庭的请示》中提出，最高人民法院在深圳市、沈阳市设立第一、第二巡回法庭的基础上，在重庆市、西安市、南京市、郑州市增设巡回法庭。③ 巡回法庭设立的主要目的是排除地方主义干扰，更好地保障当事人合法权益的实现。（2）中国不断探索设立跨行政区划的人民法院和人民检察院，办理跨地市一级的重大案件，避免地方主义影响。

3. 推行司法机关人财物统一管理

长久以来，"司法地方化"和"司法行政化"成为困扰司法公正，损害司法权威的重大顽疾，党的十八届三中全会明确提出要

① 邓思清：《论审判监督的理论基础》，载《西北政法大学学报》2003 年第 3 期。

② 参见中国人权网：《〈中国司法领域人权保障的新进展〉白皮书》。

③ 参见法制网：《4 市将增设巡回法庭"家门口的最高法"您了解多少》。

“推动省以下地方法院、检察院人财物统一管理”。这对保证和促进司法独立和公正有重要价值。目前根据实际情况，提出先将省以下地方人民法院、人民检察院人财物由省一级统一管理，减少地方权力机关及政府对司法的影响。

4. 推进法官分类管理和健全司法责任制

长久以来，中国法官实行单一制行政管理模式，在该模式下，法官准入门槛低，大量占据法官资格的人员不参与办案，“案多人少”问题突出。尤其是法官的业务职称与行政级别挂钩，导致法官群体流动性大。此外，法官的职业保障不到位，不利于法官职业生涯健康发展。① 当前，通过对法官实行统一的员额管理，提高入职门槛的同时，还赋予身份保障，适当提高薪酬等方式，更加注重法官的独立性。根据司法责任制“让审理者裁判、让裁判者负责”的要求，上海市试点法院直接由独任法官、合议庭裁判的案件比例达99.9%，提交审判委员会讨论的案件只有0.1%。②

在推动司法体制改革的过程中，国家还大力推进司法公开，建设审判流程、裁判文书、执行信息三大公开平台，推行庭审直播等完善性措施，司法机关通过新闻发布会、政务网站、微博、微信、新闻客户端等方式，不断创新司法公开的形式和内容，可以说当前的司法公开达到前所未有的程度，有力地阻止“暗箱操作”现象的发生。

（四）对特殊群体司法保障方面

虽然宪法强调法律面前人人平等，但是这种平等不是“一刀切”下的形式平等，而是要追求结果或者目的平等下的实质平等。从保护人权的角度看，包括弱势群体在内的任何一个公民，不应受到歧视和排斥，对特殊群体的提供特殊保护是建设和谐社会的要

① 陈光中、魏晓娜:《论中国司法体制的现代化改革》，载《中国法学》2015年第1期。

② 参见中国人权网:《〈中国司法领域人权保障的新进展〉白皮书》。

求，反映一国人权保护情况，体现着的社会公平正义。宪法学中通常称为“特殊的权利主体”，弱势群体包括生理弱势群体和社会弱势群体，前者如宪法规定的老年人、残疾人、妇女、儿童等，后者如当前贫困人员、农民工、下岗工人或者遭遇自然灾害的人群都被视为弱势群体。这些人通常因为自身或社会原因处于不利地位，更易遭受人权侵害，但是却难以接近或者获得司法资源，从而致使人权受侵害而导致司法救济不能或者不理想。

1. 对特殊群体立法及司法上的倾斜

中国人权的司法救济也越来越重视对特殊群体的保护，如刑法中对侵犯弱势群体人权的罪犯酌情加重罚责，对弱势群体因生活困难而发生的犯罪行为酌情从轻处罚①。目前刑法对老年人犯罪有更细致的规定，刑事诉讼法单独设立了未成年人刑事案件诉讼程序，法院建设未成年人刑事法庭，根据《中国司法领域人权的新进展》白皮书报告显示，截至2015年，全国共有少年法庭2253个，有少年法庭法官7200多名。诉讼法对缴纳诉讼费有困难的当事人可以申请延缓或者免交等规定，这些规定对人权的司法保障的受案范围产生影响，有利于公众司法接近权的实现，体现了司法对弱势群体的特殊保护，实现实质平等。

2. 发展法律援助制度，帮助弱势群体实现司法救济

法律援助最早源于英国，其性质经历了由慈善行为向国家责任的转变。法律援助制度在落实法律面前人人平等的宪法原则，实现司法平等、保障人权、完善社会保障体系等方面有重要价值，②法律援助制度是弱势群体接近司法的重要一环，对保障公民公平、及时地寻求司法救济有重要的作用。中国于1994年开始探索建立法律援助制度，虽然起步比较晚，但是进展非常迅速，成为中国推动司

① 赵秉志、杜邈:《论弱势群体的刑法保护——由孙志刚案引发的思考》，载《中州学刊》2005年第5期。

② 彭锡华:《法律援助的国家责任——从国际人权法的视角考察》，载《法学评论》2006年第3期。

法进步不可或缺的力量。2015年中共中央办公厅、国务院办公厅《关于完善法律援助制度的意见》，扩大行政和民事案件的法律援助范围，将申诉案件纳入法律援助，实现司法保障人权，促进公平正义。此外通过建设法律援助综合服务平台项目，增加援助渠道，方便公民享受法律援助服务。①《中国司法领域人权保障的新进展》白皮书指出，中国加大法律援助力度，加大法律援助经费的投入，确保公民获得法律援助的权利的落实。

3. 公民的人权司法保障意识日益增强

我国自古以来是一个义务取向型社会，在“君君臣臣、父父子子”的儒家观念主导下，公民普遍缺乏权利意识，深刻影响了其人权意识的建立。②随着市场经济的发展，自由平等观念等渐入人心。但是公民人权意识的真正觉醒来源于国家对法治的追求。离开了人权，就没有真正的法治，人权是法治的基本价值和根本目标。③

党的十六大提出，要把依法治国作为党领导人民治理国家的基本方略，十八届四中全会直接提出要增强全社会尊重和保障人权意识。党和国家将人权保障作为法律法规制定和公权力行使的重要考虑因素，注重公民权利意识培养。十二届全国人大常委会第十五次会议表决通过了全国人大常委会关于实行宪法宣誓制度的决定，这种对宪法权威的尊重，对公民权利的重视，不仅让国家工作人员铭记权力来源于人民这一信条，而且让广大民众体验到了权利至高无上的荣耀。

三、我国人权司法保障的问题及建议

我国人权司法保障制度虽不断发展，但现阶段其受国际国内社会、政治、法律等因素的制约，人权司法保障的践行与国家提出

① 参见中国法律援助网:《权威专家详解完善法律援助制度意见》。

② 中国人权研究会编:《东方文化与人权发展》，东方出版社2004年版，第53页。

③ 参见人民网:《张晓玲，“人权与法治”观点》。

的人权保障目标还存有差距，不能满足社会主体日益增长的权利需求。我国人权司法保障制度还存在如下问题需加以关注并完善：

（一）立法缺失

法律所保障的人权是应然权利与实然权利的结合，人权的司法保障所要解决的问题中，包括尽可能地将更多的基本权利纳入司法救济的范围，这就要求国家要跟随社会经济的发展，扩充本国宪法确认的基本权利的内容。尽管我国人权的司法保障方面的立法逐步完善，但是随着全球化加速推进，我国社会转型的时期矛盾叠加，法律滞后性和法律空白及实施不到位现象，制约着人权的司法保障制度的完善。现行宪法所确认的基本权利种类相对比较丰富和齐全，基本接近国际人权标准的要求，但是仍然没有达到当前社会要求和公民的期望。

1. 我国宪法中的诸多基本权利并未法律化

目前宪法规定的公民基本权利多达 27 项，但其中关于言论、出版、结社等 9 项权利并无细化规定。由于我国宪法和法律并没有将“法不禁止即自由”的权利推定原则予以明确规定，所以公民常常没有法律规定而面临权利难以救济的困境。另外，一部分权利仍然需要以明示的方式确定下来，避免出现法律解释和适用上的困难，如《宪法》第 38 条规定公民享有人格尊严，但是与国际社会和其他国家对该方面的规定相比还有很大差距，建议可与国际社会标准统一，将“人格尊严”明确为人的尊严、人格独立和自由以及追求幸福的权利[①]。

2. 与人权相关领域的立法缺失

（1）随着改革的不断深入，公民对于社会经济权利实现的期待日益深切。目前在住房、医疗、教育、拆迁等与公民的权利息息相关的社会保障领域，国家通常以出台政策的方式予以调整，缺乏国

---

① 韩大元、林来梵、郑贤君：《宪法学专题研究》（第 2 版），中国人民大学出版社 2008 年版第 306 ～ 307 页。

家层面的统一立法，由于政策原则性强、可操作性差，这必将导致人权的司法保障制度难以体系化、规范化地运作①。（2）近年来罢工现象屡见不鲜，国家需要通过宪法和法律法规的规范，赋予公民有行使罢工自由权利。（3）当前公民关于个人信息保护、新闻自由，居住、迁徙自由，免受酷刑、强制奴役和劳动自由，组织和参加工会权利以及自决权等权利的重视，要求宪法进行扩充和确认。

3. 政治权利的司法救济方面规定不明

现有法律实施不到位而导致救济失衡，尤其是政治权利的司法救济并不理想。法律对公民的选举权和被选举权被侵犯时如何获得救济未做规定，实践中通常将其作为民事纠纷的一个特别程序处理，但是除去那些纯属公民个人之间的民事纠纷可以按照民事诉讼程序解决外，其他案件则是典型的宪法监督案件②。例如，（1）村民自治权中的选举权和被选举权，《中华人民共和国村民委员会组织法》③没有规定村民对选举权和被选举权侵害行为有寻求司法救济的途径，但是通过民事诉讼加以救济存在法理难以解释的难题。④（2）在行政诉讼法修订后，法院立案的“民告官”案件大幅度增加，出现大量滥诉现象，导致司法资源的浪费。新的行政诉讼法规定规范性文件的审查制度，但是实务中司法机关仍然存在审查不彻底或者走过场等现象⑤。

4. 建议

（1）当前各国也在根据自身国家发展情况不断丰富人权内容，扩大人权的司法保障范围。中国应顺应人权保障趋势，就公民面临的权利需求，我们要结合目前国内的实际情况和国际人权公约的要

① 韩玉亭：《论当下中国司法保障人权的可能路径》，载《浙江青年法学》2015年第1期。

② 李树忠：《平等权保护论》，中国政法大学2006年博士学位论文，第120页。

③ 参见《中华人民共和国村民委员会组织法》第17条。

④ 参见人民法院网：《张玉英，“谈中国村民自治权利的司法救济”》。

⑤ 参见中国法院网：《贯彻执行新行政诉讼法 大力推进依法治国进程——纪念新行政诉讼法实施一周年座谈会发言摘登》。

求，一方面进一步完善人权内容体系，为司法保障提供规范依据；另一方面完善民生方面的公益司法机制，积极探索公益诉讼制度，发展更多的社会组织代表集体维护权利，通过司法及时化解社会转型阵痛期带来的各种矛盾。①

（2）应继续完善已有立法。当前处于社会发展转型期，立法应该紧跟社会发展变化进行完善，回应社会需求，保障人权侵害救济有法可依。例如，在行政诉讼方面，行政诉讼法中的受案范围应由列举式逐步向概括式简化，甚至以“负面清单”的方式排除不予立案的范围，以最大限度扩大人权纳入司法保障的范围等。

（二）立法侵害人权的司法救济范围有待加强

1. 我国实行宪法监督制度，司法机关没有权力对宪法、法律、行政法规、规章进行审查

宪法监督体系虽然实施了很长的时间，但是监督情况并不是很好。例如，至今几乎没有出现过全国人大常委会撤销违宪或违法的法规，审查建议能被采纳并启动审查程序等现象。② 2015 年修改后的《立法法》虽然加强了授权立法的规范和备案审查，起到了一定的积极作用，但是在涉及宪法监督这一根本性问题上没有改变，这主要是因为没有专门的宪法监督机构专职行使监督权。全国人大每年召开一次会议，全国人大常委会每两个月召开一次会议，所以面对繁多的法律法规，宪法监督机关——全国人大及其常务委员会容易出现“心有余而力不足”的情况，导致违宪法律被制定或者实施，如中国《集会游行示威法》《社团登记管理条例》《城市生活无着的流浪乞讨人员救助管理办法》等，不仅没有实现对权利的保障，反而异化为对权利的限制。此外，行政权的特点决定了，行政机关容易出现越权立法的现象或者违反宪法的法律法规被实施。

---

① 汪习根:《论人权司法保障制度的完善》，载《法制与社会发展》2014 年第 1 期。

② 张德瑞:《违宪审查制度与人权的司法保障——以我国司法中实践中的涉宪案件为中心》，载《理论学刊》2006 年第 12 期。

2. 在当前的制度下，立法侵害的司法救济范围较窄

目前抽象性行政行为实行的是附带性审查，法院不受理仅针对抽象行政行为提起的诉讼。其实,《行政诉讼法》第 53 条的规定只审查规章以下的规范性文件显然不够，法院在对行政行为进行审查时，还应当审查作为行政行为依据的规章和行政法规。这是因为，宪法和法律是行政行为的最高依据，行政行为即使符合行政法规和规章，如果行政法规和规章违反宪法和法律，应该视为立法侵害人权，法院也不能认定被诉行政行为合法有效。[①]

3. 建议

当前应当扩大法院对抽象行政行为的审查范围，将行政规章纳入审查范围，这是因为在人民代表大会制度下，法院和行政机关之间相互制约，行政规章往往代表部门利益或者地方利益，与行政法规的全局性、整体性不同，所以现在可以从逐步将规章纳入法院审查的范围开始，上级法院如果发现地方政府规章存在违反宪法、法律的情形，可以进行审查。最高人民法院发现国务院部门规章违反宪法、法律的，可以进行审查。法院如果认为行政行为依据的行政法规、地方性法规、自治条例、单行条例违反宪法和法律的，应及时提请全国人大常委会审查。另外，根据《立法法》第 99 条规定赋予最高人民法院和最高人民检察院启动规范性文件审查的职权，最高人民法院应该积极行使该职权，为公民人权司法保障提供间接的帮助。

（三）宪法诉讼制度不明

1. 我国宪法诉讼制度的现状及争鸣

2001 年“山东齐玉苓案”直接适用宪法，曾被称为“我国宪法司法化第一案”，被视为开创了我国宪法作为民事审判依据的先河，法院在没有明确受案依据的情况下，依照法律精神进行立案并

① 姜明安:《改革和完善行政诉讼体制机制加强人权司法保障》，载《国家行政学院学报》2015 年第 1 期。

作出裁判。虽然这些该案引起了一定争议，但多数意见认为，这些案件的裁判符合法律的精神，比较具有创造性地救济了当事人的权利。[①] 在“齐玉苓案”后，还出现了“死刑犯的生育权案”“孙志刚案”等有关人权侵害的宪法实施的案件，推进了人权保障的进程。

当前宪法诉讼制度没有明确下来，一些人权侵害案件无法通过正常的诉讼程序得到救济，所以人们在思考这一问题时，关于设立人权法庭的观点不断被提出，这是因为随着近些年司法改革的推进，我国司法审判组织中在民事法庭、刑事法庭、行政法庭外，还有经济法庭、知识产权审判庭、青少年审判法庭等。除此之外，还有专门的军事法院、铁路运输法院等。随着对人权保护事业的重视和发展，通过建立专门审理人权案件的人权法庭来集中处理与人权保障有关的法律问题已经成为人权法律保障领域为国际社会和联合国主要成员国普遍接受的制度规则，通过建立人权法庭来完善人权司法保障制度已经成为国际社会和世界各国人权保障实践的普遍共识。莫纪宏学者提出：“人权案件在中国现有的司法制度下无法得到圆满和有效的解决，并且建立‘人权法庭’是‘完善人权司法保障能力’最有效的制度选择。”[②] 人权的司法保障，内在的要求在法理和制度上适时设立以专门审理人权案件为主要制度功能的“人权法庭”。[③] 否则人权侵害案件就容易被司法拒之门外，人权的司法保障扩大人权范围目标无法实现。但是，当前虽然设置人权法庭是解决人权案件的一条路径，但是更进一步说，如果宪法不能作为审理人权案件的法律依据的话，即使在制度上设置了专门审理人权案件的“人权法庭”，但是在实务中，如果没有宪法作为依

---

① 王晓莉：《法定权利的实现与司法救济》，南京师范大学 2003 年硕士学位论文，第 23 页。

② 莫纪宏：《人权法庭的制度断想》，载《江汉大学学报》2014 年第 1 期。

③ 刘小妹：《中国人权司法保障制度的特点与举措》，载《法律适用》2014 年第 12 期。

据，就难以被法院受理[①]。所以也有宪法诉讼是人权司法救济前提的观点。[②]

宪法诉讼推进的疑点，也是宪法诉讼不可回避的问题之一，就是宪法能否作为裁判依据问题？有学者认为："我们强调宪法是最高法律，却忽略了宪法与普通法律的共同之处。宪法首先是法律，然后才是最高法律。法律是什么？法律是由法院适用的全部规则。宪法是法律，也应由司法机关来适用。"[③] 诉权是宪法和法律所保护的其他性质的人权的保障性人权，目前权力机关所进行的个案监督实际上发挥了宪法审判的作用。[④]

2. 建议

对此可借鉴国外相关机制，在美国，宪法不仅可以作为裁判具体案件的法律依据，司法机关还具有审查法律是否符合宪法的权力，德国则是实行彻底的宪法司法化，并设立了严密的适用标准。[⑤] 有学者曾指出："在当前我国走宪法审查之路还不畅通的情况下，宪法实施可以先从司法适用入手，去解决那些公民宪法权利的受侵犯的问题。"[⑥]

此外，宪法诉讼并不是意味着宪法可以作为法院裁判的依据，它的适用应该接受一些原则或条件的限制，其中最重要的限制就是遵循"穷尽救济手段"原则。宪法作为司法体制的根本依据，也是判断司法改革合法性的基本尺度，司法不能远离宪法，完善人权的司法保障工作需要发挥司法机关在宪法实施中的积极作用[⑦]。有学者指出，在中国人权的司法保障机制上，虽然人权获得宪法的高度尊

① 莫纪宏:《人权法庭的制度断想》，载《江汉大学学报》2014 年第 1 期。

② 莫纪宏:《现代宪法的逻辑基础》，法律出版社 2001 年版，第 305 页。

③ 李树忠:《进一步推进宪法实施力度》，载《法制日报》2002 年 12 月 4 日。

④ 莫纪宏:《论人权的司法救济》，载《法商研究》2000 年第 5 期。

⑤ 刘旭:《司法保障人权机制推进路径探析》，载《重庆交通大学学报》(社会科学版)2007 年第 2 期。

⑥ 蔡定剑:《中国宪法司法化路径探索》，载《法学研究》2005 年第 5 期。

⑦ 韩大元:《完善人权司法保障制度》，载《法商研究》2014 年第 3 期。

崇，但是宪法在司法领域当中效力不足，[①] 当前国家大力弘扬宪法精神，广泛推进宪法普及，并将 12 月 4 日设立为国家宪法日，公民深刻地体验到宪法对于公民权利的保障。但是宪法对权利的保障不能也不应止于此，而是要让其作为有形的“保护伞”，即直接适用于对人权的司法救济中。所以确立宪法诉讼，让公民基本权利真正落地，是完善人权的司法保障中不可或缺的一部分。

（四）司法制度改革相关关系处理难度大

1. 司法改革中面临的难点

通过司法实现社会公平正义，是人权的司法保障所要达到的重要目标之一。在司法制度改革，尤其是新一轮司法体制改革的推进中，应该理顺相关关系，通过司法机关自身体制机制完善，提高司法公信力和威慑力，强化司法机关对立法机关和行政机关的监督。当前主要面临如下难点:（1）二审及审判监督程序的改革;（2）司法机关人财物统一管理改革;（3）法官分类管理和健全司法责任制改革;（4）法律援助制度的改革。

2. 建议

（1）理性看待审判监督。当前的审判监督启动条件过于宽松，容易让再审程序成为生效裁判救济的经常性程序，导致法院审理压力大，“人案矛盾”严重，造成司法资源浪费，挑战司法权威。此外，再审的三种启动渠道并存，容易引发案件管辖多级化、多重化。[②] 为此，我们应该对审判监督程序有正确的价值衡量，处理好人权保障、公正和效率之间的关系，发挥好权利救济主要功能的同时，也要实现社会正义。[③]

（2）理解“统一管理”的真正内涵。当前在实行法院、检察院

---

① 刘旭:《司法保障人权机制推进路径探析》，载《重庆交通大学学报》（社会科学版）2007 年第 2 期。

② 虞政平:《论我国审判监督程序的改革》，载《暨南学报》2012 年第 8 期。

③ 江必新:《审判监督制度的基本理念》，载《人民司法》2012 年第 13 期。

人财物省级统一管理模式后，又面临着如何看待其与当下宪法法律之间存在的矛盾和冲突以及如何平衡省级法院与下一级地方权力机关和行政机关利益之间的关系等问题。如果这些问题处理不当，容易损害宪法的权威，甚至容易强化上下级法院的管理，与改革的目的背道而驰。所以，省级统管不能视为上级法院统管，而应视为在省委组织的领导下，以省级编制、组织、财政等部门为主来进行管理，避免由上级法院统管，出现新的“行政化”问题。[①]

（3）尽快建立好符合职业特点的司法人员管理机制，改革司法机关管理官僚化的模式，完善主审法官、合议庭办案责任制，实现让审理者裁判，由裁判者负责的目标。在这过程中需要处理好司法人员责任与待遇之间的关系，处理好年轻人员的晋升渠道，处理好独立审判和接受监督的关系。随着该模式的推进，我们也应该立即将其提高到法律层面予以规定，为该问题提供依据和规范支撑，尽快在修改法院组织法中，将法官任免、司法人员编制、人事管理等问题明确下来。

（4）加大对弱势群体的司法救济和律师权利保障。弱势群体面临诉权行使的困难，当前法律援助方面存在的援助律师数量不足、回报低，导致援助质量不高问题依然存在。[②] 当前国家应在加强对法律援助重视及经费投入的基础上，进行更细致的设计。重视律师权利保障，发挥律师维护当事人合法权益的作用。现在问题是实践中还存在法律不能有效实施的情形，甚至有的问题法律规定比较模糊，更难以落实，影响着控辩平等，审判中立的实现。此外缺乏针对法院和检察院在履行职务过程中，出现的违法违规行为投诉机制，监督公权力合法行使。

除上述存在的问题外，社会大环境整体氛围不足也是制约人权的司法保障制度完善的重要影响因素。例如，根据西南政法大学人

---

① 王庆丰:《省以下地方法院人财物统一管理中的四个关系》，载《人民司法》2015年第5期。

② 李兰英:《法律援助如何成为实质性援助》，载《法学》2010年第6期。

权教育与研究中心 2012 年在全国 30 个省市自治区进行的“人权观念大众意识调查”，58.8% 的受访者表示知道宪法中有人权保障的规定，这一方面说明人权观念正在逐渐深入人心；另一方面说明公民人权保障意识还需要进一步提升。[①]

① 常健:《人权入宪十年对中国社会产生的深刻影响》，载《光明日报》2014 年 12 月 30 日第 3 版。

行政不作为诉讼中的一般给付判决*

——以新《行政诉讼法》的实施为背景

刘绍宇**

一、问题的提出

回顾我国行政法学发展历程不难发现，行政不作为是一个经久不衰、历久弥新的议题，相关研究绵延不绝、汗牛充栋。早在我国行政诉讼制度建立伊始，我国对行政不作为的司法救济即已存在，并随着司法实践和学术研究的展开而日益完善。与行政不作为司法救济密切相关的一个概念是行政诉讼类型，其主要功能可概括为："对于侵犯公民权的每一种国家权力行为，都必须有一个适当的诉讼种类可供利用。[①]" 众所周知，作为行政诉讼类型的核心，撤销之诉主要是针对行政作为。那么，对于行政不作为也势必需要相应的诉讼类型对其进行司法救济。由于行政诉讼类型具有本土性，针对行政不作为各国在诉讼类型设计上也采取了不同的制度安排。德国将其规定在《行政法院法》第 113 条第 1 款的义务之诉和法律条文虽未明文规定但默认其存在的一般给付之诉，

* 本文获国家社科基金（15BFX047）支持。

** 中国政法大学法学院 2016 级博士研究生。

① ［德］胡芬:《行政诉讼法》，莫光华译，法律出版社 2003 年版，第 204 页。

被并称为给付之诉，共同构成了行政不作为司法救济的基础。[①]我国台湾地区步其后尘，并在1998年修法之际进一步将一般给付之诉明文规定于其“行政诉讼法”第8条中，改变了以往只能通过不作为确认违法之诉对行政不作为进行救济的状态。[②]日本一直以来都是以行政不作为确认违法之诉和撤销之诉作为行政不作为司法救济的主要途径，但在2004年修法时引入课予义务之诉。[③]然而尽管如此，由于严格恪守司法与行政之间的权力分立，课予义务诉讼在立法上适用条件较为苛刻，司法实践中也未得到广泛运用。[④]韩国在其第一部行政诉讼法，亦即于1985年颁行的《行政审判法》中，就已确立了审查处分厅的拒绝处分与不作为的“义务履行审判”制度。[⑤]除此之外，还有奥地利的怠慢诉讼和意大利的强制诉讼，也都是比较法上针对行政不作为且独具其本国特色的诉讼类型。[⑥]

我国虽未在《行政诉讼法》中明文规定诉讼类型，但这并不意味着我国不存在行政诉讼类型制度，其“存在于整个行政诉讼制度”[⑦]之中，甚至“已经发展到了一个相对成熟的阶段”[⑧]。那么，针对行政不作为给公民权利造成的侵害，我国究竟发展出了何种诉讼类型对其进行救济？《行政诉讼法》修改前，我国对行政不

---

① 刘飞：《德国公法权利救济制度》，北京大学出版社2009年版，第80页。

② 翁岳生编：《行政诉讼法逐条释义》，五南图书出版有限公司2002年版，第116页。

③ [日]市桥克哉等：《日本现行行政法》，田林等译，法律出版社2017年版，第329页。

④ 王天华：《行政诉讼的构造：日本行政诉讼法研究》，法律出版社2010年版，第202～203页。

⑤ 崔瑨修：《韩国行政审判制度的发展与完善方向》，载《行政法学研究》2015年第3期。

⑥ 蔡志方：《从权利保护功能之强化，论我国行政诉讼制度应有之取向》，台湾大学法律学研究所1988年博士学位论文，第93～94页。

⑦ 江必新、梁凤云：《行政诉讼理论与实务》，北京大学出版社2009年版，第680页。

⑧ 刘飞：《行政诉讼类型的功能》，载《法学研究》2013年第5期。

作为的司法救济主要是借由规定在旧法第 54 条第（3）项的履行法定职责判决实现的。2015 年 5 月 1 日，修葺一新的《行政诉讼法》开始全面施行，而与之一同生效的还有最高院为其专门拟定的配套司法解释。通过这两部法律文件，我国给付之诉基本完备，行政不作为的司法救济得以大大改善。具体而言：其一，新法中一般给付判决的引入使得我国给付判决制度得以完善，一般给付诉讼在我国也由此确立，与履行之诉一起共同构成了我国行政诉讼法上的给付诉讼。其二，作为给付诉讼中司法权与行政权的平衡装置，裁判时机成熟原则先后在司法实践[①]和个别司法解释[②]中有所体现，最终在新的《行政诉讼法》配套司法解释中全面正式确立。

尽管如此，作为一种比较法色彩颇为浓重的新生制度，一般给付判决还有待于在司法实践和学理讨论中进一步本土化。就目前而言，不少问题已经在司法实践中日渐凸显，主要集中于三个方面：其一，行政不作为在概念上依然众说纷纭，其与给付诉讼之间的关系也未得到很好的论述。其二，一般给付判决的适用情形在学理和实践中仍混沌不清，亟待进一步厘定。其三，一般给付判决与履行法定职责判决、撤销判决之间的关系也扑朔迷离，给司法实务造成了困扰。本文尝试对上述问题进行探讨。

---

① 如谢文杰诉山西师范大学不履行颁发毕业证法定职责案，参见中华人民共和国最高人民法院行政审判庭编：《中国行政审判案例第 2 卷：第 40 ～ 80 号案例》，中国法制出版社 2011 年版，第 225 ～ 230 页。

② 如最高人民法院《关于审理政府信息公开行政案件若干问题的规定》第 9 条规定："被告对依法应当公开的政府信息拒绝或者部分拒绝公开的，人民法院应当撤销或者部分撤销被诉不予公开决定，并判决被告在一定期限内公开。尚需被告调查、裁量的，判决其在一定期限内重新答复。被告提供的政府信息不符合申请人要求的内容或者法律、法规规定的适当形式的，人民法院应当判决被告按照申请人要求的内容或者法律、法规规定的适当形式提供……"最高人民法院《关于审理行政许可案件若干问题的规定》第 11 条规定："人民法院审理不予行政许可决定案件，认为原告请求准予许可的理由成立，且被告没有裁量余地的，可以在判决理由写明，并判决撤销不予许可决定，责令被告重新作出决定。"

二、行政不作为的概念界定及其与给付判决的关联

法律概念的功能系减轻思维的工作负担，[①] 但作为我国行政法学界一直以来关注的重点，行政不作为在概念上至今仍处于聚讼纷纭的状态，给司法实践和学术讨论带来诸多不便。梳理既有研究可发现，关于行政不作为概念的表述不下二十余种，其中话语混乱，分歧众多。本文认为，之所以形成这一状况，主要是因为在对行政不作为概念进行界定时忽视了其所处的语境及其背后的法律目的。法律概念应目的而生，[②] 语境不同，概念所服务的法律目的当然也有所不同，对其内涵与外延的界定也就不尽一致。那么，我国行政不作为概念的提出究竟服务于何种目的？本文认为有必要区分语境，进而在不同语境下进行行政不作为概念的界定。

作为在我国普遍存在的行政现象，行政不作为也成为不少从事行政学学者研究的对象。[③] 但与行政法学截然不同的是，行政学并不关注概念的精准性，而是侧重于对现象的刻画，并在此基础之上探寻其成因从而提供相应对策。[④] 行政学视野下的不作为的确为其从法学进路进行概念界定提供素材，但后者绝非对前者的简单照搬。而由于行政法学与行政学在学科上的亲缘性和我国行政法学研究的开放性，也有不少从事行政法学研究的学者从行政学角度研究不作为，[⑤] 此时更应对两种语境予以区分。理解行政法学语境下的

---

① 黄茂荣:《法学方法与现代民法》，法律出版社 2007 年版，第 73 页。

② 黄茂荣:《法学方法与现代民法》，法律出版社 2007 年版，第 65 ～ 66 页。

③ 蔡放波:《论行政不作为及其治理》，载《中国行政管理》2007 年第 1 期；刘政利、朱哲:《论行政不作为及其治理》，载《理论探讨》2013 年第 6 期；吴晓林、许源源、李晓飞:《中国公共行政学研究跟踪报告》，经济管理出版社 2014 年版，第 139 页；桑玉成:《政府角色——关于市场经济条件下政府作为与不作为的探讨》，上海科学院出版社 2002 年版。

④ [日]大桥洋一:《行政法学的结构性变迁》，中国人民大学出版社 2005 年版，第 255 ～ 289 页。

⑤ 例如，有学者从行政学和行政法学两个层面对行政不作为进行研究。参见毕雁英:《行政不作为的司法治理研究》，载《行政法论丛第 19 卷》，法律出版社 2016 年版。

行政不作为须从其所属的法律规范甚至法律体系着手，侧重考察其规范目的、法律构造和法律效果。不过，当我们把目光聚焦于法学视野下的行政不作为时，仍有必要进一步在国家赔偿和行政诉讼两种语境下作出区分。行政诉讼语境下与国家赔偿语境下的行政不作为在侧重点上完全不同，前者强调如何通过诉讼手段迫使行政机关矫正其不作为状态从而实现公法上给付请求权，后者则强调在损害结果已经发生的前提下确定责任主体和内容。这也解释了为何只有在国家赔偿责任语境下对行政不作为进行阐释时才经常采用民法上不作为侵权和刑法上不作为犯罪的话语，因为此时行政不作为本身就服务于责任的追究和界定，民法和刑法上的理论完全可资借鉴。[①]

本文主要是在行政诉讼语境下对行政不作为进行探讨，因此也尽力避免其他语境下话语的干扰。在这一大前提下，对行政活动进行作为与不作为的区分从而提出行政不作为这一概念，正是基于其较之行政作为在司法救济上的不同之处，具体表现为诉讼类型的差异化设计，单从实体法上对其进行研究实际上并无太多实益。这从德国《行政法院法》第 42 条得到印证，其中规定：“1. 通过诉讼，可以导致撤销或废止一行政行为（确认无效之诉）或判决有义务作出一个被拒绝或不作为的行政行为（负义务之诉）。2. 除非法律另有规定，原告人只有在认为其自身权利被一个行政行为、拒绝行政行为和不作为侵害时，方可以提起诉讼。”从其表述可发现，立法者将政府行为划分了行政行为、拒绝行为（广义不作为）和不作为（单纯不作为），对行政行为设置了撤销之诉对其进行救济，对其余二者则一并通过给付诉讼进行救济。与此类似，“德国法在行政法律行为与行政事实行为之间所作出的区分，现实的意义仅限于确定诉讼中所适用的不同诉讼类型。”[②] 概言之，行政行为方式对于诉讼

① 胡建淼、杜仪方：《依职权不作为赔偿的违法判断标准——基于日本判例的钩沉》，载《中国法学》2010 年第 1 期。

② 刘飞：《行政诉讼制度专题研究：中德比较的视角》，法律出版社 2016 年版，第 48 ～ 49 页。

类型的设计与选择具有决定性意义，甚至可以说，行政行为类型化的主要意义系于诉讼类型之上，这在作为与不作为的区分上尤为明显。① 因此，在进行行政不作为概念界定时应围绕其服务于行政诉讼类型化之目的进行。

基于此，关于行政不作为概念的争议便可迎刃而解。我国关于行政不作为研究的主要争议在于，行政不作为的判定应以程序还是实体为标准，由此形成程序说和实体说两种学说。程序说认为，行政不作为单指程序上不作为，而不包括实质上不作为。周佑勇教授早在 20 世纪 90 年代即提出："行政作为与行政不作为的区分，应从行政程序方面认定，只要行政主体作出了一系列的实质性程序行为，即表现出积极的作为行为状态，无论该行为在实体内容上反映的是为或不为，都应该是行政作为，反之，就是行政不作为。"② 此外，还有吴偕林、熊菁华等人亦持此种观点。③ 实体说则认为，行政不作为不仅包括程序上不作为，还包括实质上不作为。陈晓君、方世荣教授认为："行政机关的拒绝和不予答复的行为都是不作为，其中拒绝的言行是一种方式上的有所为，但其反映的内容则是不作为（不发许可证和执照），实质上仍是不作为。"④此外，还有徐银华等人也持相同观点。⑤ 从外延上来说，两种学说的分歧集中体现在是否将拒绝行为界定为行政不作为上。除此之外，对于行政不作为构成是否以行政义务为前提，行政不作为在法律评价上究竟应为合法还是违法等问题在学理上也存在分歧。

前文已经提及，行政不作为概念的提出主要是基于其与行政作为在司法救济上的差异，具体表现为诉讼类型设计与选择的不同。

① 闫尔宝：《司法解释放弃定义具体行政行为的策略检讨》，载《法制与社会发展》2012 年第 4 期。

② 周佑勇：《论行政作为与行政不作为的区别》，载《法商研究》1996 年第 5 期。

③ 熊菁华：《行政不作为问题探讨》，载《行政法论丛》2003 年第 1 期。

④ 陈小军、方世荣：《具体行政行为几个疑难问题的识别研习》，载《中国法学》1996 年第 1 期。

⑤ 徐银华：《关于行政不作为几个问题的探讨》，载《法商研究》1999 年第 6 期。

对于行政作为，可通过撤销之诉进行救济；而对于行政不作为，则可通过给付诉讼进行救济。无论是拒绝行为还是单纯不作为，在以诉讼类型为外观的司法救济途径上基本一致，即都是通过给付诉讼实现公民在公法上的给付请求权。因此，拒绝行为应与单纯不作为一样都应纳入行政不作为概念的范畴。拒绝行为与单纯不作为在诉讼类型上唯一的差异在于，通过给付诉讼对拒绝行为进行司法救济时还涉及对其本身的合法性审查并应在最终判决中有所体现，而单纯不作为则不涉及这一问题。但基于行政不作为概念提出的目的，这一差异基本可忽略不计，并不影响将拒绝行为定性为行政不作为。事实上，倘若将拒绝行为剔除出不作为的范畴而将其定性为行政作为，其与单纯不作为的共性与异性依然存在不会受到任何影响。况且，随着行政法治的不断进步，单纯不作为在司法实践中势必日益减少，如果将拒绝行为剔除，那么行政不作为概念未免太过单薄。至于其他两个问题，本文认为，行政不作为包含拒绝行为和单纯不作为，两者从行政主体的行为外观即可判断，并不应带有法律评价色彩。这是因为行政不作为这一概念主要是为了便于相对人根据行政主体的行为方式选择适当的诉讼类型，在诉讼之前不可能对其进行有权且正确的法律评价。当然，一旦进入诉讼程序，法官就会对公民是否享有请求权进行审查并作出支持或不支持相对人诉讼请求的判决，由此行政不作为究竟系违法还是合法也就水落石出，但这与其在行政法上的目的关联不大。

上文已经从行政诉讼类型视角对行政不作为概念进行了全新的检讨与审视，从中可看出其与给付诉讼之间的密切联系。给付诉讼主要系针对行政不作为而设置，但两者也并非完全对应。一方面，对行政不作为的司法救济并非只有给付诉讼这一个途径，比较法上有通过撤销之诉、不作为确认之诉实现的做法，在我国还可通过确认违法之诉实现[①]。另一方面，给付诉讼也绝非仅服务于对行政不作

① 章志远:《司法判决中的行政不作为》，载《法学研究》2010年第9期。

为的司法救济，还具有不少其他功能，主要表现为如下两种情形。

其一，给付判决在作为类案件中也有适用余地，这不仅在德国和我国台湾地区广泛存在，在我国大陆的司法实践中也极为常见。德国在一般行政法院外还存在社会法院和财政法院这两家特别行政法院，因而考察德国行政诉讼制度时在关注《行政法院法》的同时也不可忽视《社会法院法》和《财政法院法》这两部特别行政诉讼法。[①] 在社会行政诉讼法上存在着一种撤销合并给付诉讼，规定在《社会法院法》第 54 条第（4）项："如请求撤销的行政处分涉及原告享有请求权的给付，原告起诉时，需要除请求撤销该处分外，同时请求判决发给该给付。"此外，德国联邦行政法院在司法判决中还确立了一种撤销合并课予义务诉讼，已为社会法学界所广泛接受。[②] 这两种新的诉讼类型是德国社会行政诉讼与一般行政诉讼制度在诉讼种类上的最大特色，也是德国社会行政诉讼上被运用最广泛的诉讼类型。[③] 在这两种诉讼类型中并不存在拒绝行为或单纯地不作为，而是相对人对行政主体的行政行为不满而提起诉讼，并要求判决给付以实现其公法上请求权。换言之，尽管行政主体进行了作为，但相对人认为作为不到位，此时也可以请求法院判决行政机关对其进行法律上应得的给付。也正是基于此，这种诉讼类型也被不少学者称为"不真正给付诉讼"，以区别于一般给付诉讼。

其二，在德国，虽然履行之诉主要是针对不作为设置，但一般给付之诉的功能却远远超出于此，除与履行之诉分工共同对行政不作为进行救济外，甚至"远不止是一种纯粹的兜底性诉讼"，"已经逐渐成为了诉讼上的多用途武器"[④]。当然，就我国目前而言，尽管学界存在借鉴德国的做法进而扩大其适用范围的观点，但无论从法

---

① 刘飞：《德国公法权利救济制度》，北京大学出版社 2009 年版，第 45 ～ 46 页。

② 谢荣堂：《社会法治国基础与权利救济》，元照出版公司 2008 年版，第 360 ～ 361 页。

③ 谢荣堂：《社会法治国基础与权利救济》，元照出版公司 2008 年版，第 360 页。

④ [德] 胡芬：《行政诉讼法》，莫光华译，法律出版社 2003 年版，第 305 页。

条表述还是司法实践来看，一般给付判决的适用范围仍主要针对行政不作为。随着我国大陆一般给付判决的不断完善，我国大陆可考虑参酌德国和我国台湾地区的经验扩展其适用范围。

三、一般给付判决的适用情形

尽管一般给付判决在我国确立已有一段时日，但就其适用范围学界尚未达成共识，就目前而言主要存在三种观点：其一，狭义说。该观点认为：一般给付判决是“专门针对行政给付行为设置的相应判决”①，其适用范围“要比给付诉讼狭窄得多”②。根据此说，一般给付判决的引入不过是为了配合新法将更多行政给付行为纳入受案范围。其二，中义说。该观点认为：“一般给付判决适用不应局限于要求支付抚恤金、最低生活保障费、社会保险待遇等行政给付行为，还应针对行政机关先行行为引发的义务、承诺引起的义务、合同义务、附随义务等。”③其三，广义说。该观点认为：新法第 73 条存在巨大的发展空间，有必要在狭义说和中义说的基础上通过司法解释进一步将德国法上的规范之诉、预防不作为之诉以及结果去除请求权纳入其适用范围。④司法实践则呈现出另外一幅图景，与上述任何一种学说都不尽相同。笔者在对北大法宝案例库中适用一般给付判决的案例进行统计后发现，一般给付判决主要适用于行政给付行为（34 个）、行政协议（12 个）、行政赔偿（2 个）、行政允诺（2 个）和其他情形（3 个）。其中行政协议均为行政补偿

---

① 袁杰编:《中华人民共和国行政诉讼法解读》，中国法制出版社 2014 年版，第 202 页。

② 袁杰编:《中华人民共和国行政诉讼法解读》，中国法制出版社 2014 年版，第 202 页。

③ 江必新:《中华人民共和国行政诉讼法理解适用与实务指南》，中国法制出版社 2015 年版，第 336～337 页；梁凤云:《新行政诉讼法讲义》，人民法院出版社 2015 年版，第 445 页。

④ 杨东升:《论一般给付诉讼之适用范围》，载《行政法学研究》2015 年第 6 期。

协议，其他情形包括返还行政征收、返还风险抵押金和返还所有权证书。除返还所有权证书外，其他所有案件都是要求行政机关履行财产性给付义务。由此可见，关于一般给付判决的适用情形不仅学界存在分歧，而且司法实践也正发展出其独特路径，确有探讨之必要。

就理论上而言，一般给付判决在我国是比照德国法上的一般给付之诉进行制度定位和规则设计的。无论在德国还是我国台湾地区，一般给付之诉都有较为清晰的适用范围，即非行政行为的给付，与适用于行政行为给付的履行之诉各司其职、分工协作，共同构成了给付诉讼。与德国和我国台湾地区有所不同的是，我国大陆在法律条文中没有明文规定一般给付判决适用于非行政行为给付，但从立法资料和学术观点来看，这一以行政行为作为界定一般给付判决适用范围的做法基本得到认同。在修法过程中，最高院给出的建议稿就曾作出这种制度安排："人民法院经审理认为，原告请求判决作出特定行政行为或者履行财产、非财产给付义务理由成立，且相关事实清楚、法律规定明确的，人民法院应当判决被告按照原告申请的内容作出特定行政行为或者履行特定给付义务。"

然而尽管如此，以非行政行为作为我国一般给付判决适用范围仍然存在较大问题，在我国基本不具有可行性。不同于德国和我国台湾地区，我国大陆至今尚未形成一套逻辑自洽、形成通说的行政行为理论，[①]将行政行为作为标准无疑会将实体法上的混乱带入给付诉讼之中。从我国目前行政诉讼法上的行政行为概念来说，其完全无法满足界定诉讼类型的需要。此次修法将具体行政行为替换为行政行为，根据权威法官的解读，这意味着行政诉讼受案范围从法律行为扩大到事实行为，从单方行为扩大到双方行为甚至多方行为[②]。

---

① 章志远：《行政法学总论》，北京大学出版社 2014 年版，第 152 ～ 164 页；章志远：《新〈行政诉讼法〉实施对行政行为理论的发展》，载《政治与法律》2016 年第 1 期。

② 江必新主编：《中华人民共和国行政诉讼法理解适用与实务指南》，中国法制出版社 2015 年版，第 70 页。

倘若将一般给付判决的适用范围确立为非行政行为，那么连事实行为和行政协议均会被排除在其适用范围外，这显然违背法理。除此之外，法律行为、事实行为等这些德国法色彩十分浓厚的概念在我国学理上探讨较少，观念上即便对于法官群体而言也较为陌生，短时间内仓促引入只会给司法实践带来更多的不确定性。例如，信息提供行为在德国行政法上是典型的事实行为，在我国却基本是通过履行法定职责判决要求政府提供信息。从我国目前司法实践来看，也尚未出现通过一般给付判决要求行政机关为事实行为的案例。概言之，德国法上的行政诉讼类型立足于其逻辑自洽、体系完善的行政行为制度，倘若在实体法上没有完全继受其行政行为制度，就对其一味照搬，只会带来更多的混乱与问题。

基于以上考虑，本文认为，将一般给付判决完全等同于比较法上的一般给付判决并不符合我国实际状况。我国当下对一般给付判决适用范围的界定不应照搬域外做法，而应在具体案型层面进行，在司法实践与学术研究的良性互动中不断摸索，形成具有我国特色的一般给付判决制度。就目前而言，原则上可将一般给付判决的适用范围限定为涉及金钱给付的案型。这是因为一般给付判决产生的主要动因在于我国行政法治环境不尽如人意，对于法院要求作出行政行为的判决，行政机关经常置若罔闻，此时其可直接执行的特征更有利于相对人权利的保护，尤其在涉及公民生存权的社会保障诉讼中体现得更为明显①。在公民行政给付请求权都无法得到很好满足的状况下，规范之诉、预防不作为之诉等对我国制度而言并没有那么强烈的需求。从我国目前司法实践来看，适用一般给付判决的案型也全部局限于涉及金钱给付的情形。

在司法实践中经常适用一般给付判决的几种案型中，行政协议

① 罗英:《福利行政的正当程序研究》，人民出版社 2014 年版，第 218 ～ 219 页；刘艺:《社会立法中的行政程序法制构建》，载台湾行政法学会主编:《民生福利原则与行政法制行政计划法制》，元照出版公司 2010 年版，第 98 页；李文静:《医疗保险法律制度研究》，中国言实出版社 2014 年版，第 389 页。

与行政赔偿尚存一些疑义，主要是因为虽然这两类案件中的确涉及金钱给付，但其判决类型已经另有规定。就行政协议案件而言，大多数学者均未将其排除在一般给付判决的适用范围之外，但也有少数学者指出：既然新《行政诉讼法》已经在第 78 条对行政协议的裁判方式进行了专门规定，基于确保法条之间统一性的考虑，给付判决在行政协议案件中应无适用余地①。本文认为，之所以产生这一分歧，主要是因为我国在立法技术上采取了在《行政诉讼法》中对行政协议裁判方式进行专门规定的做法。而事实上，同样的效果通过一般给付判决即可实现，德国和我国台湾地区做法即为例证。例如，我国台湾地区“行政诉讼法”第 8 条规定：“人民与中央或地方机关间，因公法上原因发生财产上之给付请求或请求作成行政处分以外之其他非财产之给付，得提起给付诉讼。因公法契上契约发生之给付，亦同。”而与《行政诉讼法》第 78 条相比，第 73 条更有利于公民基于行政合同的给付请求权的实现，应当容许这一做法的存在。而在行政赔偿案件中，本来就可以判决赔偿相应数额的经济损失，并无一般给付判决适用之必要，因此司法实践中应矫正这一做法。与此同时，对于行政行为理论应进一步深入研究和凝聚共识，以期实现对诉讼类型设计与选择的指导功能。

四、一般给付判决与其他判决关系之处理

一般给付判决与履行法定职责判决，以及与撤销判决之间关系的处理，不仅在司法实践中存在同案不同判现象，在学理上也存在争议，有待于进一步的考察和分析。

（一）一般给付判决与履行法定职责判决之间的关系

一般给付判决与履行法定职责判决共同构成了给付判决，分别

---

① 应松年编：《中华人民共和国行政诉讼法修改条文释义与点评》，人民法院出版社 2015 年版，第 229 页。

对应于德国行政法上的履行判决和一般给付判决。在新法引入一般给付判决前，我国并非不存在一般给付之诉。我国履行法定职责判决的规范基础为旧法第 54 条第（3）项和新法第 72 条，学界一般比照德国法将其解读为我国行政诉讼法上的履行之诉，进而认为我国尚不存在一般给付之诉。但实际上，由于履行法定职责判决规范基础在表述上并未明确将其适用范围限定为行政行为，其在司法实践中被适用于非行政行为给付的情形屡见不鲜。较为典型的例子是行政允诺案件，法官常适用旧法第 53 条第（3）项之规定判决行政机关履行金钱给付的法定职责。在一般给付判决意义上适用履行法定职责判决的情况还可见诸于行政给付行为①和行政协议②等案型中。除此之外，我国司法实践中还存在通过民事诉讼实现公民行政给付请求权的做法，在一定程度上也达到了一般给付之诉的效果。③当然，该现象在司法实践中较为罕见，但这一方面表明一般给付判决在司法实践中的制度需求，另一方面也体现了司法审判活动中履行法定职责判决与一般给付判决间边界的模糊。

由此可见，从一定意义上说，新《行政诉讼法》新增一般给付判决分担了部分履行履行法定职责判决的功能，使我国给付诉讼在制度构造上更加精细。然而，一般给付判决与履行法定职责判决混沌不清的现象在司法实践中依然延续。例如，在部分判决中，法官基于《行政诉讼法》第 73 条关于给付判决的规定，判决行政机关履行具体行政行为。④又如，在原告冉玉娥诉被告永嘉县人力资源

① （2015）海中法行终字第 29 号：海口市社会保险事业局与李祝珍社会保险行政管理纠纷案。

② （2014）宝行初字第 0013 号：郝春昌诉天津市宝坻区史各庄镇人民政府合同案；西南航天职工大学诉重庆市商业委员会不履行行政合同案。

③ 林文舟：《两岸行政诉讼法制概论——以诉讼类型为中心》，五南图书出版有限公司 2012 年版，第 159 ～ 161 页。

④ （2016）鄂 0106 行初 21 号：甘万红与武汉市武昌社会保险管理处劳动和社会保障行政管理行政判决书案；（2015）迎行初字第 2 号：赵文柱、郭宝荣等与太原市医疗保险管理服务中心行政给付行政判决书案；（2015）鄂武昌行初字第 00091 号：郭勇军与武汉市武昌区民政局不履行法定职责行政判决书案。

和社会保障局不履行行政给付法定职责案中，法官同时适用第 72 条和第 73 条责令行政机关履行支付工伤保险待遇项目中由工伤保险基金先行支付项目的法定责任，[①]这一颇为吊诡的法条援引方式反映了法官在何时适用履行法定职责判决和何时适用给付判决这一问题上的疑惑。

从比较法上来说，履行法定职责判决与一般给付判决主要系以行政行为为区分标准，前者系针对判决行政机关作出行政行为，后者则指向判决行政机关作出行政行为以外之行为。一般给付诉讼相对于其他诉讼类型具有备位性质，若无其他诉讼类型得以提供人民权力救济时，即无许其提起一般给付诉讼之余地。[②]然而正如前文已经指出，我国目前行政行为理论尚不足以承担划分诉讼类型之重任，即便强行为之也只会带来更多问题。从语言表述上来看，履行法定职责和给付义务也并非泾渭分明，履行法定职责似乎在逻辑上能够包含履行给付义务，后者不过是前者的一种特殊类型。这正是两种判决类型在司法实践中经常被混用的原因，因而亟待对其作学理解释以统一裁判标准。本文认为，至少从实务来看，可暂时以是否涉及金钱或财物给付作为区分适用一般给付判决与履行法定职责判决之标准，这一做法不仅在我国司法实践中更具有可操作性，而且能够在较大程度上发挥一般给付判决的制度功能。

除此之外，在履行法定职责判决和一般给付判决关系的处理上，还涉及诉判关系的问题。有学者认为，对于给付判决，应遵循诉判一致的基本原理。[③]本文认为，这不利于原告公法上给付请求权的实现，在关涉公民基本生存的社会保障案件中，负面影响尤为凸显。对于寻求社会保障权救济的公民而言，其往往没有法律知识甚至文化素养也较为欠缺，同时难以负担聘请专业律师的费用，根

---

① （2015）温永行初字第 40 号：冉玉娥诉被告永嘉县人力资源和社会保障局不履行行政给付法定职责案。

② 陈清秀：《行政诉讼法》，法律出版社 2016 年版，第 194 页。

③ 邓刚宏：《我国行政诉讼诉判关系的新认识》，载《中国法学》2012 年第 5 期。

本无法在学界尚未定论、法官恐有疑问的诉讼类型中作出符合其利益最大化的选择。在案件事实已经完全达到可作出一般给付判决的情形下，公民却出于种种原因主张履行法定职责之诉，此时法官若抱守诉判一致原则，公民公法上请求权的实现就陷入极大的不确定性中，至少会在一定程度上延迟得到救济。这一现象在我国司法实践中相当常见，在相当大程度上阻碍了一般给付判决功能的发挥。因此，本文主张，对于给付判决，诉判一致的基本原理应有所松动，尤其是在涉及公民生存权的社会保障案件中。实际上，这一做法在德国行政诉讼法上也能得到印证，其通过职权主义原则强化法官释明义务具有异曲同工之处。

（二）给付判决与撤销判决关系之处理

在《行政诉讼法》修改之前，如何处理撤销判决与履行法定职责判决之间的关系这一问题已经在学理和实务中凸显。在针对行政主体的拒绝行为提起给付之诉的情形下，倘若不通过撤销之诉来否定拒绝行为的存续效力，其就会与履行法定职责判决发生冲突，这在理论上基本已经达成共识。那么如何化解这一冲突？学界对此提出了两种方案：一是“对拒绝履行之行政行为，应当适用撤销判决再加重作判决”[①]；二是合并适用撤销判决与履行判决，在通过履行判决实现相对人权利的同时撤销拒绝行为从而防止其与履行判决发生冲突[②]。其中第一种主张在司法实践中得到了广泛遵从，不过两种主张在法律效果上并无二致。新《行政诉讼法》确立的一般给付判决面临同样的问题，但由于我国行政诉讼制度中不存在类似于“撤销＋重作”的“撤销＋给付”判决，司法实践中基本对拒绝行为的

---

① 章剑生：《行政诉讼履行履行法定职责判决论——基于〈行政诉讼法〉第 54 条第 3 项规定之展开》，载《中国法学》2011 年第 1 期。

② 中华人民共和国最高人民法院行政审判庭编：《行政执法与行政审判 2010 年第 3 集（总第 41 集）》，中国法制出版社 2010 年版，第 97 页；陈骏业：《不履行、拖延履行法定职责的一种学理阐释》，载《法商研究》2004 年第 2 期，第 37 页。

效力不作处理。但实际上，在一般给付诉讼中，拒绝行为的撤销较之履行之诉中更为必要，这从德国法上的讨论即可看出。

在德国法上，给付诉讼中拒绝行为并不需要专门通过撤销之诉来否定其效力，而是视当事人的诉讼请求而定，原因有二：其一，提起履行之诉对原先的拒绝行为产生了“履行之诉的延宕效力”，使其自动丧失效力；其二，原告胜诉后如果行政机关依判决旨意作出新的行政行为，本身就蕴含了废弃原拒绝行为的意思。[①] 而在一般给付之诉中，首先其不具有延宕效力，其次原告胜诉后行政机关依判决作出的并非行政行为，效力上难以废弃之前拒绝行为之效力。[②] 为此，有学者主张可通过合并撤销与履行之诉的方式解决。不过值得注意的是，一般给付之诉讼中的拒绝行为亦有可能并非行政行为，应结合具体案情和行政行为构成要件进行分析。

那么在我国究竟如何解决这一问题？首先需要明确的是，我国无论在学理上还是司法实践中都未认可德国法上用来解决这一问题的合并诉讼，[③]因此只能另辟蹊径。尽管不存在合并诉讼，但我国存在一种独具本国特色的重作判决，在法律效果上有异曲同工之处。本文认为，就目前而言，可类推适用《行政诉讼法》第 70 条关于重作判决和第 73 条关于一般给付判决之规定，作出“撤销 + 给付”判决。依平等原则，此处的确存在法律漏洞，具体来说：既然在履行之诉中可通过重作判决否定拒绝行为效力，在一般给付诉讼中也就没有理由不能达到同样的法律效果。不过，这里是将《行政诉讼

① 程明修：《课予义务诉讼与一般给付诉讼间选择之争议问题分析》，载台湾地区行政诉讼研究会主编：《行政诉讼研讨（一）》，台湾法学出版股份有限公司 2012 年版，第 160 ～ 161 页。

② 程明修：《课予义务诉讼与一般给付诉讼间选择之争议问题分析》，载台湾地区行政诉讼研究会主编：《行政诉讼研讨（一）》，台湾法学出版股份有限公司 2012 年版，第 162 页。

③ 但也存在例外情况，如在“刘蓬香诉益阳市国土资源局等规划、建设行政管理和行政补偿案”中，法官同时适用履行法定职责判决和一般给付判决，见（2015）益赫行初字第 2 号：刘蓬香诉益阳市国土资源局等规划、建设行政管理和行政补偿案。

法》第70条中的“行政行为”理解为具体行政行为，比较符合历史解释的立场。如果进行体系解释的话可发现，行政行为概念的外延在修法后已经大大扩展，其实包含了一般给付判决针对对象，此时完全没有进行类推解释的必要。无论采取何种法律方法，通过重作判决达到“撤销+给付”的效果并无太大障碍。从长远来看，我国可引入比较法上的合并诉讼，当然这有待于经过学理上的讨论和司法实践的检验。

五、结论

通过上述发现，尽管在行政法学理论界和实务界的共同推动下，我国给付诉讼制度在立法上基本完备，但要达到在司法实践中的准确适用还任重道远。本文认为，我国一般给付判决的完善有赖于实务界和理论界的不断互动和共同推进，在司法实践和理论总结中形成具有我国特色的给付诉讼制度。从理论层面来说，诉讼类型制度根植于行政行为理论，只有尽快对行政行为理论不断深入研究、凝聚共识，才能真正实现诉讼类型制度的完善。我国目前一般给付判决在适用范围以及其与其他判决类型关系的处理上问题重重，也主要归咎于行政行为理论的不尽完善。从实务层面来说，由于没有通说提供理论支持，可在具体案型层面根据一般给付判决的法律目的不断进行摸索，赋予法官一定的裁量空间，并及时总结裁判规则，由最高院出台司法所解释或形成指导性案例对后案进行指导。实际上，也只有在行政诉讼的司法实践中不断进行理论总结才能发展出一套逻辑自洽、体系严密而又符合我国国情的行政行为理论。

域外行政诉讼类型化构造之比较分析

李梦琳 *

“行政协议”自2014年《中华人民共和国行政诉讼法》(以下简称《行政诉讼法》)修改后正式纳入我国行政诉讼的受案范围;“检察机关提起行政公益诉讼制度”也于2017年6月正式确立。两种“新生的”行政诉讼制度在发展中受到“行政诉讼类型化制度缺失”的限制,处境尤为尴尬。行政诉讼的类型化既是行政诉权发展的内在需要,也是行政诉权实现的保障。[①]在大数据时代背景下,“对原有规范的修修补补已经满足不了需要”[②],我国行政诉讼因类型化制度缺失带来的问题越来越多,因此有必要借鉴域外行政诉讼类型化制度的经验,为我国行政诉讼制度的类型化提供更多思路。

一、我国行政诉讼类型化构造现状

(一)行政诉讼类型化的概念界定

关于行政诉讼类型化的概念,目前国内学界普遍认可我国台湾

---

* 中国政法大学法学院2017级博士研究生。

① 薛刚凌:《行政诉权研究》,华文出版社1999年版,第145页。

② 维克托·迈尔-舍恩伯格、肯尼思·库克耶:《大数据时代》,盛杨燕、周涛译,浙江人民出版社2013年版,第219页。

地区学者蔡志方的观点，认为行政诉讼“习惯上仍循一定之方式、形式或类型，原告始得就其所受侵害，请求行政法院提供救济，而行政法院亦仅能就其所受侵害，请求行政法院提供救济，而行政法院亦仅能就法定之诉讼种类所相应得以救济之方法为裁判。此种诉讼方式或形态之格式化，谓之行政诉讼之种类。”[①] 具体来说，薛刚凌教授提出：“行政诉讼类型是在行政诉权分类的基础上，对行政诉讼中具有相同诉讼构成要件，适用相同审理规则和方式，以及法院的裁判权限基本相同的诉讼所进行的归类。”[②] 结合以上观点，本文认为，行政诉讼类型化的目的价值在于对权利救济的保障，即法院能够以法定的诉讼类型提供相应的救济程序。行政诉讼类型化是对具有类似构造的诉讼类型以相同的诉讼规则审理，适用固定的判决方式的行政诉讼制度，每一种类型都具有高度概括性和区别于其他类型的特性。

（二）我国的行政诉讼类型的现状

我国《行政诉讼法》尚未确立行政诉讼类型化制度，有学者认为，“我国的行政诉讼类型隐含于我国的行政诉讼制度之中”[③]。新修改的《行政诉讼法》第 69 ～ 77 条删去了维持判决，增加了确认、给付和履行义务的判决方式，以驳回原告诉讼请求判决取代了维持判决，正式确立了驳回原告诉讼请求判决、撤销判决、重作判决、履行判决、确认判决和变更判决共六种判决方式。虽然判决方式并不同于诉讼类型，但是已有的判决类型在一定程度上能为我国行政诉讼类型化提供一定思路。本文认为，判决方式不能想当然地推导出行政诉讼类型，但是我国的行政诉讼类型化可以从已有的受案范围和判决方式中萃取出来。这样的萃取尤其需要借鉴域外各主要国

① 蔡志方：《行政救济法新论》，元照出版公司 2000 年版，第 170 页。

② 薛刚凌：《行政诉权研究》，华文出版社 1999 年版，第 142 ～ 143 页。

③ 江必新、梁凤云：《行政诉讼法理论与实务》（下卷），北京大学出版社 2011 年版，第 688 页。

家行政诉讼类型化进程的理论与思路，以建构更具包容性的行政诉讼类型化制度。

（三）行政诉讼类型化的历史发展

通说认为，行政诉讼类型最早于12世纪在英国以“令状制度”的形式发端，撤销诉讼以“越权取消诉讼”的形式最早出现于18世纪末的法国，德国从19世纪开始建立行政审判制度，美国的司法审查制度来源于英国普通法的传统，日本明治维新后开始建立行政诉讼制度。20世纪以来，行政诉讼类型出现了新的发展趋势，大陆法系国家不断增加行政诉讼类型，英美法系国家不断简化司法审查程序[①]。比较分析两大法系国家对行政诉讼制度类型化的研究，对我国行政诉讼类型化制度的构造具有很大的借鉴意义。

二、英美法系国家司法审查形式

英美法系国家公法与私法不分，司法体系一元化，国家和个人在公法上发生的纠纷和私法上发生的纠纷都由普通法院审理。严格来说，英美法系国家没有“行政诉讼”的概念，只有类似的“司法审查”。因此，“行政诉讼类型”在英美法系国家也就是“司法审查形式”。英国和美国司法审查属于普通法上的制度，适用普通的诉讼程序，但两国司法审查的范围有所不同。

（一）英国的司法审查形式

“无救济即无权利”的观念在英国根深蒂固。英国的行政诉讼类型制度是与令状制度密切联系在一起的，可以说其表现形式就是“令状制度”。英国的普通法院是运用普通法的法院的总称，在普通法院审判的前提是有诉讼令状。令状是国王命令法官为令状持有人

① 吴华:《行政诉讼类型研究》，中国人民公安大学出版社2006年版，第89页。

审判的文件，这种制度在亨利二世时定型。在令状制度中，原告只有选择适当的诉讼方式才能得到法院的救济，若诉讼方式选择不当则无救济。

英国为公民提供的救济类型：王名扬先生将其分为公法上的救济和私法上的救济①；而英国学者威廉·韦德将其分为一般救济诉讼和例外救济诉讼②；薛刚凌教授将威廉·韦德的观点总结为，英国行政诉讼分为普通救济诉讼和特别救济诉讼两种最基本类型，以诉讼请求为标准，普通救济诉讼又分为禁制令之诉、宣告令之诉和损害赔偿之诉，特别救济诉讼分为人身保护令之诉、调卷令之诉、禁令之诉和强制令之诉③；应松年教授和张越认为，“英国比较成形的司法救济类型有十种：（1）一般救济之一——民事诉讼救济；（2）一般救济之二——刑事诉讼救济；（3）一般救济之三——强制令；（4）一般救济之四——宣告令；（5）一般救济之五——告发人之诉；（6）特权救济——人身保护状；（7）司法审查之一——调卷令；（8）司法审查之二——阻止令；（9）司法审查之三——训令；（10）制定法救济——上诉”④。各种学说对其分类的不同，一方面是由于各种翻译的不同；另一方面是由于英国本身有“行政诉讼类型”划分之滥觞，民事诉讼、刑事诉讼、行政诉讼没有单独归类划分，而是形成一个整体的司法救济体系。我国在划分行政诉讼类型化时不必过多参考其类型架构，而是要更多关注各种类型的基础理论，构造清晰的逻辑体系。

（二）美国司法审查形式

美国和英国一样，没有专门审查行政机关行为的法院，均由普

① 王名扬：《英国行政法》，北京大学出版社 2007 年版，第 138 页。

② [英]威廉·韦德：《行政法》，徐炳译，中国大百科全书出版社 1997 年版，第 233 ～ 234 页。

③ 薛刚凌：《行政诉权研究》，华文出版社 1999 年版，第 148 ～ 151 页。

④ 应松年主编：《英美法德日五国行政法》，中国政法大学出版社 2015 年版；张越：《英国行政法》，中国政法大学出版社 2015 年版，第 48 页。

通法院管辖。美国与英国不同的地方在于，美国司法审查是指法院审查国会制定的法律是否符合宪法（即违宪审查），以及行政机关的行为是否符合宪法及法律。美国的司法审查制度也不是典型的行政诉讼，其法律也没有明确规定行政诉讼的类型。

美国学者 Beermann 提出，《联邦行政程序法》和行政机关的特殊规章决定司法审查的范围，即法院使用的审查标准，司法审查的范围决定审查法院对行政机关的行为作出如何谦恭的审查。① 其在分类方面，王名扬先生认为，美国似乎更习惯以不同的审查对象作区分，如事实裁定的审查、法律结论的审查、行政法规的审查②；美国学者 Strauss 认为，美国司法审查采用“法定”和“非法定”的区分，表面上看起来有点荒谬，但是为了区分法律规定的针对行政机关特定行为的有限审查和法律概括性规定的对行政行为的广泛审查③；应松年教授和王锡锌教授提出，通常都是根据《联邦行政程序法》进行的，法院可以提供金钱救济以外的所有其他救济方式，包括强制执行令、确认判决、指令行政机关或其官员作为或者不得作为的强制命令和最常见的全部或部分维持或撤销行政行为④。

美国在其司法审查“进化”的过程中，逐渐简化司法审查的形式，扩大司法审查的范围，缩小或取消主权豁免原则，其从英国借鉴过来的令状制度表现出简单化的趋势，更有利于当事人获得法律上的救济。借鉴美国经验，在我国行政诉讼法类型化的构造中重点不在于新设诉讼类型，而在于能将诉讼类型从实践和未来发展趋势高度中精炼出来，为保护当事人权利提供更宽阔的救济渠道。

---

① Jack M. Beermann, *Administrative Law*, 4th edition, Wolters Kluwer, 2016, p.3.

② 王名扬:《美国行政法》，中国法制出版社 2005 年版，第 674 ～ 724 页。

③ Peter L. Strauss, *Administrative Justice in the United States*, 2nd edition, Carolina Academic Press, 2002, p.298.

④ 王锡锌:《美国行政法》，载应松年主编:《英美法德日五国行政法》，中国政法大学出版社 2015 年版，第 97 页。

三、大陆法系国家的行政诉讼类型化构造

大陆法系国家公法和私法有明确的界限，大多实行司法二元制，普通法院只审理一般的民事、刑事诉讼，在普通法院之外建立行政审判制度，由行政法院审理行政案件，制定行政诉讼法，适用专门的行政诉讼程序。进入 20 世纪以后，大陆法系国家相继建立行政诉讼类型制度。从撤销诉讼逐渐向多样化的给付诉讼、课予义务诉讼等方向发展，德国、日本法律明文规定的行政诉讼类型和法国学界对行政诉讼类型的划分都值得分析借鉴。

（一）法国行政诉讼类型

法国作为行政法的母国，最早建立独立于普通法院的行政法院，其法律并无明文规定行政诉讼的类型，但其学界对行政诉讼类型进行了较多的探讨。在普通法院，起诉无论诉讼标的为何物均不影响向法院起诉的方式；而在行政法院，起诉人的诉讼标的须同各具特色的起诉方式相符，否则法庭将拒绝受理。[①]

通说认为，法国学界对行政诉讼的分类主要有两种：一是传统分类，来源于 20 世纪爱德华 · 拉弗里埃尔在《行政裁判概论》中将行政诉讼分为四种：撤销法规诉讼、全权裁判诉讼、解释诉讼、处罚诉讼；二是依据酿成诉讼之法律状况的特有性质分为两种：旨在恢复法律普遍权威的客观诉讼和旨在恢复被忽视的个人地位之主体为理由的主观诉讼[②]。近代的学者，尤其是以法国波尔多大学教授莱昂·狄骥为代表的波尔多学派，主张客观诉讼和主观诉讼的分类，这种分类的出发点是区别客观的法律规则、法律地位，以及主观的法律规则、法律地位[③]。此划分的优点在于厘清两种诉讼的当事人资

---

① ［法］让·里韦罗、让·瓦利纳:《法国行政法》，鲁仁译，商务印书馆 2008 年版，第 782 页。

② ［法］让·里韦罗、让·瓦利纳:《法国行政法》，鲁仁译，商务印书馆 2008 年版，第 787 页。

③ 王名扬:《法国行政法》，北京大学出版社 2007 年版，第 526 ～ 527 页。

格和判决效果，缺点在于不能划分全部行政诉讼，且对客观和主观的认识差异较大。故法国大多学者和行政法院仍采用更符合法国实际的、传统的分类办法。不同于德国的是，因诉讼目的的不同，撤销之诉在法国是典型的客观之诉。法国这种对主观诉讼和客观诉讼的理性划分值得我国借鉴，其传统意义上的分类方法具有一定的概括性，与德国、日本更为细致的划分有所不同，但也经住了时间的检验，因此也是值得我国行政诉讼类型化中吸收的。

（二）德国行政诉讼类型

行政诉讼类型化研究是德国行政诉讼法学一贯的研究重点，德国已经形成了比较完整的行政诉讼类型化体系。立法者划分诉种的目的在于，对于侵害公民权利的每一种国家权力行为，都必须有一个适当的诉讼种类可供利用[①]，即“无漏洞的权利保护”，以期当公民权利受其侵害时，至少有一种类型的诉可供选择并借此获得法律保护。不过，即使制定法规范了法律保护的种类和方式，但这绝不意味着：仅当存在可供选择的诉的种类时，才提供法律保护。根据《德国基本法》第19条第4款的规定[②]和《行政法院法》第40条的规定，针对国家的作为或不作为所提供的法律保护，原则上并不依赖该行为的法律形式，行政诉讼途径对每一个权利侵害行为都是开放的；德国行政诉讼为公民提供的法律保护也不受列举原则的限制。只要是保护公民权利所需要的，法院在司法实践中就应该认可这种特别类型的诉的存在。[③]

在德国，对不同的诉划分时一般有两种分类方法：第一种是源

---

① [德]弗里德赫尔穆·胡芬:《行政诉讼法》，莫光华译，法律出版社2003年版，第204页。

② 《德国基本法》第19条第4款规定，对任何一种可能侵害公民权利的高权措施，都必须具有相应的诉讼类型供公民选择。如果没有对应的诉讼类型，则要适用给付之诉和确认之诉等具有普遍性的诉讼类型。法院不得以诉讼类型的选择不当为由不受理原告的起诉。

③ 邵建东主编:《德国司法制度》，厦门大学出版社2010年版，第358页。

自民事诉讼法的分类，根据原告要求法院提供的法律保护的方式分为形成之诉、给付之诉和确认之诉的基本类型；第二种是分为撤销之诉、义务之诉、确认之诉、一般给付之诉、规范审查程序、行政诉讼中的机构之诉和其他形成之诉七类[①]。各种诉讼类型之间的界限并非泾渭分明，而是存在并行、主从、交叉等多种形态的关系。[②]德国基本诉讼类型之下还有具体的细分，观点不同具体的划分标准也不同。应松年教授和高家伟教授认为，德国行政诉讼类型可以作出以下划分：确认之诉之下可以分为消极确认之诉、积极确认之诉、无效确认之诉、后续确认之诉、预防性确认之诉、临时确认之诉和规范审查；给付之诉之下可以分为拒绝之诉和不作为之诉；形成之诉中分为撤销之诉、变更之诉、强制执行之诉、重新进行之诉和机关诉讼。[③]

但正如德国学者弗里德赫尔穆·胡芬所提出的："仔细审视便会发现，行政诉讼中诉讼种类体系之'开放性'的意义，其实也并不像乍看时那么大。在多数情况下，那些被称为'特别的'诉种或者'特殊的'诉种的诉讼类型，其实最终也可以被归入某个司空见惯的'类型'中，也就是形成之诉、给付之诉、确认之诉。"德国行政诉讼的出发点是保护个人权利，因此属于典型的主观诉讼。德国没有公益诉讼，公益代表只能参加诉讼不能提起诉讼，其规范审查之诉和客观之诉有维护客观秩序的效果。本文认为，德国对诉讼类型的具体划分体现了其对权利保护的周延性，我国在行政诉讼制度类型化的进程中需要借鉴德国这种立法精神，但其诉讼类型过于复杂和多样，反而不利于原告在诉讼中明确选择，我国行政诉讼类型构造时应注意这个问题。

---

① ［德］弗里德赫尔穆·胡芬：《行政诉讼法》，莫光华译，法律出版社 2003 年版，第三、四编。

② 高家伟：《德国行政法》，载应松年主编：《英美法德日五国行政法》，中国政法大学出版社 2015 年版，第 217 页。

③ 高家伟：《德国行政法》，载应松年主编：《英美法德日五国行政法》，中国政法大学出版社 2015 年版，第 217 ～ 229 页。

（三）日本行政诉讼类型

日本行政法受到德国的影响，比较注重清晰地划分行政诉讼的类型。如日本学者盐野宏所说：“行政案件诉讼的诉讼类型可以归属于民事诉讼的某种类型，因为民事诉讼的分类和行政案件诉讼的分类只是观点不同，它们并不是相互排他的。”[①] 日本学者美浓部达吉和田中二郎认为：“属于除了刑事法以外的公法关系的案件是行政案件，属于私法关系的案件是民事案件。”[②] 日本学者南博方也鉴于司法权与行政权分立的旨趣，提出要考虑对行政权的行使进行司法审查，因此日本《行政案件诉讼法》规定了抗告诉讼、当事人诉讼、民众诉讼和机关诉讼四种诉讼类型，其中抗告诉讼又细分为处分的撤销诉讼、裁决的撤销诉讼、无效等确认诉讼、不作为违法确认诉讼、课赋义务诉讼和中止诉讼六种。[③] 在日本，学说上有以个人权益、利益为目的的主观性诉讼和以保障法规的客观适当性或者保护一般公共的利益为目的的客观性诉讼之区别，但《行政案件诉讼法》并未采用主观诉讼和客观诉讼的术语，其中的民众诉讼和机关诉讼是作为与客观诉讼相对应的类型。

值得一提的是日本的民众诉讼是指以选举人的资格及其他与自己的法律上的利益无关的资格提起的，请求纠正国家或公共团体机关的不适合法规范的行为的诉讼。民众诉讼的典型例子有《地方自治法》所规定的居民诉讼，其目的在于纠正会计经理，防止公害、保全环境、保护文化财产（文物）等，对于地方行政的民主化、公正化，发挥着极大的促进作用，但是因为处分撤销诉讼中原告适格

---

① ［日］盐野宏：《行政救济法》，杨建顺译，北京大学出版社 2008 年版，第 55 页。

② ［日］美浓部达吉：《行政裁判法》，1929 年，第 62 页；［日］田中二郎：《民事案件和行政案件》，载田中二郎：《公法与私法》，1955 年，第 216 页。转引自［日］盐野宏：《行政救济法》，杨建顺译，北京大学出版社 2008 年版，第 54 页。

③ ［日］南博方：《行政法》（第 6 版），杨建顺译，中国人民大学出版社 2005 年版，第 178 页。

被限制的缘故，居民诉讼出现了一定的滥诉倾向[①]。日本的居民诉讼经验是需要我国行政公益诉讼借鉴的，其对原告适格的扩大，对诉的利益的概念的扩展和缓和，虽有滥诉倾向，但对保护当事人权利是十分有利的。在当前我国行政公益诉讼萌芽发展之时，在行政诉讼类型化理论的架构中，要以发展的眼光看待公益诉讼原告资格问题，不能局限于眼前的仅限检察机关提起。

（四）我国台湾地区的行政诉讼类型化构造

我国台湾地区的“行政诉讼法”对德国和日本的借鉴较多。我国台湾地区学者陈清秀认为，“诉讼类型更是攸关人民可否在诉讼上获得迅速有效而无漏洞的权利救济方法，亦即与我国台湾地区‘宪法’第 16 条所定诉讼权的有效保障以及第 77 条司法裁判权功能有密切关系[②]”。我国台湾地区学者陈敏提出，“为有效保障人民权利，避免滥用司法资源，并合理厘定司法权与行政权之功能，行政诉讼中配合各种纷争性质、原告诉讼请求以及法院裁判方式，建立不同之诉讼类型，使原告在具有一定要件时，得请求行政法院[③]”。

关于我国台湾地区的行政诉讼类型。我国台湾地区学者翁岳生认为，自原告或国家设置诉讼制度之目的，与人民具体权益之浓淡关系，可分为“主观诉讼”和“客观诉讼”[④]；我国台湾地区学者林腾鹞认为，“台湾新行政诉讼法实施后，乃以行政诉讼的对象为区分标准，而以第 4 条至第 10 条，将行政诉讼的客体对象明示分为撤销诉讼、请求应为行政处分或应为特定内容之行政处分之诉讼、确认行政处分无效、公法上法律关系成立或不成立之诉讼、给付诉讼、维护公益诉讼、选择罢免诉讼[⑤]”。我国台湾地区学者陈敏

---

① [日]南博方:《行政法》(第 6 版)，杨建顺译，中国人民大学出版社 2005 年版，第 189 ～ 190 页。

② 陈清秀:《行政诉讼法》，元照出版有限公司 2009 年版，第 139 页。

③ 陈敏:《行政法总论》，新学林出版有限公司 2013 年版，第 1371 页。

④ 翁岳生等:《行政法》(下)，中国法制出版社 2006 年版，第 1348 页。

⑤ 林腾鹞:《行政诉讼法》，三民书局 2009 年版，第 68 ～ 186 页。

认为，依据我国台湾地区“行政诉讼法”第2条和第3条规定，台湾行政诉讼依诉讼内容的不同而区分为撤销诉讼、确认诉讼和给付诉讼三大基本类型，其中第5条规定的课予义务诉讼也属于给付诉讼；第9条规定的公益诉讼本质上是客观诉讼，第10条规定的选举诉讼本质上是主观诉讼，根据第11条的规定，据其性质适用三大类型诉讼的相关规定；不同诉讼类型间，由其本质观察，可能具有排斥、竞合、并存与补充之关系。①

我国台湾地区的行政类型化与德国、日本一脉相承，可以说是“集大家之所长”，在诉讼种类上没有德国的烦琐、冗杂，也不同于日本的将民众诉讼和机关诉讼单列为独立的诉讼类型，而是更灵活地适用诉讼类型的划分，使得整个行政诉讼制度看起来更加清晰、明朗，其将选举诉讼定义为主观诉讼与日本的民众诉讼的定义为客观诉讼有所不同。因此，我国在借鉴各国和各地区行政诉讼类型化经验时，要更加注意相同概念在不同地域的不同理论中的意义，不能混淆各种名字类似但内核不同的理论。

四、域外行政诉讼类型化对我国的启示

从行政案件争议中萃取出多样性的行政诉讼类型标准，通过其完整性和混杂性帮助我们进一步接近行政诉讼类型化价值的真相会更有利于“解决行政争议”立法目标的实现。行政诉讼类型化的目的不在于增加新的诉讼类型，而在于提炼出具有高度抽象性的分类标准，使得更多的行政案件可以纳入行政诉讼法的救济途径。我国行政诉讼类型化起步晚，当前最紧迫的是行政公益诉讼和行政协议诉讼受制于诉讼制度难以发挥应有的效果。因此，要加快构造我国特色的行政诉讼类型化，以实现“权利的无漏洞救济”。本文认为域外的行政诉讼类型化对我国的启示主要有以下三个方面：

---

① 陈敏:《行政法总论》，新学林出版有限公司2013年版，第1372页、第1377页。

（一）“撤销中心主义”转向多元化的诉讼类型

撤销诉讼以“越权取消诉讼”的形式最早出现于 18 世纪末的法国，随后世界各国的行政诉讼类型化经历了较长的“撤销诉讼中心主义”。在秩序行政时代转向给付行政时代后，“给付诉讼”成为一段时间内诉讼类型中的“主角”。在契约行政、规制行政和大数据的时代背景下，多元化诉讼类型的建构是世界各主要国家的发展趋势。德国行政诉讼类型划分种类之一是参照民事诉讼法的分类，“根据原告要求法院提供的法律保护的方式分为形成之诉、给付之诉和确认之诉的基本类型”，成为各主要国家行政诉讼类型化划分的基本依据。我国目前的行政诉讼规则主要还是以“撤销诉讼”为中心建构，给付诉讼和确认诉讼的基本规则仍十分欠缺。因此有必要建构给付诉讼和确认诉讼之下更为具体的多元化的诉讼类型。

（二）双向诉讼制度的确立

目前我国行政协议诉讼的原告仅局限于行政相对人，这使得行政机关在“行政优益权消灭”后在行政协议中处于被动的地位。当行政协议中行政相对人违约时，行政机关却无法向法院提起行政诉讼，这尤其不利于对行政机关合法权益的维护。而我国的行政公益诉讼目前仅限于检察机关提起，公民和社会组织都不具有提起行政公益诉讼的权利，这限制了对我国公共利益的维护。以日本民众诉讼中居民诉讼为代表，其在诉讼中对原告资格的扩大以至于有滥诉的倾向，这在一定程度上是值得我国借鉴的。我国迫切需要建立双向诉讼制度，将原告范围扩展到公民、行政主体、社会组织和检察机关，以解决行政协议诉讼和行政公益诉讼的尴尬处境，更好地实现对当事人权利的救济。

（三）同一诉讼类型内不能混用主观诉讼和客观诉讼

以法国波尔多大学教授莱昂・狄骥为代表的波尔多学派主张客

观诉讼和主观诉讼的分类，这有利于厘清两种诉讼的当事人资格和判决效果。之后，世界大多数国家吸纳了“法国式”的主观诉讼和客观诉讼的分类。日本学界有以个人权益、利益为目的的主观性诉讼和以保障法规的客观适当性或者保护一般公共的利益为目的的客观性诉讼之分；我国台湾地区学者翁岳生也提出主观诉讼和客观诉讼的分类标准。我国《行政诉讼法》在原告资格上采用客观标准，在“合法性审查”和判决方式上也倾向于客观诉讼，而在“利害关系”的认定上又有主观性，判决效力一般也只及于诉讼当事人，因此具有主观倾向。由此可以看出，我国目前的行政诉讼制度主要是围绕着主观诉讼来设计诉讼规则的，但也难辨是绝对的主观或者绝对的客观。这种同一诉讼类中混杂主观标准和客观标准造成了我国行政诉讼制度的混乱，不利于行政争议的彻底解决和当事人权利的救济。因此，构造主观诉讼和客观诉讼相结合又互相独立的行政诉讼类型化显得尤为重要。

比较分析世界各主要国家的行政诉讼类型化制度，可以发现我国的行政诉讼类型化还有很长的一段路要走。在当前行政协议和行政公益诉讼的困境中，多元化行政诉讼类型的构建、双向行政诉讼制度的确立、主观诉讼和客观诉讼在同一诉讼类型中的分离显得尤为重要。我国行政诉讼类型化制度应构造更具有包容性和柔性化的行政诉讼类型，以更加公正、高效地解决行政争议。

大数据视野下民事诉讼特殊证明标准的实证分析

陈博闻 *

法律的生命不仅在于理论，更立足于实践。在《最高人民法院关于民事诉讼证据的若干规定》(以下简称《证据规定》)出台前，我国证明标准属于立法上的真空，实务中更没有证明标准认定事实的意识。2002 年起施行的《证据规定》第 73 条被认为是我国第一条有关证明标准的司法解释，然而其表述却前后矛盾，前半段使用“明显大于”，似乎指向“高度盖然性”，而后半段却使用“较大”一词，似乎又指向了“证据优势”①。那矛盾用语的背后，究竟反映了立法者什么样的取舍呢？按照当时最高法院大法官的解释，该规定正式确立了我国民事诉讼高度盖然性的证明标准。这一规则针对此类情形，即争议事实已有了相当多的证据，这些证据已表明了事实存在的可能性明显大于其不存在的可能性，不过证据之间尚存

* 中国政法大学民商经济法学院 2014 级硕士研究生。

① 施小雪、阎巍:《澄清与重构：民事诉讼证明标准的中国进路》，载《最高人民法院尊重司法规律与刑事法律适用研究（上）——全国法院第 27 届学术讨论会获奖论文集》，2016 年 4 月。

在一定矛盾，并未达到确凿无疑排除其他可能性的程度[①]。但条文用语的模糊不清掩盖了立法者的初衷，也在证明标准的司法实践中造成了一定的混乱。

为了解决上述问题，最高人民法院于2014年12月18日通过、2015年2月4日起施行的《最高人民法院关于适用〈中华人民共和国民事诉讼法〉的解释》（以下简称新《民诉法解释》）第108～109条明确将一般证明标准限定为"确信待证事实的存在具有高度可能性"，并以"排除合理怀疑"为特殊的证明标准，第一次实现了证明标准的层次化。所以笔者拟以民诉解释的施行作为时间节点，分析其前后排除合理怀疑这一特殊标准在民事诉讼实践中的适用情况。

一、新《民诉法解释》颁行前的特殊证明标准

（一）地方司法文件中的"排除合理怀疑"

使用"排除合理怀疑"作为特殊证明标准其实并非新《民诉法解释》的首创，其反而最先出现在地方司法文件中。笔者于2017年2月27日在"北大法宝"数据库中检索到，在民事诉讼证明中使用"排除合理怀疑"或"不存在合理怀疑"表述的地方司法文件共4条，列表如下[②]：

---

① 最高人民法院民事审判第一庭：《〈关于民事诉讼证据的若干规定〉的起草说明》，载《民事诉讼证据司法解释及相关法律规范》，人民法院出版社2002年版，第50页。

② 检索网址：http://www.pkulaw.cn/cluster_form.aspx?Db=lar&menu_item=law&EncodingName=，最后访问时间：2017年2月27日，检索关键词为"合理怀疑"与"排除"，检索时间范围从2002年4月1日至2015年2月4日，即《证据规定》颁行后新《民诉法解释》颁行前这段时间。

表 1　地方司法文件“排除合理怀疑”的统计

法规名称	实施时间	内容
浙江省高级人民法院民事审判第一庭关于审理医疗纠纷案件若干问题的意见（试行）	2010.07.01	第 17 条　鉴定人无正当理由拒不出庭且拒作书面答复，或结合质询、答复仍不能排除对鉴定结论的合理怀疑的，人民法院对鉴定结论可不予采信
江苏省高级人民法院侵犯商业秘密纠纷案件审理指南	2010.11	2.6　保密措施的认定原则 对于原告在信息形成一段时间后才采取保密措施的，应结合具体案情从严掌握审查标准，如果确无证据证明该信息已经泄露且对此也不存在合理怀疑的，可以认定保密措施成立
安徽省高级人民法院关于审理医疗纠纷案件若干问题的指导意见	2011.11.22	第 25 条　当事人对鉴定结论持有异议的，鉴定人应当出庭接受当事人质询，鉴定人确因特殊原因无法出庭的，经人民法院准许，可以书面答复当事人的质询。鉴定人无正当理由拒不出庭且拒作书面答复，或结合质询、答复仍不能排除对鉴定结论的合理怀疑的，人民法院对鉴定结论可不予采信
安徽省高级人民法院关于审理医疗纠纷案件若干问题的指导意见	2015.01.20	除医患双方对鉴定意见无异议外，鉴定人应当出庭接受当事人或人民法院的质询……鉴定人无正当理由拒不出庭且拒作书面答复，或结合质询、答复仍不能排除对鉴定意见合理怀疑的，人民法院对鉴定意见可不予采信

由表 1 可见，排除合理怀疑地方司法文件的使用主要限制在“医疗纠纷案件对鉴定结论（意见）”以及“侵犯商业秘密案件保密措施”的认定中。在绝大多数医疗纠纷中都会涉及鉴定，而鉴定意见在法官心证的形成中有举足轻重的作用，所以法官在认定鉴定意见时理应审慎，如果不能排除合理怀疑，就不予采信；同时，这也在一定程度上督促鉴定人出庭接受质询[①]。在涉及商业秘密的案

① 如果鉴定人拒不出庭接受质询，则鉴定意见极有可能不被法院采信，鉴定人将无法获得相应的报酬，同时也会影响鉴定人在业界的口碑。

件中，不论TRIPS协议[①]还是我国的反不正当竞争法[②]，均把“保密性”作为商业秘密的构成要件之一，如果在信息形成一段时间后才采取保密措施，信息泄露的可能性显然会加大[③]，此时法官从严审查，对是否泄密事实的证明采取排除合理怀疑的标准，一方面表现出法官对侵犯商业秘密行为要件认定的审慎[④]；另一方面也是对原告的一种警示，督促其以后在涉密信息形成时就即时采取保密措施。

综上所述，地方司法文件在总结办案经验的基础上，在医疗纠纷案件以及在侵犯商业秘密纠纷案件中的特定证据种类或事实的认定上试行排除合理怀疑的证明标准，具有理论上的合理性，同时也为新《民诉法解释》正式纳入特殊的标准提供了宝贵经验。

（二）裁判文书中的“排除合理怀疑”

裁判文书是司法实践的缩影，为了深入了解排除合理怀疑标准在裁判文书中的适用情况，笔者拟主要以“北大法宝”为工具进行检索[⑤]。首先通过大数据分析展现排除合理怀疑标准的整体适用状

---

① TRIPS 协议第 39 条第 2 款第（3）项规定：“合法控制该信息之人，为保密已经根据有关情况采取了合理措施。”

② 《反不正当竞争法》第 9 条第 3 款规定：“本条所称的商业秘密，是指不为公众所知悉、能为权利人带来经济利益、具有实用性并经权利人采取保密措施的技术信息和经营信息。”

③ 信息一旦泄露，保密性也就无从谈起，该信息自然无法构成商业秘密了，侵犯商业秘密的行为也就不复存在。

④ 正如上文所分析的那样，侵犯商业秘密是一种“准刑事行为”，不仅有可能被告的“商誉”，而且甚至可能招致刑罚，后果十分严重，对其构成要件审慎认定乃应有之义。

⑤ 我国 2012 年修订的民事诉讼法才正式将裁判文书公开作为一项法定的基本制度，2014 年 1 月 1 日起施行的《最高人民法院关于人民法院在互联网公布裁判文书的规定》明确规定，最高人民法院在互联网设立中国裁判文书网，统一公布各级人民法院的生效裁判文书。所以 2014 年之前的案例数据，裁判文书网并没有“北大法宝”全面，因而在检索新《民诉法解释》前排除合理怀疑的裁判文书时，笔者选择以“北大法宝”为主要工具，辅之以裁判文书网。

况，接着使用抽样调查的方式研析裁判文书中关于特殊证明标准问题的说理情况。

1. 裁判文书整体情况的大数据分析

（1）各证明标准在民事案件中适用数量统计[①]

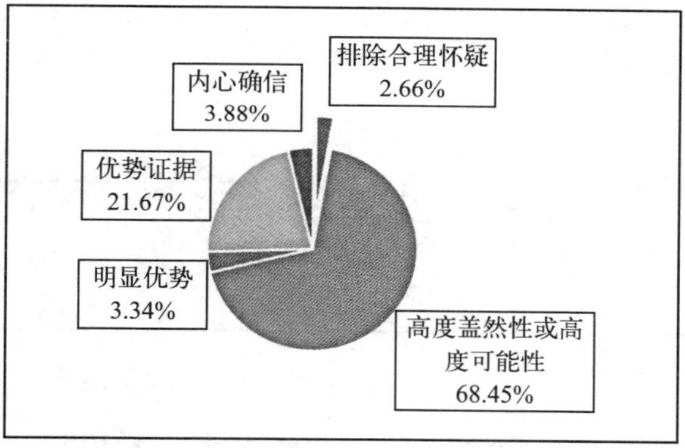

证明标准	排除合理怀疑	高度盖然性或高度可能性	明显优势	优势证据	内心确信	合计
数量	318	8176	399	2589	463	11945

图 1　各证明标准适用案件数量统计图

由图 1 可以看出，在所有适用证明标准的民事案件中，排除合理怀疑标准仅占到 2.66%，显然属于一个比较边缘的特殊标准，这与排除合理怀疑标准并没有在证据规定中明确规定有着极大的关联。反观高度盖然性（高度可能性）标准，由于被时任大法官解释为一般的证明标准，所以其适用率达到了近 70%。不过从适用标准的多样性也可以看出，《证据规定》第 73 条并不能涵盖实践中的所有情形，如优势证据这一证明标准的占比就达到了 21.67%，所以，

① 笔者分别以"排除合理怀疑""高度可能性""高度盖然性""明显优势""优势证据""内心确信"作为关键词，检索了 2002 年 4 月 1 日至 2015 年 2 月 3 日"北大法宝"上公开的、以上述关键词作为证明标准的民事裁判文书，http://www.pkulaw.cn/Case，最后访问时间：2017 年 2 月 27 日。

《证据规定》里对证明标准的单一规定亟待改进。

（2）排除合理怀疑案件适用年份分布趋势统计[①]

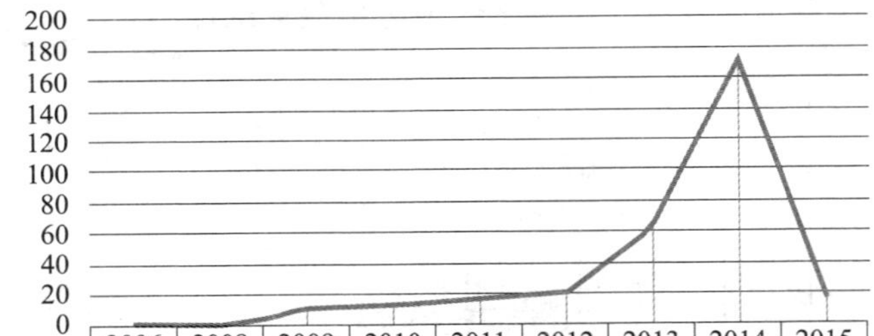

	2006	2008	2009	2010	2011	2012	2013	2014	2015
案件数	2	1	11	13	18	22	63	172	16

图 2　排除合理怀疑适用年份分布统计图

我国最早在民事诉讼中使用排除合理怀疑的案件可以追溯至 2006 年[②]，2009 年后适用数量一直呈上升趋势，2014 年甚至迎来爆发性增长[③]。首先，这与裁判文书上网的制度化相关；其次，2010 年后一些采取排除合理怀疑标准的地方性司法文件也产生了积极的引导作用；最后，学界有关证明标准多元化的理论也对实务界产生了影响。综上所述，排除合理怀疑这一特殊证明标准在新《民诉法解释》正式确立前，就已经逐渐得到了实务界的认可，司法实践走在了立法的前面，已经确立了事实上的多元化证明标准。

① 此年份以结案日期计，而非案号中的年份。

② 穗中法民二终字第 563 号：广州市海珠区凤阳街凤和康乐第七经济合作社与庄花锦保管合同纠纷上诉案，审结日期为 2006 年 6 月 1 日。

③ 2015 年的数据因为只统计到 2 月 3 日新《民诉法解释》颁行前，所以数量较少，实属正常。

（3）排除合理怀疑标准适用案件类型统计

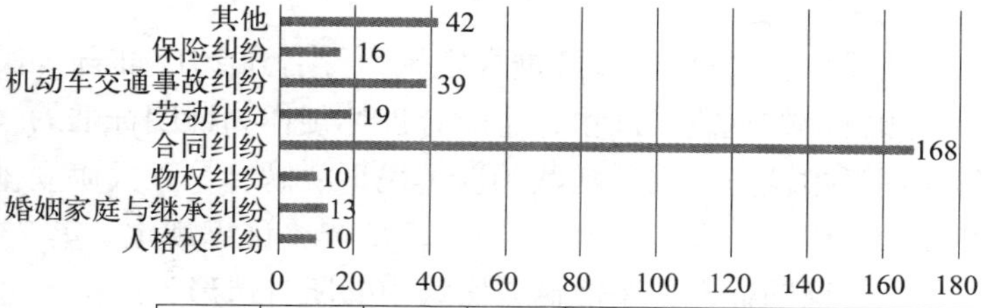

	人格权纠纷	婚姻家庭与继承纠纷	物权纠纷	合同纠纷	劳动纠纷	机动车交通事故纠纷	保险纠纷	其他
案件数	10	13	10	168	19	39	16	42

图 3　排除合理怀疑适用案件类型统计图

由图 3 可知，排除合理怀疑适用最多的案件类型是合同纠纷，其次是机动车交通事故纠纷，而后是劳动纠纷以及保险纠纷，婚姻家庭与继承案件也占了一定比例。值得注意的是，其中有关欺诈[①]、胁迫[②]或恶意串通[③]事实认定的案件笔者检索到 35 起，占到所有使用排除合理怀疑标准案件的 11%，可见法院已对这三类事实使用排除合理怀疑的特殊标准进行了一定实务上的积累。尤其值得一提的是最高人民法院 2012 年 8 月审结、于 2014 年 12 月 18 日发布的指导案例 33 号《瑞士嘉吉国际公司诉福建金石制油有限公司等确认合同无效纠纷案》，执笔法官在案件的解释说明中以专节论述了恶意串通应适用排除合理怀疑的特殊标准，在新《民诉法解释》正式颁行前为此类案件证明标准的适用提供了明确的指引。同时，这些案件中也有近 40 个案件与鉴定意见（结论）的认定相关，但案

① （2014）深中法民终字第 3043 号：邵士国等与杨永富民间借贷纠纷上诉案。

② （2014）佛中法民二终字第 1200 号：中国平安财产保险股份有限公司佛山分公司与佛山市顺德区利尔德印染有限公司财产保险合同纠纷上诉案。

③ （2014）连东民初字第 01625 号：韦方来诉秦士波等外人执行异议之诉案。

件类型并不囿于医疗纠纷，机动车交通事故纠纷案中的鉴定亦有涉及。笔者认为，这与上文列举的三个 2010 年后施行的地方性司法文件有一定关联。

综上所述，在 2002 年《证据规定》颁行后到 2015 年新《民诉法解释》颁行前的这段时间里，排除合理怀疑作为证明标准的一种特殊形式逐渐被认可，司法实践为新《民诉法解释》正式确立排除合理怀疑的特殊标准积累了经验。但 2002 年《证据规定》第 73 条高度盖然性的证明标准并不能涵盖实践中的所有情形，亟待改进。

2. 裁判文书说理的具体分析

接着，笔者仔细阅读了这 318 份裁判文书中有关证明标准的说理部分。结果显示，我国司法裁判者对“排除合理怀疑”并无统一认识。

有的案件将“排除合理怀疑”理解为“高度盖然性”，如“根据民事诉讼高度盖然性的证明标准，即‘排除合理怀疑的盖然性’，可认定被上诉人一审中的举证达到了‘法律真实’的证明要求”[①]；“故原告关于库存商品的证据材料，未能形成较为完整的证据链条，无法排除合理怀疑，达到高度盖然性的证明标准”[②]。然而，根据笔者前文的分析，排除合理怀疑显然是比高度盖然性更高的一种标准，将两者等同，失之偏颇。

有的案件将“排除合理怀疑”作为“民事诉讼中心证形成的必然要求”，如“本院认为，梁燕的主张存在前后矛盾之处，此会令一般人产生合理的怀疑，而排除合理怀疑，系民事诉讼中心证形成的必然要求，上述合理怀疑的不能排除，对于原告而言，意味着其证明责任的欠缺”[③]；“本院认为原告以其女儿出具的欠条在两被告发生离婚纠纷期间向本院提起诉讼，此会令一般人产生合理的怀疑，

---

① （2014）银民终字第 506 号：曹洁与王新艳民间借贷纠纷上诉案。

② （2013）深福法民二初字第 7132 号：佛山市南海区鎏泽家具有限公司诉深圳市摩根国际品牌服装会员店有限公司买卖合同纠纷案。

③ （2008）佛中法民一终字第 1054 号：梁燕与韩丽霞等民间借贷纠纷上诉案。

而排除合理怀疑，系民事诉讼中心证形成的必然要求，上述合理怀疑的不能排除，对于原告而言，意味着其证明责任的欠缺"①。排除合理怀疑作为一种试错法的思考方式，对法官心证的形成有着重要作用，但绝不是所有民事案件均需要达到如此之高的证明程度，这种表达似乎将排除合理怀疑作为民事诉讼的一般证明标准，极易造成与刑事诉讼标准的混同，也与民事诉讼的效率价值存在矛盾。

有的案件认为排除合理怀疑并不是民事诉讼的证明标准，但对于证明标准的表述模糊不清，似乎将"高度盖然性"与"证据优势"等而视之。如"但民事诉讼证据的证明标准并未达到排除合理怀疑的程度，在本案双方陈述均有疑点时，原告的证据证明力相对两被告有一定的优势，具有高度盖然性，故本院采信原告的主张，即涉案款项尚未偿付"②；"民事诉讼采取优势证据证明规则及高度盖然性证明规则，并非采取排除合理怀疑的证明标准"③。笔者认为，这是2002年《证据规定》表述模糊不清，掩盖立法者基本意图的直接产物。高度盖然性本是大陆法系国家一般民事诉讼的证明标准，证据优势则主要是英美法系国家的标准，两者显然有所不同。

有的案件认为刑事案件的证明标准与民事案件不同，通过对比认为民事诉讼的证明标准应当是高度盖然性，而非排除合理怀疑。如"从刑事证据角度看，不能排除合理怀疑，但从民事证据角度看，证人刘恩兴证实提供虚假《下围村河背下坝地形图》的系被上诉人，已达到民事证据证明内容的高度盖然性，足以认定被上诉人提供虚假《下围村河背下坝地形图》，以达到欺瞒、欺骗上诉人的

---

① （2009）衢常红商初字第106号：原告舒炳富为与被告王银军、舒小芬民间借贷纠纷案。

② （2014）台温泽商初字第131号：原告梁樑为与被告应刚、林洁民间借贷纠纷案。

③ （2013）浙民申字第757号：江西省银鹰建设工程有限公司等诉张秋琴民间借贷纠纷案。

目的。"[①] 这种将民刑证明标准进行区分是正确的，但本例涉及欺诈事实的证明，法院在认定时理应审慎，似有采集排除合理怀疑作为特殊标准的余地。

有的案件将"排除合理怀疑"看作"极高的盖然性"。如"对于不动产权属的证明，应达到极高的盖然性标准且排除合理怀疑"[②]。这种对排除合理怀疑的解读差强人意，但不动产权属证明是否需要排除合理怀疑的标准值得推敲，毕竟依笔者的检索[③]，在涉及不动产权属证明的案件中，使用排除合理怀疑的仅有 2 例，而使用高度盖然性标准的有 30 例[④]，使用优势证据标准的有 10 例[⑤]。这也反映出，在缺乏统一明确证明标准规范的指导时，法官认定同一类待证事实可能采取不同的尺度，存在肆意空间。

综上所述，在新《民诉法解释》颁行前，我国司法裁判者对"排除合理怀疑"的理解存在较大分歧，极易发生"同类案不同判"的问题。所以我们亟须一个统一的规则，来指导排除合理怀疑这一特殊标准在实践中的适用。

（三）小结

在 2002 年《证据规定》颁行后到 2015 年新《民诉法解释》颁行前的这段时间里，排除合理怀疑作为证明标准的一种特殊形式逐渐被认可，司法实践也为新《民诉法解释》正式确立排除合理怀疑的特殊证明标准积累了经验。但此时我国司法裁判者对"排除合理怀疑的证明标准"的理解存在较大分歧，所以我们亟须一个统一的规则，来指导排除合理怀疑这一特殊标准在实践中的适用。

---

① （2015）河中法民一终字第 87 号：申公庭与钟治明委托合同纠纷上诉案。

② （2011）沪二中民二（民）终字第 2185 号：卢某某与李乙所有权确认纠纷案。

③ 为了便于比较，笔者检索的时间范围依旧是 2002 年 4 月 1 日至 2015 年 2 月 3 日。

④ （2012）津高民申字第 1246 号：刘某诉张某离婚纠纷案；（2013）深南法民三初字第 452 号：印秋平诉印华平、赵国荣、中国建设银行股份有限公司深圳市分行所有权确认纠纷案。

⑤ （2014）苏中民终字第 0283 号：巢某某与马某某离婚后财产纠纷案。

二、新《民诉法解释》颁行后的排除合理怀疑

新《民诉法解释》第 108 条、第 109 条施行后，证明标准在我国司法实践中适用的情况是否发生了变化呢？笔者以裁判文书网为主要检索工具，以整体大数据与抽样调查的方式对涉及排除合理怀疑的案件进行分析。

（一）整体适用状况的大数据分析

1. 各证明标准在民事案件中适用数量统计[①]

证明标准	排除合理怀疑	高度可能性或高度盖然性	优势证据	明显优势	合计
数量	1515	21306[②]	2370	544	25735

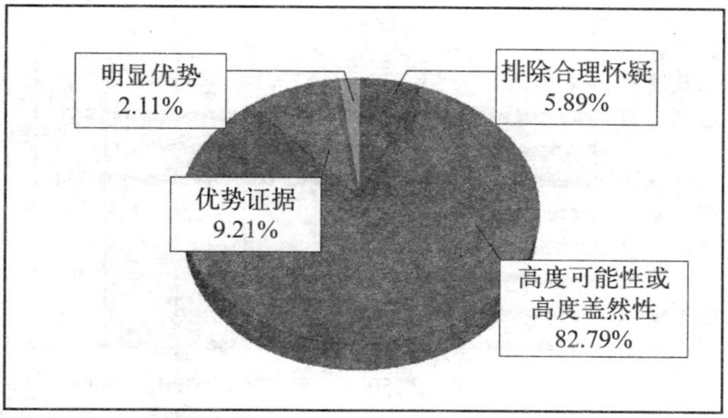

图 4　新《民诉法解释》颁行后各证明标准在民事诉讼中适用数量统计图

① 检索网址：http://wenshu.court.gov.cn/；最后访问时间：2017 年 2 月 27 日。笔者在前文已经明确，根据新《民诉法解释》，内心确信与高度可能性或排除合理怀疑相结合，共同构成证明标准，其理应不在单独意义上使用，笔者的检索也发现，内心确信往往是在说明高度可能性标准的时候使用的，所以笔者便不将内心确信作为单独的一项加以列明，这与新《民诉法解释》施行前的证明标准相比，是一大变化。

② 检索出“高度可能性”的案例为 10009 件，检索出“高度盖然性”的案例为 12208 件，两关键词均检索出的案件为 911 件，于是得出适用高度可能性或高度盖然性标准的民事案件数为 21306 件。

从图 4 可以看出，在新《民诉法解释》颁行之后，短短不到两年的时间里，证明标准在民事诉讼中的运用出现了井喷式增长，检索到的案例数竟然远远超过了之前十余年的总和。高度可能性或高度盖然性作为一般的证明标准已经取得了绝对统治地位，排除合理怀疑证明标准的适用比率也有所上升，达 5.89%。同时，由于第 108 条的开放性规定，使优势证据（或明显优势）也被纳入了证明标准的体系之中，所以基本上可以认为，新《民诉法解释》第 108 条、第 109 条已基本上一统证明标准的"江湖"，这与 2002 年的《证据规定》相比，可谓有了长足的进步。

2. 排除合理怀疑证明标准适用案件类型①

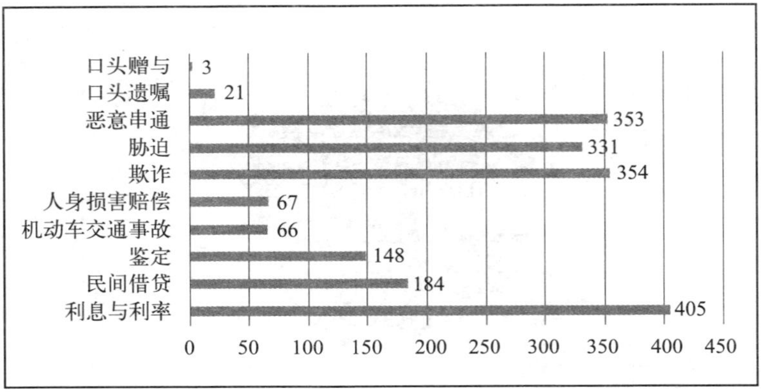

图 5　排除合理怀疑证明标准适用案件类型统计图

由图 5 简单的统计可以看出，新《民诉法解释》第 109 条的施行，对民事诉讼证明的影响很大，欺诈、胁迫、恶意串通事实的证明案件适用数量有着显著的提升，不过口头遗嘱和赠与却依旧并不多见，这些案件的数量总和一共占到所有适用特殊证明标准案件的

① 新《民诉法解释》第 109 条明确将排除合理怀疑限定于欺诈、胁迫、恶意串通事实的证明以及口头遗嘱或赠与事实的证明，为了检验这些事实在民事诉讼证明中的运用，笔者这次采取了关键词检索的方式。

70% 左右，所以还有近 30% 使用排除合理怀疑证明标准的案件不在新《民诉法解释》第 109 条规定的范围之内。比如在有关借贷利率或利息事实的证明中，很多也采取了排除合理怀疑的证明标准，这与 2015 年最高人民法院相关司法解释的颁行[①]不无关系，至少在利息这一借贷成立与否的关键要素上，法院的审查有着越来越严格的趋势。2016 年 7 月起施行的四川省高级人民法院《关于审理民间借贷纠纷案件若干问题的指导意见》中，对利息在本金中提前扣除的认定也采取了排除合理怀疑的证明标准，与司法实践形成印证。再如涉及鉴定意见认定的案件，此处也统计到 100 余个，可见 2010 年前后颁行关于鉴定的三个地方性司法文件依旧在起着作用；人身损害赔偿以及机动车交通事故损害赔偿这类侵权案件在实践中也有排除合理怀疑证明标准的适用[②]。

3. 排除合理怀疑适用审判程序及法院情况

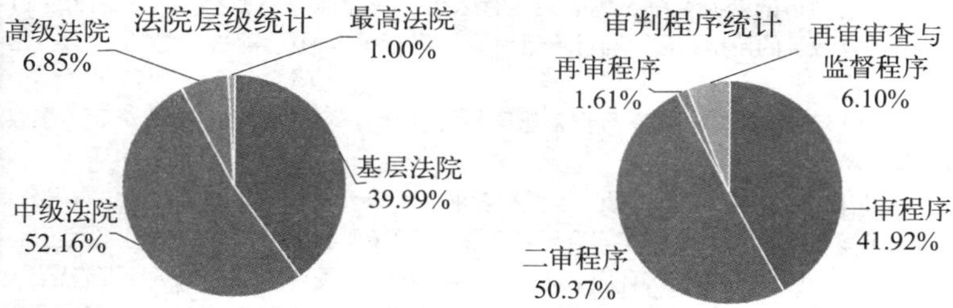

图 6　排除合理怀疑证明标准适用审判程序及法院层级统计图

经统计笔者发现，中级人民法院是审理适用排除合理怀疑标准案件的主力军，适用的程序最多的竟然是二审程序，二审程序的比例比一审程序多了十余个百分点[③]。究其原因，或是人民法院在二审

① 即最高人民法院《关于审理民间借贷案件适用法律若干问题的规定》。

② 但此两类案件的说理中存在滥用排除合理怀疑标准的情形，详见下文。

③ 就算所有适用排除合理怀疑的一审案件全部被上诉进入二审程序，数量也不够。况且一般而言，我国民事诉讼的上诉率大概不到 10%（数据来源于中国司法统计年鉴）。

程序裁判文书的说理中变更了证明标准，或是当事人在上诉中声明应排除合理怀疑[①]。值得注意的是，由最高人民法院负责审理的15起涉及“排除合理怀疑证明标准”的案件中，有9个再审审查案件的共同点在于，当事人一方在二审败诉后以涉及欺诈、胁迫[②]或恶意串通[③]为由申请再审，然而最高人民法院全部以没有达到排除合理怀疑的证明标准为由予以驳回。

在高级人民法院涉及“排除合理怀疑证明标准”的47件再审案件中，驳回再审申请，维持原判的有43件，因原审法院适用特殊证明标准错误而直接改判的仅有1件[④]，因人民检察院抗诉而改判的仅有2件[⑤]，指令再审的也只有1件[⑥]。高级人民法院在涉及排除合理怀疑证明标准的再审程序中维持原判的比例达到92%。

而在高级人民法院涉及排除合理怀疑证明标准的56件二审案件中，驳回上诉，维持原判的有48件，也占到了86%的比例。可

---

① 一般二审的裁判文书，需要对上诉人的上诉主张进行概括。不过是否予以认可，则是法官裁量的范围，以“排除合理怀疑”进行关键词检索时，这类案件只会出现在二审程序中。

② （2015）民申字第3509号：张建国与常兴鳌与宁夏林利煤炭有限公司、王双喜不当得利纠纷案。

③ （2015）民申字第3037号：淄博福森油品有限公司与中海油山东销售有限公司、广州晶海弋龙贸易有限公司等买卖合同纠纷案；（2016）民申字第3126号：徐太宏、邵泽福等与李旭、张传忠等确认合同效力纠纷案；（2015）民申字第1228号：邢昌荣、孙桂萍等与满洲里铁福经济发展有限责任公司、朱继军等股权转让纠纷案；（2015）民申字第2512号：王河与北海市圃苗幼儿园执行异议纠纷案；（2016）民申字第269号：沈阳万国通汽车销售中心与辽宁中医药大学龙江中医院、辽宁嘉泰企业集团有限公司等房屋买卖合同纠纷案；（2015）民申字第2328号：河南雅源香精香料股份有限公司、舞阳县农村信用合作联社与河南雅源香精香料股份有限公司、舞阳县农村信用合作联社等抵押合同纠纷案；（2016）民申字第1236号：广东省阳江市国土资源局与阳江市练达房地产开发有限公司建设用地使用权出让合同纠纷；（2015）民申字第2071号：高明军、山东新泰辰晖置业投资有限公司等与高明军、山东新泰辰晖置业投资有限公司等民间借贷纠纷案。

④ （2015）渝高法民提字第00003号：王兴奎、谢君与谭小波不当得利纠纷案。

⑤ （2015）甘民提字第15号：陈金华与范玉成买卖合同纠纷案；（2015）川民提字第184号：黄大文、罗朝福与徐斌建设工程施工合同纠纷案。

⑥ （2016）吉民申字第1743号：房学森、毕传江、房楷与曲兆刚生命权纠纷案。

见，高级人民法院在适用排除合理怀疑的证明标准时，显然倾向于维护已存在法律关系的稳定。

综上所述，法院在认定排除合理怀疑的证明标准时非常审慎，并倾向于维护法的安定。

4. 小结

从整体的数据统计看，新《民诉法解释》第 108 条、第 109 条已经在形式上基本一统民事证明标准的“江湖”，实践中几乎所有的证明标准均可划归为高度可能性、排除合理怀疑、优势证据中的一种，证明标准层次化体系基本形成。尤其欺诈、胁迫、恶意串通事实的证明，已成为适用排除合理怀疑标准的主力军，但口头遗嘱和赠与的案例仍旧较少，可见新《民诉法解释》第 109 条起到了一定的引导作用，然而仍有 30% 左右使用排除合理怀疑证明标准的案件不在此范围之内，这种“超限”的使用是否合理，笔者存在一定的疑问，并在下文进行了分析。

此外，适用排除合理怀疑证明标准的法院层级、审判程序以及审判结果，在一定程度上反映出司法实务部门的审慎，并倾向于维护已存在法律关系的稳定。

（二）裁判文书的说理调查

整体数据的统计分析反映了新《民诉法解释》颁行后民事诉讼证明标准适用上的积极改变。那么，对裁判文书说理的调查是否也显示出同样的结果呢？因为涉及排除合理怀疑证明标准的文书有 1500 余个，数量过于庞大，笔者仅仔细阅读了所有最高人民法院[①]以及高级人民法院[②]的判决书，对基层以及中级法院的相关判决进行了抽样阅读。结果显示，尤其是基层法院及中级法院裁判文书的说理，仍然显得“混乱”，这暴露出排除合理怀疑的证明标准在实践中存在诸多问题。

---

① 共有案件 15 个，其中二审程序 2 个、再审程序 3 个、再审审查程序 3 个。

② 共有案件 103 个，其中二审程序 53 个、再审程序 12 个、再审审查程序 38 个。

首先，有的案件竟直接否定了“排除合理怀疑作为特殊证明标准”这一新《民诉法解释》第109条已经确定的基本命题。例如，“另外，能否排除合理怀疑不是民事诉讼的证明标准，彭志惠、李济南提出的原审认定安化县银球烟花鞭炮有限责任公司生产的涉案烟花存在产品缺陷证据不足，不能排除合理性怀疑的上诉理由不能成立，本院不予支持。”[①] 这种与最高院司法解释明显矛盾的说理显然不具合理性。

其次，有的案件依旧存在将“排除合理怀疑”与“高度盖然性”混同的情形。例如，“……人民法院确信该待证存在的可能性能够排除合理怀疑的，应当认定该事实存在。毕某甲、毕某乙没有提供证据证实被继承人订立遗嘱时可能受到胁迫的待证事实成立或者存在高度盖然性，对毕某甲、毕某乙的上诉请求不予支持。”[②] 本案的说理中显然偷换了概念，在运用司法解释第109条时，将“受胁迫”事实证明所需要的“排除合理怀疑标准”变成“高度盖然性”，显然在逻辑上存在问题，因为根据第一章的论述，所有高度可能性的事实并不一定均排除了合理怀疑。再如，“根据通常的社会常识和人伦道德观念，可以排除王怡冰父母也即本案原告赵金松、王炳娟对王怡冰疏于救治或人为加害导致王怡冰死亡结果发生的合理怀疑，本案证据达到了‘高度盖然性’的证明标准”。[③] 本案的“混同”倒是说得通，因为所有排除了合理怀疑的事实均具有高度盖然性，但笔者认为，为了避免混淆，可以换一种表述方式，即“根据……可以认为……的可能性不存在”。

再次，有的案件超出了新《民诉法解释》第109条的适用范

① （2014）益法民一终字第637号：伍某甲诉安化县银球烟花鞭炮有限责任公司产品责任纠纷案。此案判决书的落款日期为2015年4月21日，显然在新民诉解释颁行之后。

② （2015）哈民一民终字第1487号：毕某等与毕某某等继承纠纷案。

③ （2013）宛民初字第2505号：赵金松、王炳娟与南阳市第二人民医院医疗损害纠纷案，审结日期为2015年6月8日。

围。如上文提到机动车交通事故责任纠纷[①]、人身损害赔偿纠纷[②]、劳动纠纷[③]等。对此，笔者提出疑虑，如（2015）献民初字第1234号案中排除合理怀疑被用于证明实际支出的医疗费用，（2016）陕民初字第139号案中排除合理怀疑被作为认定交通费的证明标准，然而笔者认为，费用计算的证明，达到高度盖然性的标准就足够了，完全没必要采用特殊的证明标准，徒增当事人举证的困难。从某种程度上说，这是法官对排除合理怀疑标准的滥用。

最后，有不少案件虽然适用的证明标准正确，但说理方法仍有瑕疵。（1）仅仅列举了新《民诉法解释》第109条的内容，却并未说明运用的过程[④]；（2）既没有解释何为“排除合理怀疑”，也没有阐释其是如何产生这种心证的[⑤]；（3）对形成确信所遵照的经验法则并未详细阐明，仅表达为“上述情况明显不符合常理”[⑥]。这样的说理显然过于简单、笼统，使当事人与上级法院难以形成对法官心证形成过程的清楚认识，从而大大增加了对特殊证明标准适用进行监督的难度[⑦]。

尽管存在着上述问题，但不可否认的是，随着裁判文书公开制度的完善和对排除合理怀疑理解的逐渐深入，我国司法实践中还是

① （2015）献民初字第1234号：贾麦熟与赵龙头、杜龙飞机动车交通事故责任纠纷案。

② （2016）陕民初字第139号：原告刘生东与被告任振北、黑学怀义务帮工人身受害责任纠纷案；（2015）鄂夷陵民初字第01448号：望西芬与王先新、瓦窑坪村委会身体权纠纷案。

③ （2015）北民二初字第00752号：季海祥诉北票市龙盛建筑工程有限公司劳动争议纠纷案。

④ （2015）兵七民二终字第16号：新疆奎屯强盛汽车运输有限公司与中铁九局集团第二工程有限公司建设工程施工合同纠纷案；（2015）沈中审民终再字第9号：李春福诉吴兰芳等公司确认合同效力纠纷再审案等。

⑤ （2015）沈中民三终字第801号：卜静茹与杨自艾等债权纠纷上诉案。

⑥ （2015）粤高法民二申字第1219号：林日胜诉关永洪等民间借贷纠纷案；（2015）泰姜溱民初字第00198号：徐秀兰与冯五、冯月园等民间借贷纠纷。

⑦ 纪格非：《证据能力论——以民事诉讼为视角的研究》，中国人民公安大学出版社2005年版，第235页。

涌现了一批值得肯定与学习的裁判文书。如在论述何为排除合理怀疑时，有的法官根据排除合理怀疑的发展历史，借鉴了全国人大法工委刑法室的解释[①]，有的法官则通过盖然性分层理论，详细描述了适用排除合理怀疑标准时的证明程度[②]；在说明“无法排除合理怀疑”的原因时，有的法官用了大段的篇幅详细叙述了自己运用证据认定事实形成心证的过程[③]；有的法官为了说理充分，还对“恶意串通”等概念进行了详尽解释[④]。

（三）小结

经过上文分时间段的宏观与微观分析，笔者认为，新《民诉法解释》颁行之后，我国司法实践中对证明标准的适用逐渐步入正轨。排除合理怀疑，作为特殊的民事证明标准，在我国层次化的证明标准体系中基本站稳了脚跟，法官在适用排除合理怀疑的证明标准时非常审慎，并倾向于维护既存法律关系的稳定。

然而实践中依旧暴露了不少适用排除合理怀疑证明标准的问题。首先，存在超出新《民诉法解释》第 109 条适用范围的情形，排除合理怀疑标准本已经属于极端的例外，必须于法有据或者经过充分的论证，经笔者分析，这些超范围适用排除合理怀疑证明标准的案件，一部分是合理的[⑤]，另一部分却存在滥用的嫌疑[⑥]，可能造成当事人举证的严重困难。其次，有的法官仍固守传统思维，拒绝将排除合理怀疑作为民事诉讼的证明标准，完全违背新《民诉法

---

① （2015）浙杭民终字第 1618 号：上诉人张建海、王喜梅因与被上诉人潘宝珠、王桂萍、王桂芬、王勤、王小勤、章燕、王桂花，原审第三人沈炜亮房屋买卖合同纠纷案。

② （2016）豫 0102 民初字第 1675 号：郭国峰、李子荣等与胡继堂合同纠纷案。

③ （2015）二中民终字第 13263 号：王某与胡某、王某某确认合同无效纠纷案。

④ （2015）鄂三峡民初字第 01040 号：聂瑞利与詹孟、黄开信等确认合同效力纠纷案。

⑤ 比如鉴定意见的证明、民间借贷利息或利率的证明。

⑥ 比如机动车交通事故损害赔偿案中医疗费的证明、人身损害赔偿案中交通费的证明。

解释》第109条的文义。再次，“排除合理怀疑”与“高度可能性”的混同时有发生，其中将原本排除合理怀疑的证明标准替换为高度可能性（盖然性）的做法显然具有逻辑错误。最后，即便是正确适用排除合理怀疑的案件，其说理或多或少存在着“只单纯列举法条”“不公开心证形成过程”“经验法则表达模糊”等问题，不利于接受合法性审查。

三、完善我国民事诉讼特殊证明标准之设想

根据上文的分析，随着新《民诉法解释》的颁行，排除合理怀疑的特殊标准在司法实践中已逐渐站稳脚跟，但在适用中依旧存在不少问题。鉴于此，笔者拟从理论体系以及配套制度建设两方面提出完善我国民事诉讼特殊证明标准的设想。

（一）特殊证明标准的理论完善

首先，在特殊证明标准的适用范围上，采取法定范围与酌定范围相结合的方式。根据第二章的分析，新《民诉法解释》第109条并不能完全涵盖实践中所有适用排除合理怀疑情形的案件，这些“超限”案件，有的于法有据，更多的却体现出滥用的倾向。同时一些至今有效的地方司法文件，也对排除合理怀疑的适用作出了规定，然而，这并没有反映在新《民诉法解释》第109条的文义当中。笔者认为，通过构建法定与酌定相结合的特殊证明标准适用体系，可以在一定程度上解决上述问题。法定范围的构建以欺诈、胁迫、恶意串通事实和口头遗嘱、口头赠与事实为核心，因为这两类事由新《民诉法解释》第109条明确规定，其合理性业已经过立法者的论证，具有公开性与普适性，是全国各级法院以及当事人必须遵守的民事诉讼规则之一；同时辅之以当地地方性司法文件中规定的事由，因为地方性司法文件在其生效的地域范围之内有强制效力，所以安徽省与浙江省医疗纠纷案中的鉴定意见，江苏省侵犯商

业秘密案中的保密措施，以及四川省对利息在本金中的提前扣除，其证明均需要采取排除合理怀疑的标准。酌定范围则主要由两部分构成：其一，实体立法上使用"足以""显失公平"等可能反映立法者提高证明标准意图表述的事实，由法官综合案件情况进行利益衡量，如果需要适用排除合理怀疑标准，则不仅要在庭审中向当事人阐明，而且要在裁判文书中进行详细的说理，以避免给当事人造成裁判突袭，并便于接受合法性审查；其二，上述地方性司法文件施行范围以外的人民法院，如认为文件中的规定有借鉴意义，也可在特定情况下酌定参照适用，但必须详细地向当事人阐明理由，并在裁判文书中记明。至于其他"没有法律根据"事由的证明，笔者认为应该禁止法官使用排除合理怀疑的标准，以防法官滥用，给一方当事人造成极大的证明困难，破坏现有的民事诉讼证明标准体系。

其次，上述法定范围的事由，在特殊情况下允许一定程度的灵活处理。任何证明标准都不是僵化的，排除合理怀疑也不例外。实践中如果存在明显的证据偏在，适用提高证明标准将导致一方当事人严重的举证困难的情况时，法官可进行利益衡量，通过表见证明、文书提出命令，甚至降低证明标准的方法减轻该方当事人的证明负担①，但必须在诉讼中向双方当事人阐明，并在裁判文书中进行详尽的说理。这体现了证明标准确定性与灵活性的统一。同时必须注意，法院通过降低证明标准的方式减轻证明负担，理应是一种极端例外的做法，其适用的比例应当很低，不然将破坏法定特殊证明标准的确定性②。此外，如果酌定范围的事由也存在上述情况，则直接适用一般的证明标准即可，无须"先提高再降低"，否则会徒增说理的复杂程度。

① 我国台湾地区学者姜世明将证明负担的减轻方式归纳为五种，即举证责任的转换、证明度的降低、表见证明、一定条件下加重非负举证责任人的说明义务以及具体化义务降低等。参见姜世明:《举证责任与真实义务》，新学林出版股份有限公司 2006 年版，第 27 页的图表。

② 所以同类待证事实出现适用不同的证明标准的情况其实并不令人意外，只要法官进行充分的说理，并将改变法定证明标准的例外控制在合理的比例之内，就可以接受。

（二）特殊证明标准配套措施的完善

学者霍海红在批判排除合理怀疑标准的时候，曾尖锐地指出，我们过度夸大了证明标准的功能而忽视了周边制度的建构[①]，这的确很有说服力，毕竟我们不能寄希望于通过提高证明标准来一劳永逸地解决所有问题，反而应当正视将排除合理怀疑引入民事诉讼的利与弊，并重视周边配套措施的完善，以使特殊的证明标准在民事诉讼的场域中更好地发挥其应有的作用。

1. 加强裁判文书的说理

胡云腾大法官曾指出，做好裁判文书说理，有助于发挥裁判文书的多重功能，有助于解决诉讼争议，化解矛盾纠纷，还有助于宣传国家法治，彰显司法公正，促进社会和谐[②]。而笔者也在本文中多次提到了裁判文书说理在特殊证明标准适用中的作用，实践中排除合理怀疑标准适用出现的错误也多与此相关。所以，加强并改善裁判文书的说理就显得尤为重要了。

按照通常的结构，裁判文书中与证明标准密切相关的是“经审理查明”部分[③]与“本院认为”部分[④]。在事实认定部分，法官首先应写明心证随着双方当事人举证质证而螺旋式变化，最终达到排除合理怀疑的过程，但要注意，在适用一般证明标准的案件里，法官应尽量不要使用“合理怀疑”来描述其心证，以免发生混淆；其次法官对证据的真伪、证据与案件的关联性、证据能否形成锁链、证据对心证的影响等问题的分析是一个思辨过程[⑤]，理应将这个逻辑推理过程通过裁判文书展现出来，对其中运用的经验法则也需一并阐

① 霍海红:《提高民事诉讼证明标准的理论反思》，载《中国法学》2016 年第 2 期。

② 胡云腾:《论裁判文书的说理》，载《法律适用》2009 年第 3 期。

③ 即事实与证据的认定部分，实践中法院在总结双方争议的事实和理由后，一般还会记录各方当事人对证据的态度、就证据的质证以及法院认证的内容，写在事实与证据部分认定之前。参见曹志勋:《对民事判决书结构与说理的重塑》，载《中国法学》2015 年第 4 期。

④ 即证明评价与法律适用的部分。

⑤ 邹碧华:《要件审判九部法》，法律出版社 2010 年版，第 156 页。

明。在法律适用部分，首先是要给出适用“排除合理怀疑标准”的理由，尤其是酌定类型，在说理中还要详细阐释排除合理怀疑的含义以及法官利益衡量的过程，而不能仅有司法解释条文的列举[①]；其次在概念阐释中可以使用已成通说的学术观点，这也是大陆法系国家的通例；最后如果遇到需要“灵活运用”特殊证明标准的“例外”情况，法官必须给出详尽的法理、学理与情理解释，以接受合法性的审查。

同时，根据笔者上文的实证分析发现，适用排除合理怀疑标准出现问题的多为基层法院以及中级法院，高级法院的问题较少，而最高法院对排除合理怀疑证明标准的拿捏基本是准确的。所以，由最高法院牵头、各省高级法院协助，筛选出正确适用证明标准的优秀案例并将其汇编成册，或定期公布在特殊证明标准方面说理清晰、详尽的指导性案例[②]，供各下级人民法院参考借鉴，使特殊证明标准的适用类型化，不失为解决目前“乱局”的一种可行之道。

2. 加强阐明权的行使

阐明权是法院为了明确当事人的诉讼请求和案件事实而对当事人的诉讼行为加以引导的一种程序上的指挥权，是一种能够平衡多种诉讼价值的精巧装置，被当代许多国家视为保护民事诉讼当事人权利的“大宪章”[③]，因而逐渐扩大阐明的范围自然逐渐成为一种立法趋势，德国、奥地利、法国、日本[④]的民事诉讼法中均有阐明权的相关规定，我国台湾地区的有关规定在2000年修正时，亦大幅

---

① 在德国法中亦有规定，对于证据调查和证明说理时，需要在适用特别的证明标准（如疏明或者损害赔偿额的认定）时首先加以说明，随后解释为何对证明手段形成某种程度的心证。参见曹志勋:《对民事判决书结构与说理的重塑》，载《中国法学》2015年第4期。

② 如上文提到的最高人民法院于2014年12月18日发布的指导案例33号《瑞士嘉吉国际公司诉福建金石制油有限公司等确认合同无效纠纷案》。

③ 张力:《阐明权研究》，中国政法大学出版社2006年版，引言部分第1页。

④ 德国《民事诉讼法典》第139条；奥地利《民事诉讼法典》第182条；法国《民事诉讼法典》第16条、第442条；日本《民事诉讼法典》第149条。

扩张了阐明权的范围，我国台湾地区学者吕太郎将其归为五类[①]。笔者认为，“证明标准”的阐明理应归于“法的观点的阐明”一类。在我国，特殊的证明标准有的明确规定在新《民诉法解释》第109条中，有的则规定在地方性司法文件中[②]，有的则隐藏在含有“足以”“显失公平”[③]等表述的法条中，法官在庭前或庭审过程中应对双方当事人及其代理人予以必要的阐明。如果当事人一方或双方均没有请律师参与诉讼，法官还应向其解释“高度可能性”“排除合理怀疑”的基本概念，从而使双方在举证质证之前有充分的准备，使言词辩论过程更加充实，并防止裁判上的突袭。当然，这需要法官具有充足的法律知识储备及丰富的实务经验判断能力，更需要法官在庭前“做好功课”，为此，法官在提升自己业务素养的同时，还应在阅读案卷资料的前提下，参照最高人民法院的指导性案例以及相关的文献资料，进行某种程度的分析，对特殊证明标准的内涵、适用范围以及说理所需的经验法则等形成基本的认识。

3. 加强当事人的证据收集权

新《民诉法解释》第109条明确了适用特殊证明标准的两类情形，地方性司法文件以及其他反映立法者拔高证明标准意图的条文亦为数不少，这无疑加重了负举证责任一方当事人的证明负担。为了保证当事人能够充分举证，使排除合理怀疑的特殊标准不至于沦为遥不可及的“空中楼阁”，应扩展当事人的证据收集权，增加其在诉讼中的攻击防御武器。新《民诉法解释》在此方面已经作出努力，如规定了当事人申请人民法院调取证据制度、文书提出命令制度以及证据保全措施。但笔者认为这样显然远远不够，至少还应该从以下几个方面进行完善：首先，提出命令不应仅限于书证，而

---

① 即“不明了之阐明”“诉讼资料补充之阐明”“除去不当之阐明”“新诉讼资料提出之阐明”以及“法的观点之阐明”。参见吕太郎：《民事诉讼之基本理论（二）》，元照出版公司2009年版，第73～101页。

② 如上文提到的浙江省高级人民法院民事审判第一庭《关于审理医疗纠纷案件若干问题的意见（试行）》、江苏省高级人民法院《侵犯商业秘密纠纷案件审理指南》等。

③ 如《合同法》第54条第1款、《海商法》第176条。

可以参照适用于视听资料、电子数据以及物证等其他法定证据形式；其次，完善公共管理部门的信息公开，尤其针对那些与民事诉讼关系密切的信息[①]，应建立绿色通道查询制度；再次，对“悬赏取证”“私家侦探取证”“私录电子证据”等新取证形式的效力问题，司法解释应予以原则性的规定；复次，加强律师的证据调取权，如考虑构建“协助调查函”制度[②]；最后，承认证据共通原则[③]，即由一方当事人提出的证据，对方当事人或其他共同诉讼人均可利用该证据提出对自己有利的主张。

① 诸如房产登记信息、工商登记信息等。

② 2016年3月公布的最高人民法院《关于民事诉讼证据的解释（征求意见稿）》中以七个条文对协助调查函申请、内容、使用要求、滥用的后果等进行了详尽的规定，尽管这一制度在理论和实践上仍颇有争议，但确实是增强律师证据调查权的一种有益尝试。

③ 陈计男:《民事诉讼法论》(上)，三民书局2011年版，第482页。

刑事管辖异议的裁判乱象

——一种经验观察的视角

李雪松*

在国外的刑事诉讼中，管辖通常指的是审判管辖，一般分为级别管辖、地区管辖和专门管辖，而没有与我国立案管辖类似的职能分工，因为他们认为侦查、起诉活动都是诉讼的准备，审判才是实质意义上的诉讼。[①] 可以说，管辖问题是诉讼活动首先要解决的前提问题，而管辖权作为“特定法院处理特定诉讼案件的资格”[②]，则是法院对案件进行审判和裁决的依据。如果管辖的范围和权限不明，或者法院管辖不当，诉讼活动就无法展开，也会严重地影响当事人的合法权益。因此，保障当事人在管辖这一程序问题中的有效参与，就显得格外重要。在我国的民事诉讼和行政诉讼领域，都已经确立了当事人的管辖权异议制度，但该项制度在我国刑事诉讼中却一直未能得到确立。规范层面的长期空白，真的意味着刑事司法实践中不存在管辖异议的制度需求吗？而如果刑事司法实践中确实存在当事人提出管辖异议的情况，面对书本法律的空白，法官们又

---

* 中国政法大学刑事司法学院 2015 级硕士研究生。

① 石晓波：《刑事诉讼管辖权异议制度研究》，载《中国刑事法杂志》2004 年第 4 期。

② [法] 卡斯东·斯特法尼、乔治·勒瓦索、贝尔纳·布洛克：《法国刑事诉讼法精义》，罗结珍译，中国政法大学出版社 1998 年版，第 432 页。

会如何作出裁判呢？带着这些疑问，笔者对“中国裁判文书网”公开的一系列案例展开了进一步的考察，以期能从一种经验研究的视角探索我国刑事管辖异议的现实面貌。

一、刑事管辖异议之司法概貌

（一）刑事管辖异议的数量观察

从世界范围内来看，基于保护被告人辩护权的需要，或者出于维护司法公正的目的，多数国家和地区都认可了刑事管辖异议制度，赋予了刑事诉讼当事人提出管辖异议的权利。[①] 我国虽然在立法层面尚没有刑事管辖异议的制度规定，但是书本中的法律和实践中的法律并非总是保持着一致，相反，二者往往存在差异。因此，通过观察司法实践中一个个鲜活的案例，我们将进入“经验的世界”[②]，也将看到刑事管辖异议在法制运行中的真正面貌。当今社会信息化、数字化高度发达，“中国裁判文书网”的构建更是为法学研究提供了全新的平台，它不仅显著地延展了我们研究对象的时间跨度和空间跨度，而且极大地节省了我们展开研究的时间成本和经济成本，为法学的经验研究提供了宝贵的素材和便捷的渠道。

作为我国司法公开的三大平台之一，[③] 裁判文书网秉持着文书“上网为原则，不上网为例外”[④] 的精神进行平台构建，因此，其

① 虽然享有刑事管辖异议权的主体范围存在差异，但无论是采取当事人主义诉讼模式的英国、美国、加拿大、我国香港地区，还是具有职权主义诉讼模式传统的法国、德国、我国澳门地区、我国台湾地区，抑或是融合职权主义和当事人主义为一体的日本，均有一个共性，即已经确立了刑事诉讼管辖权异议制度。参见金辉、李军:《从“文强案”看我国刑事诉讼审判管辖异议制度》，载《江苏警官学院学报》2010 年第 5 期。

② 游淙祺:《现象心理学与经验的世界》，载《现代哲学》2016 年第 3 期。

③ “中国庭审公开网”“中国裁判文书网”和“中国执行信息公开网”是我国审判流程公开、裁判文书公开、执行信息公开的三大平台。

④ 王逸吟:《裁判文书上网为原则不上网为例外》，载《光明日报》2013 年 11 月 29 日，第 10 版。

所公开的裁判文书不仅称得上是最权威的，而且可以说是最全面的。鉴于此，笔者首先通过有关检索条件的设置，从宏观角度对司法实践中的刑事管辖异议进行了一番考察。初步搜索之后便发现，虽然在规范层面我国尚未确立统一的刑事管辖异议制度，但是实践中却早已存在刑事管辖异议的现实问题。例如，在裁判文书网上以“管辖异议”为全文检索条件，并将案件类型限定为刑事案件，可以发现符合条件的案例有59个。以“管辖权异议”为全文检索条件，同时限定为刑事案件，则可以搜索到91个案例。而如果以“异议”和“指定管辖”为全文检索的关键词，则可以搜索到11604个刑事案件。[①]基于这些粗略的检索，虽然不能将上述结果直接认定为存在管辖异议的刑事案件样本数量，[②]但是至少可以得出这样一个结论：在刑事司法实践中，同样存在管辖权异议的问题。而现行的刑事法律规范没有规定管辖权异议制度，使得这种“诉求”无法得到制度上的回应，也因此可能导致司法实践中法官处理刑事管辖异议的方式更加混乱。

（二）刑事管辖异议的主要特征

检索到目标案例之后，通过逐一阅读上述案例的裁判文书并进行类型化分析，笔者针对我国刑事司法实践中管辖异议的现实状况，归纳出以下六大特征：

第一，凡是提出管辖异议的案件，几乎都有辩护人或者诉讼代理人的参与。这表明，管辖作为一个较为专业的程序问题，往往需要借助法律专业人士的分析判断才更能容易发现辩护的空间。而考虑到我国现阶段辩护率普遍偏低的实际情况，笔者不禁产生这样

① 可访问“中国裁判文书网”进行查阅，网址：http://wenshu.court.gov.cn，最后访问时间：2017年11月30日。

② 因为网站本身的设计使得检索的精确度受限。例如，案件事实部分涉及民事管辖异议的案件也会被机械地纳入检索结果之中。

一种忧虑——正如犯罪暗数的存在一样，程序法领域同样可能存在相当数量的管辖错误或者管辖不当的“暗数”。第二，提出刑事管辖异议的主体种类多样。公诉案件中，被告人提出管辖异议的情况最为常见。从理论上来讲，被害人也有可能提出管辖异议，如其认为被告人罪行严重，依法应当由上一级法院管辖时，就可能提出级别管辖异议。而作为公诉机关的检察院，其在移送审查起诉时已经考虑了管辖的问题，因而一般不会对审判管辖提出异议，即使提出异议也属于检察院的一项职权，与我们所要探讨的当事人的诉讼权利是两码事。[①] 在自诉案件中，被告人提出管辖异议的情况也存在，但由于自诉案件本身的数量有限，因此这样的情况在司法实践中并不多见。而在刑事附带民事诉讼中，提出管辖异议的则以附带民事诉讼的原告人居多。第三，从提出管辖异议的时间来看，既有在一审期间提出的，也有少量以管辖问题作为上诉理由的案例。由此可见，能否妥善解决管辖问题，直接影响着诉讼资源的消耗、诉讼效率的提升以及当事人对裁判结果的信服程度。此外，结合二审的裁判结果可以发现，以管辖异议为由的上诉几乎无法得到二审法院的支持，名义上存在的权利救济途径实际上很难发挥救济作用。第四，当事人提出管辖异议的理由主要可以分为两大类。其中，一部分管辖异议涉及实体法上的问题，如犯罪地的认定。基于此提出的管辖异议的特征是——当事人认为办案机关根本就不具有本案的管辖权。而另一部分案件，当事人则是基于程序法上的理由提出管辖异议，其中最为常见的就是“回避事由”。基于此提出的管辖异议的特征是——当事人认为自己的案件由受案机关管辖并不适宜，因而常常质疑受案机关的中立性和案件处理的公正性。第五，从管辖异议的审查方式来看。虽然在理论上，管辖权是办案机关对案件进行侦查、审查起诉和审判的权力基础，管辖问题也应该是一个先决问题。但是，从裁判文书所反映出的情况

① 房保国:《刑事诉讼管辖权异议的裁判体系》，载《烟台大学学报》(哲学社会科学版)2004 年第 1 期。

来看，不仅公安、检察阶段不存在这样的空间，即使是审判阶段也几乎不存在针对管辖异议先行的、独立的论辩空间。这就导致了一种逻辑上的混乱——当办案机关对案件的管辖权受被追诉人质疑，管辖争议处于“悬而未决”的状态时，其已然开始了对被追诉人的侦查、审查起诉和审判工作，一种公权力的“任性”跃然纸上。第六，从法院最终对管辖异议的处理方式来看，则主要可以分为不予回应、在裁判理由中予以回应、单独作出裁定、单独作出书面答复这四种方式，笔者将在下文对每一种模式展开详细的论述。

二、刑事管辖异议的裁判模式

如前所述，我国刑事诉讼法并没有确立管辖异议制度，这就导致了双重的不利后果——当事人缺乏权利基础、法院缺乏裁判依据。就后者而言，没有具体规范予以约束的裁判权犹如脱缰之野马，法官的自由裁量空间极大。单从法官们对管辖异议的处理形式上来看，就带有很强的随意性，裁判模式十分混乱，具体而言可以分为以下四种。

（一）不予回应模式

直接忽略，不予回应的处理方式。单纯地从裁判文书来看，确实存在当事人提出管辖异议而法院在最终裁判时对此只字未提的情况。例如，辽宁省沈阳市于洪区法院 2015 年在审理一起职务侵占案件时，辩护人就本案提出了管辖异议，认为于洪区有关部门没有管辖权，但是法院的判决书中只给出了定罪量刑的裁判结论，完全没有理会辩护律师关于管辖异议的辩护意见。当然，裁判文书无法反映案件审理过程的全貌，我们也不能武断地认定法院的这种处理方式一定是不当甚至是错误的。一方面，按照有关学者的观点，管辖异议作为一种程序性事项，其举证责任应当由犯罪嫌疑人、被告人一方承担。[①]因此，如果本案被告人一方确实没有就管辖问题进行举证、没有进一步展开管辖异议的辩护，而只是笼统地提出过管辖异议，那么法院可能确实没有对此予以回应的必要。另一方面，我国刑事诉讼法也根本没有赋予被告人提出管辖异议的权利，可以说辩护意见从本质上来说是于法无据的，因此，法院不予回应也无可厚非。

（二）裁判理由回应模式

在裁判理由中回应管辖异议的处理方式。在一审案件中，最为常见的是被告人、辩护人提出管辖异议的情形，对此，法院通常会在作出实体判决时一并予以回应。具体而言，从判决书的行文上来看，又可以将这种处理方式细分为两类：一类是，法院先对管辖问题和其他程序、实体方面的辩护意见逐一作出回应，表明是否予以采纳并给出相应的理由，而后再作出定罪量刑的实体判罚。另一类是，法院首先认定被告人的行为构成犯罪、该当何种刑罚，而后再回应被告方的管辖异议以及其他辩护理由。从理论上讲，管辖权应当是审判权得以存在和行使的前提，因此，先论证审判法院享有管辖权，再就案件的实体问题作出认定更符合逻辑，也更具理性。但是，第一类文书在行文方式上所具有的“优越性”是极其微弱的，因为无论最后的裁判文书如何书写，只要没有在案件审理过程中赋予被告人及其辩护人就管辖问题先行辩护的机会，那么关于管辖异议的程序性辩护空间就是不独立、不完善的，提出管辖异议的辩护效果也必然大大受到减损。

目前，虽然我国已经在一定程度上确立了相对独立的量刑程序，在法庭调查和法庭辩论环节实现了定罪辩护和量刑辩护的相对

① 石晓波：《刑事诉讼管辖权异议制度研究》，载《中国刑事法杂志》2004年第4期。

分离，但是普遍意义上的程序性辩护依然没有自己的空间。[①]这无疑是长期以来“重实体、轻程序”的观念所导致的，很容易使得法官只执着于实体裁判的公正性，认为只要定罪量刑没有问题，管辖问题就不是问题。但是，对于当事人而言，一个“不被信任的”法院是不可能作出其所认可的“公正的”裁判的。正如苏力教授所说：“法治的基石是人们相信政府和法律是公正的，规则是普遍的，并且合情合理，因此愿意借助法律解决各种纠纷。”[②]对法律公正性的信任是法治的基石，对裁判者公正性的信任则是确信司法公正的基石。从根本上讲，一个中立性、公正性受到当事人质疑的法院，无论其实体裁判在客观上公正与否，都注定难以为当事人所信服。实践中，很多案子也正是由于管辖问题未能在一审中得到妥善处理，才导致当事人难以息讼服判，针对管辖问题提起上诉，甚至上访的情况也时有发生。而二审法院面对这种单独针对程序问题提起的上诉，几乎无一例外地作出了“驳回上诉，维持原判”的裁定，再一次否定了当事人提出的管辖异议。这样的结果其实并不令人意外，在我国，二审改判本就因为开庭率低、“发改率”的绩效考核[③]等因素而困难重重，更何况是单单就管辖这样的程序问题提起的上诉。由此可见，无论是从诉讼经济的角度，还是从法院改判阻力的角度来看，二审都不是处理管辖异议的最佳时机，原则上，管辖争议应当在一审法院对案件进行实质性审理之前就得到解决。而这一争议的解决过程中必然不可缺少当事人的有效参与和充分论辩，这样才能体现对当事人诉讼主体地位的尊重，也是实施刑事法律、发挥刑法惩戒教育功能、实现法治的重要前提。

---

① 申请排除非法证据的辩护和依据《刑事诉讼法》第 227 条展开的请求二审法院撤销原判、发回重审的辩护，是程序性辩护中相对完整、相对独立的辩护形态。参见陈瑞华:《刑事辩护的理念》，北京大学出版社 2017 年版，第 12 页、第 155 页。

② 苏力:《走不出的风景·大学里的致辞、以及修辞》，北京大学出版社 2011 年版，第 134 页。

③ 杨飞、张俊文:《案件质量评估语境下的审判管理改革——基于上诉发改率指标管理的实证分析》，载《河南大学学报》(社会科学版)2012 年第 2 期。

（三）单独裁定模式

针对刑事管辖异议单独作出裁定的处理方式。这样的案例非常少见，笔者观察了大量裁判文书后，仅仅发现了三例，分别是山东省枣庄市市中区人民法院作出的（2015）市中刑初字第278号刑事裁定书、陕西省西安市高陵县人民法院作出的（2014）高刑初字第00010号刑事裁定书以及湖北省咸宁市通城县人民法院作出的（2015）鄂通城刑初字第00159号刑事裁定书。此外，笔者通过阅读文献发现，陈卫东教授早年在其文章中提到的，陕西省西安市中级人民法院（2005）西刑一初字第44号刑事裁定书，也是法院针对被告人提出的刑事管辖异议单独作出的裁定，其产生时间之早、处理方式之独特在当时堪称处理刑事管辖异议的一个“创举”。[①] 由此可见，在有据可查的案例中，从2005年到2015年这长达十年的时间里，我国对刑事管辖异议的问题都没有进行过系统的梳理和规制，实践中虽然以上述第二种处理方式即裁判理由的回应模式最为常见，但仍旧存在单独裁定的处理方式。而究竟哪一种处理方式是正确的？至今，都没有一个明确的答案。甚至，在目前发现的单独裁定模式的四则案例中，第二审法院对于一审法院“以裁定方式单独处理管辖异议”的做法就持有两种截然相反的态度。

首先上文提到的四份刑事裁定书，一审法院作出的都是“驳回管辖权异议”或者“管辖权异议不成立”的裁定，其中枣庄市市中区人民法院的裁定还声明“当事人不服有权提出上诉”。但是，在案件的后续发展中，二审法院形成了两种完全不同的观点——山东省枣庄市中级人民法院和湖北省咸宁市中级人民法院以二审裁定的形式撤销了一审法院所作的裁定；[②] 而陕西省西安市高陵县人民法院

① 陈卫东:《刑事诉讼管辖权异议的解决——韩风忠、邵桂兰贩卖毒品一案的思考》，载《法学》2008年第6期。

② 即山东省枣庄市市中区人民法院作出的（2015）市中刑初字第278号刑事裁定书和湖北省咸宁市通城县人民法院作出的（2015）鄂通城刑初字第00159号刑事裁定书，被二审法院撤销了。

作出的（2014）高刑初字第00010号刑事裁定书和陕西省西安市中级人民法院作出的（2005）西刑一初字第44号刑事裁定书则被二审法院裁定维持。[①] 其中，撤销一审裁定的两个二审法院认为，“以刑事裁定书的形式驳回当事人的管辖权异议申请”并确认“当事人不服有权提出上诉”的做法没有法律依据，因此应当予以纠正。而另外两个二审法院维持一审裁定的做法，则表明其对这种处理方式的“双重认可”——一方面在审理程序上，认可一审法院就刑事管辖异议进行单独的审理；另一方面在处理结果上，认为一审法院可以用裁定书的形式对刑事管辖异议作出裁判。由此可见，针对以刑事裁定书单独处理刑事管辖异议的做法，司法实践中已经形成了两种截然相反但又对错未定的二审裁判方式，亟待法院系统内部进行统一，实现自洽，长远看来则需要更加明确的管辖异议制度加以规范。

（四）书面答复模式

针对管辖异议作出书面答复的处理方式。例如，广东省茂名市中级人民法院审理一起爆炸罪上诉案件时，法院对于各上诉人提出的管辖异议不予认可，其主要理由就是一审法院已经就管辖问题请示过二审法院，并且已经书面答复了各被告人。由此可见，面对当事人的管辖异议，一审法院通过法院内部的工作往来“请示”二审法院的意见，二审法院继而作出指定管辖的决定。这一过程完全是法院的职权行为，丝毫没有当事人的参与空间，而最后当事人能够得到的只是一份难以定位的“书面答复”。这份书面答复既不是判决，也不是裁定，必然不能够上诉，甚至就连申请复议也找不到法律上的依据。而且，进一步考察便会发现，在相当一部分案例中，当事人提出管辖异议主要是认为审判法院或者当地政府机关等与案件存在利益瓜葛，因而基于回避申请变更管辖，但是，法院指定管辖的理由却往往“答非所问”——法院基于“犯罪地管辖为主、被

---

① 其中，前者的二审裁定为陕西省西安市中级人民法院作出的（2014）西中刑立终字第00008号刑事裁定书。

告人居住地管辖为辅”的原则来进行指定，对于当事人提出的回避事由视若无睹、避重就轻。由此，程序不公开、说理不充分的“上级法院指定管辖决定书”成为一审法院面对管辖异议时惯用的“尚方宝剑”，但是当事人往往不会轻易“买账”，故而上诉、申诉不断，不仅导致了诉讼效率的低下，也消磨了当事人对司法公正的信心。更进一步来看，上下级法院之间原本是一种监督与被监督的关系，而不像公安机关、检察机关系统内的领导与被领导关系，但是，指定管辖制度的设计却导致上级法院不是通过二审这样的事后监督方式来审查一审法院对管辖异议的处理是否适当，而是由一审法院事先“请示”二审法院进行指定，使得监督关系名存实亡，这种规范两级法院之间关系的规则没有了存在的必要，[①]也在事实上剥夺了当事人的上诉权。因此，未来要理顺管辖异议的处理方式，规范管辖异议的裁判模式，必然需要对现行的指定管辖制度作出调整和改革。

三、刑事管辖异议的现状简评

综上所述，一个个案例向我们昭示：在我国的司法实践中一直存在着刑事管辖异议的现实问题，规范层面的空白是制度设计严重落后于实践需求的表现，并不具有合理性、正当性，而是我们未来改革的着力点。也正是因为制度设计的缺失，加剧了司法实践中刑事管辖异议裁判方式的混乱，法院要么对管辖异议置之不理，要么只是在实体裁判中一带而过，少有的几例以刑事裁定单独处理管辖异议的做法还面临着被上级法院撤销的风险，而保守稳妥的书面答复又很容易侵犯当事人的合法权益，难以令人信服。一言以蔽之，刑事管辖异议的现实需求、裁判模式的混乱现象、保障当事人诉讼权益的必然要求，以及刑事诉讼发展完善的内在驱动，已然使得刑事管辖异议成为一个不能被继续忽视的问题，紧紧地催促着这一领域的司法改革步伐。

① 陈瑞华:《刑事诉讼法的立法技术问题》，载《法学》2005 年第 3 期。

认罪认罚从宽制度中“自愿性”的保障

王　菲*

改革进入关键时期的同时也意味着各种社会矛盾凸显，“以‘刑法修正案八’、‘刑法修正案九’的出台、劳动教养制度被废除等为突出诱因，我国刑事司法领域凸显出犯罪轻刑化倾向，同时，结合‘立案登记制’改革等一系列举措的适用，有限的司法资源与解决司法纠纷的社会需求之间的张力越发明显”①，每年都有大量的案件涌入各级法院。2016年，各级法院审结一审刑事案件109.9万件，判处罪犯123.2万人，同比分别上升7.5%和4%②。而在案件数量激增的同时，司法机关办案人员却因员额制改革的推行而更加精简，导致有限的司法资源与不断增加的案件数量之间的关系更为紧张。因此，实现案件的繁简分流刻不容缓。在此背景之下，认罪认罚从宽制度自设立之初，除了具有落实宽严相济的刑事政策的目的以外，还被赋予了“合理配置司法资源，提高办理刑事案件的质量与效率”的深切期待。③

2014年10月23日，党的十八届四中全会首次提出“完善刑

* 中国政法大学刑事司法学院2016级硕士研究生。

① 陈卫东:《认罪认罚从宽制度研究》，载《中国法学》2016年第2期。

② 参见2017年最高人民法院工作报告。

③ 参见2016年9月3日第十二届全国人民代表大会常务委员会第二十二次会议通过的《关于授权最高人民法院、最高人民检察院在部分地区开展刑事案件认罪认罚从宽制度试点工作的决定》。

事诉讼中认罪认罚从宽制度”的要求，为认罪认罚从宽制度建构提供了政策支撑。2016年9月3日，全国人大常委会通过了《全国人民代表大会常务委员会关于授权最高人民法院、最高人民检察院在部分地区开展刑事案件认罪认罚从宽制度试点工作的决定》，明确了适用认罪认罚从宽的条件。2016年11月16日，“两高三部”联合出台了《关于在部分地区开展刑事案件认罪认罚从宽制度试点工作的办法》(以下简称《试点办法》)，为认罪认罚从宽制度的具体开展设定了框架。在认罪认罚从宽制度的运行中，“被告人认罪认罚的自愿性是认罪认罚从宽制度构建的核心与前提”[①]，被追诉人是否“自愿”认罪认罚关涉到这项制度实施的实际效果以及司法改革的顺利进行。因此，明确“自愿性”的含义并设定程序规则保障被追诉人认罪认罚的“自愿性”具有重大意义。

一、“自愿性”的概念分析

《试点办法》中提到“自愿”的规定有9处之多，提法多为“自愿认罪认罚”，如第15条规定指出：法院审理认罪认罚案件，应当审查认罪认罚的自愿性。据此，“自愿性”应指“认罪认罚”的自愿性。因此，在讨论如何保障犯罪嫌疑人、被告人的“自愿性”之前，首先要明确“认罪”“认罚”这两个概念的内涵。

(一)“认罪”的内涵

从字面上理解，“认罪”即承认自己的罪行。最高人民法院、最高人民检察院和司法部于2003年联合颁布的《关于适用普通程序审理“被告人认罪案件”的若干意见(试行)》(以下简称《意见》)在第1条指出，被告人认罪即“对指控的基本犯罪事实无异议”，而根据现行《试点办法》第1条的规定，“认罪”是指“犯罪

① 孔冠颖:《认罪认罚自愿性判断标准及其保障》，载《国家检察官学院学报》2017年第1期。

嫌疑人、被告人自愿如实供述自己的罪行，对指控的犯罪事实没有异议”。可见，“认罪”的基本含义为犯罪嫌疑人、被告人对指控的犯罪事实的承认、认可。但作为法官审查判断的对象，认罪不能仅满足于概括地承认罪行，而必须提供事实细节，因此，“认罪”意味着提供犯罪细节的“供述”，这比形式化的认罪宣告更能反映出犯罪人的主观悔过态度。①

一个值得注意的问题是“认罪”是否包括对指控罪名的认可，《试点办法》中并未要求被追诉人需要对指控的具体罪名予以认可，而学界对此看法各异。有的学者认为“认罪”并不一定包含对罪名的认可，因为罪名的认定问题属于法律适用问题，② 但也有学者认为“认罪”是否包含对指控罪名的承认因诉讼程序类型的差异而有所区分，可能适用速裁程序审理的案件中“认罪”应要求认可指控罪名，可能适用简易程序和普通程序的案件则不要求忍痛指控罪名，这样的层级性安排可起到平衡诉讼效率与发现真实之间的紧张关系。③ 某认罪认罚试点城市的调研结果显示，被告人和法律职业人两个不同的群体中都有大约一半的人认为“认罪”即“认可起诉事实及罪名”，分别占 53.7%、46.8%，而认为“认罪的含义是指认可起诉事实”的占比分别为 26.2%、30.1%。④ 这表明在实际操作中，由于对“认罪”内涵的不同理解，有一部分被告人会因为认可起诉事实但不认可罪名而被拒之于认罪认罚从宽制度之外，所涉案件可能适用普通程序进行审理，但在同样的情况下，有的被告人却可以被认定为“认罪”而获得从宽处理。因此，应当尽早明确“认罪”的含义，而在此之前，从保障被追诉人利益以及更好地实现

① 魏晓娜:《完善认罪认罚从宽制度——中国语境下的关键词展开》，载《法学研究》2016 年第 4 期。

② 魏晓娜:《完善认罪认罚从宽制度——中国语境下的关键词展开》，载《法学研究》2016 年第 4 期。

③ 赵恒:《认罪及其自愿性审查：内涵辨析、规范评价与制度保障》，载《华东政法大学学报》2017 年第 4 期。

④ 李洪杰:《认罪自愿性的实证考察》，载《国家检察官学院学报》2017 年第 6 期。

繁简分流的角度出发，并且基于司法实践中认为“认可起诉事实”即“认罪”的占比也较大，“认罪”的含义不应扩大到对罪名的认可。

(二)“认罚”的内涵

首先，“认罚”在不同的刑事诉讼阶段应有不同的表现，随着诉讼阶段的推进，被追诉人“认罚”的表现会愈加明确具体。根据《试点办法》第 1 条，“认罚”应指“同意量刑建议”，但问题在于，量刑建议至少要在进入审查起诉阶段后才会由检察院给出，而认罪认罚从宽在侦查阶段也是有所体现的[①]，即侦查阶段的“认罚”不可能表现为“同意量刑建议”。由于侦查机关的主要任务是查明案件事实，因此，在侦查阶段，犯罪嫌疑人“认罚”更多表现为一种配合侦查机关办案以争取宽大处理的态度和笼统的字面表达，而非认可具体的刑罚。有学者指出：“只要被追诉人同意可能的刑罚结果就应认为被追诉人已经‘认罚’。被追诉人在侦查阶段的‘认罚’是对未来可能刑罚的接受。”[②]而在审查起诉阶段和审判阶段，“认罚”则更多地表现为对检察机关量刑建议的接受和认可，具体包括对刑罚种类、刑期（确定的刑期或者量刑幅度）以及刑罚执行方式的接受。

另外，“认罚”不包含对程序从简的认可。根据《试点办法》第 16 条中“被告人认罪认罚并同意适用速裁程序”的表述，被追诉人享有程序上的选择权，程序从简是被追诉人认罪认罚之后可能出现的结果，而并非“认罪”或者“认罚”的本身含义，真正导致程序简化的是基于被告人程序选择权而产生的控辩双方的合意，“控

---

① 《试点办法》第 8 条第 1 款规定：“在侦查过程中，侦查机关应当告知犯罪嫌疑人享有的诉讼权利和认罪认罚可能导致的法律后果，听取犯罪嫌疑人及其辩护人或者值班律师的意见，犯罪嫌疑人自愿认罪认罚的，记录在案并附卷。”

② 陈光中、马康：《认罪认罚从宽制度若干重要问题探讨》，载《法学》2016 年第 8 期。

辩双方的诉讼合意是认罪认罚案件程序简化的正当性前提”[①]。

（三）“自愿性”的内涵

认罪认罚从宽制度的本质是量刑协商，“契约自由理论可以作为认罪认罚从宽制度正当性的基础”[②]。契约自由包含着地位平等的双方在知晓契约内容的前提下自由表达真实意愿、选择缔结或者不缔结契约的意思，因此，被追诉人“自愿”认罪认罚也应当包含以下几点含义：

1.“自愿性”的前提是明知认罪认罚的性质和行为后果

“无论是实体上的认罪，还是程序方面的自主选择适用，对被追诉人而言都是利益自损行为”，[③]因此，被追诉人认罪认罚之前必须首先知晓何为认罪认罚、认罪认罚会产生何种后果。在明知的基础上，被追诉人对认罪认罚与不认罪认罚的可能后果进行比较、权衡之后，深思熟虑所作出的承认指控事实、接受相应刑罚的决定才更有可能是理性的。鉴于认罪认罚内涵的专业性和复杂性，要求所有被告人理解认罪认罚的含义和后果并不现实，因此，公安司法机关的提前告知以及律师的及时参与不可或缺。

2.进行协商的双方地位平等

认罪认罚从宽是契约精神在刑事诉讼中的体现，双方能够进行协商对话的前提是地位平等，否则或多或少会带有强迫的意味，因此，“认罪认罚从宽制度是建立在控辩双方平等、自愿基础上的一种合作式刑事司法”[④]。协商性司法除了有助于提高诉讼效率之外，

---

① 闵春雷：《认罪认罚从宽制度中的程序简化》，载《苏州大学学报》（哲学社会科学版）2017年第2期。

② 桂梦美：《刑事诉讼中认罪认罚从宽制度本体描述与理论参照》，载《河南社会科学》2016年第9期。

③ 魏晓娜：《完善认罪认罚从宽制度——中国语境下的关键词展开》，载《法学研究》2016年第4期。

④ 宋善铭：《认罪认罚从宽制度典型样态运行的实证分析——以浙江省实践为例》，载《河北法学》2017年第10期。

还体现出对被追诉人主体地位的尊重，[①] 在认罪认罚从宽中，国家与被追诉人的关系趋于平等化，被追诉人取得了一定的话语权，而这正是“自愿性”的应有之义。

3. 认罪认罚必须出于被追诉人自己的真实意思表示

一方面，认罪认罚从宽制度强调被追诉者的地位，尊重其个人意愿表达；但另一方面，口供的顺利获取会在无形中增加程序简化的砝码，在案件堆积的情况下对于办案人员也是一种激励，因此，非法获取口供的风险也随之增加，不得不防。保障“自愿性”意味着规范取证行为，防止刑讯逼供等非法手段，从这个意义上讲，保障认罪认罚的自愿性是防范冤假错案、实现司法公正的必由之路[②]。

4. 被追诉人享有认罪认罚与否的选择权

认罪认罚与否的选择权是被追诉人真实意思表示的合理延伸，是认罪认罚“自愿性”的实质反映。契约成立最重要的是达成合意，在认罪认罚从宽程序中，赋予控辩双方在未达成合意时的选择权尤为重要。被追诉人可以按照自己的意愿，选择认罪认罚或者不选择认罪认罚。对于不选择认罪认罚或者选择之后又撤销的被追诉人，应确保其获得公正审判，而不会以不认罪为由对其“抗拒从严”，[③]且真正意义上的选择权要求认罪认罚后的从宽处理结果不能与不认罪认罚的处罚结果相差过大，否则被告人认罪认罚可能并非出于本心。总之，作为认罪认罚从宽的一方参与主体，应当切实赋予并充分尊重被追诉人的选择权。并且，在一些情况下，应当允许被追诉人撤回其意思表示，再次作出选择，当然，这样的选择权理应受到一定限制，诉讼阶段向前推进得越多，限制也越多。

---

① 叶青:《认罪认罚从宽制度的逻辑展开》，载《国家检察官学院学报》2017 年第 1 期。

② 刘广三、李艳霞:《论认罪认罚从宽制度的立法完善——以实证研究为视角》，载《山东大学学报》(哲学社会科学版) 2017 年第 4 期。

③ 顾永忠:《关于“完善认罪认罚制度”的几个理论问题》，载《当代法学》2016 年第 6 期。

二、“虚假自愿”的类型

虚假，即不真实。“虚假”与“自愿”看似水火不容，但在特殊情境下共存，即为“虚假自愿”。区别于明显的被追诉人不自愿认罪认罚的情形，“虚假自愿”具有更加隐蔽的特征，从外在表现来看与自愿认罪认罚差别不明显，甚至有时假与真仅一线之隔，几乎可以“以假乱真”，但究其本质仍是“不自愿”。因此，有必要探究“虚假自愿”的可能样态，为分辨提供便利。

（一）不明知认罪认罚性质和后果而导致的“虚假自愿”

被追诉人享有公正审判权，选择认罪认罚则意味着或多或少的权利减让，也因此这种程序简化的正当性存在一定争议[①]。权利减让无可避免，但必须保证利害关系人在利益减损之前能够获知与案件有关的信息，尤其是认罪认罚的性质和法律后果。信息掌握的多少会对人们的判断产生影响，信息极为不对称时所作出的判断很有可能是误判。不知晓案件具体情况、认罪认罚意味着什么后果而认罪认罚与明知认罪认罚的性质和法律后果而认罪认罚，在哪种情况下被追诉人所作出的认罪认罚的意思表示更具有自愿性自不待言。但获知案件情况、认罪认罚的相关规定等只是第一个层次的要求，更关键的是被追诉人在已知的基础上真正理解认罪认罚的含义。然而罪与非罪的界限、此罪与彼罪的区分、选择认罪认罚与不选择认罪认罚的本质差异等专业化的表述，在很多时候不会为法律知识匮乏的被追诉人所理解。因此，明知的前提是办案人员的告知，关键却是律师帮助下的理解。

（二）存在身体或心理上的压力而导致的“虚假自愿”

身体上的压力主要是外部加诸于被追诉人的，如刑讯逼供带来的身体上难以忍受的痛苦。虚假的有罪供述在很大程度上与刑讯

---

① 熊秋红:《认罪认罚从宽的理论审视与制度完善》，载《法学》2016 年第 10 期。

逼供有着不可分割的关联，“我国过去发生的冤案中，几乎都有刑讯逼供的影子”[①]。非法证据排除规则的确立以及一系列防止刑讯逼供措施的出台，在客观上起到了一定的遏制作用，但这并不意味着刑讯逼供的彻底退场，尤其应当注意的是变相的刑讯逼供还时有发生。

精神压力有可能是自身以外的人施加的，也有可能是自己施加的，或者两种兼具。经过长期探索，人类历史上出现了两种有效地获取犯罪嫌疑人有罪供述的方法，即身体强制和心理强制，身体强制更为快速有效，但随着社会发展，身体强制逐渐为国际公约明文禁止，心理强制迎来了发展的契机，欺骗与诱导相结合的心理强制策略在当代各国的审讯实践中成为审讯方法的主流。[②] 具体到认罪认罚从宽制度中，可能存在这样的心理强制：办案人员对被追诉人许以远高于其自身期待的量刑优惠，使其内心产生动摇进而作出有罪供述并接受对方提出的量刑减让。这种情况下不仅有罪者可能会被说服，无辜者在量刑优惠足够吸引人时也可能作出虚假的认罪。有学者调研发现，有超过 20% 的被告人会为了获得量刑上的从宽处理而“违心认罪”。这一比例说明认罪认罚中存在一定的错案风险。[③] 在从宽量刑尚未标准化的试点阶段，这种风险尤其需要注意。

三、被追诉人“自愿性”的保障

不难发现，在认罪认罚从宽的制度设计上体现出“牵一发而动全身”的特点，而作为认罪认罚从宽制度实施的核心，“自愿性”的保障问题更体现出了这样的特点。总体而言，认罪认罚“自愿性”的保障机制可从以下几个方面加以完善：

---

① 陈光中、于增尊：《严防冤案若干问题思考》，载《法学家》2014 年第 1 期。

② 吴纪奎：《心理强制时代的侦查讯问规制》，载《环球法律评论》2009 年第 3 期。

③ 刘广三、李艳霞：《论认罪认罚从宽制度的立法完善——以实证研究为视角》，载《山东大学学报》（哲学社会科学版）2017 年第 4 期。

（一）保障被追诉人的知情权

如果犯罪嫌疑人、被告人与检察机关进行协商时处于信息完全不对称的境地，那么，很难保证其认罪认罚是基于自愿和理性思考之后的选择。[①]《试点办法》中规定了在侦查阶段、审查起诉阶段和审判阶段，公安司法机关对被追诉人就其享有的诉讼权利以及认罪认罚可能导致的法律后果有告知义务，这在各试点城市制定的《实施细则》中也有所体现。例如，北京市的《实施细则》不仅规定了告知义务，而且具体规定了侦查机关告知的时间为第一次讯问犯罪嫌疑人或者对其采取强制措施时。可以看出，被追诉者的知情权被给予关注，但告知的内容应当更加明确、具体、可操作。在认罪认罚协商开始之前，被追诉人应被告知其享有的各项权利、涉嫌的犯罪、罪名、认罪认罚的性质和要求、认罪认罚后可能获得的从宽处罚幅度、认罪认罚后适用的审判程序等具体的事项，对于其产生疑惑的部分办案人员应作出解释。犯罪嫌疑人、被告人对认罪认罚从宽制度的程序产生清晰而正确的认识是其表达真实意愿并达成共识的基本前提。[②]当然，由于被追诉人可能对公权力有所抵触、不够信任，公安司法机关的告知并不能保证被追诉人真正理解告知的事项，律师的及时参与也是保障被追诉人知情权不可缺失的一环。

（二）保障被追诉人获得律师实质帮助的权利

在基于被追诉人认罪而定罪的程序中，律师帮助权是被追诉人认罪自愿性的基本保障。[③]进行量刑协商的双方即便地位趋于平等

---

① 刘方权：《认罪认罚从宽制度的建设路经——基于刑事速裁程序试点经验的研究》，载《中国刑事法杂志》2017年第3期。

② 陆洲、陈晓庆：《认罪认罚从宽制度的沟通之维》，载《湖北大学学报》（哲学社会科学版）2017年第6期。

③ 史立梅：《认罪认罚从宽程序中的潜在风险及其防范》，载《当代法学》2017年第5期。

化，但也不可能真正做到平等对话，如果认罪认罚从宽中只有被追诉人和办案机关，那么认罪认罚就会处于公权力的掌控之下，而律师的介入有助于打破实质不平等的局面，为被追诉人争取到最有利的结果。为使律师介入在“自愿性”保障中尽可能发挥作用，律师在认罪认罚从宽中对被追诉人的帮助应当是实质的而非形式的。首先，应当保证律师在侦查阶段的参与，保证律师能够及时会见犯罪嫌疑人，在不被监听的状态下与其当面沟通，了解案情和讯问情况，并给予犯罪嫌疑人以精神支撑。其次，律师对被追诉人提供中肯的建议必须建立在充分了解双方掌握证据的基础之上，因此，应当保障律师的阅卷权，尤其是要保证律师能够获取到被追诉人无罪、罪轻的证据。最后，被追诉人作出认罪认罚的选择时律师应当在场，且在此之前被追诉人已经经过律师解释而理解认罪认罚的法律后果。

根据《试点办法》的规定，能为犯罪嫌疑人、被告人提供法律帮助的除了辩护人之外，还有法律援助工作站派驻的值班律师，那么，问题在于值班律师地位是什么，可以在多大限度内为被追诉人提供法律帮助。根据《试点办法》第 5 条第 3 款:“犯罪嫌疑人、被告人自愿认罪认罚，没有辩护人的，人民法院、人民检察院、公安机关应当通知值班律师为其提供法律咨询、程序选择、申请变更强制措施等法律帮助。”在我国多数案件中被追诉人没有辩护律师，律师辩护率通常只有 30% 的情况下[①]，值班律师制度无疑能起到积极作用。但是从《试点办法》的规定看还存在问题：一方面，办案机关通知值班律师的前提是被追诉人在没有辩护律师的情况下自愿认罪认罚，即通知值班律师时被追诉人已经认罪认罚，那么，如何保证在没有辩护人也没有值班律师参与下的认罪认罚是“自愿”的呢？另一方面，值班律师能够提供的法律帮助限于提供法律咨询、

① 顾永忠、陈效:《中国法律援助制度发展研究报告》(上)，载《中国司法》2013 年第 1 期。

程序选择、申请变更强制措施等，这些较为基本的法律帮助对于被追诉人而言远远不够。因此，未来值班律师制度首先应在这两个方面予以改进。

（三）规范从宽量刑幅度

认罪认罚对被追诉人而言是一种利益自损行为，基于“理性经济人”假设，除非有额外的利益驱动，否则难以期待被追诉人的积极配合，而实体或程序上的从宽处理即为被追诉人认罪的动力。① 但换个角度，过于强大的动力于被追诉人而言又何尝不是一种权衡与选择的压力。根据《试点办法》，检察机关有根据案件具体情况提出量刑建议的权力，但是没有规定检察院在不同情况下量刑建议的具体幅度，导致检察机关被赋予相对较大的裁量权。如果减让幅度较大的量刑建议被法院采纳，那么可能导致实体不公正；但如果法院没有采纳，则可能对未来案件中的被追诉人心理产生影响，而导致其不愿进行量刑协商。无论出现哪种结果，都有违改革的初衷。一项调研结果显示，法律职业人员对从宽幅度的理解差异较大，② 但法院在审判阶段对于检察机关提出的量刑建议有将近 90% 是予以采纳的③。有学者提出，为防止量刑减让对被追诉人构成不当引诱而丧失认罪自愿性，必须将刑罚减让的幅度控制在当处刑罚的 1/3 以内，④ 应当在总结试点经验的基础上尽快制定出合理的、具有阶段性差异的量刑从宽指导意见。

---

① 魏晓娜:《完善认罪认罚从宽制度——中国语境下的关键词展开》，载《法学研究》2016 年第 4 期。

② 刘广三、李艳霞:《论认罪认罚从宽制度的立法完善——以实证研究为视角》，载《山东大学学报》（哲学社会科学版）2017 年第 4 期。

③ 史兆琨:《检察机关有序推进认罪认罚从宽制度试点工作》，载《检察日报》2017 年 9 月 19 日第 1 版。

④ 魏晓娜:《完善认罪认罚从宽制度——中国语境下的关键词展开》，载《法学研究》2016 年第 4 期。

（四）完善法庭审查与救济机制

严格的法律审查机制和充分的救济机制是当事人订立契约的一个重要原因，但这种保障机制在契约式诉讼程序中尚不完善。[①]《试点办法》第15条明确规定，法院审理认罪认罚案件，应当审查认罪认罚的自愿性和认罪认罚具结书内容的真实性和合法性。但是，在司法实践中“自愿性”审查的现状令人担忧。以速裁程序为例，审判环节认罪认罚“自愿性”审查的主要标准为“无异议”检验，即由“被告人自愿认罪，当事人对适用法律没有争议”推断出被告人认罪认罚是自愿的。[②]此外，某些试点地区适用速裁程序审理的认罪认罚案件，庭审时间平均为5分钟，[③]一方面说明认罪认罚从宽制度的实施提高了效率；但另一方面也令人怀疑这么短的庭审时间能否保证“自愿性”的实质审查。总体而言，在所有认罪认罚从宽案件中都应重视庭审时的“自愿性”审查，审查的重点为律师参与情况、诉讼活动合法性以及主要事实的相关证据。法官可通过问答的方式来判断被告人是否真的理解认罪认罚的法律后果，并应在作出裁判之前再次询问其是否认罪认罚，如果被告人向其表示认罪认罚并非出于自愿并提出理由，则应审查理由是否成立，如果理由成立则允许其撤回认罪认罚的意思表示并适用普通程序审理该案件。同样，被告人可以上诉，但应提出认罪认罚不具有“自愿性”的理由。

---

① 马明亮：《认罪认罚从宽制度的正当程序》，载《苏州大学学报》（哲学社会科学版）2017年第2期。

② 卢君、谭中平：《论审判环节被告人认罪认罚“自愿性”审查机制的构建》，载《法律适用》2017年第5期。

③ 段格林、杨扬：《山东认罪认罚从宽试点取得阶段性成效》，载《人民法院报》2017年11月17日第1版。

公证证前调解的理论探究

史书一 *

对于有争议的待证事项，公证机构不予公证。但在公证实务中，公证机构出于达成公证、解决纠纷的目的，对于存有争议的公证事项往往先调解，待争议解决后，再行公证。特别是在离婚、继承中的财产公证中，公证证前调解的现象尤甚。目前理论界对于诉讼调解、人民调解等调解制度的研究颇丰，但对于公证调解的探讨较少，且为数不多的研究在研究对象上多集中于公证证后调解，研究角度也多从实务出发，对实务背后的理论问题研究十分缺乏。公证证前调解的研究难觅踪迹，究其原因在于公证证前调解是我国公证实践中产生的新探索，本国法律依据与外国经验均为空白。公证证前调解的概念、性质、正当性一应不明，实务操作缺乏制度支持，公证机构各行其是，非议之声不绝于耳。从长远来看，若理论不能跟进，将带来实践的混乱，公证证前调解这一制度也并不能行之长远。因而，本文从公证证前调解的概念、性质、正当性出发进行研究，以期为公证证前调解提供一定的理论支持。

一、公证证前调解定位

公证制度源于古罗马诉讼程序上的代书人制度，20 世纪初才

* 中国政法大学民商经济法学院 2015 级硕士研究生。

传入我国，可以说是地道的“舶来品”。而调解制度起源于我国，被世界称为神奇的“东方经验”，然而就是这两种“基因”差别巨大的制度，却在纠纷多发的新历史背景下走到了一起——公证实务中，出现了一种名为公证证前调解的新制度。公证活动中，证前调解与证后调解共同组成公证调解，[①]目前我国法律涉及公证调解的仅有《公证程序规则》第56条，规定了在公证后对于履行事项的争议，当事人可申请公证机构调解，而对于公证证前调解的概念、程序等并未作出具体规定，理论界对这一概念更是鲜有提及。本文将从法律解释以及实务操作的角度出发，对公证证前调解概念进行梳理。

（一）公证证前调解概念梳理

首先，依据文义解释，公证是指由法律授权的专业人员或机构对法律行为、有法律意义的文书和事实进行的证明活动。[②]调解是指在有关人员的主持下，依据国家的政策、法律，运用说服教育的方法，劝导纠纷双方当事人通过自愿协商解决纷争的一种方法和活动。[③]将以上两个定义与公证证前调解的字面含义结合，可为我们讨论公证证前调解的概念提供以下几点思路：一是这种活动是一种第三方居中调停，促使当事人解决纠纷的活动。二是在时间维度上，这一纠纷解决活动发生于证明活动前，并在逻辑维度上也存在一定联系，这一联系究竟是何下文详述。

其次，依据目的解释，公证制度的目的是通过对于法律行为、有法律意义的文书，实现固定事实、减少争议、预防纠纷的目的。而调解的目的则是通过第三方的调停活动，实现对已有纠纷妥善解

① 目前学界关于公证调解的概念有广义和狭义两种学说，广义说认为，公证调解包括证前调解与证后调解，狭义说认为公证调解仅包括证后调解。本文的目的就是论证证前调解存在的正当性，因而本文采广义说。

② 宫晓冰:《中国公证制度的完善》，载《法学研究》2003年第5期。

③ 邹瑜、顾明、高扬瑜、郑杨:《法学大辞典》，中国政法大学出版社1991年版，第127页。

决的目的。既然公证证前调解制度将这两种制度相融合，说明其目的中必然包含预防与解决纠纷的成分，但何者是最终目的，则需要我们进一步探讨。本文认为应从这一制度的起源分析，公证制度中之所以需要在一些待证事项证前引入调解，这是因为公证的客体必须是无争议的事项，而调解的作用就是解决争议，使待证事项符合公证无争议的要求。这样看来，公证证前的调解是一种手段，最终目的是通过这种手段，解决争议进而达成公证。这也就解决了上一部分的问题，调解与公证是一种手段与目的的逻辑关系。

最后，辩证唯物主义认为，认识来源于实践，既然当前间接经验无据可考，我们便不如从实践出发。公证实务对于公证证前调解已有一定的探索。具体来说，在一些案件中[①]，往往是一方当事人前往公证机构办理公证时，公证员在审查时发现待证事项存在争议，在征得一方当事人同意的前提下，邀请对方当事人到场，由公证员主持调解，调解成功后对于原待证事项或双方调解协议进行公证，调解失败的则告知当事人寻求诉讼、仲裁途径。从这一运行程序中我们可以发现，公证前调解的开展以待证事项存在争议为前提，以双方当事人自愿为基础。

根据上述三方面的分析，本文尝试为公证证前调解下一定义，即公证证前调解是在公证证明前，在当事人同意的前提下，公证员依据法律、法规最终达成公证的活动。

（二）公证证前调解性质

对于公证证前调解的性质的研究，主要是解决两个问题，即公证证前调解是属于公证范畴还是调解范畴，此外，公证证前调解中的调解活动是属于人民调解还是其他类型的调解。对于第一个问题，依据前文论述，无论是在理论上或实践中，调解是被作为一种手段，而达成公证则为最终目的，因而公证证前调解只能属于公证

① 蔡椿、郝邵菲：《公证员细心调解化解家庭纠纷》，载《烟台晚报》2015 年 5 月 22 日 C5 版。

范畴，通过调解解决基于待证事项所产生的争议仅仅是为达成公证而进行的必要程序，是公证服务的向前延伸。因而下文将主要对公证证前调解中的调解活动性质进行探讨。

目前仅有的一些研究，或是从人民调解的角度看待公证证前调解中调解活动的性质，主张将其纳入可替代性纠纷解决机制中[①]，或笼统地从公证调解出发，却主要侧重于证后调解的研究[②]。这些无疑都忽略了公证证前调解中调解活动在性质上的独特性，因而本文将通过与相关调解制度的比较，达到明确证前调解性质之目的。

1. 与证后调解之比较

《公证程序规则》第 56 条规定："经公证的事项在履行过程中发生争议的，出具公证书的公证机构可以应当事人的请求进行调解。调解后当事人达成新的协议并申请公证的，公证机构可以办理公证；调解不成的，公证机构应当告知当事人就该争议依法向人民法院提起民事诉讼或者向仲裁机构申请仲裁。"从中可以看出，除了调解的时间节点不同，公证证后调解与证前调解的区别更在于证后调解是对基于公证事项履行争议进行的调解，而证前调解则是对基于待证事项的争议进行的调解。此外，既然《公证程序规则》将证后调解限制为对于履行争议进行的调解，那么，证后调解的事项就必须具有可履行性，而证前调解显然并不应局限于此，具体的调解范围将在本文第三部分详述。

2. 与人民调解之比较

人民调解属于民间调解，主要指在非司法性和非行政性的民间社会组织中设立的调解机构（如人民调解委员会），对涉及公民人身权、财产权纠纷进行调解，是由社会组织、团体或个人主持下的调解。[③] 相比较而言，首先，二者存在主体上的差异，人民调解由

① 暴婕、张庆东：《大陆法律强势公证制度与 ADR 的内在契合——对公证调解职能的再认识》，载《中国公证》2008 年第 7 期。

② 胡光林：《论公证调解制度的完善》，安徽大学 2010 年硕士学位论文。

③ 胡泽君：《人民调解教程》，中国政法大学出版社 2004 年版，第 1 ～ 2 页。

人民调解员主持，而公证调解则为公证员主持，人民调解委员会若在公证机构中设置，则二者在一定条件下可能重合。其次，目的不同，人民调解的最终目的是解决纠纷，即在人民调解员的主持下，双方当事人达成调解协议。而对于公证调解而言，法律赋予公证机构的是一种证明权力，[①] 公证机构本无义务对于当事人的争议进行调解，社会对于公证制度的期许也并无解决纠纷这一项，《公证法》虽规定公证机构不以营利为目的，但当公证机构体制转型后，大部分自负盈亏的公证机构不可能不考量成本等因素，真正推动公证机构调解的动力在于调解纠纷解决后达成公证。因而，达成公证才是公证调解的最终目的，调解只是一种手段，纠纷解决则是为实现这一目的所必须达成的前提性结果。

3. 与诉讼调解之比较

诉讼调解是指在人民法院的法官主持下，双方当事人自愿平等协商，达成协议，经人民法院认可后，终结司法程序的活动。诉讼调解中法院审判权的介入，成为其有别于其他调解最重要的一大特征。此外，在调解效力方面，诉讼调解中达成的调解协议经法院审查确认并送达当事人签署后生效，并具有同判决书一样的效力，一方当事人不履行调解协议的，另一方当事人可以请求人民法院强制执行。而公证调解达成的调解协议，显然不具有这一效力，仅在调解协议达成公证后，才在法庭上具有证明力，有履行内容的证明文书具有强制执行的效力。

综上所述，本文认为，公证证前调解属公证范畴，是为达成公证而进行的一种查明待证事项、解决纠纷的一种证前准备程序，是公证服务的向前延伸。而其中调解活动的性质与现存的调解形式在主体、效力等方面均具有显著不同，是一种新型的调解类型，可将其称为公证调解。

---

① 目前学界对公证主体的权力性质仍存较大争议，有社会证明权、国家证明权等多种学说，但对这一权力是一种证明权并无异议。

二、公证证前调解合法性评析

在纠纷多发这样一个大背景下，即使是在调解这项制度得到从未有过重视的前提下，我们也断不可武断地将调解制度渗透到每一种法律制度中。相反，我们更应理性看待。而要做到这一点，就需要我们对这一制度的正当性进行探析，正当与否主要体现于合法性与合理性两个层面。从合法性来看，又包括合乎法律性与合乎法理性。

（一）合法性之合乎法律性

提及合法性，其表层含义当然是是否符合法律的规定。1990年由司法部颁布的《公证程序规则（试行）》第54条规定："经过公证的事项在履行过程中发生纠纷的，原公证处可应当事人的请求进行调解。经调解后当事人达成新协议的，公证处应给予公证……"2002年、2006年重新颁布的《公证程序规则》虽均有修改，但对公证调解的对象仅限于对公证事项履行争议的调解这一规定并无变化。可见，作为部门规章的《公证程序规则》成为我国公证调解制度的唯一法律依据，但也仅限于公证证后调解，对于证前调解制度并无提及。但是，是否符合法律的规定仅是合法性的最浅层含义，毕竟法律的滞后性造成了未被法律所规定的新生制度也具有合法性的可能，这就需要我们探究合法性的第二层含义——这一制度是否合乎调解与公证程序分别应遵循的法理。

（二）合法性之合乎法理性

无论何种调解，其本质都是第三方调解主体通过劝说、教育的外在形式，帮助、引导当事人就权利义务关系重新达成合意。在这一过程中，第三方调解主体的调解行为其实就是根据自身生活经验、法律知识，对于当事人之间的法律关系进行评估，并对其再分配施加影响。我们要探讨公证证前调解是否合乎法理，就要看作为调解主体的第三方究竟是否有权影响和干预当事人的权利义务关系，或者说作为第三方的调解主体的调解权是否有合乎法理的来源。如法院调解的调解主体是法院，其调解的职能源于司法权的赋予，行政调解的调解主体是行政机关，其调解的职能源于行政职权的赋予，而公证制度背后的公证权是否能够衍生出调解权？是否包含着对于公证员调解职能的赋予呢？本文认为，答案是肯定的，理由如下：

首先，公证与调解具有目的上的一致性。公证权是一种公证员和公证机构享有的对法律事实真实性和合法性进行证明的权力。[①]作为国家权力的一种，其目的在于通过证明，实现固定事实、减少争议、预防纠纷的目的。而各种调解的目的无外乎也是通过一定主体的主持引导，双方当事人对于争议达成合意，进而实现解决纠纷的目的。公证与调解的目的虽然一个是预防纠纷，一个是解决纠纷，但它们本质上都是在通过对于纠纷的妥善处理来实现社会稳定的目的。因而将调解制度融入公证制度，并不会带来目的上的冲突或相悖。

其次，公证与调解具有程序上的契合性。各国公证制度均要求公证人员对于公证事项进行审查，根据我国《公证程序规则》的规定，公证机构对于当事人待证事项的申请将进行两次审查，第一次是对公证申请条件的审查，包括申请人与待证事项是否具有利害关系、申请人之间对于待证事项有无争议、待证事项是否属于公证机构业务范围。[②]第二次是在受理后对于待证事项的真实性、合法性、有效性的审查。[③]可见，我国法律规定的审查义务与大陆法系国家类似，是一种实质审查义务。在公证实务中，一些申请人出于对自身利益的考量，往往对于待证事项涉及其他主体利益、待证事项的真实状态等情况进行一定程度的隐瞒甚至欺骗，企图通过蒙混公证

① 汤维建:《关于公证权性质的若干思考》，载《司法改革论评》2007年第2期。

② 参见《公证程序规则》第17条。

③ 参见《公证程序规则》第32～37条、第51条。

人员来获得公证文书。因而，实践中公证人员在进行这两次审查时往往会发现待证事项存在纠纷，以往公证机构会以待证事项存在争议而拒绝受理，而近期实践中出现了一些有益探索，即在发现纠纷后，在当事人同意的前提下，邀请其他利害关系人进行调解，调解成功后对于调解协议进行公证。[①]这一做法取得了较好的社会效果，究其原因在于证前调解的对象恰是待证事项出现的争议、纠纷，而调解的过程中必定涉及双方当事人权利义务关系的查明与重新分配，调解的过程其实就是一个公证员查明、解决相关利害关系人争议，尽到实质性审查义务的过程。因而证前调解不仅与公证程序本身不相违，甚至在一定程度上有利于公证的达成。

三、公证证前调解合理性评析

除合法性外，一项新制度的合理性也是我们所必须考虑的范畴。这里的“理”非合法性中的法理，而是一种应然层面的价值判断，即公证证前调解是否有存在积极价值，且这一制度能否对公证制度产生积极作用。此外，若是这一积极价值能被其他类型的调解制度所代替，那么这一制度的存在就不具备合理性。因而，本文将从公证证前调解制度的一些积极价值以及其他调解制度所不具备的优势进行论证。

（一）公证证前调解有利于促进公证制度整体公信力提升

前文已述，公证证前调解制度有利于促进基于待证事项纠纷的解决，从而推动公证的达成，此外，公证证前调解制度更有利于促进公证制度整体公信力提升。

公证的公信力就是一定社会的公证机构通过其职权活动使国家的公共证明权在整个社会生活中建立起来的一种公共信用。这种公

① 周寒梅：《“跨界”一年公证员铆足劲头当“老娘舅”》，载《上海法治报》2015年2月4日A02版。

共信用体现为民众对公证的充分信任与依赖，对国家证明权、公证机构十足的信心。[①]然而，我国目前公证公信力遭受严峻考验，除去近年来几次造成重大社会影响的舞弊个案的因素，在诉讼中经公证的证据材料本应具有的高于一般证据的等级效力屡遭质疑也是一个重要原因。证据材料具有了“证据之王”的特性，体现了国家立法、司法层面对于公证公信力的承认。但是，此条但书中也规定了“有相反证据除外”，这也就意味着，如经公证机构公证的法律行为等事项在法庭中被利害关系人举证推翻，公证所建立起来的公共信用将受到极大损害。如何能避免这一情况的发生？本文认为，要提升公证制度公信力，除了提升公证人员素质、完善相关体制之外，更应防患于未然。《公证程序规则》虽要求待证事项无争议，但在实践中，当事人想到要通过公证固定事实，在不少情况下往往是当事人已经预估到争议将要发生或争议已经发生。因而，引入公证证前调解不失为一个解决之道。公证员在发现待证事项涉及多方当事人且存在争议后，可在公证申请人的同意下，邀请利害关系人进行调解，在解决争议后再行公证。特别是对于双方调解协议的公证，可以较为有效地防止日后利害关系人反悔后在诉讼过程中对于已经公证的事实提出反证，从而在这一层面上提升公证的公信力。

（二）公证证前调解制度的比较优势

如前文所述，公证证前调解有助于促进公证达成，具有可替代性纠纷解决机制作用。但是，可替代性纠纷解决机制中已有众多解决纠纷的途径，那么公证证前调解制度只有具有这些途径所不具有的优势，方有存在的合理性，否则只是徒增成本与当事人的讼累。

1. 公证证前调解的调解主体专业性、中立性更强

当事人是否愿意进行调解、调解结果是否合法以及是否能让当事人满意，这些都与调解主体的专业水平息息相关。人民调解的

① 许蔓莉、冯莉莉：《公证公信力提高之法律思考》，载《黑河学刊》2005年第3期。

调解主体是人民调解员，《人民调解法》中对于这一主体的选拔程序要求从基层中选举产生，对其资格要求仅作了“公道正派、热心人民调解工作，并具有一定文化水平、政策水平和法律知识的成年公民”这样的规定[①]，这也就导致了现阶段的人民调解员大多数是由村（居）干部和司法所工作人员兼任的，其基层性、群众性、义务性、志愿性的特点明显，职业化、专业化程度较低。[②]而行政调解中虽也以当事人意思自治为前提，但不可否认的是，行政调解是一种行政机关的行政事实行为，调解主体是国家公职人员，加之我国目前对于行政调解的立法缺失，使得行政调解的调解主体越权调解与强行调解的情况时有发生。与此相比，公证证前调解主体是公证员，更具专业性与中立性。我国法律在任职资格方面对于公证员的年龄、道德、专业水平与经验均提出更加严格的要求。[③]不仅对于国籍、年龄与品格作出要求，还有通过司法考试并有一定年限的实习经历的要求，这就大大提升了公证员的准入门槛，决定了其比一般的调解主体拥有更高法律素养、更丰富的实务经验。在公证调解实务中，公证员往往以法律专家身份，充当协议双方的“调解人”，中立地帮助双方磋商，规范双方权利义务，从而达到引导当事人达成调解协议、公证调解协议、履行调解协议的目的。特别是在离婚财产分配、继承等方面，公证人员，由于其十分了解财产分配的法律规定与实务操作，能够给予双方当事人极具可操作性的建议，公证员充当调解主体的优越性得到了最大限度的体现。

2. 公证证前调解所达成的调解协议效力更高

双方达成的调解协议中有关双方当事人实体权利义务的分配能否被落实，直接关系着人民对于调解制度的信任程度以及这种制度

① 参见《人民调解法》第14条。

② 徐永伟:《关于建立专职人民调解员制度的思考》，载《中国司法》2009年第7期。

③ 参见《公证法》第18条。

的生命力，而能否被落实或者不执行一方将承担何种程度上的法律责任则涉及调解协议的效力问题。

《人民调解法》、最高人民法院《关于审理涉及人民调解协议的民事案件的若干规定》、最高人民法院《关于健全诉讼与非诉讼相衔接的矛盾纠纷解决机制的若干意见》规定了非诉调解所达成协议的效力若不经人民法院依法确认，仅具有一般民事合同的效力。① 与这两者相比，公证调解所达成的调解协议的效力更高，主要体现在以下两个方面：

首先，在证明力方面，公证的证前调解实为公证服务的向前延伸，目的是通过调解解决纠纷最终达成公证。因而，证前调解后，就涉及通过公证把当事人在调解中形成的新的权利义务关系固定下来。如何固定则有两种办法，一种是依据调解协议，由权利的最终所有者对于自己拥有权利的状态进行公证；另一种则是对双方的调解协议进行公证。根据《公证法》，无论是权利的最终所有者对于自己拥有权利的状态进行公证，还是对双方的调解协议进行公证，一旦进入诉讼，它们均具有大于其他形式文书的等级效力，具有“证据之王”的特性。② 而其他调解协议由于仅具有民事合同性质，与一般证据没有差别，如有争议仍需经质证后方有可能被法院采信。其次，在强制执行力方面，以给付为内容的调解协议如载明当事人不履行或履行不当愿意接受强制执行，则公证后其就具备了强制执行力。③ 然而，人民调解协议必须经法院依法确认后方具有此种效力。此外，我们还应注意，在调解后所进行的公证如是对权利人拥有权利的状态进行的公证，那么则是对一种对事权利进行的证明，而经人民法院确认的人民调解协议则是对人权进行的确认。

① 参见《人民调解法》第 31 条、最高人民法院《关于审理涉及人民调解协议的民事案件的若干规定》第 1 条、最高人民法院《关于健全诉讼与非诉讼衔接的矛盾纠纷解决机制的若干意见》第 8 条第 2 款。

② 参见《民事诉讼法》第 69 条。

③ 参见《公证法》第 37 条第 1 款。

这也就意味着，一旦日后有调解协议之外的第三方就调解协议涉及的权利提起诉讼，经调解后所进行的公证可直接作为被告享有权利的证据使用，而经人民法院确认的人民调解协议则因当事人的改变而不再具有关联性，不能作为证据使用。

四、结论

调解从诞生之日便饱受争议，赞赏者与质疑者兼而有之。特别是在一味推崇调解的大背景过后，我们更应理性、冷静地看待其作用，本文便是抱着这一态度来探讨其能否为公证制度所用。

本文将公证证前调解定义为在公证证明前，由公证员对基于待证事项产生的纠纷进行调解的活动。其性质是一种证前准备程序，其最终目的是解决纠纷进而达成公证。目前虽无立法层面支持，但由于公证机构所行使的证明权可以衍生出调解的权力，且相较于其他调解，其具有独立的价值与比较优势，应认定公证证前调解具有合法性与合理性，因而也理应具有正当性。

任何一项制度只有在理论上站得住脚，才有讨论实务操作程序的必要，也才有这一制度继续发展的可能。公证证前调解制度在我国尚停留在实践摸索阶段，理论研究与实务操作若不能齐头并进，这一制度的发展必将遭受掣肘。本文抛砖引玉，以期有更多声音出现，来为公证证前调解构建扎实的理论依据。

我国当事人强制合并制度的完善路径研究
——以借鉴美国《联邦民事诉讼规则》第19条为视角

陈柳冰*

一、我国当事人强制合并制度

诉的合并理论是我国民事诉讼法基本理论之一，其包括诉的主观合并、诉的客观合并以及在两个方面都有叠加的主客观合并。学理上讨论诉的合并，多从狭义解释出发，仅指诉的客观合并，可以指一名原告针对同一被告同时提出数个请求权基础并不相同的诉讼请求，也包括被告针对原告的本诉提出的反诉。诉的主观合并主要体现在共同诉讼及第三人参加的诉讼制度中，必要共同诉讼被认为是单纯的主观合并，普通共同诉讼与第三人诉讼则为主体上和客体上同时合并。对于诉的主观合并中哪些情形需强制合并，根据《中华人民共和国民事诉讼法》（以下简称《民诉法》）的规定，一直以来被认为只有必要共同诉讼才需强制合并，但随着我国经济发展、人民法治观念增强，诉讼案件数量的增加以及新型案件的涌现，使得司法实务面临着一些必要共同诉讼以外的需要强制合并当事人的情形，现实的司法困境亟须有效的学术研究与有益的策略回应。

* 中国政法大学民商经济法学院2015级硕士研究生。

（一）当事人强制合并的相关立法

1. 民诉法及其司法解释

《民诉法》第 132 条规定："必须共同进行诉讼的当事人没有参加诉讼的，人民法院应当通知其参加诉讼。"《最高人民法院关于适用〈中华人民共和国民事诉讼法〉的解释》（以下简称《民诉法解释》）第 73 条规定："必须共同进行诉讼的当事人没有参加诉讼的，人民法院应当依照民事诉讼法第一百三十二条的规定，通知其参加；当事人也可以向人民法院申请追加。人民法院对当事人提出的申请，应当进行审查，申请理由不成立的，裁定驳回；申请理由成立的，书面通知被追加的当事人参加诉讼。"从程序法角度来说，对诉的主观强制合并主要体现为以上两条规定，通说认为，该两条针对的是《民诉法》第 52 条规定的必要共同诉讼制度。

必要共同诉讼是指当事人一方或者双方为二人以上，其诉讼标的是相同的诉讼。依照实体法说，诉讼标的被认为是原告在诉状中所提出的一定的实体法上的权利主张，但由于其无法合理解释和处理请求权竞合问题，后又出现了新诉讼标的理论；新诉讼标的理论又分为二分支说与一分支说，前者认为诉讼标的的内容不能以实体法请求权为依据，而只能以原告陈述的事实理由和诉之声明为依据加以确认，后者认为应只保留诉之声明作为判断和识别诉讼标的的标准；但由于新诉讼标的理论割裂了诉讼标的与实体法请求权的联系，后又发展提出了新实体法说，认为基于同一事实关系而发生的、以同一给付为目的的数个请求权存在时，是请求权基础的竞合，此时作为诉讼标的的请求权仍是单一的。[①] 不同的诉讼标的理论影响着对必要共同诉讼的识别及其范围大小。[②] 我国民事诉讼法学界关于诉讼标的的主流观点为传统旧实体法说，但也有不少学者

---

① 江伟主编：《民事诉讼法专论》，中国人民大学出版社 2005 年版，第 71 ～ 72 页。

② 对于诉讼标的的概念影响必要共同诉讼的识别这一问题，王亚新教授载《当代法学》2015 年第 1 期的《"主体 / 客体"相互视角下的共同诉讼》一文对此进行了清晰又精彩的论述。

提出了不同的主张，在法院判决中也可一窥法官对诉讼标的理论不尽一致的见解。

在传统诉讼法观念下，具体引起必要共同诉讼的情形，实际上指包括某一权利的共同享有者或某一义务的共同承担者为两人以上。最为典型的如《民诉法解释》第 70 条规定的遗产继承诉讼，由于在遗产分配前所有继承人享有对遗产的共同权利，因此“人民法院应通知其他继承人作为原告共同参加诉讼”。除此之外，《民诉法解释》还规定了一系列“为共同诉讼人、为共同被告”的情形，包括：第 54 条“挂靠人和被挂靠人为共同诉讼人”；第 58 条“劳务派遣单位为共同被告”；第 59 条“以登记的经营者和实际经营者为共同诉讼人”；第 63 条“以分立后的企业为共同诉讼人”；第 65 条“出借单位和借用人为共同诉讼人”；第 66 条“债权人仅起诉保证人的，人民法院应当通知被保证人作为共同被告参加诉讼”；第 67 条“无民事行为能力人、限制民事行为能力人和其监护人为共同被告”；第 71 条“被代理人和代理人为共同被告”；第 72 条规定的共有财产权受侵害，“其他共有权人为共同诉讼人”。这些“为共同诉讼人、为共同被告”的规定，主要是在实体上存在连带责任、共有财产和遗产继承法律关系的纠纷。

2. 实体法上的相关规定

在实体法上，存在享有共同的权利或承担共同的义务而需要共同起诉或应诉的情形规定的较为分散，典型的有：（1）共同侵权案件中，《最高人民法院关于审理人身损害赔偿案件适用法律若干问题的解释》（以下简称《人损解释》）第 5 条规定，“赔偿权利人起诉部分共同侵权人的，人民法院应当追加其他共同侵权人作为共同被告”；（2）安全保障义务的纠纷中，《人损解释》第 6 条规定，“从事住宿、餐饮、娱乐等经营活动或者其他社会活动的自然人、法人、其他组织，未尽合理限度范围内的安全保障义务致使他人遭受人身损害，赔偿权利人请求其承担相应赔偿责任的，人民法院应予支持……赔偿权利人起诉安全保障义务人的，应当将第三人作为共同被告，但第三人不能确定的除外”；（3）保证债权中，根据《最高人民法院关于适用〈中华人民共和国担保法〉若干问题的解释》（以下简称《担保法解释》）第126条规定，“连带责任保证的债权人可以将债务人或者保证人作为被告提起诉讼，也可以将债务人和保证人作为共同被告提起诉讼”；（4）交通事故纠纷中，《最高人民法院关于审理道路交通事故损害赔偿案件适用法律若干问题的解释（征求意见稿）》（以下简称《交损解释》）第1条第1款规定，“机动车交通事故中的赔偿权利人起诉的，人民法院应当将赔偿义务人和承保机动车第三者责任强制保险的保险公司分支机构列为共同被告。但该保险公司分支机构已经在机动车第三者责任强制保险限额内予以赔偿且赔偿权利人无异议的除外”；（5）劳动侵权中，《最高人民法院关于审理劳动争议案件适用法律若干问题的解释》（以下简称《劳动争议解释》）第11条第3款规定，“原用人单位以新的用人单位和劳动者共同侵权为由向人民法院起诉的，新的用人单位和劳动者列为共同被告”。

（二）我国当事人强制合并制度现存问题

1. 程序法与实体法规定存在重叠与冲突

考察我国立法，一方面存在的问题是：需要强制合并的情形在程序法中与实体法中的规定并不完全一致。一是一些程序法没有规定的情形在实体法中规定了出来，如共同侵权人、安全保障义务纠纷中的义务人和第三人，似乎呈互补之势。二是程序法与实体法的规定存在矛盾之处。

例一，在共有财产权关系中，根据《中华人民共和国民法通则》（以下简称《民法通则》）第78条规定，“共同共有人对共有财产享有权利，承担义务”，实体法上共同共有人每个主体对外享有的都是完整的权利，在共有财产受到外部侵害时，各共有人都有完整并充足的权利向财产侵害人提起诉讼请求停止侵害、返还原物或给予赔偿，但依据《民诉法解释》第72条的规定，“共有权人为共同诉讼人”，不明了的问题便是：如果有任一共有权人拒绝起诉，那么作为必要共同诉讼的原告不适格，起诉将被驳回。

例二，《民法通则》第 87 条规定，“……负有连带义务的每个债务人，都负有清偿全部债务的义务，履行了义务的人，有权要求其他负有连带义务的人偿付他应当承担的份额”。从实体法角度来看，原告有权选择起诉连带债务人中的部分或全部。但《民诉法解释》中规定的一系列连带责任情形下的“共同被告、共同诉讼人”若被认为属于同一诉讼标的下的“必要共同诉讼人”，那么原告似乎不再享有选择起诉的权利，而必须将连带债务人全部追加为被告，才满足程序法上的适格当事人要求。如在某判决书中，一公司上诉称原审遗漏诉讼主体，理由是被上诉人宋某与案外人高某军系合伙关系，但原审未通知案外人高某军参加诉讼。二审法院认定了宋某与高某军之间系合伙关系，却依据《民法通则》的规定认为债权人张某平可以选择起诉高某军和宋某共同清偿全部债务，也可以选择起诉其中一人清偿全部债务。故没有支持上诉人认为原审未通知高某军参加诉讼、遗漏诉讼主体而予以驳回的决定。这一判决带来的疑问是:《民诉法解释》规定的一系列连带债务关系下的“共同被告”是否属于“必要共同诉讼人”？是否属于“必须共同诉讼”的当事人？在没有共同诉讼时本诉以及该缺席当事人会面临怎样的诉讼后果？

另一方面存在的问题是:《民诉法解释》和一些相关实体纠纷的司法解释中都规定了大量特定实体关系下的共同诉讼当事人的问题，似乎程序法与实体法的司法解释的分工存在重叠，或者是程序法司法解释做了不属自己的工作或者是实体法司法解释越俎代庖。如《民诉法解释》第 58 条规定的，“在劳务派遣期间，被派遣的工作人员因执行工作任务造成他人损害的，以接受劳务派遣的用工单位为当事人。当事人主张劳务派遣单位承担责任的，该劳务派遣单位为共同被告”。这一立法规定采用的表达方式与实体法并无二致，如《劳动争议解释》第 11 条第 3 款的规定，“原用人单位以新的用人单位和劳动者共同侵权为由向人民法院起诉的，新的用人单位和劳动者列为共同被告”。

2. 通说导致的实践不便

对我国程序法理解的通说认为，具有强制性的诉的合并仅仅是必要共同诉讼，普通共同诉讼、第三人之诉的合并都不具备强制性，合并应取得当事人的同意。但从旧实体法说角度下必要共同诉讼的范围来看，程序法和实体法中的一些规定已经超出了必要共同诉讼的范围，当事人的实体地位实质上属于程序法理论中无独立请求权的第三人。例如，在机动车交通事故纠纷中，《交损解释》要求法院应当将赔偿义务人和保险公司列为共同被告。

于是实践中法官便采取了不同的思维路径来试着应对，一种是面对个案先看是否符合程序法概念中的“必要共同诉讼”以决定是否“必须共同诉讼”，分析交通事故纠纷中当事人之间的实体法律关系可知，损害赔偿请求人与赔偿义务人之间具有直接的侵权关系，赔偿义务人与保险公司之间具有保险关系，而赔偿权利人和保险公司实质上不存在任何直接的法律关系，保险公司只是对诉讼标的无独立请求权却与案件审理结果有利害关系的无独立请求权的第三人。显然不属于“必要共同诉讼”，进而不能“必须共同诉讼”，非强制合并范围，与规定中的“应当”相矛盾。

另一种是直接分析实体关系是否有“必须共同诉讼”的需要，虽然赔偿义务人与请求人之间的诉讼结果在“法律意义”上（既判力角度）影响不到非侵权法律关系当事人的保险公司，但该判决是对侵权事实的认定必然影响保险公司之后被索赔保险金的事实利益，因此从可能“实际意义”上影响保险公司的角度考虑，有必要追加保险公司进入诉讼。但这种关系显然不符合我国程序规定上的“必要共同诉讼”，而属于“无独立请求权的第三人”（以下简称无独三），作为无独三的保险公司被“强制”追加进来，又似乎和我们所熟悉的无独三制度格格不入。

通说限制实践展示出的矛盾不止一例，随着实体法律关系的复杂化、多样化更会层出不穷。究其原因，是我国通说理论仅赋予必要共同诉讼以强制合并特征，第三人制度呈任意合并，而法官又倾向于以第一种思维路径，即先考虑套入程序法概念中再考虑实体操作来进行诉的主观强制合并，导致所有依照实体关系需要强制合并当事人的情形都不得不“伪装”成“必要共同诉讼”得以操作解决，要么成为共同原告要么成为共同被告，结果是无法展现其本来的三方或多方形态，不能自然展现其三面型或多面型诉讼结构，并且在由于客观原因无法加入该当事人时可能导致诉讼无法继续进行，原告诉权受阻。

3. 规定简陋导致的实践困境

规定应简约但不简陋。当前，《民诉法》及其司法解释中规定了必须共同诉讼的情形出现时法院应通知相关当事人参加，“必须共同诉讼”是否仅限于“必要共同诉讼”以及“通知”后如果当事人仍缺席会有怎样的后果缺乏进一步的详细规定，这些问题直接导致了对该条的适用条件以及适用效果。假设“必须共同诉讼”仅限于“必要共同诉讼”(这也是当前实务与理论的通说)，那么法官判断是否追加当事人的心理顺序就变成先从法律关系上考量是否属于同一诉讼标的；相反，如果假设“必须共同诉讼”并不局限于“必要共同诉讼”，那么法官的心理活动就不受必要共同诉讼范围的限制，而是可以直接从案情出发判断是否具有应当合并当事人的必要。值得注意的是，这两种思维方式是完全不同的，可以说，前者受制于程序法概念体系的约束，法官不得不先考虑诉讼上的技术问题，再来决定是否强制合并当事人；而后者，则是允许法官以个案的实体法关系为出发点考虑，来决定是否运用强制合并当事人这一程序法上的技术手段来审判当前的法律纠纷。

另外，在法院“通知”该共同诉讼人后，作为共同原告的必要共同诉讼人若申请参加诉讼或表示放弃权利，从遗产继承诉讼的规定来看，会被法院列为原告继续审理。对于不申请参加诉讼却又不放弃权利的情形，规定“仍追加为共同原告”。但如果是共有财产权侵权案件，却可能因某共有人不申请参加又不放弃权利，而在实务上被驳回起诉。对应当作为共同被告的必须共同诉讼人，若法院“通知”后，由于客观原因被追加的当事人无法参加（如该当事人失踪无法被送达通知），那么该必须共同诉讼的案件应当继续还是停止，对此也存在不同观点。观点一认为法院应中止本案审理或直接驳回原告起诉，因为根据法律规定本该必要共同诉讼审理的案件当事人必须一同审理，如果共同义务的当事人不参加，将导致当事人不适格。观点二认为因此而影响诉讼继续进行将导致原告无法获得其应得到的有效救济，此时诉讼应当继续进行，如可分开侵权人之间的义务，那么仅针对部分侵权人进行判决，如不可分，保留缺席当事人的救济权利。可见，观点一和观点二认为法院的“通知”对是否继续诉讼存在矛盾见解，导致实践中无所适从。

这种简陋导致无法应对司法实践中不断涌现的各种样态的具备强制合并当事人需求的情形。例如，在 2013 年某合同纠纷案中，S 公司一审诉至福建省高级人民法院称，M 银行为增加存贷款业绩数据，要求S公司为其增加存款并为其客户的贷款提供存单质押担保，该行设计的操作流程是由 S 公司向其指定的客户汇款，形成存款增量，这些客户再将款转回 S 公司开设在该行的账户，制作成 S 公司名下的定期存单，然后用定期存单为该行指定的公司提供担保，在该行操作下，贷款回笼，解除质押。M 银行向 S 公司强调，资金都在其控制的账户间流转，没有风险。S 公司因急于与厦门国际银行系统建立业务关系，出于对银行的信任，在不认识也没有接触一审被告 T 公司、C 公司的情况下，即按 M 银行的指示，向上述两公司汇款 19727 万元，后两公司汇还 S 公司 16134 万元，M 银行为 S 公司开立了八笔合计 13207 万元的定期存单。按照 M 银行的要求，S 公司分别与其签订了八份《存单质押合同》，每份《存单质押合同》担保的主合同是 M 银行与其操控的一审被告 Z 公司、H 公司等七家公司签订的《综合授信额度合同》。S 公司与上述七家公司并不认识，更不存在业务往来，办理质押过程中双方从未谋面，被担保的公司也未向 S 公司支付担保费，更未提供反担保。M 银行一再强调借款公司均在其控制下，贷款回笼没有问题，但却于 2011 年 7 月以借款公司没有归还贷款为由，强行扣划 S 公司定期存单内共计 1.3 亿元。M 银行串通相关公司充当借款人，虚假放贷，诱骗 S 公司提供质押，属于以合法形式掩盖非法目的，给 S 公司造成巨大损失，S 公司要求法院确认 M 银行与 Z 公司、H 公司等七家公司签订的七份《综合授信额度合同》和其与 M 银行签订的八份《存单质押合同》无效，要求判令 M 银行、厦门国际银行返还人民币 1.3 亿元及利息，其他被告负连带责任。一审福建法院合并审理了本案。被告 M 银行上诉称，本案讼争各份合同的当事人及彼此间的权利义务并非同一诉讼标的，一审法院在未取得当事人 M 银行的同意下合并审理违反了《民诉法》第 52 条的规定。二审法院审理认为，从八份《存单质押合同》来看，出质人为 S 公司，质权人为 M 银行，当事人双方主体均为同一主体；从上诉人和被上诉人双方争议的诉讼标的看，均为同一质押担保法律关系和事实；本案所列的其他原审被告，均系质押合同中借款合同关系的债务人，被上诉人对其的诉讼请求，与本案质押合同纠纷有法律上的牵连关系，其请求为对涉案的质押合同承担连带责任。根据民事诉讼诉的合并理论，基于同一事实发生的纠纷，当事人以不同的诉讼请求向人民法院起诉的，原告可以在起诉时申请人民法院合并审理，以利于诉讼经济、避免矛盾判决。一审法院将 S 公司诉求无效的八份《存单质押合同》合并审理并无不当。

如果根据旧实体法说下的诉讼标的理论以及现有的“必须共同诉讼”限于必要共同诉讼情形的理解，那么二审法院的判决理由确有不当。首先，多份质押合同的被担保对象并不相同，分别是 Z 公司、H 公司等七家公司，仅从出质人和质权人相同就认定多份合同均为同一质押担保关系难谓合理。其次，二审法院认为被上诉人

（原审原告）对本案其他被告的请求与质押合同纠纷有法律上的牵连关系，其请求为对涉案的质押合同承担连带责任。故可以合并审理。然而根据现有法律规定，当事人基于同一事实发生的纠纷以不同的诉讼请求向人民法院起诉的，并不属于“必须共同诉讼”的范围，故应属于“可以”合并的范围，法院必须在取得所有当事人同意的前提下才可以合并审理。而本案被告 M 银行表示了反对合并审理，因而存在瑕疵。可见，当前诉讼法理论与规定的通说理解与大多数人的诉讼常识发生了严重偏差——难道基于同一事实发生的牵连法律关系不应合并审理吗？

可见，“必要共同诉讼”严重束缚了法律规定适应现实的司法需求。现有规定下，诉讼标的理论未统一导致的必要共同诉讼的识别标准存疑。而现有规定又没有规定的是如果共同权利义务人没有参加诉讼，该缺席当事人和本诉面临怎样的诉讼后果。这些矛盾都是必要共同诉讼规定的简陋化导致的，实际上，必要共同诉讼中一些情形共同权利义务人不一同起诉或应诉也可以不影响当事人的适格问题，诉讼可以在缺少其他共同主体时继续进行。例如，《最高人民法院关于适用〈中华人民共和国民事诉讼法〉若干问题的意见》（以下简称《民诉意见》）第 56 条规定的共有财产损害赔偿纠纷，此时各共有人都应有权起诉损害义务人，即使部分共有人明示不参加诉讼，也不应影响其他共有权人实现其诉权。再如，连带责任案件中，原告若不同意起诉其他连带责任人，因此而被驳回起诉，与诉权理论也明显相悖，此时原告应有权选择其诉讼对象。可见，必要共同诉讼中应当区分出如英美法下需要强制合并的当事人和必不可少的当事人，也如大陆法系下的固有必要共同诉讼和类似必要共同诉讼的区分[①]，以更好地切合有“合一确定”必要的不同类型当事人在诉讼程序上对应的不同要求。

① 对该两大法系相关制度的介绍后文详述。

除共同诉讼外，我国与诉的主观合并有关的另一个重要的诉讼制度是诉讼第三人制度。我国诉讼上的有独立请求权的第三人和无独立请求权的第三人通说认为都没有合并的强制性，一方面，这导致了许多应当合并审理的纠纷由于法院和当事人出自各自利益选择而分别审理，得到矛盾判决，如对同一诉讼标的物财产主张矛盾物权的当事人另诉审理，可能得到两份以上对同一排他性财产权利矛盾处理的判决，进而导致执行上的困境；另一方面，无独三若加入诉讼其尴尬地位使得无独三的利益无法得到有效保护，无独三在本诉中不能独立提出其请求与主张，但本诉的判决结果却可能实质影响其利益，若选择不加入，本诉的判决却可能对其会有实际上的不利影响。因此，扩大对当事人强制合并适用的范围，在立法上不排除第三人制度存在应强制合并的情形，对维系当事人的利益具有重要意义。

二、当事人强制合并制度的简介

（一）强制合并的概念由来

所谓诉的主观“强制合并”，实际上并非我国民事诉讼制定法中固有的概念，在《民诉法》与相关的司法解释中都不会发现“强制合并”这一语词的踪迹。我国《民诉法》中，对诉的主观合并中需采用强制性合并的情形规定于第132条，“必须共同进行诉讼的当事人没有参加诉讼的，人民法院应当通知其参加诉讼”。《民诉法解释》第73条规定，“必须共同进行诉讼的当事人没有参加诉讼的，人民法院应当依照民事诉讼法第一百三十二条的规定，通知其参加；当事人也可以向人民法院申请追加。”由于该两条主要围绕必须共同诉讼的当事人，法院应追加其进入诉讼，该两条又被学界称为对“当事人的追加”的规定。因此，诉的主观强制合并并不见于我国《民诉法》及《民诉法解释》中。

实务中，“强制合并”的用法却在解释一些诉讼现象时为法官、律师所使用。从各级法院所作的判决内容来看，“强制合并”多用来描述狭义上的诉的客观合并（如诉讼请求的合并）以及必要共同诉讼中当事人的合并。

在理论界，诉的合并是我国民诉基本理论之一，广义上包含主客观两方面的合并，狭义上仅指诉的客观合并。我国学界虽然也有学者曾率先试图定义“强制合并”这一概念，认为所谓诉的强制合并，是指“当事人必须在同一诉讼程序中提出有关的诉讼请求，而且法院必须在同一诉讼程序中合并审理的情形”①，但该定义主要从诉的客观合并角度定义诉的强制合并，并未对强制合并下可能出现的主观因素的合并以及合并当事人之间的关系进行考量和探讨。而在研究诉的主观合并时，大多数学者研究的对象即为必要共同诉讼与普通共同诉讼，以及被热烈讨论有段时日的是否引入类似必要共同诉讼（也有准必要共同诉讼之说），较少部分学者是以强制合并这一语词角度出发研究诉的主观合并。这主要是由于我国民事诉讼法受大陆法系诉讼法概念体例影响较大，在大陆法系民诉法法典中，对诉的主观合并是体现在共同诉讼和辅助参加制度中的。

不过，也有学者注意到挖掘“强制合并”语词的英美法系国家诉讼法上的来源。②综观各国家地区立法例，真正将“强制合并”作为一项制度对象进行设计，实质上见于以美国为代表的英美法系国家。美国《联邦民事诉讼规则》第 19 条和第 20 条将当事人的合并分为任意合并与强制合并两种情形。强制合并，即指法院有权命令其他当事人必须加入现有的民事诉讼的情形。如果不能加入，则又根据是否属于需要参加的当事人或必须参加的当事人，来进一步决定诉讼是否能够在该当事人缺席下继续进行。

① 张晋红：《诉的合并制度的立法缺陷和立法完善之价值分析》，载《法学评论》2007 年第 4 期。

② 胡震远：《美国共同诉讼制度及其启示》，载《东方法学》2008 年第 4 期。

虽然我国立法上并没有“强制合并”这一概念语词，实务界与学界也未形成对强制合并这一语词内涵的一致见解，但是当前我国有关诉的主观强制合并的规定实质上主要体现在《民诉法》及其司法解释中的“必须共同诉讼”的内容，该规定较为简陋，在实践中已经引起了不少混乱现象，为回应现实的司法需求，不少学者纷纷从增设类似必要共同诉讼的大陆法系体例的借鉴角度献计献策。笔者认为，从英美法系视角下的强制合并制度出发，以解决我国当前诉讼问题为目标，考量是否存在合理借鉴英美系法强制合并制度内容以回应我国相关司法需求的空间，也会有一定的有益发现。以此为目的，本文将首先对美国、英国、我国香港地区的强制合并制度的相关规定进行简要介绍，并进一步以美国为例挖掘其强制合并制度的历史延展与实践适用、探究其细节设置，为后续讨论我国是否能有所借鉴做好背景资料的准备工作。

（二）英美法系国家地区相关立法例

1. 美国的强制合并制度

严格来讲，真正使用“强制合并”这一语词的最早来源于美国民事诉讼中当事人的合并制度。美国《联邦民事诉讼规则》第 19 条规定了强制合并：对公正审判所需主体的合并。[①] 该条最早规定了需要参加诉讼的当事人和必须参加诉讼的当事人两类，前者一般指的是在可行情况下应该被加入诉讼中来的当事人，但他们由于客观原因的缺席对法院审理案件不会造成决定性的影响，而后者则经常是指这些当事人的参加对于诉讼进行来说具有至关重要的作用，因此，法院无法在他们缺席的情况下继续审理案件。[②]

---

① Kaplan, Continuing Work of the Civil Committee: 1966 Amendments of the Federal Rules of Civil Procedure (Ⅰ), 81 Harv. L. Rev. 356, 358 (1967).

② 李响:《美国民事诉讼法的制度、案例与材料》，中国政法大学出版社 2006 年版，第 349 ～ 350 页。

实际上，需要参加诉讼的当事人范畴涵盖必须参加诉讼的当事人，该条规定的（a）款和（b）款是为强制合并指引了分为两个步骤的判断方式。首先，判断该当事人是否属于需要参加诉讼的当事人，对此必须满足两个标准："（1）在该人缺席的情况下，法院无法给予现有当事人充分完全的救济；（2）在该人缺席的情况下，他本人的利益会受到实际的损害，或是会给现有当事人造成双重的、多方的或不一致的法律责任。如果满足了这两个标准，同时可以对其实施送达并且他被合并进入诉讼不会使得法院丧失对本案的管辖权，那么该人就是需要合并的当事人，应当被合并到诉讼中来。"①

其次，如果出现符合前款条件的当事人由于管辖权等客观原因无法被加入到诉讼中来，那么就要采取第二步以判断法院是否应当终止对当前案件的审理，该判断要求法官着重考量四个方面："（1）判断是否存在以下情况——在该主体缺席的情况下所作的判决可能会对该主体或者现有诉讼当事人构成侵害；（2）法院是否可以通过'提供救济或者其他措施'来减少或者消除未合并所带来的侵害和其他不良影响；（3）案外人缺席情况下所作的判决是否'足够'；（4）考虑因未合并而驳回起诉会给原告带来的成本。"②

综上可见，美国强制合并当事人制度，即对公正审判所需主体的合并的判断标准，是从假设未进行合并或由于该合并的当事人未加入诉讼而继续诉讼或终止诉讼可能造成什么损害的角度来设计的，并不是以合并当事人可以达到怎样的目标为起点来进行实际的考虑。同时，这种判断标准采取的正是前文所述两种法官的思维路径中的第二种，即从实际案情的需要出发考量合并当事人的必要性，而不是从程序法概念出发考虑本案是否能被套入该必要共同诉

① 李响：《美国民事诉讼法的制度、案例与材料》，中国政法大学出版社 2006 年版，第 350 页。

② [美] 弗兰德泰尔、J. H.（Friedental, Jack H.）等：《民事诉讼法》（第 3 版），夏登峻译，中国政法大学出版社 2003 年版，第 330 ～ 332 页。

讼的概念来决定。正如有学者写道:“以概念归类的逻辑来判断强制合并应被遗弃，取而代之应采取一种非形式化的和理性的对个案中冲突利益的权衡——这些利益包括有关原告的无法获得救济、被告的双重责任、对缺席当事人的可能影响、法院的便利，以及‘公正原则与良心’——简而言之，是对结果公正性的衡量。”①

后来，考虑到需要参加诉讼的当事人和必须参加诉讼的当事人两个词语本就区分模糊及其在规定中可能带来的抽象性不利于法官在司法实践中使用这一制度，美国《联邦民事诉讼规则》第 19 条便在《1996 年修正案》出台后弃用了这两个概念，以可行时应合并的当事人和合并不可行时法院的决定代替了上述两个概念。

2. 英国的增加当事人

英国的民事程序规则中不存在“强制合并”的概念，但却存在“增加当事人”这一制度概念。《英国民事程序规则》第 19.3 条规定必须增加当事人的情形，即“当存在其他人与原告共同享有原告所提出的请求权，所有享有该请求权的人都必须成为本案当事人，除非法院另有命令。如果有人不同意作为原告起诉，他应当以被告身份被追加，除非法院另有命令。本条不适用于遗嘱检验程序”。但是，第 19.2 条规定了法院可以增加当事人的情形，即“(a) 法院倾向于增加该新当事人以便于在该程序中解决所有系争事项；(b) 在新当事人和已有当事人之间存在与本诉讼中系争事项有关联的争点，并且法院倾向于增加该新当事人以解决该关联争点”。英国学者认为，这一规定的动因是对司法审判完整性的偏好，此时加入当事人是要解决以下两种事项：其一，为了解决所有的系争事项；其二，为了解决和系争事项有关的现有当事人和一方新当事人之间的争点。②

① John W. Reed, Compulsory Joinder of Parties in Civil Actions, 55 Mich. L. Rev. 327, 356, (1956–1957).

② AAS Zuckerman, Zuckerman on Civil Procedure: Principles of Practice, Sweet & Maxwell, 656, (2013).

可见，英国民事诉讼法上有关当事人合并要求法官考量的因素与美国不尽相同，主要表现在对司法审判完整性的偏好，进一步体现的是法院对诉讼解救纠纷这一救济途径能被彻底化充分利用的一种司法期待。

3. 中国香港地区的当事人合并

中国香港地区《高等法院规则》和《地区法院规则》第15条命令第4条规则，规定了必须成为本案当事人的情形，“如果某一诉讼中的原告与其他人共同享有其提出的请求权，那么其他人必须全部成为本案当事人：（1）一个常见的例子是土地的共同所有人诉某人侵占他们的土地；（2）如果有人不同意加入成为原告，那么应列其为被告，除非法院另行命令”，以及“如果在一个诉讼中被请求承担义务的被告与他人是共同不连带承担该义务的关系，而原告仅起诉了部分而非全部义务人，那么法院必须经本案已有被告的申请，中止本案诉讼直到其他责任人作为被告加入”[①]。

（三）英美法系相关立法对我国的启发

相较于上述英美法系国家地区的相关立法，我国民事诉讼法及其司法解释对于诉的主观强制合并的规定明显较为简陋和令人迷惑。《民诉法》第132条规定了“必须共同诉讼的当事人没有参加诉讼的，人民法院应当通知其参加诉讼”，综观《民诉法》及其司法解释，却只有“为共同诉讼人、为共同被告”这样的表达并没有其他任何“必须共同诉讼的当事人”的表述，这为司法实务造成了极大困惑。而到底哪些主体属于“必须共同诉讼的当事人”，只在最高人民法院出台的《理解适用》系列司法指导以及学者的解释中寻得答案，受必要共同诉讼理论的影响，通说认为只有诉讼标的同

① Dave Lau,《Civil Procedure in Hong Kong: A Guide to the Main Principles》, Third Edition, Sweet & Maxwell, 137-138, (2016).

一的必要共同诉讼属于“必须共同诉讼的当事人”。[①]必要共同诉讼在我国当前民诉法理论通说观念下的狭隘范围，导致了意图概念规定不足以应对司法需求现状；学者们或者尝试通过引入“固有必要共同诉讼与类似必要共同诉讼”[②]及“准必要共同诉讼”[③]，或者通过扩大“诉讼标的”的概念范畴[④]，为把“必要共同诉讼”打开一个缝隙以吸纳更多的诉讼纠纷与当事人形态。

从必要共同诉讼内部形态的构造到对诉讼标的概念的扩大解释，这些努力是从大陆法系民事诉讼法的视角下得到的启发，继续维系着大陆法系必要共同诉讼制度对我国的影响，带有明显的对抽象法学名词的使用依赖和对一种被完美化的法学概念体系的崇拜。然而，如果换个角度通过观察英美法系强制合并当事人的立法例，似乎可以为重新审视我国主观强制合并制度的缺陷及为设计一种完善路径提供新的灵感，并且较之前者的方式显得更为朴实易懂，便于实务操作。

首先，我国立法上所用的语言与英美法系的相关制度用语比较贴近。我国《民诉法》第132条使用的“必须共同诉讼的当事人”与英国立法例中的“必须增加的当事人”、我国香港地区使用的“必须成为当事人”、美国最早使用的“需要参加诉讼的当事人、必须参加诉讼的当事人”几乎一致。虽然美国《1966年修正案》出台之后，为了减少因规则用语的抽象性造成的实务迷惑，《联邦民事诉讼规则》第19条标题更名为“对公正审判所需主体的合并”，但只是增加了对“公正审判”这一制度核心宗旨的强调，学界传统上仍称该条为对“强制合并当事人”的规定。

① 沈德咏主编:《最高人民法院民事诉讼法司法解释理解与适用》(上)，人民法院出版社2015年版，第270页。

② 张永泉:《必要共同诉讼类型化及其理论基础》，载《中国法学》2014年第1期。

③ 卢佩:《多数人侵权纠纷之共同诉讼类型研究——兼论诉讼标的之“案件事实”范围的确定》，载《中外法学》2017年第5期。

④ 王亚新:《“主体/客体”相互视角下的共同诉讼》，载《当代法学》2015年第1期。

其次，在一定程度上减少“必须共同诉讼”与“必要共同诉讼”概念的纠缠似乎更有利于快速走出当前的理论与实务困境。将《民诉法》第132条的“必须共同诉讼的当事人”等同于第52条的“必要共同诉讼的当事人”是我国当前面临的司法困境——诉的主观强制合并制度的相关法律不足以应对实践需求，而所有从扩大“必要共同诉讼”角度所做的努力都在使得两个概念之间的纠缠更加牢固与紧张。将视角从这种纠缠转移开，抛弃通说所做的预设（两个概念等同），似乎更有利于我们干脆利落地离开这个已经硝烟弥漫的战场。并且，这种抛弃也可以达到我们的目的，即通过承认两个概念并不等同：“必须共同诉讼的当事人”的范围大于并涵盖“必要共同诉讼的当事人”，使法官实践中摆脱所受的束缚——将所有应合并的当事人所处的诉讼形态都不得不伪装成“必要共同诉讼”或应强制合并的当事人因不属于“必要共同诉讼”而必须在征得其他当事人的同意才能合并。正如英国和我国香港地区的立法，并不将必须增加的当事人限于共同权利的享有者和共同义务的承担者，而只是规定这两种情形下必须成为当事人。

最后，如果视“必须共同诉讼”范畴大于“必要共同诉讼”，那么所需解决的问题实际上就是应如何识别哪些当事人属于“必须共同诉讼”的当事人，这似乎比强行继续解说“必要共同诉讼”更易实现。

对于如何识别强制合并的当事人这一问题，前文描述了当下法官们的两种思维路径：从程序法规定出发抑或从实体关系角度出发。从许多在一审阶段因法官从程序法规定出发认为应强制合并的当事人未满足适格条件而驳回诉讼的案件（实践中这种裁判大量存在，正如有学者指出的：“我国大陆审判实践，法院忽视从实体法角度考虑当事人适格和诉讼要件问题，仅仅考虑诉讼法上的问题”[①]），

① 张永泉:《必要共同诉讼类型化及其理论基础》，载《中国法学》2014年第1期。

在二审或再审阶段被法官从实体角度出发考虑原被告及缺席强制合并人的利益而推翻了前判的这一现象[①]，恰好表明了我国强制合并当事人的目的和美国的目的是不谋而合的，即为了“最后结果的公正”。在这个目的的基础上，诉的主观强制合并的制度设计应是为实体问题的公正解决而服务的。因此，需要设计的对当事人强制合并制度的完善路径，最好易于引导法官从实体角度出发来思考是否强制合并以及合并不能时的后果。坚持通过构造复杂晦涩的“必要共同诉讼”制度概念反而增加法官使用该制度的困难、继续将法官囿于诉讼法角度操作问题的困扰中。

相较之下，美国《联邦民事程序规则》与《1966 年修正案》积极从降低法官利用强制合并当事人制度困难的角度考虑，通过详尽易懂的语言分成两个步骤六个标准，成为法官裁量的指明灯。可以说，这两个步骤六个标准并没有将应强制合并的当事人种类囿于任何实体关系类型中，给予了法官较大的裁量自由，但由于这些标准较为清楚和详尽，在一定程度上反而有效地制约了法官裁量的任意性，保障了强制合并当事人制度中司法“强制”的正当性，又使法官不被束缚手脚，保持一定的自由灵活性。

三、借鉴美国相关立法技术完善我国当事人强制合并制度的考量

美国《联邦民事诉讼规则》第 19 条“对公正审判所需主体的合并”的两款立法内容，就当事人强制合并制度进行了简约但又翔实的规定，这一立法技术显现出的优势不禁令人思考我国是否存在借鉴这种立法技术的空间。

① 如前文提及的（2015）汉中民一终字第 00705 号判决。

（一）支持的理由

1. 可以与我国当前法律规定兼容

我国《民诉法》第 132 条规定："必须共同诉讼的当事人，法院应通知其参加诉讼。"受到实务与理论的传统解释方法所影响，将"必须共同诉讼"中的"共同诉讼"局限在对第 52 条"共同诉讼"的范围中，这一观念可以通过使用新的文本解释方法来改变。例如，广义解释方法来解释"必须共同诉讼"中"共同诉讼"，明晰其表达的是广义的诉的主观因素合并的状态，并非等同于"必要共同诉讼与普通共同诉讼"中的狭义"共同诉讼"制度，广义上的"共同诉讼"也可能包含第三人制度下的当事人的合并等主观合并形态。

在广义解释的基础上，引入《联邦民事诉讼规则》第 19 条的判断步骤和标准，将只是在为第 132 条提供具体的司法指引，即为法官判断"是否属于'必须共同诉讼的当事人'以及客观因素无法加入诉讼时诉讼应停止还是继续"提供裁量应参考的标准（这一内容正是我国当前规定所缺失的），这种具有填补法律空白功能的立法内容与现有法律规定是完全可以兼容的。

2. 以司法解释的方式降低修改法律成本

"《民诉法解释》的制定实施，对确保修改后民事诉讼法的正确、统一、严格、有效实施，更加有效地保障当事人的诉讼权利，更加积极地维护司法公正、提升司法公信、树立司法权威，更加有力地促进中国特色社会主义法治体系和社会主义法治国家建设，具有十分重要的意义。"[①]《民诉法解释》通过其解释功能进一步弥补立法的不足和不明之处，是指引民事审判和执行工作的重要参考依据，其制定和出台的金钱、时间和权威成本较直接对《民诉法》进行修改要小得多。由于增加强制合并当事人的判断标准的内容，在

---

① 沈德咏主编：《最高人民法院民事诉讼法司法解释理解与适用》（上），人民法院出版社 2015 年版，（序）第 1 页。

作用上属于弥补立法的不足和不明，并且主要是为法官的相关民事审判工作提供参考依据，因此可以考虑以司法解释的形式增加这一立法内容来降低修改法律成本。

3. 益于帮助法官摆脱当前司法困境

当前法官在实务中面临的主要困境是传统观念限制了法官强制合并当事人的司法空间，导致的不良后果有三：(1) 有些法官在遇到非典型需要强制合并当事人的问题时，率先从程序法角度分析能否套入概念，不从实体关系和审判结果公正的角度考虑；(2) 为了将应当合并的当事人强制合并到诉讼中，不得不论其各自形态一律伪装成必要共同诉讼加入诉讼，扭曲了本来的多面型实体关系结构；(3) 如果为了保护当事人之间的多面型实体关系结构体现在诉讼结构中，而不伪装成必要共同诉讼进行强制合并，就会招致一些当事人提出反对合并的主张，并且根据现有规定这种主张合法理应支持。

借鉴美国强制合并当事人制度对当事人实体关系形态的包容态度，其赋予法官的相对自由灵活的裁量空间，以及鼓励法官从各方当事人的实体利益、救济权的实现和法律责任的承担角度来考虑是否强制合并当事人，似乎有益于帮助法官摆脱以上提及的司法困境。

4. 判断标准翔实有助维护司法权威

《联邦民事诉讼规则》第 19 条通过两个步骤六个标准，以朴实的语言明确规定了法官在裁量决定当事人强制合并时应以怎样的顺序考虑哪些因素。即第一步考虑该当事人是否是为了公正审判“必须共同诉讼的当事人”，成为“必须共同诉讼的当事人”应当满足两个标准：(1) 在该人缺席的情况下，法院无法给予现有当事人充分完全的救济；(2) 在该人缺席的情况下，他本人的利益会受到实际的损害，或是会给现有当事人造成双重的、多方的或不一致的法律责任。[①]

① 以条件形式表达就是：如果不合并该当事人，现有当事人无法获得充分救济且该当事人利益会受到实际损害或者会给现有当事人多重的、不一致的法律责任，那么该当事人属于“必须共同诉讼的当事人”。

如果出现符合前款条件的当事人由于管辖权等客观原因无法被加入诉讼中来，那么就要采取第二步以判断法院是否应当终止对当前案件的审理，该判断要求法官着重考量四个方面：（1）判断是否存在以下情况——在该主体缺席的情况下所作的判决可能会对该主体或者现有诉讼当事人构成侵害；（2）法院是否可以通过“提供救济或者其他措施”来减少或者消除未合并当事人所带来的侵害和其他不良影响；（3）案外人缺席情况下所作的判决是否“足够”；（4）考虑因未合并而驳回起诉会给原告带来的成本。

由于强制合并当事人制度在一定程度上有损当事人的程序选择权，因此法官对其适用必须持高度谨慎的态度，只有在当事人的实体利益可能因不合并而受到损害时才可以考虑。对某个当事人的强制合并可能涉及多方当事人的实体利益，这种考虑还需要衡量多方的利益，如原告的救济利益、被告可能承担的多重矛盾法律责任以及案外人的实际利益等。翔实的法律规定一方面指引法官进行正确的裁量与心证；另一方面保护法官权威不被质疑。人们倾向于怀疑自己不了解的事物，正如程序法整体作为“看得见的正义”为消除人们对“正义作出的过程”可能抱有的怀疑所提供的重要价值。

5. 使用更纯粹的程序法语言

当前，有关“共同当事人”的实体法司法解释与程序法司法解释规定存在的重叠与冲突现象，使得是否需要明确实体法与程序法分工以及各自应使用的语言方式的问题受到关注。一方面，《民诉法解释》以列举实体关系的方式规定“共同被告、共同当事人”的诉讼地位，难谓没有越俎代庖规定了实体法上的责任承担问题；另一方面，实体法司法解释中规定的“共同被告”这样的用语，也不得不承认是决定了当事人的诉讼地位这一程序法问题。但放弃对强制合并当事人的列举式立法，选择树立一个判断标准来指导法官裁量，规定中不牵涉具体实体法关系中当事人的权利与义务，可以说是以纯粹的程序法立法技术维护了实体正义，解决了程序法与实体法因此产生的嫌隙、矛盾和重复劳动。

6. 灵活适应未来新型纠纷的司法需求

立法经验已经表明，以列举现实实体关系的方式来一一规定何种情况下具有强制合并当事人的需要，一定会导致司法实践面对新型纠纷束手无策，并且还会造成法律规定的冗长、堆叠，并且一些之前规定的实体关系甚至可能随着社会转型在新型社会彻底消失。这种立法方式不如在当事人强制合并制度中考虑减少或放弃使用，转而采取一种更具普适性的立法方式，即从明确树立判断强制合并当事人的标准的角度来指引法官在遇到各种类型的纠纷都能采取一种正确的思维方式并且都需要思考哪些因素，应该更有助于在未来灵活适应新型纠纷带来的实践需求。

（二）反对的声音

虽然前文以较为积极的态度详述了借鉴美国当事人强制合并制度立法带来的惊喜结果，但是若希望这种借鉴和引入能够不遇阻碍地顺利推行则过于乐观。国内本土仍然存在的许多根深蒂固的传统观念，以及本土司法环境下存在的一些司法短板等实践因素，都会对借鉴和引入的本土适应性产生或大或小的影响。这里仅列举较为在意的两种可能出现的反对声音进行介绍。

1. 我国实务界与学界对放弃通说的接受能力

我国诉讼法学的立法技术受大陆法系影响深远，大多数制度概念都是从大陆法系借鉴而言，更是有意仿效其崇拜的概念体系完整性清醒与对制度概念之间的关系进行较为严格解释。“必要共同诉讼和普通共同诉讼”的概念正是由此而来，也因为大陆法系没有“强制合并”的说法，这一概念很少为我国学者所使用和讨论。

因此也可以理解，在司法运作中出现了问题，大家纷纷意识到“必须共同诉讼的当事人”出现了“供不应求”的立法—司法局面时，第一想法是把目光投向以德日为代表的国家立法和理论，参考大陆法系国家是如何解决的。于是发现了当下的问题似乎是我国只引用了其“固有必要共同诉讼”，没有进一步引入“类似必要共同诉讼”，然而若想引入后者，必须同时向国内学界和实务界普及“合一确定”这一概念的深刻内涵，于是学者在这方面的研究层出不穷。在这一过程中，虽然对美国强制合并当事人制度的介绍也有一二，但是并没有人主张过完全从英美法系视角出发，放弃“必须共同诉讼”等于“必要共同诉讼”的观念，转而引入美国的判断标准指引法官裁量。因此，理论界面对这种非传统大陆法系视角的主张，接受度如何，难以估量。

然而令人振奋的是，也有学者曾另辟蹊径，认为不必纠结于“必要共同诉讼”，而可以考虑从以下几个方面判断是不是应实行强制合并的情形，包括：分诉可能形成最不可容忍的矛盾裁判、判决可能实际损害案外人利益、依实体法应由全体或针对全体起诉等。① 这种想法已经十分接近于美国立法提供的判断标准。

至于我国以法官为代表的司法实务界，虽然法官们的教育受到传统大陆法系诉讼法概念体系的影响很大，但是在真正走上工作岗位之后，更多人抛弃了对抽象概念体系的崇拜和执着，在面对实际案件中大多能够真正把自己的法律思维运用在如何使本案在现有规定下得到公正审判的结果。这样一套标准的设计有助于法官摆脱当前束手束脚的困境，更好地利用当事人强制合并制度，既为其保留一定的裁量自由，又提供了朴实详细的步骤标准来指引其在合理因素内判断，因此实务界有理由较好地接受这种立法技术的引入。

2. 我国司法环境下赋予法官裁量权的可行性

虽然这种借鉴和引入有益于帮助法官摆脱现有困境，但是目前我国法官是否有能力运用这种较为自由的裁量权，以及公众是否会信服这种裁量的权威性，仍然是可能阻碍该制度运行的重要因素。我国法官数量庞大，某些下级法院的法官素质的确令人担忧，裁量权的行使对法官的专业能力水平要求较高，在这种现状下我国立法对赋予法官裁量权十分谨慎。一方面，法官可能不适应这种陌生的

① 严仁群:《自主合并抑或强制合并？——追问强制追加当事人之正当性》，载《南京法律评论》2010 年秋季卷。

裁量自由；另一方面，公众也可能不信服法官裁量决定的事项。不得不承认的是，这一立法技术中涉及的判断标准虽然没有太多抽象用语，其较为朴实易懂，但如现有当事人可能承担“双重的、多重的、不一致的法律责任”、法院无法给予现有当事人“充分完全的救济”、缺席本人的利益会受到“实际的损害”等，法律规定上的许多用语仍需要法官进一步运用自身法律思维进行充分理解，确实对法官的水平要求较高。不过，我国中高级法院素质较高，尤其是最高法院的法官所作的判决整体水平很高，可以考虑的弥补措施是通过发布指导案例对这一判断标准中可能引起法官识别困难的用语进一步形象化地解释。

论民事审执分离体制改革之执行机构设置

李为至 *

民事执行是执行法院采取强制执行措施以实现生效法律文书（执行依据）所载明的执行债权的活动。[①]研究审执分离体制改革的核心目的，仍然是创造一个兼顾公平与效率的民事执行体制，创造一个能够让债权人在债务人不自动履行债务的情况下，通过国家强制力及时实现实体权利的机制，解决执行难的问题。长久以来，执行难的问题一直困扰着实务界和学术界，解决执行难的问题，既可以从具体制度入手，试图让执行程序在微观上运行得更加流畅，如广东法院已经全面实行"主动执行"，即立案无须债权人申请的执行程序立案登记制度；也可以从制度层面入手，设计出一套新的制度应用于整个民事执行程序，试图从宏观上改革执行程序的运行机制。而执行机构设置制度可谓在制度层面进行的改革最关键的一环。本文即从执行难的原因出发，结合民事执行权的定位，以审执分离体制改革为大目标，从执行机构设置改革入手，梳理现行执行机构设置的几种模式，试图寻找到一种符合转型期中国社会的执行机构设置模式。

---

* 中国政法大学民商经济法学院 2016 级硕士研究生。

① 肖建国:《民事审判权和执行权应在法院内实行分离》，载《人民法治》2015 年第 7 期。

一、执行难与审执分离体制改革之执行机构设置

民事执行体制改革的根本目标是解决执行难的问题，遵循“发现问题—研究问题—解决问题”的路径，那么首先需要分析造成执行难的原因是什么。目前可以将执行难的主要原因分解为以下七个方面[①]：

（一）社会管理体系不完善[②]

缺乏对社会主体财产的有效登记制度和监控制度，特别是缺乏统一的财产登记制度和机关，难以全面掌握被执行人的财产，导致执行财产查控的效率很低。但随着不动产统一登记制度的实施，有望逐步完善对不动产领域的登记和监控。另外，缺乏有效的人口管理制度，通过现有的公共管理渠道很难掌握外出逃债的“老赖们”的行踪。目前，随着最高人民法院《关于公布失信被执行人名单信息的若干规定》所建立的“失信被执行人名单”制度，该领域的社会管理体系正逐步建立。

（二）社会诚信体系崩塌

与此同时，不完善的社会管理体系导致的执行难预示着较低的违法成本，同时也引起了社会诚信体系的崩塌。民众缺乏对法院司法权威的尊重，不以及时履行判决为应尽的义务，导致目前生效判决的自动履行率不足40%，大量的案件都需要通过强制执行的方式才能实现债权人的实体权利。进一步加重了执行机构的负担，引起恶性循环。

（三）财产处置周期长

在现有法律框架下，即使较为顺利地控制了执行财产，但执行

---

① 关月:《“审执分离”当采一局“一庭模式”》，载《人民法治》2015年第7期。

② 童兆洪:《有效破解执行难问题的路径探析》，载《今日浙江》2007年第15期。

财产从控制到处分的时间仍然占到了整个执行周期过半的时间。与此同时，执行机构与商业性拍卖网站如淘宝网等合作建立的司法拍卖平台存在巨大风险，应建立自己独立、专用于民事执行拍卖的网络平台①，提高处分执行财产的效率。

（四）执行立法欠缺

所谓“重审轻执”的现象不仅发生在司法领域，在立法领域同样存在。长期以来，相比于实体权利义务的立法，我国在执行领域的立法可谓相当粗糙。学界呼吁多年的强制执行法尚未出台，遥遥无期，大多数具体的执行制度都采用效力位阶不足的“规定”“规章”来规范。执行行为无法可依的现象比较突出。

（五）民事执行保障措施不力

对于拒不履行判决的，法律规定的措施少，力度弱。

（六）地方保护主义

由于我国尚处于社会主义初级阶段的基本国情，司法机关的人财物尚未完全由中央统一管理，目前仍然是地方各级法院的经费由省级财政统筹，导致地方保护主义盛行。面对地方的龙头企业、纳税大户等，人大、党委、政协往往以地方经济发展为由干涉执行行为，导致人情案、关系案等。

（七）部分执行人员素质不达标

执行权高度集中，缺乏透明公开的监督和制约机制，导致执行人员权力大，具有很强的随意性。具体表现为由于对申请执行人不满而怠于或消极执行、由于对被执行人不满而滥用强制措施等。此一涉及人事方面的改革应着重于引入专门的“执行法官”制度，提高行使执行裁判权的执行人员的任职门槛。

---

① 谭秋桂：《民事执行法学》，北京大学出版社 2015 年版，第 221 页。

综观上述七点，通过对执行机构设置改革有望改善执行难，而造成执行难的原因包括“地方保护主义”以及“部分执行人员素质不达标”，而改革本身带来的立法需求自然也会解决“执行立法欠缺”的问题。因此，在设计具体的执行机构设置模式时，就应以解决上述原因为目标和导向。

二、民事执行权的定位：执行机构设置的前提

在阐述具体的执行机构设置模式之前，有必要明晰民事执行权的定位[①]，即解决民事执行权在国家权力结构中的位置问题[②]，并以此为基础理解审执分离的真正含义。甚至可以说，对执行权的不同定位，便衍生出不同的执行机构设置模式。所以，只有真正掌握了民事执行权的准确定位，我们才能设置出合理的执行机构以及相应的执行程序。

（一）学界关于执行权定位的主流学说

大部分关于民事执行权定位的学说均是根据民事执行权的内部构造，即其具体权能来划分的。对于其权能，主要的学说有“三权说”和“二权说”，“三权说”认为执行权包括执行裁判权、执行命令权和执行实施权。但从执行实务看，执行裁判和执行实施都无法离开“命令”，所以“执行命令权”的独立性无法论证，是故“三权说”逐渐演变为“二权说”。[③]其中，执行裁判权具有司法权的属性，执行实施权具有行政权的属性。

至此，以执行权的两种权能为基础对民事执行权进行定位，有如下几种较为主流的观点：

① 也有学者采用“性质”“国家分权（分工）属性”等词。

② 谭秋桂:《民事执行权定位问题探析》，载《政法论坛》2003 年第 4 期。

③ 胡志超:《区域法院内部审判权和执行权相分离之模式》，载《人民法治》2015 年第 7 期。

1. 司法权说

该说认为，司法权属于审判权与执行权的上位概念，虽然在整个司法程序内部，审判程序与执行程序相对独立，但它们彼此又是互补的。而在执行权内部，虽然存在具有行政权属性的执行实施行为，但因执行权总括上仍属于司法权的范畴，其行政属性被执行裁判行为的司法属性所吸收。此为我国的通说观点。

2. 行政权说

该说认为，因为法院执行裁判的行为具有主动性、确定性、命令性和强制性等特点，故执行行为应属于一种行政行为。主张行政权说的学者，同时主张执行机构不能设置在法院内部，而应将执行权交由行政机关行使。

3. 司法行政权说

该说认为，强制执行是一种以保证人民法院实现其司法职能为基本任务的行政行为。该说仍然强调执行权本质上是一种行政权，但因考虑到其内部执行裁判权和执行实施权确实同时存在，故需要承认其"行政权 + 司法权"的双重定位。在该种学说内部又存在"司法行为本质说""行政行为本质说"与"并行说"三种分类。

4. 谭秋桂教授观点

"民事执行权大概是处于行政权和司法权之间的权力，既不是纯粹的司法权，也不是完全的行政权，而是一种相对立的国家公权力，它在国家权力结构中介于司法权与行政权之间，具有明显的边缘性。"谭教授提出执行权是一种相对独立的国家公权力的观点。

（二）对四种主流学说的评价

行政权说的问题在于，其过分强调执行实施权，而忽视了执行裁判权在整个执行程序中的作用。毕竟，以执行救济程序为主要内容的执行裁判权，在整个执行程序中必不可少且意义重大。如果人为地将执行权割裂开，会造成执行机构设置的不合理。

司法行政权说的问题在于仍然将执行权归结为一种行政行为，

在前面加上司法二字并不能遮蔽其行政行为的性质。尤其令人不解的是，其子分类“司法行为本质说”却又认为“尽管执行行为具有一定行政行为的特点，但从整体上看依然是一种司法行为”。该种在司法行为与行政行为之间游走的学说导致了概念的模糊，难以实现通过分类对一个概念产生更准确认识的目的。

谭教授的观点强调了执行权的独立性，但却同时指出了执行权在国家权力体系中的边缘性。就笔者看来，执行权与审判权平行、独立存在，是司法权的重要组成部分。在判决自动履行率不足 40% 的当下中国社会，可谓大部分判决都需要最终通过强制执行才能实现债权人的实体权利。就此意义上来说，难谓执行权是一种边缘性的权力。

综观上述主流观点，笔者赞同司法权说。众所周知，司法权是一种复合性的权力，包含了审判权、执行权、审判辅助事项管理权、司法解释制定权、非讼事务处理权等一系列权力①。我们需要认识到，为了保障司法权的顺利实施，司法权内部必然会配备一些具有行政权性质的权力，比如执行权内部的执行实施权，比如宣告失踪和死亡、处理无主财产等具有明显行政权性质的非讼事务处理权。不能因为司法权内部存在着具有行政权属性的权力，就据此缩小司法权的概念范围，甚至得出“司法权 = 审判权”这样的结论。同时，也不能因为执行权内部存在着具有行政权属性的实施权，就得出“执行权属于行政权”或者“执行权属于司法行政权”这样的结论。因为，从理论上来看，执行权是司法权的下位概念，执行权内部权能的配置是为了服务于司法权的，故应以被服务的权力即司法权作为定性的依据。同时，从比较法的角度来看，大多数国外立法例都将执行裁判事项和重大财产执行权，比如执行不动产的权力，配置给了象征司法权属性的执行法官而非象征行政权属性的执

① 肖建国:《民事审判权和执行权应在法院内实行分离》，载《人民法治》2015 年第 7 期。

行员[①]。由此可以看出在执行权内部何种权力更有分量。据此，认定执行权中的司法权属性吸收了其中的行政权属性，不失为一种更为准确的判断。

（三）司法权说与审执分离的关系

行文至此，首先需要回答的一个问题是：审执分离到底是指什么？在司法权说的理论框架下，执行权内部包含着执行裁判权，似乎并没有做到彻底的审执分离，那么采纳司法权说是否意味着没有遵循审执分离原则？

笔者认为，坚持审执分离的首要表现是认识到审判程序与执行程序的区别，意识到两种程序不同的性质、功能与价值取向，并依其区别而设置不同的具体制度。在这一逻辑下，虽然执行权内部仍然包含着裁判权和执行权，但因为已经认识到了两种权能的区别[②]，我们就能对照着设计出更加符合该种权能的制度和人事安排。具体而言，在机构设置上，审执分离意味着设置不同的机构，即用审判庭和执行局对应审判权和执行权。而非像 1992 年之前的民诉法一样，让审判庭既审理案件又执行案件。将执行行为从审判庭的工作中分离出去有诸多好处，既减轻了审判庭的工作负担，保证其更好地完成本职的审判工作，也因为专业化的分工而满足了执行行为相对更加注重效率的价值取向。

其次，在人员配置上，在执行权内部，因执行裁判权本质上也属于一种审判权，其程序属于广义的审判程序，所以必须由拥有法官资格的执行法官来行使执行裁判权；而对于处理执行实施事项的人员则不必有如此高的任职条件，由执行员实施即可。

因此，笔者认为，只要认识到了审判程序与执行程序的区别，并相应地设置不同的机构、配置相应人员，就是坚持了审执分离

---

① 曹凤国：《执行权和审判权分离之域外经验与启示》，载《人民法治》2015 年第 7 期。

② 相对来说，审判程序的价值取向是公平，执行程序的价值取向是效率。

的原则。

至此，我们还需要回答的一个问题是：民事执行权的定位即它属于一种司法权，其与审执分离体制改革的关系是什么？就此需要指出，在审执分离体制改革的过程中，权力本身的配置并不是根本目的，终极目标应该是通过一个高效率的执行程序圆满的实现债权人的实体权利。[①]而之所以还要研究权力的配置，则是因为权力的配置影响了执行机关的设置，而不同的机构设置，带来的是不同的执行效率和效果，直接关系到执行改革的终极目标能否实现。

三、审执分离体制改革最关键一环：执行机构的设置

审执分离体制改革中执行机构设置改革的目标可谓是：如何在明晰执行权定位的前提下，设置出一套执行机构，使其能够高效圆满地实现债权人的实体权利。

（一）执行机构设置的主流模式及评析

如前文所述，对执行权的不同定位，往往对应不同的执行机构设置模式。粗略地看，持行政权说观点的学者，往往主张将执行权交给纯粹的行政机关——如公安机关来行使。持司法行政权观点的学者，往往主张将执行权交给司法行政机关——如司法局来行使，或者设置独立的执行机构——如执行总署[②]来行使执行权。持司法权观点的学者[③]，往往主张将执行机构设置在法院内部。

综观上述模式，最为学术界诟病的模式是将执行权交给纯粹的

① 曹凤国：《执行权和审判权分离之域外经验与启示》，载《人民法治》2015年第7期。

② 汤维健：《执行体制的统一化建构——以解决民事“执行难”为出发点》，载《现代法学》2004年第5期。

③ 支持法院内分模式的学者还包括持有另一种执行权定位学说的谭秋桂教授。

行政机关，如公安机关。其次是将执行权交给司法行政机关或者设置独立的执行机构。目前学界的主流观点是将执行机构保留在法院内部。概括地说，前两种方式因为都将机构设置在了行政机关或者准行政机关，即都处于法院外部，于是被称为“法院外分”模式，第三种模式被称为“法院内分”模式。

支持法院外分模式的主要理由是诟病“重审轻执”的现象，首先，认为若是将执行权留在法院内部，考虑到我国立法上偏重审判程序、执行局仅作为法院中一个部门而存在等原因，很难克服重审轻执的现象，无法解决执行难问题。其次，认为法院的形象会因严厉的执行行为而受伤害，继而难以在改革中强化执行力度，无法提升执行效率。最后，行政行为相对而言更加重视效率的价值取向也是支撑该学说的一大理由。

反对法院外分模式的理由包括：第一，认为其构建的行政体制不仅无法解决地方保护主义的问题，反而会为其大开方便之门。第二，法院外分模式面临一个困境：是否将执行裁判权赋予执行机构？如果赋予，则因行政机构或准行政机构行使裁判权，非法官行使法官职权而存在权力越界的问题。如果不赋予，则会出现当事人往返于执行机构和法院之间处理实体性执行救济的现象。我国幅员辽阔，人口众多，目前正处于经济高速增长的社会转型期，执行案件数量庞大，频繁往返于法院和行政机关带来的反而是更低的执行效率和当事人的怨气。第三，法院外分模式下的执行机构作出的行为皆属于行政行为，当事人如有异议就不得不向法院提起行政诉讼来申请救济，此一结果同样可谓同时增加了法院和当事人的负担。第四，当前执行难问题的症结并不在于暴力抗法，所以不需要将执行权交给警察等行政部门。[①] 第五，执行力量需要根据审判工作量来配备，如果分成两个机关，很难达到步调一致，容易出现案少人多或案多人少的现象。[②] 第六，从比较法的角度而言，民

① 马登科:《审执分离实施方案需谨慎考量》，载《人民法治》2015 年第 7 期。
② 刘勋:《执行权脱离法院会导致司法低效》，载《人民法治》2015 年第 7 期。

事执行都与法院有关，没有一个国家的民事执行权配置完全脱离了法院。①

支持法院内分模式的理由包括：第一，能够比较好地处理执行裁判权与执行实施权的关系，不至于出现权力越界等理论上的障碍。第二，从比较法的角度而言，符合执行机构设置的国际主流趋势。第三，法院保留执行权后，仍保有司法权威，有利于强化其在国家权力体系中的地位。② 第四，减轻当事人往返于不同机构之间的负担等。

综观上述执行机构的设置模式，笔者赞同法院内分。支持法院内分模式的观点均认可应将执行机构设置在法院内部。但这些观点对执行机构与审判机构之间关系、执行裁判权与执行实施权之间关系的认识略有不同，故形成了不同的执行机构设置模式。主要有以下两种模式：

执行局享有裁判权模式：有学者指出③，应该尽快设立执行法院，如果在短时间内难以设立执行法院，可考虑设立高级人民法院统一管理的执行机构体系，即最高院设立执行总局，高院设立执行局，执行局下设执行分局，执行分局下设执行支局。执行分局管辖数个中级法院作出的一审判决，执行支局管辖数个基层法院作出的一审判决。保证执行分局和执行支局独立于中级法院和基层法院。同时，应该将执行权的所有权能完整的配置给执行机构，包括裁判权能和实施权能。在执行机构内部则应该配置与其权能对应的执行法官和执行官。该观点强调应设立独立的执行机关，该机关同时拥有执行裁判权和执行实施权，故可将其称为“执行局享有裁判权模式”。

① 谭秋桂：《域外民事执行权配置方式的考察与思考》，载《人民法院报》2015年2月11日第8版。

② 肖建国：《民事审判权和执行权应在法院内实行分离》，载《人民法治》2015年第7期。

③ 谭秋桂：《“审执分离”模式的理性选择》，载《人民法治》2015年第7期。

执行庭享有裁判权模式：也有学者指出应采取区域法院内部审判权与执行权相分离的模式。[①] 在该种模式下，一定区域范围内的法院作为一个整体设计，审判权和执行权的分离在法院和法院之间实现，而不仅仅是在法院内部的部门之间实现。在立案方面，由中院统一立案、统一管理、统一指挥相关基层法院执行。在执行实施方面，在高院和中院设置执行局，在基层法院设置执行分局，彼此之间是上下级关系。基层法院的执行分局按照中院执行局的指令负责执行实施。中级法院的执行局既负责执行实施，又负责指挥基层法院执行分局的执行。在执行裁判方面，在高院和中院设置执行裁判庭，与民庭、刑庭等审判庭相并列、具有同等规格，负责审理涉及执行的裁判事项。而基层法院只设置执行分局，负责执行实施工作，不设执行裁判庭。在人员配置方面，在执行裁判庭配备执行法官，在执行局配备执行员。该观点强调应在法院内设置独立的执行裁判庭行使执行裁判权，而执行局仅享有执行实施权，故可将其称为“执行庭享有裁判权模式”。

（二）启动执行裁判权：执行法官应在执行实施启动阶段介入

“执行局享有裁判权模式”与“执行庭享有裁判权模式”都可谓建立在审执分离的基础之上，也都意识到了执行裁判权与执行实施权的区别，甚至也都同意在法院体系内建立执行局。两种观点的最大分歧在于执行裁判权应该归属于执行局还是单独设立的执行裁判庭。

当如何设置执行机构的讨论深入到如此细致和微观的阶段，当所有的注意力都集中在执行裁判权时，将目光转向执行实施权不妨是另一种探索答案的尝试。此时，逻辑已经不再那么重要，更重要的是如何依靠经验，依靠实务操作中的需求来判断何为更佳的模

① 胡志超:《区域法院内部审判权和执行权相分离之模式》，载《人民法治》2015年第7期。

式。在实务操作中，执行实施权和执行裁判权真的就是那么泾渭分明吗？并不是。

从理论上来说，执行机构强制执行应按执行依据进行，无权对执行依据进行实质审查，无权变更执行依据的内容。但实际上，在执行程序的启动阶段，必须有人对执行标的物的权利状况、属性、权利位阶作出判断[①]，而这种技能是只有专业并具有丰富实践经验的法官才能恰当处理的，属于执行裁判权的部分。下一步才是对执行标的物进行查封、扣押、冻结、拍卖、变卖等权力，即行使执行实施权。[②]我们可以将这样一种“判断执行标的物权利状况、属性、权利位阶的权力”称为启动执行裁判权。

至此，我们可以非常清楚地看到，执行实施权与执行裁判权并非泾渭分明，实施权的启动事实上却要依赖裁判权的介入，即启动执行裁判权。并且这种介入不可谓不重要，因为国家在行使执行权时，不仅要保护债权人的债权，兼顾债务人的利益，更应顾及第三人的利益。执行程序开始阶段的准确判断可谓为所有后续程序打下一个基础，引领一个方向。任何草率、缺乏经验的判断必然会引起后续层出不穷的执行异议和执行异议之诉，严重影响执行效率，甚至对社会秩序造成第二次伤害[③]。

（三）应采取改良后的“执行庭享有裁判权模式”

诚如上文所述，我们应当承认实施权的启动需要裁判权的介入，与此同时，在执行程序中，仅有执行法官有权行使裁判权。那

① 即认定某项财产是否为债务人所有，确认某人对执行标的物是否享有优先受偿权等诸多涉及实体法上的问题。常怡：《完善民事强制执立法若干问题研究》，载《中国法学》2000年第1期。

② 马登科：《审执分离实施方案需谨慎考量》，载《人民法治》2015年第7期。甚至，连持有司法行政权说的学者也不得不呼吁应当赋予执行机构对执行程序本身所涉及的实体事项必要的调查权，参见常怡：《完善民事强制执立法若干问题研究》，载《中国法学》2000年第1期。

③ 债务人拒绝自动履行判决为对社会秩序的第一次伤害。

么“执行局享有裁判权模式”和“执行庭享有裁判权模式”能否满足上述要求呢?

笔者认为,“执行局享有裁判权模式”难以满足上述要求,而经过改良后的“执行庭享有裁判权模式”能够满足上述要求。在“执行局享有裁判权模式”下,执行局内的执行法官以处理实体性执行救济程序为本职工作,如果他们同时拥有“启动执行裁判权”,那么当该案件在将来衍生出执行异议或者执行异议之诉的时候,因为执行法官们在执行启动阶段已经判断过相关事项,则存在“做自己的法官”之法理障碍。相比之下,“执行庭享有裁判权模式”仅是忽略了“启动执行裁判权”的重要性而已,只需将执行法官引入执行局专门负责行使“启动执行裁判权”即可。相较之下,笔者认为改良后的“执行庭享有裁判权”模式更为可取。

需要特别强调的是,在改良后的“执行庭享有裁判权”模式下,不能因为执行裁判庭与执行局分设,就误认为执行权仅仅包含执行实施权。因为执行裁判庭和执行局内执行法官所拥有的“启动执行裁判权”一并构成了执行权两项权能中的执行裁判权能。

四、总结

最后,如前文所述,审执分离体制改革的最终目标乃是创造高效的执行环境,及时实现债权人的债权。而执行机构设置方面的改革可谓审执分离体制改革最关键的一环。通过采用改良后的“执行庭享有裁判权模式”,做到了审判权与执行权分离,建立了非行政机构性质的执行机构,在一定程度上遏制了地方保护主义。同时,向执行裁判庭和执行局内引入执行法官,也在一定程度上解决了“部分执行人员素质不达标”的问题。而改革本身带来的立法需求自然也会解决“执行立法欠缺”的问题。由此看来,通过审执分离体制改革中的执行机构设置改革解决执行难问题不失为一条通路。

论民事诉讼“诉的利益”

徐璐璐 *

民事诉讼程序主要是审判机关通过法定程序对私权利主体之间争议纠纷的解决，对处于不利地位的私权利主体的合法权益予以维护的活动。在无第三人的情况下，民事诉讼程序围绕审判机关、原告与被告三方展开。审判机关所行使的审判权属于社会公共资源，在诉讼中用以维护当事人的合法权益以及纠纷解决，如何提高这一公共资源的利用效率，将有效的资源用来最大限度地维护私权利主体的利益，是理论研究与实践的共同价值取向所在。“诉的利益”具有避免不必要的诉讼进入法院审理程序的过滤作用。我国民事诉讼法尚无对“诉的利益”的规定，仅有关于当事人适格以及起诉条件的规定。基于我国《民事诉讼法》第 119 条关于起诉条件的第（3）项规定“有具体的诉讼请求和事实、理由”，法院立案庭在审查原告的起诉时，很难避免仅做形式上的审查，进而将诉的利益判断视为起诉条件之一。在案件还没有进入实体审理阶段就以当事人不具有诉的利益驳回起诉，难以实现通过“立案登记制”对当事人诉权的保障目的。

* 中国政法大学民商经济法学院 2017 级硕士研究生。

一、“诉的利益”的定性

何为诉的利益，学界较为一致的观点是，原告提起的诉由经由法院审理查明作出裁判的有必要性，并且能够产生解决纠纷的实际效果。“诉的利益”学说起源于19世纪，在此之前，一个案件能否进入诉讼程序，主要考量的是法院或法官对案件是否具有管辖权、当事人是否有诉权、法律或者判例是否有依据。当时的民事诉讼案件以给付之诉为主，给付之诉中，通常认为原告提起的诉都包含了法院对其诉求进行审理的利益。当时，概念法学占据法学理论界的主导地位。概念法学主张法官对案件的审理应当恪守既有法律规范与相关法律规则，如果一个案件在现有法律中没有相关法律条文为依据，该案件的审理法官就可以认定其不具有审理必要性。直到19世纪，随着社会关系的复杂化，出现了确认之诉这种类型的诉讼，如债权人与债务人之间就债权债务关系提起的确认之诉，以及请求确认不存在侵权关系的消极确认之诉。这些案件是否应当受理，特别是消极确认之诉这种没有法律关系的案件，难以在实体法或者判例中找到依据。概念法学的适用难以解决社会生活中数量庞大，类型不断增多的案件审理需求，利益法学应运而生。利益法学的观点鼓励法官对案件享有并能行使一定的自由裁量权，强调法官对案件的各项利益的衡量。面对实体法没有规定而当事人提起诉讼的情形，法官不应当一味拒绝，而应当积极裁判。与此相伴而生的问题就是，什么样的案件应当赋予进入民事诉讼程序，什么的诉求有保护的必要，即诉的利益所要解决的问题。

诉讼的提起，源于原告实体权利受到威胁或者损害，对于诉的利益的判断，也必然离不开对案件实体权利义务关系的考量与判断。何况原告提起诉讼的最终目的在于实现或者维护实体权利，也就是说具备诉的利益的案件必然是与实体法相关的。另外，诉的利益的一个重要价值在于对案件进行过滤，给予有必要、有实效的案件进入诉讼程序的机会，保障国家司法资源尽量避免浪费，其本身便具有程序性特征。因此，对于诉的利益的定位问题，很难将其与程序法或者实体法完全割裂。学界主流观点认为诉的利益应当定位于程序法与实体法之间，并且具有沟通实体法与程序法的桥梁作用，将具有诉的利益的案件输送到诉讼程序中，通过诉讼程序来回复实体法律秩序。

由于大陆法系国家奉行制定法的传统，法官对于案件审理的理论依据大多来源于成文制定法中，制定法是法官作出诉讼是否具有诉讼的利益的重要依据。另外，由于制定法不可避免的滞后性，对于实践中出现的一些新型权利，也需要通过法官进行审理查明，此时诉的利益具有沟通实体权利义务关系与案件审理程序的重要作用。对于法律当中未予规定的权利类型，法官认为在具备诉的利益的情况下，积极裁判，可以通过司法过程反向促进立法。在英美法系国家中，发挥类似"诉的利益"功能作用的是救济法。所谓救济法，是指关于在各种权利被侵犯时应予实施或请求实施适当救济方法的法律规范。[①] 救济是对现实中权利不安状况的弥补与补救。救济法在衡量是否对原告提起的诉讼给予救济时，主要基于以下几点判断：原告所诉求法院保护的权益是否是受到宪法或其他制定法保护的，争议是否真实存在以及原告在提起诉讼时，其权利是否受有损害或现实性威胁。如此对符合救济法的案件进行审理裁判，从而保护原告的合法权益。类似大陆法系的"诉的利益"，救济法也有一个对案件是否进入程序审理的过滤作用，处在既有判例又有现实提起诉讼之间，并在对被侵犯权利予以救济的同时，实现对审判资源的合理利用。

二、"诉的利益"的定位

"诉的利益"的定位，解决的是诉的利益在民事诉讼程序中的

---

① 杨军:《诉的利益研究》中国政法大学 2007 年博士学位论文。

什么阶段、发挥怎样作用的问题。民事诉讼程序经历起诉、审理、裁判的不同阶段，法院在各个阶段所审查的分别是起诉条件、诉讼要件、本案要件。法院在立案阶段决定是否受理一个案件所要考量的是起诉条件。通过对原告是否具备法定的起诉条件进行衡量，作出是否受理案件的决定。因此，起诉条件的评价结果是诉的成立与否。立案之后，进入案件审理阶段，在此阶段，当事人为维护自身利益，证明自己所主张之事由与请求，向法院提供案件有关证据材料。法院基于当事人提交以及自身通过职权探知调查获得的相关材料，对案件实体权利义务关系进行分析认定。在这一过程中，案件审理法官通过审查案件审理所必须具备的诉讼要件，判断案件是否具备进入审理程序的资格。不具有诉的利益的案件，则没有必要为之投入审判资源、耗费原告与被告尤其是被告被拖入无端诉讼所需的资源与精力。对诉讼要件的评价结果表述为诉是否合法，唯有在诉的提起合法的情形下，案件才能进入最后的审理，即关于本案实体权利和义务争议的审理与裁判。在这一阶段，主要围绕本案要件进行审理查明。本案要件，又称权利保护要件，是指法院在判断原告诉讼请求时，以是否具有权利根据为基准来判断应否通过判决保护其权利主张的要件。[①] 在这一过程中，以实体法律规定为基础，结合案件具体情况，寻求支持或否定原告主张与诉求的依据。

对于诉的利益的定位，需要对诉的利益所体现的诉权进行分析与认识。[②] 诉权，即当事人请求人民法院行使审判权，以保护其财产权利和人身权利的基本权利。诉权为当事人通过诉讼程序实现诉的利益的前提，诉的利益经由诉权的行使得以实现。诉权有其自身的理论发展过程与体系，在 19 世纪之前，普遍接受的观点是诉权是一种私权，认为诉权旨是实现私法层面规定权利义务关系所涉利益的权利，当事人诉求法院保护的利益需要在实体法上有依据。这

---

① [日]中村英郎:《新民事诉讼法讲义》，陈刚、林剑锋译，法律出版社 2001 年版，第 156 页。

② 杨军:《诉的利益研究》中国政法大学 2007 年博士学位论文。

与现实中已经出现的消极确认之诉存在难以融洽之处。在其后的发展历程中，出现了公法诉权说，公法诉权说强调这里权利的行使过程中国家司法机关的地位与作用。由于公法诉权说过于泛化，后经历了具体诉权说，权利保护请求权说、本案判决请求权说以及其后的司法行为请求权说。

具体诉权说认为诉权是原告要求获得胜诉判决的权利。而由于无法体现被告是否同样具有此种权利，具体诉权说后被权利保护请求权说取代。权利保护请求说认为，诉权为当事人请求国家通过民事诉讼程序作出利己判决的权利。诉权的行使与实现涵盖实体法与程序法两个层面。具有代表性的是德国学者赫尔维希的观点，他将诉权分为诉讼要件与权利保护要件，其中诉讼要件主要涉及法院有主管管辖权以及当事人具备诉讼权利能力等条件，权利保护要件则包括诉的利益与当时人适格。以权利保护诉权说为基础来为诉的利益进行定性，就会得出诉的利益为权利保护要件的结论，强调的是实体性的权利保护利益是否具备。我国台湾地区主流观点也是如此。我国台湾地区"民事诉讼法"第249条第2款规定:"原告之诉，依其所诉之事实，在法律上显无理由者，法院得不经言词辩论，径以判决驳回之。"而在我国台湾地区的裁判体系中，对于本案请求没有理由的，通过判决予以驳回。看得出来，我国台湾地区的民诉法将诉的利益的判断等同于本案要件，即将诉的利益更多地与当事人之间的实体权利义务关系相关联。本案判决请求权说相比权利保护请求权说而言，将具体诉权说与权利保护请求权说中有关实体权利保护要件的部分予以剥离，将诉权定位于请求法院作出本案判决的权利，不限于追求胜诉的裁判。具体诉权说中的实体上的权利保护要件就演化成为本案要件独立出来，而程序上的权利保护要件即诉的利益和当事人适格则被诉讼要件所吸收。[①] 此后由以罗森贝克为代表的司法行为请求权说在德国兴盛，该说将诉权定位为原告请

① 李凌:《立案登记制下诉的利益判断》，载《国家检察官学院学报》2017年第4期。

求法院通过司法行为对其诉求进行裁判的权利，具体依据在于实体法与程序法赋予当事人的各项权利。我国奉行“二元诉权说”的诉权理论，历史根源在于中华人民共和国成立初期对苏联的诉讼法理论模式的学习与借鉴。该说将诉权分割为程序意义与实体意义上的诉权，程序意义上的诉权就是向法院提起诉讼的权利，实体意义上的诉权则是支撑原告起诉的实体法所赋予的权利。这种划分方式指导了我国民事诉讼程序多年来的理论与实践。但是这种从实体与程序两方面解释诉权的理论，其内涵的基础判断在于将诉权置于公法领域，程序意义上的诉权服务与实体意义上的诉权，二者也被称为起诉权与胜诉权，起诉权在具体诉讼程序中加以检验的标准就是起诉条件，由于在二元的诉权理论模式下，除了起诉权就是胜诉权，诉的利益就落到了起诉条件之中。

大陆法系国家主流观点是将“诉的利益”归入诉讼要件中，并视诉的利益为法院实体判决的前提。所谓诉讼要件，是指法院就诉讼请求的正确与否进行审理裁判之前，其系属在程序法上必须具备的适法要件。[①] 诉讼要件在我国的民事诉讼法中同样没有规定，对于诉讼要件的构成，不同的学者有不同的认识。诉讼要件中有些法律内容从积极方面作出规定，要求案件所具备，比如当事人能力、当事人适格、受诉法院有管辖权、原告的诉求有诉的利益等。也有从消极方面予以规定的，具体条文可能表述为“不得”或者“不属于”，比如不构成重复起诉，当事人之间没有排斥诉讼的仲裁协议或不起诉协议等。德国的主流观点将诉讼要件中的权利保护利益看作诉的利益，对于权利保护利益缺失的案件，法院判决驳回诉讼。日本新堂幸司教授认为“诉的利益”是用以衡量具体请求的内容有无作出本案判决的必要性以及实效性。兼子一教授将诉的利益归于诉权的要件，将诉的利益视为外延更大的诉权的要件。他通过两个层次对诉的利益进行定位，具体包括：权利保护资格与权利保护利

① 李凌:《立案登记制下诉的利益判断》，载《国家检察官学院学报》2017 年第 4 期。

益。权利保护资格强调的是原告的请求适合通过判决加以确定，而权利保护利益强调这一过程的现实必要性。

笔者赞同将“诉的利益”定性为诉讼要件的观点。诉的利益涉及当事人的实体权利义务关系，不宜定性为起诉条件，否则在案件未进入法院系属之前就可能作出侵害当事人实体权益的认定。如果原告的诉不具有诉的利益，在进入本案要件审理之前，就应当驳回该诉。诉的利益通过将那些利用诉讼程序解决纠纷有必要性与实效性的案件纳入法院审理程序中，维护当事人的合法权益，避免不必要的诉讼，合理利用国家审判权体现的司法资源。如果将“诉的利益”归于本案要件，则在案件审理已经无端耗费法院司法资源以及当事人的精力的情况下，即便是作出不具有诉的利益的裁判，也已经背离这一概念的初衷，实际上是没有意义的认定。另外，由于在具体的诉讼中，并不是所有的案件都可以在实体法上找到对应的依据，如果将诉的利益视为本案要件，对于消极确认之诉不存在法律关系的案件的“诉的利益”的分析就会无法得到制定法的支撑。因此，将“诉的利益”定性为诉讼要件符合其原意，在理论中更容易自洽，实践中也更具可操作性。

三、“诉的利益”的具体判断

从宏观层面对诉的利益进行把握，就是对当事人诉求的审理的必要性与实效性。下面分别就三种不同的诉讼类型具体分析其中诉的利益的衡量判断问题。

（一）给付之诉中“诉的利益”判断

原告提出的旨在实现其债权的诉讼就是给付之诉。按照给付标的的不同进行划分，包括金钱给付之诉，行为给付之诉以及物的给付之诉。其中，行为给付之诉包括作为的行为给付之诉与不作为的行为给付之诉。不作为的行为给付之诉的被告正在实施并有将来继续实施侵犯原告合法权益的行为时，原告具有诉请法院通过司法程序保护其合法权益的权利。为了适应社会发展要求，使得诉讼程序能够更多地用于维护私权利主体的利益，诉的利益呈现扩张趋势。现代法律中，在很大程度上，提起不作为之诉（申请禁令之诉）不再要求“开始侵犯”和“重复的危险”的先决条件。[①]允许原告在权利未开始受到侵犯时可以通过申请禁令的形式请求法院的保护。

按照在法庭辩论终结时这一时间点，原告请求被告履行期是以是否已到为标准，可以将给付之诉分为现在给付之诉与将来给付之诉。现在给付之诉，原告主张尽管有“可以向被告提出给付请求”的地位，但现实中未受到被告给付的诉讼。[②]可以见得，对于现在给付之诉而言，其诉的利益是必然存在的。因为现实中原告的到期债权实现存在障碍，致使本应实现的债权未能实现，因此原告转而诉求法院救济。此外，通常认为原告有关现在给付之诉的诉的利益的判断无关原告在起诉之前是否存在催告被告履行的行为以及被告是否否认债权债务关系的存在。只是在被告承认双方之间权利义务关系并未拒绝履行义务的情形下，原告提起的给付之诉有关诉讼费用部分需要由原告自行负担。此种规定在德国、日本的法律以及我国台湾地区的有关规定中有所体现。对将来给付之诉而言，法律通常将其提起条件限制为只有在原告认为确有必要时才能提起，也就是说，如果原告在此不提出将来给付之诉，那么在将来债权履行期届满时原告可能面临无法挽回的损失。这里主要包括两种情形，一种情况是，在一些持续或反复的给付中，债务人已经出现了对已到期债务拒绝履行的情况，债权人因此有理由推测债务人将无力履行将来的债务，为了维护自身利益，原告就具有了提起将来给付之诉的利益；另一种情况是，如果在将来履行的过程中，债务人稍有迟延或者未能完满履行，将会导致合同目的无法实现的严重后果，在

① 邵明:《论诉的利益》，载《中国人民大学学报》2000 年第 4 期。

② [日]高桥宏志:《民事诉讼制度与理论的深层分析》，林剑锋译，法律出版社 2003 年版，第 286 页。

此情形下，原告有权提起将来给付之诉。

理论上对如下这一情形中，有无诉的利益存在争议：如果诉讼标的物已灭失或者案件判决结果明显无法强制执行的情况下，原告是否还具有诉的利益的问题。肯定说认为案件的能否执行与诉的利益不具有直接关联性，即便判决难以执行，也不应该以此否定原告所享有的诉的利益，否定原告的诉权。否定说则认为诉的利益旨在对进入法院审理程序的案件数量进行控制，如果案件最终无法执行，那么即便经过审判程序，最后仍然是对司法资源的浪费。笔者在此赞同肯定说的观点，因为即便案件无法执行，当事人也有诉的利益来行使其享有的诉权，而且当事人经过审判程序获得的胜诉判决认定的事项，可以令其在日后的相关诉讼活动中免予证明。

（二）确认之诉中“诉的利益”判断

确认之诉，即原告诉请法院对其所处的存在争议的法律关系是否存在进行确认，可以将其分为积极确认之诉与消极确认之诉，前者即对某一已经存在的法律关系通过法院审理查明的程序，赋予已经存在的法律关系以法院裁判认定的效力，为当事人此后的权利行使提供确定的权利义务关系基础。后者则是原告认为在原被告之间不存在特定法律关系，对于现实中法律关系存在与否，原告与被告之间存在争议的情况下，原告为了保障自己正常的、安宁的生产生活，请求法院确认其与被告之间不存在某项特定的权利义务关系，称为消极确认之诉。确认之诉可以围绕原告与被告之间的法律关系提起，也可能是基于原告与第三人之间的法律关系提起。这里有一个经典的例子，如果在两个以上自称是债权人的情况下，其中任何一个自称是债权人的人都可能针对其他自称是债权人的人，提出请求确认自己与债务人的债权债务关系的确认之诉。此种情形下，提起确认之诉的原告统一具有诉的利益。对于确认之诉的机能，竹下守夫教授概括为三个方面，具体包括在权利侵害发生之前的预防性机能、将来作为请求权基础的全括性救济机能以及对公司董事股东等团体遵循一定的内部规则的规则性救济机能。①

首先，原告应当具有提出请求的妥当性。原告的权利或者原告的法律地位受到威胁而处于不安状态时，通过诉讼程序能够有效消除此种危险状态的情况下就认为原告具有诉的利益。在此，有时需要与给付之诉相结合予以认定，如果原告可以通过给付之诉实现对其利益的保护，那么法律上认为其不具有提起确认之诉的诉的利益。因为对于给付之诉而言，法院在作出给付判决的过程中必然伴随着对其基础权利义务关系的确认过程。除非对于原告而言，其提起确认之诉有比通过给付之诉带来无法比拟的利益优势的情况下，才承认其确认之诉的利益。其次，确认对象的适当性。在于原告诉请法院确认的应当是法律关系而不是事实本身。就法律关系具体而言，应当是现有的法律关系而不是过去或未来的权利义务关系。但这一标准本身也并非绝对，当某些事实本身的认定能够引起权利义务关系发生变化从而导致整个纠纷得以解决的情形下，对事实本身的确认也就有了诉的利益。这一点在日本《民事诉讼法典》里有所规定，即允许当事人提起确认文书真伪之诉，这里的文书真伪不是指文书记载内容是否与客观事实一致，而是指文书的作出是否基于作出者真实意思。而如果文书的真伪还影响到基于此文书作出的法律行为的情形下，法院对于文书的真伪作出认定也无法实现对案件纠纷的最终解决。此种情形下就不认为原告提起的确认之诉具有诉的利益。此外，对于一些涉及身份关系的事实也有确认利益存在。在英美法系国家的实践中，还有一类关于事物法律特征确认的诉讼，如确定某块土地为现在不适用的墓地的确认之诉。②就法律关系发生的时间而言，通常对于过去或者未来的法律关系不具有确认利益。因为过去的法律关系发生在过去的时间点，即便对其进行确认也已经没有了意义。而未来的法律关系现在无法确定，即便对

---

① ［日］高桥宏志：《民事诉讼制度与理论的深层分析》，林剑锋译，法律出版社2003年版，第297页。

② 江伟：《民事诉讼法专论》，中国人民大学出版社2005年版，第174页。

其予以确认，将来还有变化的可能。因此通常而言，不认为原告对于这些法律关系所提起的确认之诉有诉的利益。但这一标准并非绝对，如果过去的某一法律关系与现在的争议有根本性的因果关系，对过去的法律关系提起确认之诉就具有了确认利益。

实践中发生在知识产权领域的消极确认之诉案件较为普遍。典型例子就是 2001 年，苏州龙宝生物工程实业公司向江苏省高院起诉苏州朗力福保健品公司，提起确认不侵犯专利权的诉讼，这被公认为我国第一起请求确认不侵犯专利权之诉。[①] 在这类案件中，原告在生产经营活动中收到了来自被告的律师函或者其他权利申明，指出原告正在生产或销售的某项产品涉嫌侵犯被告的某项知识产权。被告提出了诉讼威胁，但是被告又没有就此提起诉讼，反而因为被告的行为导致原告在一段时间内无法按照计划进行生产经营活动，有时也仅仅因为侵权的可能性的存在，导致原告的产品销售遭到市场消费者或者其他经销商的怀疑，从而影响原告的积极收益。因此，原告通过提起诉讼，请求法院确认其生产的某项产品对被告的某项知识产权权利不构成侵权。此类消极确认之诉的诉的利益在于，原告的权利因被告权利行使的不确定性而受有不利影响，并且这种威胁状况现实存在。原告向法院提起请求确认不存在侵权关系的诉讼对于改变原告利益受损的现状有实际意义。

在消极确认之诉中，被告为了维护自己的合法利益，就会尽力提出有利于维护自身利益的证据，这时原告提起的消极确认之诉就产生一种对权利主体的攻击性效果，促使其可能较为被动地参与到原告已启动的诉讼程序中来。一个典型的例子就是，对债务人而言，如果等到债权人对其提起诉讼，那么诉讼案件的系属极有可能是在对债权人有利的法院，并且在这种情形下债务人将面临举证证明自己所负债务及其履行状况的责任。当债务人转而提起消极确认之诉时，以上的相对不利情形就将从债务人身上转移到债权人身

① 熊亮:《论确认不侵权诉讼的诉的利益——以知识产权领域为例》，云南民族大学 2007 年硕士学位论文。

上。如果债务人提起消极确认之诉的门槛过低，会导致债务人滥用诉权，有时可能对债权人造成突袭，使得债权人在短时间内难以提供充分有力的证据材料，在案件审理过程中，其利益就有可能受到损害。如何尽可能地降低此种形态的诉讼对被告处于正常运行状态的合法权利的冲击？从制定法层面，应当完善诉的利益的判断要件，必要时，可以要求原告就其合法权利所受到来自被告的威胁进行阐述，以说明其确实处于不安状态，并且具有寻求法院救济的现实必要性。法院需要综合考量被告权利行使状况是否确定，即被告是否会对原告起诉，以及当事人是否存在有利于纠纷解决的交涉。

（三）形成之诉中“诉的利益”判断

原告请求法院对某项法律关系予以变更，使得既有法律关系变更为新的法律关系。因此，形成之诉也称为变更之诉。由于形成之诉的权利基础形成权由实体法法律直接规定，并且形成之诉权也只限于法律明文规定的情形。只有在条件成熟时才可以提起，而一旦提起就自然地具备了诉的利益。因此也看得出来，在形成之诉中，当事人适格与诉的利益的紧密相关性。此外，对于形成之诉的诉的利益的判断，除了必要性与实效性，一个基础性的特征在于其法定性，即首先必须是基于实体法律的明文规定。

四、“诉的利益”的作用分析

如前文所述，“诉的利益”这一概念及相关理论对于民事诉讼程序公平高效的运行有着重要的作用。首先是“诉的利益”对案件的过滤作用，不仅能够对原告具有诉的利益的诉求予以即时保护，也有保障国家司法资源的合理利用，避免因原告滥用诉权损害被告利益现象的发生。在施行立案登记制的当下，如果真的能够做到案件在立案阶段，仅限于对起诉要件的形式审查。待在案件通过立案程序进入审判程序的过程后，通过判断案件是否具备包括诉的利益在内的诉讼要件，在具备其他诉讼要件的条件下进入本案要件的审查阶段，最终实现对案件的审理与裁判。在1877年德国民事诉讼法之后，大陆法系国家对案件的审理就已不再强调诉讼要件与本案要件截然分开，先后审查，而更多的是同时进行的做法。但即便如此，诉的利益在一定程度上而言，还是有规范法律审判行为，为法院审理案件提供一个大致的流程性、指导性的作用。

另外，对于大陆法系国家以及主要承继大陆法系国家法律体系与内容的我国而言，由于制定法的相对滞后，导致案件审理过程中，基于新型的权利类型提起的诉讼是否应当受理以及如何审理都具有极大的不确定性。但是法官没有理由拒绝受理此类案件，相反，这时法官基于诉的利益的判断标准，对具体案件进行分析，通过认定某一个特定的案件的原告是否具有诉的利益，进而运用诉讼程序对有诉的利益的案件进行审理裁判。久而久之，一些实践中正在形成的权利类型通过法官的裁判就得以固定下来，成为先于立法的实践。因此，"诉的利益"具有填补制定法法律条文空缺，承认与肯定新型权利类型的作用。

五、"立案登记制"中的"诉的利益"

首先，对于"诉的利益"的正确定位。在实行"立案登记制"的当下，法院较为常见的做法仍然是将"诉的利益"定位于起诉要件，对于不具备诉的利益的案件，裁定不予受理。出现这一现象的原因有很大一部分在于现行法律规定的不清晰，法院对起诉条件审查的过程中，难以避免地会涉及对案件实体权利义务关系的判断，加之受传统诉权观念的影响，就出现了将"诉的利益"提前到起诉条件中的现象。在立案阶段对当事人利益的衡量是形式性的，如果在立案阶段凭借原告单方提供的不全面的起诉材料，就对案件是否具有诉的利益这一涉及实体权利的问题作出判断，如此一来，对诉的利益的过滤作用而言得到了保障，但会造成对当事人权益的损害。在今后的改革实践的过程中，应当将“诉的利益”定位为诉讼要件，并且是作出本案判决的前提。

其次，保障当事人在诉的利益确定过程中的程序参与权。因为诉的利益涉及当事人的实体权利义务关系，因此，在对诉的利益审理查明的过程中，应当给予案件双方当事人充分的辩论机会，保证当事人在这一程序中的程序性利益。同时，尽管诉的利益是一个对原告的提起的诉进行衡量的尺度，需要经由原被告双方进行辩论。但是从诉的利益初衷而言，是为了国家司法资源的合理利用而设置，最终也是由行使司法权力的法官予以认定。因此，诉的利益关乎国家利益与当事人利益。对于诉的利益的有关证据材料的提出与收集应当适用当事人主导的辩论主义还是法院主导的职权探知主义，对于具体的证据提出应当由当事人负责还是法院依职权调查？对此，大多数学者赞同的观点是，在宏观层面，由于诉的利益关乎公共利益，因此法院由应当对诉的利益是否具备采取职权探知主义，属于法院依职权查明的事项。而对于当事人之间在证明具体权利义务关系时，举证质证相关的证据材料应当由当事人提出，以服务于当事人之间的辩论。

最后，关于诉的利益的裁判。经过对诉的利益的判断之后，法院应该以怎样的裁判形式对其结果加以确定？我国的民事诉讼法中存在三种裁判形式：判决、裁定与决定。对于实体问题的裁判通常采用判决的形式，裁定则多用于对一些程序性事项的认定，决定是对一些其他事务性事项的认定或决定。目前的司法实践中，由于诉的利益作为起诉条件加以判断，对于不具有诉的利益的案件，法院通常采取裁定驳回起诉的形式。将诉的利益定性为诉讼要件之时，应当对具备诉的利益的案件进行本案要件的审理查明，最终作出本案判决。对于不具有诉的利益的案件，应当以裁定的形式作出驳回诉讼的裁定。因为虽然诉的利益的判断具有程序性质与实体性质，但是对于诉的利益的判断毕竟不同于本案要件的审理，因此在作出认定的时候还是应当以裁定的形式作出。

论民事诉讼中审判与调解的关系

张译文 *

民事审判作为一种由法院行使国家公权力，严格适用法律以期公正、公平、公开地化解矛盾双方争议的纠纷解决方式，民事审判随着民商事活动的发展一同在世界范围内延伸触角，在各国的司法实践中都具有悠久的历史。而被国际社会誉为“来自东方的经验”的民事诉讼中的调解则与其不同，自中华人民共和国成立后就被正式写入法律文件，将诉讼调解和民事审判结合置于同一诉讼程序内，成为我国解决民事纠纷的重要途径。

审判与调解不是非此即彼地完全隔离、独立运行于各自轨道，恰恰相反，二者在民事诉讼中有无数预设的衔接。我国立法者希望通过这些衔接之处更好地发挥审判和调解的各自特点，以期公平高效地解决矛盾，促进我国经济社会的发展。然而事与愿违，司法实践所暴露出的问题却使审判和协调的衔接协作关系成为理论界争议的焦点。调审合一体制是否还能实现制度预设目的，“1+1>2”的优化设计在本土语境下是否存在失灵危机，理论界倡议的分离原则在司法改革的大背景下是否真的迎来了实践的绝佳时机，这些问题的答案都要从明晰民事审判与诉讼调解的功能和界限上寻找突破口。

* 中国政法大学民商经济法学院 2017 级硕士研究生。

一、审判与调节关系的概述

（一）审判的含义与运行价值

民事审判[①]是指人民法院行使国家公权力，以法律为依据，对争议双方自愿提交的民事案件进行审理并作出裁判的活动。审判作为我国最典型、最普遍的司法活动，除了争议解决这一基本价值之外，更存在着其他重要价值。

首先，审判具有是非明断性。民事纠纷的双方当事人之所以选择将争议交由审判机关通过司法程序解决，而非寻求仲裁或民间调解，原因在于当事人不仅希望矛盾得以解决，更希望是在事实清楚的基础上，公平正义地解决。仲裁或民间调解在实践中在很大程度上表现为双方谈判、妥协的博弈，对程序正当和实体正义并无过多期待。民事审判过程中对每一个可能对裁判结果产生影响的因素进行严格把控，从而推动社会对裁判的公平正义的认同感。

其次，法律与生俱来的缺陷在于法律的模糊性。在文学领域，从不同角度出发产生不同解读正是伟大作品的魅力所在，而谈及法律，这种模糊性则会对社会秩序造成致命的打击，利用民事审判的自身特点就可以化解这个问题。在两造平等对垒的民事法庭中，手持公正天平的法官是国家权力的代表。拉德布鲁赫对此有过生动的表述:“法律通过法官之口来到人间。”[②]具体而言，具象化的国家权力在日复一日的民事审判中通过严格适用法律裁判解决纠纷的方式将法律内涵和外延精准地确定下来，从而在确认双方当事人权利的同时一并达到了法律被人们尊重和熟悉的效果。

（二）调解的含义与运行价值

对诉讼调解[③]的产生基础学者们有着各异的观点。有学者认为

---

① 本文中民事审判是指狭义的民事司法，指法院对案件的审理（不包括调解）和裁判。

② [德]拉德布鲁赫:《法学导论》，米健译，法律出版社 2012 年版，第 120 页。

③ 本文中调解是指狭义的调解，即诉讼中的调解。

我国现行的诉讼调解来源于传统儒家文化，是“以和为贵”“息讼止争”等观念的现代表现形式。也有学者提出不同意见，从政治角度和目的论出发，结合“马锡五审判方式”的形成和发展，认为诉讼调解并非传统产物，而是便于国家政策灵活实现的工具①。与传统的平讼目的相比，现行诉讼调解制度的目的重心更倾向于贯彻党和国家方针、路线，利用这一相对审判而言更易接受、成本较低的方式实现对社会的治理②。在笔者看来，两种观点都有可圈可点的地方。我国的诉讼中调解不仅是单纯的诉讼过程，也是双方当事人互谅互让、妥协谈判的行为。

众所周知，调解以其高效率、低成本、和谐解决争议的特点在司法实践中被优先选择。与肃穆紧张的法庭氛围不同，调解往往在较为轻松的环境下进行，主持调解的法官往往并不直接将有关法条解释给双方当事人，原因在于法律对于人们来说语言更为专业，逻辑也更加严格，在调解中过分强调法条会使当事人产生与日常脱节的疏离感从而下意识产生抵触情绪，将本就剑拔弩张的双方矛盾情形激化，与解决矛盾的愿望背道而驰。调解人员不是只将争议眼光牢牢锁在案件基本事实上，而更多地运用道德、礼节、社会观念、双方对未来关系的预期，这个过程也经常是谈判技巧的博弈。区别于判决后可能出现的一方当事人心理落差极大的情形，经过双方全面综合的考量各种因素，互谅互让，平等协商，调解结果总是双方均有得有失，极大地促进当事人自愿履行调解结果，成本低，效率高，事半功倍。由此，利用调解化解矛盾的过程中所伴随的和谐氛围本身就成为诉讼调解运行的运行价值。

（三）审判与调解价值取向的区别

调审合一体制下二者的关系密切无间，但这两种纠纷解决方

① 张卫平:《回归“马锡五”的思考》，载《现代法学》2005 年第 2 期。

② 强世功:《调解、法制与现代性——中国调解制度研究》，中国法制出版社 2001 年版，第 204 页。

式从原理、运行方式上是截然不同的。在探究调审关系合理设置之前，将它们各自的价值取向加以比较，厘清定位无疑是很有必要的。

审判与调解目的看似都在于定分止争，实则截然不同。如果把审判比作前行的火车，那么列车疾驰的依归在于得到正确、合法的判决。法院审理的每一个环节，起诉、举证、辩论等，都是用程序为最终判决的正当性保驾护航。调解则是以双方合意达成调解方案或共同认可法官的调解方案为最高目标，争议双方的意思自治是调解结案的灵魂所在。相比较而言，调解的特点不仅在于前述的成本和效率方面，也体现在为当事人提供了选择纠纷解决基准的“自由”①。如果不能从理性的角度看待审判的独特价值和调解的自愿性、处分性，势必无法缓解实践中出现的错位、混乱的问题。

（四）审判与调解的关系

经由前面的比较不难发现，民事审判和调解粗略而言殊途同归，但殊途的各自特点不容小觑。在明确了基本特点和价值取向之后，就应以此为基础来划分二者在法院诉讼程序中的界限和分工，最大限度地合理化分配民事争议的解决途径。

先从调解的角度来说，它仅具有个案意义，一个案件达成的调解协议不能被反复适用，在协商过程中表现出自治性、自愿性、开放性、灵活性等特点；再反观裁判的本质则在于其普适性、程序性。一次公正的审判可以弥补调解实体和程序两个方面暴露的缺陷，如实践中久调不决的问题。而调解对审判的影响也富有积极意义。我国在2012年对《民事诉讼法》进行了二次修改，新增设了案件审理前在准备阶段的调解制度和先行调解制度。得力于调解以及配套制度的发展，很多民事案件在审前调解就已经解决，无须进入审判阶段，成功地实现了分流司法负担的效果，使司法资源得到

① 强世功:《权利的组织网络与法律的治理化》，载《北大的法律评论》第3卷第2辑。

节约。

总的来说，审判是对调解中模糊案件事实、强调当事人合意的弥补，调解则是对审判耗费成本的烦琐程序的补充。审判和调解的理想关系应是在纷繁复杂的各种民事纠纷中，利用各自本质特性功能互补来科学高效地化解矛盾。我国立法将二者共同置于法院诉讼程序中，正是希望其发挥互相带动、优势互补的作用。

二、我国审判与调解关系存在的问题

（一）审判与调解关系的法律规定

以历史沿革的角度而言，我国一直实行的是调审合一的制度，然而随着立法实践的发展，二者的主次关系处在不断变化之中。首先在立法初始阶段继承了革命时期“马锡五审判方式”，坚持了以法官调解为纠纷解决的基本途径。1963 年最高人民法院在《关于民事审判工作若干问题的意见》里提出了“调查研究、就地解决、调解为主”的十二字方针，调解为主的观念可见一斑。1982 年，首部《民事诉讼法》施行，在该法第 6 条中将“着重调解”作为审判的原则之一。这种调解为主的情况在 1991 年修法时产生了转变，对之前的“加强调解”作出重要调整，提出了影响深远的“自愿、合法”的原则。2003 年至今则属于调解优先阶段。2009 年这一原则被发展为“调解优先、调判结合”，指导民事诉讼改革工作的全面进行。

调审关系的立法变革体现了一定时期立法者对于这两种纠纷解决方式的不同认识。以史为鉴，在目前“调解优先、调判结合”的大前提指导下，我国对民事审判和诉讼调解发展的期待无疑应当是充分发挥立法的指引和保障作用，借由两种方式的本质特征，实现联结协作，以期在实现“案结事了”这一目标的同时，更将公正与效率落到实处。

（二）审判与调解关系存在的问题

在上述立法和工作原则的指导下，调审合一体制的确收获了一定的成效。例如，在组织设置上降低司法成本，法官和调解人角色重合使其对案件基本情况有全面的了解而提高效率。近年来，以调解方式结案的比率不断上涨，然而与之相伴而生的却是二者在实践中暴露出的混同、异化、错位等一系列问题，甚至在一定程度上与审判和调解的本质属性背道而驰。

1. 审判权力变相扩张

“调解优先”理念使各级法院将调解结案率和案件质量、社会和谐必然地画上了等号，将调解结案的比率作为法院审判人员考核的指标之一，导致案件基本情况和当事人真正诉讼请求往往被忽视，一味地追求以调解方式结案。例如，南阳市中级法院进行的“零判决竞赛”就是强调功利主义、忽视法理的异化体现。调解是典型的合意性解决纠纷方式，换言之，双方意思自治是调解的灵魂所在。当法官即调解人为了获得优秀的考核成绩不断向双方当事人“游说”“推销”调解方案，当事人即使不愿接受也因出于恐惧得到法官的不利判决的考量而不得已选择牺牲自己利益[①]。另外，若法官单方面追求以调解方式化解矛盾，则裁判的明断是非、在社会进行法律宣示教育的功能就大大下降。

2. 调解案件强制执行率升高

前述情况发生时带来的恶劣影响是连续性的。由于过分强调调解对于和谐解决纠纷、“案结事了”的优势，在片面地追求高调解率、零判决的口号指导之下，当事人在调解中的自愿性没有得到法官的尊重。高调解率带来的不是成效喜人的自愿履行，实践中却产生了调解案件大量进入强制执行阶段的普遍问题。笔者在经过对各地区法院网站上的数据整理（表 1）后发现，原本应该在案件调解

① 最高人民法院民事诉讼法培训班编:《民事诉讼法讲座》，法律出版社 1991 年版，第 40 页。

阶段解决的民事纠纷并没有得到有效履行，反而在执行阶段批量地涌现出来，极大地浪费了司法资源。追求调解结案的本心在于希望能分流司法负担，合意达成的协议能够被主动积极地履行。然而当这种追求极端化、片面化，当事人的意思自治没有得到保障，自然无法实现调解这种纠纷解决方式的真正效用。乍看之下调解率的确在节节升高，这些以调解形式结案的纠纷实际上却并没有得到真正意义上的解决，权利人只得在执行阶段申请法院强制执行。调解协议只是起到了将矛盾暂时“敷衍”过去的作用，矛盾后置加重执行负担。就此观之，高调解率不再具有积极的现实意义，只沦为了法院考核中优秀指标的无意义数字。

表 1　各地法院调解案件强制执行情况统计

法院	年份	调解结案率（%）或调解结案数	进入强制执行的调解案件数	调解案件占执行收案数的比例（%）	调解案件的强制执行率（%）
北京市海淀区民四庭	2008～2009 年	—	—	—	≤ 55.5
北京市门头沟法院	2010 年 1～5 月	62.4	—	—	≤ 43.9
重庆市永川区法院	2004 年～2007 年 9 月	2533	1089	—	43
黑龙江省鹤岗市萝北县法院	2010 年	441	86	66.15	19.5
	2011 年	442	351	69.44	28.49
	2012 年 1～3 月	81	24	82.76	29.63
山东省汶上县法院	2008 年 1～11 月	—	246	38	—

3. 两种角色重合带来职能混淆

调审合一体制下，法官既是调解人又承担审判工作，这种双重角色的灵活转换无疑对法官的职业技术水平提出了较高的要求。根据《最高人民法院关于民事诉讼法证据的若干规定》（以下简称《证据规定》）的内容，当事人在调解阶段作出的让步和对事实的认同，不能在后面的诉讼中被用作对其不利的证据。事实上，若法官作为调解人得知了当事人为达成调解协议而自认的事实，不对其后的审判产生任何影响是难以做到的。上海市高级人民法院在2002年的一次问卷调查中就证实了这个隐患[①]。100名律师在回答“《证据规定》第67条是否可以起到防止法官在审判中使用调解阶段获得的信息”问题时，65%的律师均持否定观点，认为调审合一体制下法官同时承担两种角色，假设调解没有成功，纠纷进入审判程序，审判人员将会受到调解阶段当事人自认的影响。当我们将两种职责共同交与法官的时候，最为理想的情况当然是法官的行为在调解阶段严格遵守调节规范；在作为审判阶段的裁判者时，法官又要转换思维，严格遵守法定程序，以案件事实为依据，根据法律规定分配双方当事人的证明责任，并把调解中可以做模糊处理的争议事实通过法庭调查达到清楚无争议的程度，在此前提下根据实体法的指引审慎作出公正公平的裁决。然而对于法官来说，这种合一体制是极易发生混淆的，很难做到既遵守审判规则又达到调解标准，这说明不采用制度保障，把两条轨道衔接处的合理运行的期望仅仅寄托于法官的职业水平是难以收获预期成效的。

（三）问题形成原因的分析

首先，调审关系受到政策的影响较大。经过对审判和调解关系的历史沿革的总结不难发现，我国对其关系的认识处在变动之中，司法政策不具有连续性且很难真正做到二者兼顾，呈现出“一刀切”的局面，造成调审关系的冲突。例如，前述的将调解率和审判组织绩效考核挂钩，部分单位表达了“零判决”的工作目标[②]，这在无形之中就为法官带来了很大的压力，导致某些法官不从案件事实为出发点，只以达成考核目标为最高追求，即使案件类型不适合调解也强制“推销”。

---

① 上海市高级人民法院:《关于中国诉讼调解制度改革的专题研究》，载杨润时主编:《最高人民法院民事调解工作司法解释的理解与适用》，人民法院出版社2004年版。

② 李杰:《“调解热”的冷思考——对“调解率与和谐正相关”命题的分析》，载万鄂湘主编:《司法解决纠纷的对策与机制》，人民法院出版社2007年版，第474页。

其次，诉讼调解中双方自愿为前提这一基本原则没有完全得到实施贯彻。对于调解来说，自愿这一原则可谓贯穿始终。无论是调解程序的启动，还是最终双方调解协议的达成，如果自愿原则缺失，则将会对这一机制的内在运行和本质功能造成根本性的破坏。虽然民事诉讼中自愿调解的原则早已确立，明显的强迫调解已较为少见，但变相的强迫却仍大量存在。举例而言，若双方当事人在法庭辩论结束后拒绝了法庭的调解询问，那么他们往往迎来长久的“思考期间”，非到审限届满前几日是绝不会等到期待中的判决的。这种情况使审判和调解的关系发生了极大的错位。

最后，也是理论界近年来争议颇多的一个方面，即调审合一体制的弊端。我国民事诉讼一直以来均将调审置于同一诉讼程序，只要案件类型可以调解，当事人有调解愿望，法院都主持调解。调审合一体制的优点在于二者可以灵活转换，程序简化，在组织上和效率上节约司法资源。但在偏重调解的大背景下，只要让审判和调解共同分享同一程序而不从根本上用制度将其规制，就难以控制法官为完成考核指标利用权力扩张调解范围。只要这一界限模糊，审判和调解制度的核心就受到了致命性的侵蚀。另外，同一法官很难完成两种角色的称职转换，调解信息在审判中可能影响法官判决也在前文有所说明。与要求当事人当庭举证质证的审判程序不同，诉讼调解也可以选择法官分别与当事人见面的方式进行，这样将信息交换的主动权交到了法官的手中，不禁让人产生了法官是否会一心为了达成调解而对法律作出不同解读、对案件的风险进行不同的描述的怀疑。尽管这种对双方信息进行操作在一定程度上是必要的，但还是存在法官无法将其掌握在适当的程度，甚至偏离公正方向的危险。

当然，调审关系发生偏差的原因是众多因素的合力，然而归根结底，还是要从制度上寻找原因，单纯地调整司法政策改变口号只会造成实践中的混乱局面而对调整二者关系重回正轨毫无裨益。随着司法改革在全国范围内铺开，调审合一体制的弊端虽已是老生常谈，但一直是学者改革呼声里的排头兵。

三、对我国审判与调解关系发展的建议

（一）从“调解优先”到“调审并重”

片面强调调解的优先地位无疑会加剧调解行政化这一异化现象，“调解优先”这一观念和与之相伴而生的对高调解率的追求只会使法官的权力向当事人自愿界限不断扩张，而不从理念层面改革调审关系，是难以触及二者混乱关系的根本之处的。“调判并重”观念就在此时应运而生。

虽然加强调解对于社会和谐的促进大有裨益，但归根结底，审判和调解不过是两种解决纠纷的手段，真正目的最终还是要落到解决纠纷上，不能舍本逐末地忽视制度设计的出发点。不是所有案件的最佳结案方式都应是调解，审判与调解在实践中究竟该如何选择，是要根据案件具体情况和当事人意愿来决定的。总的来说，社会影响大或是双方当事人长久以来都处于稳定的社会关系，未来关系发展存在良好前景的案件更适宜调解。反之，双方矛盾不易化解、民事违法情形十分普遍的案件则应发挥裁判的优势，是非分明地进行高效裁判，对社会法制教育也有促进作用。“调判并重”观念的精髓在于理性发挥二者的本质优势，实现法官业务考核和高调解率的“脱钩”，以纠正用司法高效换取高调解率的错误做法。

（二）坚守调审本质属性

伴随高调解率节节攀升的不是顺利的案结事了，而是调解案件强制执行率的居高不下，这一现状暴露出的问题在于调解没有解决当事人的民事争议，只是扯了块遮羞布把矛盾暂时掩盖。支撑调解率走高的动因不再是当事人出于本心的自愿，而是司法强制力扩张后对当事人意思自治的侵蚀，当事人迫于法官的变相施压而选择调解。调解自愿这一基本原则自调解成为现代司法纠纷解决方式以来就一直在立法中被持续强调，然而实践中对基本原则的背离情况屡见不鲜。缺失自愿原则的诉讼调解，造成法官权力变相地无限制扩

张，模糊审判和调解的边界，代之以类似行政强制解决纠纷的“灰色”处理程序。在呼唤调审本质的理性回归之时，更要强调落实当事人调解自愿原则，只有当事人自愿才能为调解提供正当化基础。

（三）探索调审程序主体分离

针对调审合一暴露出的法官混乱错位问题，学者提出了纠正对民事诉讼中的审判与调解的偏误观点，让其各自回归本质特征，确立调审分离原则。实践中的偏差只能说明调审合一体制的确存在一定程度的问题，但分离原则究竟是不是改革应有的明智选择，则还需对其进行更深层次的论证。

对于民事诉讼中法院审判和诉讼调解的相互关系，可以将理论界的观点概括为三大类：调审合一、在程序方面调审分离、在主体方面调审分离①。此处调审合一不再赘述。“调审程序分离”说是指主张将二者在程序、组织、进行阶段等方面完全剥离。这一学说的优点在于：最大限度地限制了法官审判权力可能压制当事人诉讼权利强迫调解的情形；保障纠纷双方意思自治达成调解协议；就法院诉讼而言精简程序，节省了社会资源和实际成本。但在我国的现实司法环境下这一学说是否可行值得考量。试想如果把原诉讼调解完全从法院诉讼程序中剥离，另行建立完整的调解体系，无疑需要对民事诉讼法进行大规模复杂的修订，法院的诉讼程序亟待重建，新设置的法院之外的调解机构的成本也是现实问题，而且这种剥离后的新生调解对传统的人民组织调解方式产生的冲击也是可以预见的。钱穆曾说：“我们不能要求让社会现实去适应先进的制度，而应该让制度贴合现实”，从程序上进行变革牵一发而动全身，在目前我国司法资源已经十分紧张的现实条件下，盲目地加重立法和司法负担，相对而言并非明智的选择。

相对“程序分离”学说，“主体分离”较为切实可行，有学者

① 李浩：《调解的比较优势与法院调解制度的改革》，载《南京师大学报》（社会科学版）2002 年第 4 期。

提出了应在我国建立民事诉讼中的独立调解员制度的观点。

独立调解员制度即指在法院系统内部设立专职负责调解的人员，与传统的一身兼多职的法官相区别。程序上不多做变动，只是在调解人主体上有所调整。当民事纠纷已有合意寻求调解，可以自行选定审判机关专门设置的调解员；若调解没有成功则让纠纷重新回到审判程序，交还给法官审理。这种主体分离的做法的可行之处在于：第一，将审判和调解相对分离，法官和调解率之间的绩效挂钩不复存在，程序转换的主动权掌握在当事人手中，有效避免出现久调不判、变相强制调解的情形，当案件都是由双方真实自愿达成的调解协议所结案，自然调解协议也能得到相对主动的履行。第二，调解信息和审判信息在制度层面实现隔离。针对判决可能受到当事人调解中自认事实的影响这一问题，主体分离是最好的解决之道。审判法官对于当事人为达成调解协议而作出的妥协让步完全不知，只能在案件审理程序中严格依照法律规定获得案件基本事实，从而纯粹在此基础上进行公正裁决。当然，与目前合一体制相比，原本只需法官了解的案件信息，在此制度下还需要给予调解员时间来进行考察，这种新设独立调解员制度确实加重了掌握案件情况的司法负担，这也是这一制度被诟病的缺陷之一。在笔者看来，这一适当的牺牲是有必要的，改革的本质就是对不合时宜的旧事物的放弃，价值位阶的冲突从来无法规避，价值碰撞之间相互作用此消彼长，司法负担的减轻绝不可用抛弃“公正”作为代价。第三，与程序分离学说不同，设立独立调解员制度无须对现行《民事诉讼法》做出全面修改，可行度较高。

考察世界各国在此方面的做法，绝大多数国家的法官都不直接在调解阶段扮演主持角色。根据法国新《民事诉讼法典》的规定，在当事人自愿同意的前提下，由受理案件的法官指定第三人听取当事人的观点，便于为他们之间的纷争达成解决方案。在德国，即使民事纠纷很有可能最终以调解方式结案，负责审理职责的法官也不自己主持调解，而把纠纷送交给另外的法官处理。这说明调审主体分离在法国和德国都是得到实践的。转而将目光投向日本，《民事调停法》规定："主审法院若认为恰当，则可以将民事纠纷案件转到调解程序，由有管辖权的其他法院或主审法院处理。"[①] 这一规定承认了法官可以依职权交付调解的做法，但即使是在受诉法院自行调解，也要求把案件交给另行组织的调解委员会。自以上三例可以看出，我国实行调审主体分离原则是可以从比较法角度得到支持的。

四、结语

简单来说，民事审判和诉讼调解都具有定分止争的根本目的，但不能因为过多地关注这一共性就本末倒置地忽视各自的特性和运行价值。审判的关键在于保证严格适用法律，以国家强制力为保障维护司法尊严、保护当事人实体权利和程序权利得以实现；调解则必须牢牢把握当事人自愿这一中心，坚守二者界限不发生动摇和混淆。调审适当分离的构想是对调审关系的深刻反思后的结果，唯有清醒认知调审各自本质，实现司法中的角色回归，才能真正实现两种纠纷解决方式的协作和衔接。

---

① 李浩:《调解的比较优势与法院调解制度的改革》，载《南京师大学报》(社会科学版)2002 年第 4 期。

司法公正视角下民事诉讼制度完善思考

——以网络司法拍卖悔拍处置措施为切口

俞　沁*

一、悔拍处置措施现状聚焦

司法拍卖作为实现债权人债权的执行措施，其制度内涵对公正的要求不言而喻。其中的保证金制度，则是作为规制司法拍卖参与人参与竞拍的重要手段。如果竞拍人成功后缴纳剩余价款，或者竞拍失败，保证金退还，此时的保证金处置没有争议。争议主要发生在竞拍人竞拍成功后拒绝支付剩余价款，此时该如何处置竞拍人悔拍行为。

（一）法律依据不明确

根据2005年1月1日实施的《最高人民法院关于人民法院民事执行中拍卖、变卖财产的规定》(以下简称《拍卖、变卖规定》)第25条[①]，对于悔拍后的处置措施规定得相当细致。即悔拍人应

* 中国政法大学民商经济法学院2017级硕士研究生。

① 《拍卖、变卖规定》第25条规定："拍卖成交或者以流拍的财产抵债后，买受人逾期未支付价款或者承受人逾期未补交差价而使拍卖、抵债的目的难以实现的，人民法院可以裁定重新拍卖。重新拍卖时，原买受人不得参加竞买。

重新拍卖的价款低于原拍卖价款造成的差价、费用损失及原拍卖中的佣金，由原买受人承担。人民法院可以直接从其预交的保证金中扣除。扣除后保证金有剩余的，应当退还原买受人；保证金数额不足的，可以责令原买受人补交；拒不补交的，强制执行。"

当弥补两次拍卖之间的差额，并且根据“填平”原则，保证金不够补足二次拍卖所造成的拍定价差额、费用损失、佣金的部分，由悔拍人额外补足，而如果缴纳的保证金有多余的，则应当退还给当事人。可见此时悔拍人并不应当然的损失保证金的所有权，而是有条件的损失部分保证金或者全部保证金加额外资金——以实际造成的执行损失为限。

然而，在2017年1月1日实施的最高人民法院《关于人民法院网络司法拍卖若干问题的规定》（以下简称《网拍规定》）第24条[①]，仅仅提及了悔拍后保证金的将用以补足两次拍卖价款之间产生的差额，并没有进一步说明（如在《拍卖、变卖规定》第25条中就以第2款形式加以详细说明两次拍卖差额的处理问题）。单从本条文来看，可以发现的是悔拍后保证金的处置措施已然发生了变化——悔拍后悔拍人立刻失去保证金所有权，不问具体造成的损失。但问题是，这样的保证金处置措施是否完成了对悔拍行为的处罚呢？即此时是否应当要求悔拍人不足两次拍卖差额保证金抵充不了的部分？

（二）实践操作混乱

如果说理论上对于悔拍处置措施的适用是有一定争议，那么联系实践之后，悔拍处置措施的适用问题就更加复杂了。在笔者目前找到的两例前后差价较大，社会影响较广的案例中，2017年9月7日的iPhone7天价竞拍案，竞拍人以27.055万元拍下标的物后悔拍，最后法院依据《中华人民共和国民事诉讼法》（以下简称《民事诉讼法》）第111条第（5）项和最高人民法院《关于适用〈中华人民共和国民事诉讼法〉的解释》（以下简称《解释》）

① 《网拍规定》第24条规定：“拍卖成交后买受人悔拍的，交纳的保证金不予退还，依次用于支付拍卖产生的费用损失、弥补重新拍卖价款低于原拍卖价款的差价、冲抵本案被执行人的债务以及与拍卖财产相关的被执行人的债务。

悔拍后重新拍卖的，原买受人不得参加竞买。”

第 187 条之规定，对悔拍人处以 2 万元罚款并没收保证金。以及 2017 年 9 月 15 日，山西省盐湖区人民法院在执行案件中，标的物最终拍出了 145 万零 77 元（评估价为 73 万 3 千零 77 元）的价格。在拍卖结束后，买方拒绝按拍卖成交价付款。盐湖区法院根据《民事诉讼法》第 111 条第 5 款、第 115 条、第 116 条以及《解释》第 183 条决定对刘某丽拘留 15 日，罚款 5 万元。法院的主要处置措施是不予返还保证金和根据《民事诉讼法》及其《解释》认为其作出了妨害民事诉讼程序或者妨害执行的行为，并就此作出罚款。

那么，对于司法拍卖中悔拍后究竟该如何进行处置呢？在法律明文要求不予退还保证金的情况下，是否应当责令补齐差额？还是应当突破保证金制度，用罚款来弥补保证金不足以起到的惩罚和威吓作用？甚至应该考虑同时适用这三种措施？不同处置措施选择背后的法理基础为何？本文将由此为切入点，尝试对这个问题作出一定回应。

二、司法拍卖保证金的性质

（一）引入——司法拍卖性质简析

结合前文论述，可以发现无论是哪种处置措施的取向，都承认了保证金的悔拍后果——不予退还，因此，明晰司法拍卖保证金的性质，是确定哪些处置措施可以且应当与其并用的前提。

对于司法拍卖保证金的性质，很少有学者对其进行深入探讨，受民法上保证金概念影响，几乎所有现有的对于司法拍卖中竞买保证金的性质的解读均集中于私法领域。笔者认为，这样的理解未必妥当。因为，若将司法拍卖竞买保证金视为私法上的担保行为，则是承认了一个司法拍卖行为下买卖契约的成立。如最高院执行局编纂的相关文献中[①]，将司法拍卖竞买保证金视为如质押保证金、押金、定金等私法上的担保行为，认为保证金在性质上更类似于押金，换言之，若债务人不履行债务，债权人有权以该笔金钱优先受偿；若债务人履行债务，债权人则负有返还保证金的义务。认为保证金作为一个从合同，要求买卖契约这个被担保的主合同成立。笔者认为，这样的观点事实上坚持了司法拍卖的私法说或者至少是折中说的观点。与目前的司法拍卖性质学说的理论环境相悖。

在此简要介绍下司法拍卖性质的理论研讨现状。关于司法拍卖这一行为性质，一直有私法说、折中说、公法说这三大观点。私法说认为，民事执行拍卖的效力应适用民法关于买卖效力的规定[②]。民事执行拍卖与任意拍卖性质相同，民事执行拍卖的效力也应适用民法上关于买卖效力的认为。折中说则认为司法拍卖是一个公法行为，尽管其事实上成就了私法主体之间的买卖合同，司法拍卖的法律效果等同于民法上买卖合同对双方的效力[③]。私法说与折中说最大的问题在于其无法回答“司法拍卖买卖合同中卖方为谁”这个问题。因为执行机构不具有拍卖标的物的所有权，而拥有所有权的债务人未必合意出卖。由此衍生的向谁主张标的物上的权利瑕疵担保责任或者其他权利等一系列问题，该两类学说无法自圆其说。

目前学界对于司法拍卖的性质认定通说为公法说，本文也采纳了这种学说。法院并非享有执行标的物的所有权，而仅享有变价权，债务人也并不享有对执行标的物的处分权，二者均非买卖契约

① 江必新、刘贵祥：《最高人民法院关于人民法院网络司法拍卖若干问题的规定理解与适用》，中国法制出版社 2017 年版，第 334 ～ 340 页。

② 陈荣宗：《法院拍卖之理论基础》，载《民事程序法与诉讼标的理论》，台湾大学法学丛 1977 年版，第 70 页。

③ 吴光陆：《强制执行法拍卖性质之研究》，五南图书出版有限公司 1987 年版，第 107 页。

的一方[①]。由此一来，私法维度对保证金作为担保合同的界定，就失去了依托的法律关系。因此，在这样一个公法变价处分行为中为确保参与人能够履行相应义务的保证金，适用至少是全然适用私法领域下质押保证金、押金、定金的概念，显然并不合适。笔者认为，对于涉及制度核心的是公法域还是私法域的性质定位问题，绝对不能离开该制度生存环境泛泛而谈。司法拍卖保证金制度运行的整个执行实施程序显然未留出私法理解的空间，司法拍卖保证金的性质从私法维度的理解运用并不可行。

（二）公法视野下的司法拍卖保证金性质界定

结合前文，笔者尝试从公法角度，以司法拍卖本身的公法性质为起点，通过比较司法拍卖保证金与公法领域其他保证金性质的异同，对司法拍卖保证金的性质进行探讨。

保证金概念源起私法领域，并在其中作为合同双方当事人履行约定义务、保障权利实现的方式；但是，在社会经济快速发展的今天，出于保护社会公共利益、真正实现司法公正和程序正义的需要，保证金突破了原有私法领域的视域而延伸到公法领域并在其中有了一席之地。在“北大法宝”上，以“保证金”为关键词进行搜索，可以检索到 4 篇行政法规，5 篇司法解释，611 篇部门规章，1 篇外国法律法规，3 篇我国澳门地区法律法规，9 篇我国台湾地区有关规定。笔者在对这些法律文件进行简要的筛查和归类后，试图从公法领域中其他种类的保证金入手，比对司法拍卖保证金所具有的性质，以确定“保证金”在公法视域下的性质。

1. 自我约束性及公益性

与公法领域中其他种类的保证金类似，司法拍卖保证金具有自我约束性及公益性。如在《矿山地质环境保护规定》第 18 条中规

---

① 陈荣宗:《法院拍卖之理论基础》，载《民事程序法与诉讼标的理论》，台湾大学法学丛 1977 年版，第 70 页。

定[①]，采矿权人应向国土资源行政主管部门缴存“矿山地质环境治理恢复保证金”，该保证金的返还以环境治理恢复义务完成为前提，但当采矿权人不履行治理恢复义务时，该保证金将用于政府部门的组织治理费用，且不足部分由采矿权人承担。此时，采矿权人会倾向于审慎从事采矿行为，从而保全这部分保证金的所有权，实现自我约束。同样，司法拍卖竞拍保证金的自我约束性是通过法院对于部分金钱控制，从而实现对竞拍人的行为规制。竞拍人考虑到该部分保证金可能损失，从而对自己参与竞拍的行为更加审慎。自我约束性应当是保证金最本质的特征，事实上，公益性正是群体性自我约束的后果——参与某些特定法律关系的主体受到“失去保证金部分金钱所有权”的约束，从而谨慎、理性参与相关行为，承担相应责任，由此个体通过自我约束实现了巩固社会秩序与优化社会治理的结果，由此转换为公益性的外像。

结合上述立法情况，可以得出，在公法领域设立具有公益性质的保证金，能够确保特定法律关系主体审慎从事特定法律关系，履行相应义务，从而确保该特定法律关系领域秩序的稳定性。司法拍卖中的竞拍保证金也具有此种公益性——其具有保障执行秩序、维护执行效率的作用，它使得司法拍卖能够顺畅进行，从而实现债权人的债权。

2. 惩罚性

与公法领域其他种类保证金相比，司法拍卖中的保证金具有自身特殊的性质——惩罚性。公法领域其他种类保证金往往体现出补偿性。在《矿山地质环境保护规定》第23条第2款中提及，治理

① 《矿山地质环境保护规定》第18条规定：“采矿权人应当依照国家有关规定，缴存矿山地质环境治理恢复保证金。

矿山地质环境治理恢复保证金的缴存标准和缴存办法，按照省、自治区、直辖市的规定执行。矿山地质环境治理恢复保证金的缴存数额，不得低于矿山地质环境治理恢复所需费用。

矿山地质环境治理恢复保证金遵循企业所有、政府监管、专户储存、专款专用的原则。”

资金中保证金不足弥补的部分由采矿权人承担[①]；又如《拍卖、变卖规定》中规定的保证金性质，“重新拍卖的价款低于原拍卖价款造成的差价、费用损失及原拍卖中的佣金，保证金数额不足的由原买受人承担”[②]。也就是说，在这些情况下，对于参与特定法律关系主体的惩罚不以保证金为限，而是要求其对自身违反公益性，打破自我约束的行为造成的损害进行填补，直至填平造成的实际损害。此时，这些保证金具有赔偿性质，保证金不能完成赔偿性填平损害工作的，要求有过错法律主体补足。

然而在网络司法拍卖中的竞拍保证金，情况截然不同：司法拍卖中的竞买保证金仅具有惩罚性质。

首先，司法拍卖竞买保证金的惩罚性的显现是基于执行程序受阻，其公益性和自我约束性的回路断裂。在司法拍卖中不同环节的竞买保证金所显现的性质是不同的。竞买保证金的处理有三类，竞拍成功抵充价款的保证金，竞拍失败全额返还的保证金，以及悔拍后全部没收的保证金。显然前两者不属于“赔偿性”或者“惩罚性”等威吓或处置措施的讨论范围内，在这两种情况下，保证金内部公益性和自我约束性所构成的回路完成闭合，整个司法拍卖程序顺利进行，此时竞买保证金的惩罚威慑属性隐而不发，高悬于上。而一旦竞买人悔拍，保证金内部公益性与自我约束性的“小环”回路断裂，保证金作用发生质变，此时悔拍保证金的另一重属性才显现出来。

---

① 《矿山地质环境保护规定》第 23 条第 2 款规定：“逾期不履行治理恢复义务或者治理恢复仍达不到要求的，国土资源行政主管部门使用该采矿权人缴存的矿山地质环境治理恢复保证金组织治理，治理资金不足部分由采矿权人承担。”

② 《拍卖、变卖规定》第 25 条规定：“拍卖成交或者以流拍的财产抵债后，买受人逾期未支付价款或者承受人逾期未补交差价而使拍卖、抵债的目的难以实现的，人民法院可以裁定重新拍卖。重新拍卖时，原买受人不得参加竞买。

重新拍卖的价款低于原拍卖价款造成的差价、费用损失及原拍卖中的佣金，由原买受人承担。人民法院可以直接从其预交的保证金中扣除。扣除后保证金有剩余的，应当退还原买受人；保证金数额不足的，可以责令原买受人补交；拒不补交的，强制执行。”

从文义解释来看,《网拍规定》第 24 条“拍卖成交后买受人悔拍的，交纳的保证金不予退还”，可以得出该保证金的损失是悔拍的直接后果，拍定人一旦被认定为悔拍，未按照规定时间、方式缴纳剩余款项，即刻损失保证金的所有权。不需要经过实际损害或者其他费用的计算，更不要求保证金与费用、损害总额等同。此处尤其要注意该法条与《拍卖、变卖规定》第 25 条第 2 款“重新拍卖的价款低于原拍卖价款造成的差价、费用损失及原拍卖中的佣金，保证金数额不足的由原买受人补齐”对比。该规定中的保证金，目的在于填平悔拍造成的损失，所以无论收取多少保证金，以止损为限，不足要求补齐，如果保证金补足损失之后还有剩余，则“返还”悔拍人。可见，两个规定中的保证金性质是由制度设立上的区别的。

其次，就立法目的而言，笔者认为执行机关对司法拍卖竞买保证金的资金流向设定是为了让其不流回悔拍人，以此实现对竞买人的约束与执行程序的维护。有学者提出，可以根据保证金是否用来补充两次拍卖之间的差额，判断其是否具有补偿性。笔者认为，事物的用途可以分为依照性质自然应当具有或体现的用途，以及基于实践操作具体问题考虑而设置的用途。单纯通过事物的用途来判断性质，未免有本末倒置的嫌疑。更何况，即使认为无论是哪个规定下的保证金都可以用作补充两次拍卖之间的差价，两者的制度设计也有相当区别。《拍卖、变卖规定》中形成的“多退少补”的保证金损害填平循环使得保证金的赔偿性落在实处，而《网拍规定》里的“补齐差额”则与“弥补重新拍卖价款低于原拍卖价款的差价、冲抵本案被执行人的债务以及与拍卖财产相关的被执行人的债务”并列，更类似于设定资金流向的用途。

《网拍规定》第 24 条“不予退还悔拍人的竞拍保证金”，设立的本意旨在指导执行机关如何对这部分保证金进行处置，考虑到该保证金所具有的公益性，其依次抵冲二次拍卖费用、两次拍卖差价——这的确是对公权变价行为失败所造成的损害进行回复，以此挽回被扰乱的执行秩序和执行效益。但是，执行机关设定了一系列该资金的流向初衷，与其说是解决悔拍损害填补问题，不如说是为了让保证金有意义地不流回悔拍人——所以才会有将该保证金“弥补重新拍卖价款低于原拍卖价款的差价、冲抵本案被执行人的债务以及与拍卖财产相关的被执行人的债务”这两个看似突兀的去向，如果将其理解为基于公益性下保证金对悔拍后整个司法拍卖的社会形象和执行效益的损害回复，并且只是法院以惩罚性目的收取保证金后的一个有益处置，就不那么难以接受了。也就是说，法院在设置保证金去向时，并不是出于“填补该部分损害”而不予退还保证金，而是从保证金自身具有惩罚性，应当以不予退还作为手段来威吓悔拍，在此基础上，考虑如何设置保证金流向。

最后，从域外法角度来理解，要区分保证金是补偿性还是惩罚性的，就必须明确“补偿性”与“惩罚性”的各自概念。就民法侵权角度而言，补偿性赔偿是指对侵权与违约的损害补偿既不能大于也不能小于实际损害，对受害人的损害偿还应当使其回到仿若伤害未发生之时的状态[①]。惩罚性赔偿主要是与补偿性赔偿相对应的一项特殊民事赔偿制度。惩罚性赔偿最初由英国侵权法创设，称为“exemplary damages”，在美国法中称为“punitive damages”。[②]从用词来看，二者存在细微差别：“punitive damages”强调惩罚性，通过给不法行为人强加更重的经济负担，使其承担超过实际损失以外的赔偿，以制裁不法行为；而“exemplary damages”除了含有对加害人的制裁之意，更多的是强调此种赔偿的社会示范作用，即赔偿的威慑性，“为他人确立一个样板，使他人能够从中吸取教训而不再从事此种行为”，从而达到制裁违法，维护公共秩序的目的。从上述概念辨析中我们能够看出，惩罚性赔偿与补偿性赔偿最大的区别在于设立目的，而根据《网拍规定》第17条，保证金的收取是

---

① 杨立新：《〈消费者权益保护法〉规定惩罚性赔偿责任的成功与不足及完善措施》，载《清华法学》2010年第3期。

② 张新宝、杨倩：《惩罚性赔偿的立法选择》，载《清华法学》2009年第4期。

事先规定，是起拍价的 5% ～ 20%。这样的金额设置显然是在鼓励更多竞买人竞买和威慑竞买人不该轻易悔拍之间做衡量，没有也无法预估悔拍后的赔偿数额。可见竞拍保证金的设置并不指向填平造成的损害，而是施加负担以强调赔偿的惩罚与威慑。同时这个负担并不一定超出实际损害（超出与否在所不问），更多的应当强调这种损失的社会示范作用，因此，司法拍卖悔拍后的保证金更类似于“exemplary damages”。

通过以上的比对分析我们可以得出，在司法拍卖保证金的设立中，保证金具有惩罚性赔偿的特点。在悔拍行为发生时，保证金的不予退还是“不假思索”的，即其并没有先对实际损失进行计算、统计就直接不予退还保证金，并不过问这部分保证金是否是在实际损害赔偿数额之外的额外负担，也不考虑保证金是否能够达到“成为一种沉重的经济负担”以制裁悔拍行为。究其内在性质，竞拍保证金更倾向于以损失该部分金钱的所有权，对加害人及社会产生威慑效力，由此实现对执行秩序的维护。

正确认识保证金的惩罚性是我们正确分析实践中发生的悔拍处置措施是否混乱、违规、损害司法公正的理论前提。

三、悔拍处置措施适用

根据前文所述，目前实践中主要涉及两种对于悔拍行为的处理措施，分别是：不予退还保证金、罚款。如果加上“补齐两次拍卖之间的差额”这项处置措施，则几乎涵盖所有悔拍的可能处置情况。基于前文对保证金性质的简要分析，笔者试图来解释实践中该如何适用这三种措施对悔拍行为做出处理。

（一）处理措施一：不予退还保证金

关于保证金是惩罚性的论述之前已经展开，此处不再赘述。该处置措施有《网拍规定》第 24 条作为依据。

（二）处理措施二：罚款

法院对于悔拍行为作出罚款处罚的依据是民事诉讼法及其解释，认为悔拍人的悔拍行为属于没有真实购买意愿而恶意竞价，其行为严重干扰了司法拍卖秩序，对法院正常处置被执行人财产造成妨碍，并产生了恶劣的社会影响，属于“以其他方法阻碍司法工作人员查询、查封、扣押、冻结、划拨、拍卖、变卖财产的”。

此处适用罚款存在两个方面的问题：

首先，作出罚款的法律依据存疑。对于悔拍行为是否构成“以暴力、威胁或者其他方法阻碍司法工作人员查询、查封、扣押、冻结、划拨、拍卖、变卖财产的”中的“其他方法”阻碍司法工作人员执行职务的行为仍然有存疑之处，也就是说该条文能否作为罚款的依据仍然需要理论的进一步探讨。悔拍行为显然是不利于执行程序司法工作的进行的，但未必能够得出其与“暴力、威胁”手段具有相当的程度，如果当事人提出是“误看竞拍金额”“误拍”时，举证责任如何分配，是该由当事人证明自己无恶意纯属操作失误，还是由法院举证证明其的确具有故意扰乱司法行为正常进行的故意？例如，在 iPhone7 竞拍一案中，最后拍定人一共仅竞拍两次并在事后表示“误看竞买价格”，此时仅仅根据其表述和竞拍次数很难认定该竞买人有阻碍司法工作的故意，此处内容需要明确。

其次，此处的罚款有违一事不再罚原则的嫌疑。即使认为悔拍行为符合《解释》第 178 条的要求可以适用，那么紧接着就会出现另一个问题。无论是《民事诉讼法》第 111 条还是《解释》第 178 条都是对司法工作中扰乱或阻碍司法程序进行的人员的处罚，也就是由此条款作出的罚款带有显然具有不容辩驳的惩罚性，而根据上文的探讨，保证金也具有惩罚性，那么在这里同一个行为即民事执行拍卖中的悔拍行为是否可以同时作出两个惩罚措施，即惩罚性的不予退还保证金和罚款？尽管“一事不再罚”自身的理论内涵也需要进一步明确，但是对于一个行为作出两次同质处罚。如司法拍卖语境下，同时适用不予返还保证金和罚款这两类具有惩罚性的措施，存在过度处罚和违反“一事不再理”的嫌疑是可以肯定的。

（三）处理措施三：补齐两次拍卖后保证金不能抵充部分的差额

对于保证金应当用来补齐两次拍卖之间的差额，已经达成共识。此处的“补齐差额”是指“在悔拍后，由悔拍人补齐保证金不能完全冲抵的两次拍卖之间的差额”。在民事执行拍卖保证金相关的法条中，有两个法条涉及第一次拍卖与悔拍后二次拍卖之间的差额问题。一是，《网拍规定》第24条中由保证金“依次用于支付拍卖产生的费用损失、弥补重新拍卖价款低于原拍卖价款的差价”，即指由保证金抵充的两次拍卖之间差额；二是，《拍卖、变卖规定》中提及对于保证金不能完全冲抵的两次拍卖之间的差额，强令悔拍人补齐。

关于差额补齐的问题争论比较激烈，实践和理论上观点也未完全统一。正反两派观点如下：

反对差额强制补齐的一方从不应增加执行难度、现有制度已达到平衡并已考虑到可能具有的损害赔偿三方面支撑自身观点。该观点主要是在最高院执行局编纂的文献中提及，首先，该观点认为强制执行补齐差额是在本案执行外新增了争议，在原本执行程序中滋生了新的执行负担与困难[①]；其次，《网拍规定》规定，从以保证金追究悔拍人承担违约责任，到以保证金为限追究悔拍人违约责任及超过实际可计算损害部分作为惩罚责任而不予退还保证金两个方面，形成了新的制度平衡；最后，该观点认为法条规定在起拍价的5%～20%范围内确定竞买人缴纳保证金的数额，表明立法已经考虑到其担保的损害赔偿的种类及产生的具体损害情形。为了简便程

---

① 江必新、刘贵祥：《最高人民法院关于人民法院网络司法拍卖若干问题的规定理解与适用》，中国法制出版社2017年版，第334～340页。

序便于执行，如果产生的实际及可预见损害超过保证金数额，不再进一步追究悔拍人的其他违约责任。

支持差额强制补齐的一方则从法律适用角度来支撑自身观点。《网拍规定》中没有明确规定是否应当补足差额，但是规定了指引性条款，即第 37 条第 3 款：“本规定对网络司法拍卖行为没有规定的，适用其他有关司法拍卖的规定。”因此，《网拍规定》中没有涉及的部分应当继续适用《拍卖、变卖规定》。显然，从法律适用的角度而言，应当要求悔拍人补齐两次拍卖之间的差额。

本文对司法拍卖竞买保证金具有“惩罚性”的论述，事实上与“支持差额强制补齐”的论述殊途同归。相较于司法拍卖竞买保证金作为对竞买人悔拍行为的具有惩罚性质的处理，“差额强制补齐”这一处理方式更倾向于使得执行机构对于标的物的变价行为达到最积极的状态。其目的在于，让破坏这种变价最高值的悔拍人承担其不履行支付价金义务的所带来的标的物变价上的损失，从而填补两次变价之间的差距，使得变价行为不因为时空转换丧失其利益可能达到的最大值。在这种基础上，差额强制补齐是具有填平损害性质的处理措施，其具有补偿性，可以与惩罚性处理措施并用。由此两大措施无论是在理论定位还是制度设计上都有了并用的合理性与合法性。

论行政裁量争议的实质性解决

陈子君 *

2014年《行政诉讼法》的修改将“解决行政争议”作为行政诉讼目的之一。通过审视我国法治文明发展的脉络，可以发现，这一修改不仅有其实践之需，同时也与我国法治文明的发展趋势相衔接。一方面，在司法实践中，行政审判程序空转、节节攀升的申诉信访、官了民不了的行政案件层出不穷，如何妥善地化解行政纠纷成为当务之急；另一方面，近年来最高人民法院相继出台各种有关和谐社会构建、做好行政审判工作以及促进行政争议解决的司法解释[①]，将实质性解决行政争议作为当前司法政策的重要环节之一。可见，行政裁量争议的实质性解决不仅是法治秩序构建的重要组成部分，同时亦是维护社会秩序和谐稳定的巨大推力。因此，本文将立足于当下的法治文明发展状况，并结合司法实践中的症结所在，对行政裁量争议的实质性解决予以探究。

---

* 中国政法大学法学院2016级硕士研究生。

① 相关的司法文件有：(1) 最高人民法院2007年4月24日发布的最高人民法院《关于加强和改进行政审判工作的意见》(法发〔2007〕19号)；(2) 最高人民法院在2007年3月7日发布的《关于进一步发挥诉讼调解在构建社会主义和谐社会中积极作用的若干意见》；(3) 最高人民法院在2009年6月26日发布的《关于当前形势下做好行政审判工作的若干意见》(法发〔2009〕38号)；(4) 最高人民法院在2006年12月5日发布的《关于妥善处理群体性行政案件的通知》(法发〔2006〕316号)。

一、行政裁量争议实质性解决之标准

在法治文明的发展史上，由形式法治迈向更高阶段的实质法治是法治国家构建的必然趋势。在我国社会主义法治国家的建设进程中，从“有法可依、有法必依、执法必严、违法必究”到“科学立法、严格执法、公正司法、全民守法”。这“十六字方针”的转变也正表现了我国的法治文明不断从形式法治向更高阶段的实质法治进阶。故对行政裁量争议实质性解决之标准的探究不仅着眼于司法实践的现实需求，更无法脱离实质法治主义背景。在此，笔者将分别从实质法治下的一般标准与行政审判中的具体标准两个角度对行政裁量争议实质性解决之标准进行探讨。

（一）实质法治下的一般标准

综观世界各国法治社会的发展路径，形式法治必然要向更高阶段的实质法治迈进。故行政裁量争议实质性解决的主旨即在于我国实质法治的建构。

现代意义上的“法治”最初起源于西方。亚里士多德认为：“法治应包含两重含义：已成立的法律获得了普遍的服从，而大家所服从的法律又应当本身是制定的良好的法律。”① 简言之，即“良法、善治”。发展至今，我国法学界对于实质法治的含义也形成了自己的认识体系。对此，高家伟教授通过与形式法治的比较，进而从三个角度指出现代实质法治建设的重点在于“人权的积极保护、国家制度整体结构的正义属性以及公权力行为内在实质的正当性”②；何海波教授从实质法治的基本立场上认为“其不仅仅是制定和遵循一些具有法律形式的规则，而是寻求和贯彻良好规则的治理”③；

① ［法］卢梭：《社会契约论》，何兆武译，商务印书馆 2003 年版，第 46 页。

② 高家伟：《论行政审判制度的实质法治化转型》，载《河南社会科学》2013 年第 3 期。

③ 何海波：《实质法治——寻求行政判决的合法性》，法律出版社 2009 年版，第 425 页。

而江必新教授则从实质法治的基本特征上认为，“实质法治是合法性与正当性的统一、实体合法性和程序合法性的统一、形式平等与实质平等的统一”[①]；李树忠教授从宪政的角度出发认为至少具有三个要素，即“突出宪法作用；追求良法之治；加强对公民权利的保护[②]”。

尽管表述不一，但通过对各位学者的主张以及“十六字方针”的梳理、归纳，可以看出学界对实质法治的认识自有体系。从主体来看，实质法治的实现要求各方合力，即国家结构民主、正义的体现，以及公民基本权利的实现；从内容上看，实质法治要求合法性与合理性的统一、实体正义与程序正义的统一。

在实质法治建设的社会环境下，结合当下司法政策中的号召，笔者认为行政裁量争议实质性解决之一般标准主要体现在以下两点：

一是法律效果与社会效果的统一。2009 年最高人民法院发布的《关于当前形势下做好行政审判工作的若干意见》中明确提出了“努力实现法律效果与社会效果的有机统一”。通过对相关司法解释的梳理以及对《行政诉讼法》修改后发展动向的分析发现，我国的司法政策正经历着由“是非曲直型”向“纠纷化解型”、由“损害修复型”向“民生保障型”、由“封闭对抗性”向“开放合作型”转变[③]。本质上，“法律的终极原因是社会福利。未达到其目标的规则不可能永久地存在其规则是合理的。就如同一个人不可能从他的房间和生活中排除至关重要的空气一样。[④]”可见，法律效果与社会效果的统一同时要求法治能够充分发挥其在社会治理中的作用。在两者的关系上，其不仅存在并列关系，同时也存在递进关系。一方

① 江必新：《论实质法治主义背景下的司法审查》，载《法律科学》2011 年第 6 期。

② 李树忠：《迈向实质法治》，载《当代法学》2015 年第 1 期。

③ 章志远：《我国司法政策变迁与行政诉讼法学的新课题》，载《浙江学刊》2009 年第 5 期。

④ 孔祥俊：《论法律效果与社会效果的统一》，载《法学论坛》2005 年第 226 期。

面，法律效果与社会效果是实质法治实现的重要目标所在，犹如鸟之双翼，缺一不可；另一方面，在实质法治之下，社会效果的实现必然以法律效果的实现为前提。社会效果的实现固然不得以牺牲法律效果为代价，但这并不意味着要机械地将法律奉为圭臬，而是要在适用的同时进行一定的价值判断，促进社会个案正义的实现。故社会效果的实现是多维度的——同时以法律效果、人民满意度和社会秩序的构建为目标。

二是正确适用法律与公平正义的统一。传统的形式法治即“规则之治”，强调的是“有法可依、有法必依”。国家权力的运行必须在法律规定的范围之内。然而，实质法治则强调的是善治，具体来说即人权的实现和社会正义的构建。这也就要求在合法性的基础上更加追求合理性。在法律框架内，实质法治要求在法律适用之时要坚持原则性与灵活性相结合。严格遵循法律规范的明文规定自不待言，而对法律精神的实质内核，如自由、民主、平等原则等的追求也是促进法律适用与权利保障衔接的关键环节。在社会秩序的构建上，单纯的“规则之治”并不足以实现实质法治，只有以追求“良法、善治”的方式，最终才能最大限度地促进社会公平正义的实现。

三是社会教化作用的彰显。这主要得益于司法权所具有的三大角色：其一，社会恒久价值塑造者的角色；其二，法院作为“大型教育机构”的角色；其三，实质法治主义下适度发挥司法能动性的角色。一方面，司法权本身是动态生长的——通过在司法实践中不断检验以促进法律的生长。另一方面，在实质法治之下，尽管社会分工日益细化，但司法权在行使过程中的大局意识使其裁判效力也无法将视野仅局限个案争议之中，其影响力甚至会拓展至整个社会，进而对社会公众起到普遍的法治教育作用。

（二）司法实践中彰显的具体标准

在新时期下，社会经济快速发展，同时这也为国家职能提出了新的要求——兼顾合法行政原则与合理行政原则。尤其是当下，社会中各种利益交错纵横，单纯的依法行政并不能完全实现法律目的的预期。在各种因素的影响之下，司法实践中缠诉、信访率居高不下、官了民不了的怪象却司空见惯。因此，对行政裁量争议的实质性解决标准之探究亦不能脱离当前司法实践中的种种症结所在。

1. 程序上的正当性

单纯从字义中分析，行政裁量争议的实质性解决以结果为导向，强调的是结果的正当性，但是结果正当性必然寓于程序正当性之中。实质性解决行政争议也必然要以程序正当为前提，正当的程序也为司法权的行使提供了正当性。

在正当程序方面，美国法学家贝尔斯主张其主要包括“八项原则”[①]，美国学者萨莫斯也提出其所包含的“十要素”[②]。对这两种主张进行比较分析后可发现，在程序正当中，“参与”“公正”与“及时”是两位学者对正当程序所要求的内在核心价值要素。结合行政裁量争议的实质性解决，笔者认为其程序上的标准主要在于：

首先，从当事人角度出发，保证当事人充分的参与度。一方面，争议解决的关键在于利益双方的交涉过程。在行政审判过程中，要体现当事人的主体地位，关注当事人的利益诉求，尽可能地化解双方纠纷。另一方面，正当程序有其自身的独立价值，即赋予权力以合法化的外衣，使正义的实现成为一种“看得见的正义”。“人们很少能处在知道‘正确’结果的位置，因此只能通过关注程序不定期得到心理平衡”[③]，通过程序公正促进当事人对裁判结果的接受从而服判息诉。

其次，对于裁判者法官来说，则要求其以一种独立、中立和公

---

① 美国法学家贝尔斯对正当法律程序提出了八项原则：和平、自愿、参与、公正——程序中的平等对待、可理解性、省时、得体、经济和道德上的花费低。

② 美国学者萨莫斯提出“程序价值的十点内容”，即参与统治、程序正统性、程序和平性、人道性与尊重个人尊严、个人隐私保护、合意主义、程序性公平、程序性法治、程序理性、及时和终决性。

③ 孙笑侠等主编:《返回法的形而下》，法律出版社 2003 年版，第 33 页。

正的姿态进行审判。正当程序对实体价值的实现也有积极的促进作用。程序上健全的法律制度设计也会减少对实体目标实现的干扰，对此以司法改革中如火如荼的“异地管辖”“集中管辖”[①]为例证。因此，独立、中立和公正之间又是彼此递进的关系。裁判的公正得益于法官地位的中立，不偏不倚、平等地对待争议双方当事人。而中立地位的实现又以独立为前提。司法权作为一种判断权，公正的判断结果以其超然、价值无涉的中立地位为基础，排除各类政治、人情等因素干扰。

最后，争议解决的终局性。最终的解决行政争议是行政审判中的一般职能，在这一点上民事、刑事与行政审判是相同的[②]。司法实践中，“十年官司九个判决”的现象并不少见，漫长的诉讼对当事人的权利无形中造成了二次伤害，也给社会埋下了诸多不安定因素。裁判结果真正为当事人接受，最终实现服判息诉、及时地定分止争才是实质性解决行政争议的主要表征。循环诉讼的出现无疑是对法治秩序与社会秩序的双重侵蚀。

2. 合理性审查的归位

行政审查中的合理性审查应当说是实质法治的应有之义。在实质法治的浪潮之下，法学界多位学者从广义的角度对合法性审查予以分析，认为其不仅包括形式上的合理性，即合法性，同时也应当包括实质上的合理性。何海波教授即认为，“合法，它不仅是符合法律、法规的字面要求，它本身包含着合理”[③]。

在我国最初 1990 年制定的《行政诉讼法》中，对于审理的范围仅仅在第 6 条规定了“人民法院审理行政案件，对具体行政行为是否合法进行审查”。而 2014 年修正的《行政诉讼法》第 70 条增

① 司法改革中所采取的“异地管辖”与“集中管辖”亦可以看作回避原则的另一种运用。在我国国家结构中，法院在人、财、物上都依赖于当地政府，加剧了行政权对司法权的干预。故通过管辖制度上的调整，使司法权尽量保持中立的地位，以此达到公正审判的目的。

② 高家伟:《论行政审判职能》，载《研究生法学》1999 年第 1 期。

③ 何海波:《实质法治》，北京大学出版社 2014 年版，第 186 页。

加规定:"行政行为有下列情形之一的，人民法院判决撤销或者部分撤销，并可以判决被告重新作出行政行为:……(六)明显不当的。"第77条第1款亦规定:"行政处罚明显不当，或者其他行政行为涉及对款额的确定、认定确有错误的，人民法院可以判决变更。"可见，合理性审查在我国当下的行政审判中亦有其生存的土壤，"合法性审查"的具体内涵已不局限于1990年《行政诉讼法》中所规定的含义。

但对合理性审查的探讨并非仅仅止于此，其不仅在于减少各类利益之间的交叉碰撞，更在于对个案正义的追求。合理性审查意味着对个人、国家与社会等多元利益的进行实体上的价值衡量。因此，其缺位则意味着行政审判中利益衡量的缺失以及审查深度上的欠缺。合理性审查不仅是对法治秩序的维护，正如高家伟教授所言:"在审查被诉行政行为的合法性中还需要考虑如何维护国家统治正当性和有效性的因素"[①]，故其主旨也更是通过对多元利益的平衡进而实现国家秩序的构建。在此也正体现了合理性审查和法律效果与社会效果的统一之间相互促进的关系。

二、行政裁量争议的法学考察

(一) 行政裁量争议的概念与特征

对于何为"行政争议"，我国法学界存在广义与狭义两种主张。从广义上看，行政争议包括行政相对人与行政机关、行政机关与公务员以及行政机关之间发生的各种争执[②]。而从狭义上讲，行政争议仅包括行政主体在行使职权过程中与相对方的公民、法人或其他组织发生的争执[③]。而本文所探讨的集中于狭义上的行政争议。

① 高家伟:《论社会冲突型行政争议的实质性审判程序》，载《行政法学研究》2013年第4期。

② 薛刚凌:《行政诉讼法》，华文出版社1998年版，第2页。

③ 马怀德:《行政法与行政诉讼法》，中国法制出版社2000年版，第541页。

其中，对行政裁量争议这一概念的界定必然离不开对行政裁量之内涵的分析。结合行政裁量理论的历史发展过程，笔者认为对行政裁量的认识主要从集中于两个层次上：一是在其内涵上，行政裁量被界分为要件裁量与效果裁量；二是在其外延上，不确定法律概念与行政裁量之间的关系。德、奥等国认为裁量只存在于法律效果中，而事实要件中的不确定法律概念并非行政裁量。而在英美法系国家的司法实践中，行政裁量的对象包括对事实的认定，对法律规范的选择与适用以及最终决定的作出。对于行政裁量的概念，在世界范围内也存在广义与狭义之分。而对我国行政裁量争议这一概念的探讨必先立足于我国自身的国情。

从我国司法实践来看，行政裁量的对象不仅有法律后果的处理方式，还有事实要件中的法定条件以及程序上的裁量。而且，通过对我国各地行政裁量基准的梳理发现[①]，在行政裁量基准的制定中，也并未严格地区分要件事实与法律后果。在学界，张树义教授主编的《行政法》一书曾将行政裁量行为界定为“法律仅仅规定行政行为的范围、条件幅度和种类等，由行政机关根据实际情况决定如何适用法律而作出的行政行为”[②]。由此可见，无论是司法实践中抑或是法学界，均从广义的角度对行政裁量这一概念予以定义。

综上所述，在我国的法学语境下，笔者认为行政裁量争议是指行政主体在行使职权过程中，因行使行政裁量权——具体包括要件裁量与效果裁量——而产生的主要涉及合理性问题的行政争议。行政裁量争议作为一种公法上的争议，其既不同于平等主体之间发生的民事争议，也与一般的行政争议具有明显不同的特点。其主要在于：

---

① 梳理的行政裁量基准有:《常德市行政许可行政裁量标准》《乐清市水利局行政许可裁量基准》《湖南省公安厅行政许可裁量权基准》《湖南省发展和改革委员会行政许可裁量权基准》《葫芦岛市人民防空办公室行政处罚自由裁量权标准》《重庆市规范行政处罚裁量权办法》《桃江县行政许可裁量权基准制度》以及《葫芦岛市人民防空办公室行政许可自由裁量权标准》等。

② 张树义主编:《行政法学》，北京大学出版社 2012 年版，第 151 页。

1. 公益性

行政裁量争议通常是行政主体在行使行政职权过程中而产生的。其产生也是社会多元利益之争的必然结果。但其与平等民事主体之间的民事争议不同，行政裁量争议所涉及的利益之争主要发生在国家利益、社会利益与个人利益之间。因此，行政裁量争议中更多涉及的是公权力与私权利之间的价值权衡，在这一过程中甚至会导致行政优益权的发生。故恰当地处理国家利益、社会利益与个人利益之间的利益分配关系正是实质性解决行政裁量争议的关键环节。

2. 合理性

与一般的行政争议相比，行政裁量争议是指发生在行政裁量权运行过程中所产生的争议。美国法学家戴维斯认为，行政裁量是指“一个公共官员所享有的裁量权就是对其权力进行有效约束后所留下的在各种可能性中作为或不作为的自由选择权”[①]。故行政裁量权主要来源于法律规范中所产生的行政主体在要件事实与法律后果上基于合理的考虑而自由选择的空间。或许说，行政裁量多涉及的是“法外空间”，但这并不代表行政裁量可以脱离法律的控制。在实质法治之下，行政裁量在合法性之上，更要受到更高层面合理性的制约。行政裁量的产生机理也导致行政裁量争议在实践中更多涉及的是合理性纷争。

（二）行政裁量争议之根源

1. 裁量权的滥用

随着社会经济的突飞猛进、国家职能的不断扩展，社会中各种利益交错纵横，往往牵一发而动全身。在此，行政裁量权的运行亦有其实践与理论之需。一方面，在法律规范中除数字外极少的是确定性法律概念，更多的是不确定法律概念。因此，法律的适用过程

① [美]肯尼斯·卡尔普·戴维斯:《裁量正义——一项初步的研究》，毕洪海译，商务印书馆2009年版，第2页。

必然无法绕过对不确定法律概念的裁量。另一方面，在实质法治之下，要求法律规范对现实生活中的各类事项作出事无巨细的规定既无可能也无必要。否则将会导致法律适用的僵化，而赋予行政主体在适当的范围内权宜性地作出相应的行政行为亦是个案正义实现的前提。

然而，孟德斯鸠等先哲曾指出：权力有滥用的趋势，权力如不加以制约，必然滥用，这是历史的经验。而拥有更多自由空间的行政裁量更是如此。英国法学家戴西曾主张在法治社会中是不存在裁量权的，正是因为他认为裁量总是与专断恣意"为伍"。可见，裁量权天生即具有恣意的倾向。在我国实践中，"执法随意，裁量不公"的现象也层出不穷。虽然学界对行政裁量的控权模式之探讨也在不断探求切合中国特色的裁量权治理模式，从传统的规范主义控权模式向功能主义建构模式的裁量治理转型[①]，从他律不断走向自律。在我国实践中，自《湖南省行政程序》出台之后，全国各地关于行政裁量基准的相关规定如火如荼。而且在程序上，通过引入公众参与制度来确保行政裁量尽可能地在合法、合理的限度内作出。然而应当正视的是，在现实中，我们对行政裁量控权模式所赋予的美好希冀应当有所保留，理想与现实之间必然还存在一定的距离，任一行政裁量的控权模式亦无法完全消除因行政裁量权的不合理行使而导致行政过程中所引发的争议，尤其是在这急剧动荡的多元化社会之中。

---

① 规范主义控权模式所倡导的治理模式是建立一个包括立法、行政和司法等在内的"多管齐下"的，以"立法体系"为取向并严格服从法律规则的裁量监督体系。但这一模式的不足之处在于片面追求形式法治而忽略实质法治；过分强调对规则与外在权力的控制，而忽视了行政裁量固有的能动性与个案正义实现的内在品质。而功能主义建构模式则是对规范主义控权模式的不足所进行的弥补。这一模式强调的是一种行政的自我调节与自我控制，即通过行政裁量系统内部各种功能要素的自我合理建构，以在保障行政裁量权正当行使的同时，激发其内在的能动性与自我调节机制。在我国实践中，这一模式主要表现为行政裁量基准的制定。从这一发展趋势可以看出，我国法治文明不断向实质法治迈进。具体参见周佑勇：《行政裁量基准研究》，中国人民大学出版社 2015 年版，第 12 页。

2. 民主参与程序的缺乏

英国著名法官休厄特曾说:“正义不仅应当得到实现，而且应当以人们能够看得见的方式得到实现。”而在我国的行政过程中，公众的民主参与度显得差强人意。

民主参与程序的缺乏主要表现在：首先，在行政裁量基准的制定过程中缺乏民主参与。“民主信念的核心是治理应当获得被治者的同意。”[①] 行政裁量基准并非由民选机关制定，而提高公众的参与度正可弥补行政裁量基准的民主正当性。然而，周佑勇教授认为“裁量基准并不像立法规则或法律规范那样，可以创设新的权利义务，它往往只在行政行为的合理性基础上锦上添花，它并不对公民既有的私人生活造成实质性影响”[②]。对此，笔者认为对公民权利义务产生影响的方式并不仅有创设新的权利义务这一种，在原有的权利义务上作出相应的变动也会对公民的权利义务产生实质性影响。以行政处罚中裁量基准的制定为例,《重庆市规范行政处罚裁量权办法》第 14 条规定:“当事人有下列情形之一的，应当减轻或者从轻处罚:(一)已满十四周岁不满十八周岁有违法行为的;(二)主动中止违法行为，危害后果轻微的;(三)主动消除或者减轻违法行为危害后果的;(四)主动报告并如实陈述违法行为的;(五)配合行政机关查处违法行为有立功表现的;(六)受他人胁迫有违法行为的;(七)涉案财物或者违法所得较少的;(八)法律、法规和规章规定应当减轻或者从轻处罚的其他情形。”同样是依据《治安管理处罚法》对行政违法者科以相应的处罚决定，以上裁量权办法虽未创设新的权利义务，但面对具体的案件事实时，是否满足以上条件则会直接关系到行政处罚的轻重，进而影响到当事人的权利义务。因此，裁量基准制定过程中的公众参与不仅可以弥补行政裁量基准的民主正当性，而且通过提高裁量基准的可接受性进而可以减少行

① [美]亚历山大 · M. 比克尔:《最小危险部门》(第 2 版)，姚中秋译，北京大学出版社 2007 年版，第 28 页。

② 周佑勇:《裁量基准公众参与模式之选取》，载《法学研究》2014 年第 1 期。

政裁量争议的不断发生。

其次，行政裁量行为的作出也缺乏与民众必要的沟通环节——不仅在行政裁量行为的作出过程中缺少必要的民众参与，同时在行政裁量行为作出后也缺乏必要的说理。而且，通过对当前包括重庆市、湖南省等各地在内的相关行政裁量基准的梳理发现[①]，其中对民主参与权的规定鲜有之，而即便有所体现，也仅仅是概括式的规定。而阳光是最好的防腐剂。一方面提高民主参与度可以减少行政机关权力滥用的空间；另一方面民众的有效参与可以促进相关的利益纷争在行政裁量的作出过程中得到及时的化解，避免纠纷的扩大，减少行政裁量争议的涌现。

3. 解决机制上的漏洞

这集中表现为行政裁量争议在司法实践中发生后，无有效的解决机制对法进行疏导。行政裁量争议的解决机制在类型上不够完善、适用依据遭到质疑、适用范围与现实目的无法衔接等诸多不足，使其无法满足实践之需。

具体来说，实践中解决机制上的不足主要表现在以下所述：首先，在行政审判的法律适用中，行政裁量基准的适用效力如何受到质疑。行政裁量基准是依据行政自我拘束理论而产生的，是指由行政主体在法定范围内对法律规定中的要件事实与法律后果作出合理选择的标准。因此，行政裁量基准本质上仅是一种解释性的行政规则，并非广义上的法律。而问题在于，对于依据行政裁量基准而作出的行政行为是否可以提起行政诉讼？若进入行政审判中，法院是否应当适用行政裁量基准作出裁判，其与广义上的法律之间的适用

① 其中，大多数的行政裁量基准未对民主参与权进行规定。例如，《常德市行政许可行政裁量标准》《乐清市水利局行政许可裁量基准》《湖南省公安厅行政许可裁量权基准》《湖南省发展和改革委员会行政许可裁量权基准》《葫芦岛市人民防空办公室行政处罚自由裁量权标准》。而仅有以下几部裁量基准对其进行了未成体系化的概括性规定：《重庆市规范行政处罚裁量权办法》（对处罚的相关情况与裁量基准予以公开）、《桃江县行政许可裁量权基准制度》（规定了适用听证会的情形）、《葫芦岛市人民防空办公室行政许可自由裁量权标准》（规定了许可过程中的陈述权和申辩权）。

关系如何处理？倘若行政相对人因依据行政裁量基准而作出的行政行为不服而提起行政诉讼，在审判过程中法院进而依据同一裁量基准作出判断，那么司法机关的第二次判断权必然流于形式，审判过程也会成为空转，对行政裁量争议的实质性解决毫无益处。而在司法审判中，法院依据裁量基准作出判断的情形也十分常见。例如，李本云与永嘉县公安局等处罚上诉案[①]。因此，这又不免陷入悖论，而法律适用上逻辑悖论的无法解除对行政裁量争议的实质性解决也设置了不可绕开的拦路虎。

其次，在行政审判的裁判范围上。裁判方式的选择是裁判范围的集中体现，我国《行政诉讼法》中规定的裁判方式主要有撤销判决、确认违法或无效判决、履行判决和变更判决以及赔偿与补偿判决，共 7 种方式。其中，撤销判决、确认违法或无效判决均属于程序性的裁判方式，即法院的裁判只会导致原行政行为无效，并直接实现当事人的权益。而履行判决和变更判决以及赔偿与补偿判决则属于实体性的裁判方式，即法院直接要求行政主体做出某种行政行为，以实现当事人的权利。程序性裁判方式对权利救济表现出极大的不彻底性，并不对行政实体性问题进行处理，在原行政行为被确认违法或无效或被撤销之后，当事人的实体权利能否被实现还有待于行政机关的后续行为。而实体性裁判方式的优势在于程序上的高效。法院在裁判中直接变更原行政行为或直接要求行政主体履行某种行政行为可以保证行政裁量争议及时地得以终局性的解决。

① 本案中，李本云因对永嘉县公安局所作出的治安行政处罚决定不服，故向浙江省永嘉县人民法院提起行政诉讼。本案争议的焦点在于李本云多次扰乱单位秩序的行为，是否属《治安管理处罚法》中规定的情节较重的情形。在一审过程中，永嘉县人民法院依照《浙江省公安机关行政处罚裁量基准》中有关“情节较重”的规定，认为李本云要求撤销被诉行政行为的诉讼请求，缺乏事实和法律依据，不予支持。判决驳回李本云的诉讼请求。李本云不服，向浙江省温州市中级人民法院提起上诉，二审法院又据此驳回上诉，维持原判。本案中，原告李本云对行政机关依据裁量基准所作出的行政行为不服而提起诉讼，一审、二审法院均同样适用裁量基准对诉讼请求予以驳回，而对裁量基准的适用效力正是本案的症结所在。

然而，以往囿于行政机关的首次判断权与行政机关所具有的一定程度的专业性，主张司法权仅能对行政权的合法性予以判断，而不能“越俎代庖”，且若由司法权直接将行政权予以变更难免会落入司法权干预行政权之窠臼。致使司法权的二次判断权遭到极大的限制。因此，实体性裁判方式并不能充分实现其价值所在。故当前立法中的裁判方式仍不够完善，且其适用范围无法与实质性解决行政裁量争议的诉讼目的相衔接。因此，解决机制上的诸多不完善之处也对行政裁量争议的不断涌现起到了推波助澜的作用。

三、审查标准

综观世界法治发达国家的发展历程，由形式法治进阶至更高层面的实质法治是法治发展的必然阶段。而审查标准作为行政裁量争议实质性解决的重要组成部分，也无法脱离行政审判实质法治的构建。形式法治意味着价值无涉的“依法而治”“规则之治”，而实质法治则追求的是“良法、善治”。高家伟教授认为区分形式法治与实质法治的主要标准在于：一是自然法的根基是否深厚；二是人类文明共同体法的渊源是否深厚[①]。而从法治发展的必然规律来看，现代的法治国家是而且必须是一个实质上的法治国家，实质上的法治国家不仅要求国家受法律和法的约束，而且要求法律本身具有社会的正当性[②]。因此，对于实质法治之下的行政裁量争议之审查标准的探寻不仅要停留在法律表层，更要从法律的精神内核中探寻。

（一）事实认定——客观真实与法律真实的统一

对案件事实的审查是行政裁量争议实质性解决的逻辑起点。实质法治是法的规范价值与公平正义价值的统一。在争议解决中，虽

① 高家伟：《公正高效权威视野下的行政司法制度研究》，中国人民公安大学出版社 2013 年版，第 4 页。

② 邵建东：《从形式法治到实质法治》，载《南京大学法学评论》2004 年秋季号。

然引起争议的客观事实永远无法回溯，但是对案件事实的审查不能局限于法律规范中的真实。法律真实是指按照法律规定可以认定为真的案件客观情况，系指法官在案件审理过程中，依照证明标准对事实进行的判断[①]。法律真实的发现过程是裁判者遵循人们预先依照理性等价值观念而设定的规则，对当下所掌握的所有事实真实进行筛选的过程。它归根结底属于一种有限的真实，是法律上推定抑或是拟制的真实。而在这一过程中，由于人的理性也具有局限性，故所遵循的规则也不是百密而无一疏的，筛选的过程也难免摆脱人为因素的干扰。因此，有必要在法律真实与客观真实之间搭建沟通的桥梁纽带。

另外，在证据规则的适用上，我国《行政诉讼证据规定》以及相关司法解释中都对证据提出的形式与程序进行了严格的规定。但为最大限度地发现客观真相，应在法律的范围内灵活适用证据规则，对瑕疵证据不可一味地采取完全否定的态度。对此，江必新提出了应当考虑的四项因素以资借鉴：一是要看违反法定程序的违法程度；二是要看这种违法纠正的可能性；三是要看这种瑕疵证据对发现客观真相的影响程度；四是要看这种违法证据与行政法所保障的最基本价值的关联程度。[②]证据的运用是还原客观事实的有力武器，而尽可能地使得客观事实再现是实质性解决争议的关键环节，有利于缓解当下行政审判程序空转的怪象，进而促进庭审实质化。

（二）价值判断——比例原则

比例原则是规范行政自由裁量权的重要原则之一。行政法意义上的比例原则是指行政权力在侵害公民权利时，必须有法律依据，而且必须选择在侵害公民权利最小的范围之内行使[③]。从行政裁量

① 王福华：《民事诉讼法学》，清华大学出版社 2012 年版，第 221 页。
② 江必新：《论实质法治主义背景下的司法审查》，载《法律科学》2011 年第 6 期。
③ 张树义：《行政法学》（第 2 版），北京大学出版社 2014 年版，第 31 页。

权的行使角度来看，多元利益之间的衡量往往是权力恣意滋生的土壤，同时也是行政裁量争议多发的领域。

实质性解决行政裁量争议的着力点在于争议中行政主体所代表的社会利益或国家利益与个人利益之间的角逐，对两者之间的关系应借由比例原则来使之达到动态平衡。在具体适用过程中，一方面，从量化的角度来分析，在法律关系的认定上，比例原则要求不得为了较小的国家利益或社会利益而牺牲较大的个人利益；另一方面，从本质上看，社会整体归根结底是由个人组成的，社会整体实质法治的实现还有赖于每位公民权利的实现。对于行政裁量争议中所涉及的公民个人的平等、自由等基本权利应属于个人主权范围之列，切不可简单地为实现较大的国家利益与社会利益而予以抵消。

（三）终极标准——兼顾矫正正义与分配正义的实现

亚里士多德认为，矫正正义与分配正义均代表了一种平等模式。矫正正义要求做错事者按照造成的伤害程度予以受害者赔偿①。行政裁量争议产生的直接目的在于对受损权利的事后救济。通过行政审判过程对公民遭受损害的利益进行弥补，使其权利恢复至被侵害前。然而，法律效果与社会效果的统一更要求社会公平正义的实现——更需要分配正义以促进“社会风险的公平分配”，构建社会秩序。兼具公益性与合理性的行政裁量争议多涉及个人利益、国家利益与社会利益之间的价值权衡，基于公平负担理论②，如何在个人之间、个人与国家之间公平的分配社会负担最终得益于分配正义的实现。

因此，在实质法治的探索之下，实质性解决行政裁量争议的关键在于通过最大限度地还原客观真相以此实现个人利益、国家利益与社会利益之间的动态平衡，最终实现社会正义秩序的构建。

---

① ［美］塞缪尔·弗莱施哈克尔:《分配正义简史》，吴万伟译，译林出版社 2010 年版，第 25 页。

② 沈岿:《国家赔偿法学》，北京大学出版社 2017 年版，第 42 页。

四、程序性价值的构建

正当程序原则起源于英国古老的自然公正原则。正当程序制度不仅对实体价值的实现起着日益重要的促进作用，同时亦有其自身的独特优势。当下社会中，科学合理的程序制度不仅对实体价值目标起到促进作用，甚至也会关系到其生死存亡。

（一）行政审判中的程序性价值

1. 司法独立性的保证

司法是一种精神活动或思维活动，司法独立于行政是为了保障独立自主地思维判断[①]。这意味着，司法权的运行不应当受到除法律外的任何非法律因素的影响。司法独立性的保障也正是程序性价值所具有的自身独特优势的重要体现之一——其作为一种结果上的工具价值，以程序公正促进结果公正，同时以一种看得见的公正促使当事人对裁判结果的接受。故行政裁量争议的实质性解决在程序上的前提即司法独立性的保障。

具体来说，在司法独立性的实现路径上，首先，司法独立的前提即司法权威的树立。司法权威是衡量一个国家法治实现程度的重要尺度。司法权威的建立直接体现为整个社会对法律、对司法权的信任程度。法院作为法律的适用者，唯有社会民众普遍的忠实于法律与司法权，才能实现司法权的独立行使。其次，处理好司法权与行政权之间的关系是司法独立的关键环节。司法权与行政权在国家职能的分配中具有不同的面向。司法权是国家中恒久价值的宣誓者，而行政权往往是国家权宜事务的执行者。这一不同的分工使得司法权具有弥补行政权缺漏的优势，使行政过程中的矛盾纠纷尽量在司法审判过程中予以化解，进而追求社会秩序的稳定。在我国，行政权干预司法权的现象层出不穷，克服传统上的人情观念并使司法权摆脱行政权在“人、财、物”上的控制才是正解。最后，司法

① 孙笑侠：《程序的法理》，商务印书馆2005年版，第130页。

独立性的核心即法律职业共同体中独立性价值观念的树立，使司法独立成为每一位法律人的职业习惯。

陈光中教授认为“司法独立是司法规律的必然要求”[①]。而司法独立性的最终目标则在于司法权的公正行使——在裁判过程中不偏私、平等对待行政裁量争议中的双方当事人，以司法独立性为手段，最终实现行政裁量争议的终局性、及时性和妥善性化解。

2. 司法能动性的发挥

司法权是一种判断权，而且行政裁量争议本身也涉及更多的合理性纷争，故在司法权的运行过程中必然免不了对法官自身的价值衡量。在形式法治之下，囿于司法权对行政机关首次判断权的尊重，要求司法权尽量保持适度的克制。但在实质法治构建的过程中，司法权的运行不单单着眼于行政裁量行为的合法性之上，更要构建司法能动下的行政审判职能。这具体表现为：

在行政审判中，对行政权的实体问题进行适度的合理性审查。司法能动性的发挥是行政裁量争议实质性解决中法律效果与社会效果统一的必然之举。社会效果的实现要求司法权的视野不应框定在法律的范围之内，要对社会经济发展过程中的多元化利益进行衡量、协调与化解，尤其是面对具有公益性质的行政裁量争议，其本身往往涉及国家利益、社会利益与个人利益等多方利益。因此，司法能动性地发挥要求司法权的行使在追求合法性的同时追求实质合理性。妥善处理行政裁量争议中各方当事人之间的利益纷争以达到定分止争、实现个案正义之目标。

在行政审判之外，从深层次上看，司法能动性地发挥要求司法权具有长远观念与大局意识。司法权行使的效力不局限于个案的裁决，其作为恒久价值的构建者、传播者，对于我国公民权利保障体系和实质正义的建构具有举足轻重的作用。最终，借由司法能动性的力量，实现实质法治的建构以及法律效果与社会效果的统一。

① 陈光中：《比较法视野下的中国特色司法独立原则》，载《比较法研究》2013 年第 2 期。

（二）当事人视野下的程序性价值目标

1. 民主参与度的提高

实质正义的实现要“非常严肃的尊重个人的重要性”[1]。而对人主体地位的展现不仅体现在实体性权利上，也体现在程序性权利之中。

行政裁量权的产生本身即来源于在更高层面上对社会民主、正义的追求。因此，促进行政裁量权的民主化是当下行政裁量争议实质性解决的关键环节。而行政裁量权民主化的集中表现即公众参与度的提高。公众参与之所以能够有效地促进行政裁量争议的实质性解决，一方面是因为行政裁量争议的核心是争议双方之间在行政法上的利害关系。在公众参与之下，争议双方之间不明确的法律利害关系在相互协商交流中变得公开和明朗，并可以有效地避免矛盾争议的扩大；另一方面是因为公众的参与使得争议解决的过程更加透明化，极大地增强了解决方案的可信度。同时亦减少了权力恣意的空间，最终使得争议的解决结果更易于双方接受，从而达到息诉止争的效果。

在民主参与的实现路径上，首先，在审查焦点中，增强当事人主体地位的体现。在传统的着重于以监督行政权运行的诉讼目的之下，法官裁判的焦点往往集中于行政行为的合法性，而对于双方之间的行政法律关系有所忽视，结果导致对审理内容的遗漏，对行政争议无法全面地审查。因此，在新的诉讼目的之下，将当事人之间的行政法律关系进行全面审查可以有效地增强当事人主体地位。其次，在裁量基准的制定过程中，赋予当事人以充分的参与权，以此提高行政裁量基准的民主正当性。在具体制度上，可以通过发布征求意见稿、听证会的形式拓宽公民参与的途径。在公民积极参与的同时，亦会增进对裁量基准的认同，从源头减少行政裁量争议的

① ［美］塞缪尔·弗莱施哈克尔:《分配正义简史》，吴万伟译，译林出版社 2010 年版，第 7 页。

发生。

2. 争议解决的及时性

德国学者弗利德里希·胡芬从贯彻《德意志联邦共和国基本法》第19条第4款规定的角度提出了影响行政救济有效性的十个问题。对此，高家伟教授进而提炼出七个标准，其中之一即行政救济的"及时有效"——有效的法律保护是指及时的法律保护[①]。可见，迟来的正义非完全的正义。而且，行政裁量争议的久拖不决也会增加社会中的不安定因素，导致社会中群体事件的不断爆发，危害社会秩序。

在行政裁量争议及时性解决的路径上，要在行政审判的内外构建完善的制度保障。首先，在行政诉讼之外完善对行政裁量争议的多元化纠纷解决机制，如调解与和解。尤其是行政裁量争议多涉及的合理性问题，以调解或和解的方式，更有利于矛盾纠纷的化解，促进合意的达成。在我国《行政诉讼法》中，第60条第1款规定了"……行政赔偿、补偿以及行政机关行使法律、法规规定的自由裁量权的案件可以调解"。其次，在行政审判过程中实现行政争议的繁简分流。同时要为行政裁量争议的及时性解决提供制度保障，建构起行政诉讼与和解或调解之间的沟通、互联机制。行政审判程序的完善与当事人参与机制的健全，为实体目标的实现架起了桥梁与纽带。

五、裁判方式的完善

在行政裁量争议的实质性解决中，裁判方式是沟通法院与争议双方当事人的重要载体。完善裁判方式的目的即在于增加当事人对争议解决结果的可接受度，同时促进当事人权利实现的及时性，减

① 高家伟:《公正高效权威视野下的行政司法制度研究》，中国人民公安大学出版社2013年版，第37页。

少不必要的诉累。对此，笔者认为其主要着力点在于规范运用程序性裁判方式，积极发挥实体性裁判方式的优势地位。

（一）完善变更判决的适用范围

在我国2014年新修正的《行政诉讼法》中，第77条第1款扩大了对变更判决的适用范围："行政处罚明显不当，或者其他行政行为涉及对款额的确定、认定确有错误的，人民法院可以判决变更。"可见，在实质法治之下，司法能动主义的趋势在司法实践中也暗流涌动。然而在当下的立法框架下，变更判决的适用范围仍有很大的局限性，且停留在形式法治的范围内。而问题在于如何将变更判决的适用范围与实质法治相衔接，值得深思。

当前，我国立法中对变更判决的适用范围采取一种极为谨慎的态度——其仅仅适用于"行政处罚明显不当，或者其他行政行为涉及对款额的确定、认定确有错误的"，范围远远小于羁束行政行为。通过对我国法律规范的分析，可以发现，我国的立法思路主要有二：一是以一种极其谨慎的态度从广义的角度对"合法性"进行界定，将明显不合理（明显不当）的视为不合法；二是有限的肯定对于羁束行政行为可以适用变更判决，且将适用范围局限于羁束行政行为中对款额的确定上。对此，笔者认为：

首先，变更判决应推广至明显不合理的行政行为。明显不合理的行政行为并不仅限于行政处罚，不应当否定其他明显不合理行政行为适用变更判决。例如，实践中的行政许可案件，若行政机关在行政行为时考虑了不相干因素，在结果上已经达至明显不合理的程度，而依据法律规范中法律要件的规定，已不存在裁量的空间，由法院作出变更判决并不会发生司法权干预行政权之嫌，直接适用变更判决，反而会及时地解决行政裁量争议。但在具体适用上要分两步走：一是确定行政机关的行政行为是否属于明显不合理的情形；二是判决待重新作出的行政行为是否存在自由裁量的空间，若不存在的话，则法院应当作出变更判决。

其次，变更判决应当适用于行政裁决与行政合同案件中。行政裁决是指行政机关依照法律规范的授权，对当事人之间发生的、与行政管理活动密切相关的、与合同无关的民事纠纷进行审查，并作出裁决[①]。而行政合同是指行政机关为实现行政管理目标、行使行政职权，与相对人经协商一致而达成的协议[②]。两者涉及的多为民事权利义务关系，针对两者中的民事争议由法院直接作出变更判决也并不会产生司法权僭越行政权之嫌疑。而且在实践中，可以有效地减少当事人的诉累，及时地实现当事人的合法权益。

最后，对于裁量权收缩至零的情形，应当准用变更判决。裁量权收缩至零是指只有一种决定没有裁量瑕疵，其他决定均可能具有裁量瑕疵，行政机关有义务选择这种剩下的这种决定[③]。在此情形下，行政主体裁量权运行的空间以及专业性判决的余地也极大地被压缩。对此由法院直接作出变更判决无疑可以实现争议解决的及时性。

（二）健全履行判决的适用体系

2014 年《行政诉讼法》修改之后，我国关于履行判决的相关规定形成了“两主四辅[④]”的立法格局，改变了 1990 年《行政诉讼

---

① 姜明安主编:《行政法与行政诉讼法》(第 6 版)，北京大学出版社 2015 年版，第 248 页。

② 张树义主编:《行政法学》(第 2 版)，北京大学出版社 2015 年版，第 278 页。

③ [德]哈特穆特·毛雷尔:《行政法学总论》(第 1 版)，高家伟译，法律出版社 2011 年版，第 132 页。

④ 在此,“两主”具体是指 2014 年《行政诉讼法》中的第 72 条与第 73 条，而“四辅”是指 2015 年出台的最高人民法院《关于适用〈中华人民共和国行政诉讼法〉若干问题的解释》中第 22 条、第 23 条以及 1999 年出台的最高人民法院《关于执行〈中华人民共和国行政诉讼法〉若干问题的解释》中第 57 条、第 60 条。具体参见章剑生:《行政诉讼履行法定职责判决论》，载《中国法学》2011 年第 1 期。

法》之下“一主二辅”[①]的立法格局。2014年《行政诉讼法》将履行判决主要适用于行政不作为案件中，同时对行政给付类案件在其中进一步细化。通过对以上新旧法的对比分析，可以发现，我国关于履行判决的发展趋势有二：一是对不履行法定职责的情形予以明确细化，既有明示的拒绝，也有默示的逾期不答复。弥补了旧法中概念上存在的不周延；二是从修改前后法律条文的表述中可以推测出，在裁判范围上法院是否可以对实体性问题予以裁判区分不同的情形——一类是无须调查或裁量的，法院即可判决被告履行相应职责；另一类是对于给付类行政行为的，可以直接判决其在一定期限内履行相应的给付义务。除此之外仍是一种程序上的裁判。

但事实上，其发展趋势并不完全适应实质法治的发展路径，司法实践中的循环诉讼仍不断发生。其中，主要症结在于，一方面，对于法院程序上的裁判，行政主体往往又作出了与原行政行为基本相同或相似的行政行为。虽然，在最高人民法院《关于执行〈中华人民共和国行政诉讼法〉若干问题的解释》中规定了，对此情形人民法院可以依法作出撤销判决，但这并实现当事人的实质性权益，甚至导致诉讼程序只有形式而无实质。另一方面，对于实体性裁判，问题在于如何认定第22条中规定的“判决被告在一定期限内依法履行原告请求的法定职责”以及如何界定二次判断权。对此又存在歧义，一种保守的解释即法院判决行政主体依照某法律作出相应的行政行为，另一种较为能动的解释即法院可以直接明确行政主体应当作出何种行政行为。而在司法实践中大多采取前一种保守的做法，这事实上仍留给行政主体一定的裁量空间，当事人的权利仍处于一种不确定的状态之下。

在实质法治之下，笔者认为应当从及时实现公民权利、妥善解

① 其中的“一主”具体是指1990年《行政诉讼法》中的第54条第（3）项，而“二辅”是指1999年出台的最高人民法院《关于执行〈中华人民共和国行政诉讼法〉若干问题的解释》中第57条、第60条。具体参见章剑生:《行政诉讼履行法定职责判决论》，载《中国法学》2011年第1期。

决行政裁量争议以及减少诉累的角度出发，可从以下路径对我国的履行判决予以完善：首先，在履行判决中应当进行适度的实体上的裁判，即对实践中无须再行调查或无裁量空间的情形可以由法院直接作出包含实体履行内容的履行判决。其次，对于行政主体再次作出相同或相似的行政行为的，赋予人民法院实质上的二次判断权，可以在查明事实后，直接判决行政主体作出相应的行政行为，而非仅仅是撤销判决。

（三）增强裁判文书中的说理性

行政裁判不仅使人民法院与诉讼当事人之间密切联系，同时也是人民法院与社会公众之间沟通的桥梁与纽带。增强裁判文书中的说理性不仅是为了说服个案争议中的双方当事人，以达到服判息诉、定分止争的目的，也是为达到对社会价值的彰显与宣誓作用，充分发挥裁判方式的社会教化作用，提高社会公民整体的法律素养。

六、结语：社会秩序与法治秩序的构建

在实质法治主义背景之下，行政裁量争议的实质性解决为法治文明的发展提出了新的时代命题。在这一命题中，对人基本权利的保护是其逻辑起点，构建完善的行政审判制度是其重要着力点，而实质正义的实现是最终的价值追求。实质正义构建的前提是社会中冲突与矛盾的并存，但在结果上，国家共同体必然处于和谐共进、稳定平衡的状态之下，实现民主之下公平正义。实质性解决行政裁量争议之路径也合乎于此，形成社会秩序与法治秩序兼顾的正义环境。